SECCIÓN DE OBRAS DE ANTROPOLOGÍA

MITOS Y LEYENDAS DE LOS AZTECAS, INCAS, MAYAS Y MUISCAS

WALTER KRICKEBERG

MITOS Y LEYENDAS DE LOS AZTECAS, INCAS, MAYAS Y MUISCAS

FONDO DE CULTURA ECONÓMICA

MÉXICO

Primera edición en alemán, 1928
Primera edición en español, 1971

El material de este volumen fue
recopilado y adaptado como sigue:

JOHANNA FAULHABER:

Leyendas: 1 *a, b, c;* 2 *a, b;* 3; 4 *a, b, c, d;* 5 *a, b, c;* 6 *a, b;* 7; 8 *a, b, c;* 9; 10 *a, b, c;*
11 *a, b, c;* 12 *a, b, c, d;* 13 *a, b, c;* 14; 15; 16 *a, b, c, d, e, f;* 17; 18 *a, b;* 19 *a, b;* 20 *a,
b, c, d, e, f, g, h, i, k;* 21; 22; 23; 24 *b;* 25 *a, b, c;* 26 *a, b;* 27 *a, b, c, d, e, f, g, h;* 28;
29; 30; 39; 40 *a;* 41; 43 *b, c;* 44; 46 *b;* 47 *a, b, c;* 48 *a, c;* 49.

Notas: 1 *a, b, c;* 2 *a, b;* 3; 4 *a, b, c, d;* 10 *a, b, c.*

BRIGITTE VON MENTZ:

Leyendas: 24 *a;* 31; 32 *a, b;* 33 *a, b, c;* 34; 35; 36; 37; 38; 40 *b;* 42 *a, b, c;* 43 *a, d;*
45; 46 *a;* 48 *b, d;* 50.

Notas: 5 *a, b, c;* 6 *a, b;* 7; 8 *a, b, c;* 9; 11 *a, b, c;* 12 *a, b, c, d;* 13 *a, b, c;* 14; 15; 16 *a,
b, c, d, e, f;* 17; 18 *a, b;* 19 *a, b;* 20 *a, b, c, d, e, f, g, h, i, k;* 21; 22; 23; 24 *a, b;* 25 *a,
b, c;* 26 *a, b;* 27 *a, b, c, d, e, f, g, h,* 28; 29; 30; 31; 32 *a, b;* 33 *a, b, c;* 34; 35; 36; 37;
38; 39; 40 *a, b;* 41 42 *a, b, c;* 43 *a, b, c, d;* 44; 45; 46 *a, b;* 47 *a, b, c;* 48 *a, b, c, d;*
49; 50.

Título original:
Märchen der Azteken und Inkaperuaner, Maya und Muisca
© 1968 by Eugen Diederichs Verlag
Düsseldorf, Alemania

D.R. © 1971 Fondo de Cultura Económica
Av. de la Universidad, 975. México 12, D. F.

Impreso en México

PREFACIO A LA EDICIÓN EN ESPAÑOL

EN LA EDITORIAL alemana de Eugen Diederichs existe la colección Die Märchen der Weltliteratur, "Mitos y leyendas de los pueblos". Por encargo de esta casa, el conocido americanista Walter Krickeberg inició en los años veinte el estudio de las leyendas de los más importantes pueblos y tribus de la América Latina. En 1928 apareció la primera edición de dicho trabajo, que fue publicado en la ciudad de Düsseldorf, por lo que este tesoro se dio a conocer en Europa antes que en la misma América.

La edición alemana sirvió al Fondo de Cultura Económica como modelo. Y es un trabajo que podrá continuarse en lo futuro con investigaciones semejantes.

En la elaboración de esta edición en español de la obra *Märchen der Azteken und Inkaperuaner, Maya und Muisca,* se observó el siguiente método: Los textos que en 1927 Krickeberg tradujo al alemán, se buscaron en las fuentes castellanas originales, con base en la bibliografía señalada por el propio recopilador, y se reproducen ahora siguiendo exactamente el plan y las aclaraciones de Krickeberg.

Además de los textos que hubo que transcribir, se tradujeron las notas aclaratorias de Krickeberg en donde se comentan y explican ampliamente muchos personajes, nombres y conceptos y se establecen interesantes y no menos notables paralelismos con otras leyendas.

Esta obra es una recopilación, lo más fiel posible, de las fuentes originales arriba aludidas de mitos y leyendas de algunos de los principales pueblos indígenas americanos; y por ello el libro puede considerarse como una síntesis ideal para todo lector, tanto para el profano como para el estudioso de la historia de las culturas autóctonas de esta parte del mundo.

En ocasiones, no fue posible localizar las ediciones de las fuentes que el recopilador menciona, por lo que se recurrió a ediciones más recientes de las mismas. En los casos en que las fuentes están en idiomas extranjeros, se tradujo directamente el texto alemán de Krickeberg, lo que se indica con una nota al pie de página. Aquellas fuentes que no se consultaron directamente se señalan con un asterisco en la bibliografía.

En la traducción o revisión, se hicieron únicamente los cambios ortográficos necesarios y obvios para el lector moderno; mas se conservó con fidelidad la sintaxis. La diversidad en la ortografía de palabras originales, nombres de deidades, personajes y lugares, revela simplemente que los especialistas no han llegado todavía a un acuerdo.

Es nuestro deber agradecer la colaboración de la señora Johanna Faulhaber y de la señorita Brigitte von Mentz en la elaboración y arreglo de esta obra.

EL EDITOR.

INTRODUCCIÓN

Los MITOS y las leyendas de los antiguos pueblos de alta cultura en América están contenidos, sobre todo, en las numerosas crónicas y relaciones del tiempo de la Conquista y de la Colonia. Si se toma en cuenta cuán poco fue el material de esta índole que los griegos y romanos coleccionaron entre los pueblos con los cuales se pusieron en contacto, no se les puede negar a los cronistas españoles el reconocimiento de sus méritos, sobre todo si se considera que ellos, en su mayoría, no provenían de la casta de eruditos, sino que eran monjes, soldados o empleados administrativos, entre los cuales, debido a sus mismas ocupaciones, no se debe presuponer un especial interés en este tipo de relatos. Sin embargo, gracias a su diligencia de coleccionistas poseemos hoy en día un cuadro general del mundo mítico de los antiguos pueblos de América y a ello debemos que se hayan salvado por lo menos grandes fragmentos de las leyendas acerca de sus dioses y de sus héroes. El interés hispánico en las antiguas tradiciones se explica, en parte por lo menos, debido a la preferencia que existía en los siglos XVI y XVII por las narraciones fantásticas y de aventuras. A esto se puede agregar la necesidad práctica de la Iglesia, de disponer de ciertas bases para poder realizar efectivamente el trabajo de conversión por parte de los misioneros. Para ello eran necesarios ciertos conocimientos acerca de los dioses y del mundo mítico paganos. Estas leyendas a veces también han sido relatadas por razones políticas, sobre todo cuando podían servir para demostrar una supuesta injusticia por parte de las dinastías indígenas a base de su propia tradición histórica. Sin embargo, es mucho más que esto; así, una verdadera mentalidad de hombre de ciencia, fue lo que capacitó al padre franciscano Fray Bernardino de Sahagún para escribir su gigantesca obra *Historia general de las cosas de Nueva España*. En ella, de acuerdo con los principios de la etnología moderna, no es el autor quien relata, sino el informante indígena el que nos habla ampliamente y en su propio idioma, acerca de los diversos aspectos de la cultura azteca, de los cuales casi ninguno se ha dejado fuera. Puesto que los hombres que Sahagún reunió en torno suyo en Tepepulco y Tlatelolco, cerca del foco central de la cultura azteca, eran en su mayoría antiguos sacerdotes y sabios de esa cultura, es decir, miembros del antiguo estrato intelectual superior del pueblo, y tomando en cuenta que estos relatos comienzan ya pocos años después de la conquista de México, poseemos en los escritos de Sahagún una fuente de información que es difícil poder imaginar más pura y rica.

Infortunadamente, el método de trabajo de Sahagún no encontró ningún seguidor entre los cronistas españoles. En cierto sentido se le puede equiparar el historiador peruano Pedro Sarmiento de Gamboa, cuya obra no contiene, sin embargo, el relato directo de los indígenas, pero cuyo manuscrito fue sometido a una reunión de conocedores e instruidos, provenientes de las familias nobles indígenas. Ellos lo revisaron capítulo por capítulo, de modo que aquí también parece estar asegurado un alto grado de veracidad y datos auténticos en el material narrado. Durante el primer siglo después de la conquista de México y del Perú y al lado de los españoles, una serie de indígenas y mestizos, por lo general descendientes de las antiguas familias reinantes, de la nobleza y del sacerdocio, anotaron las tradiciones de sus antepasados por medio de la escritura aprendida de los hispanos, inicialmente en su propio idioma. Poseemos varios de estos textos —generalmente de contenido mítico— en lengua azteca, así como diversas colecciones, de considerable extensión, de leyendas en el idioma de los mayas de Guatemala y de Yucatán. Dentro de este conjunto de fuentes, se pueden mencionar los *Anales de Cuauhtitlan* (más correctamente llamada *Historia de los reynos de Colhuacan y de México)* y el *Popol Vuh,* ambas anónimas, y poseedoras para nosotros del más alto valor, ya que, al igual que la obra de Sahagún, nos proporcionan una visión del mundo conceptual de los antiguos pueblos de alta cultura. De las regiones de Colombia y del Perú, infortunadamente no se cuenta, hasta ahora, con nada que pudiera compararse a estas fuentes. La relación de Santacruz Pachacuti ya no fue escrita en lengua indígena, sino en español. También en México y en la América Central tenemos una serie de historiadores que escribieron en lengua española. Entre ellos están los mestizos Durán y Camargo, cuyas obras son importantes porque ellos coleccionaron, independientemente de las fuentes españolas, el material indígena que luego elaboraron con cuidado y de modo relativamente objetivo. En lo que se refiere a la fidelidad, los demás autores no sobresalen en relación a la generalidad de los cronistas españoles, a pesar del hecho de que disponían de materiales más amplios y mejores que éstos. El afán de presentar a sus antepasados bajo una luz de lo más favorable posible (de acuerdo con las normas españolas), frecuentemente les guió la pluma y hasta los indujo a tergiversar los hechos y a interpretar las costumbres paganas en sentido cristiano. De hecho, en muchas cosas ya se encontraban demasiado alejados de las tradiciones originales de su pueblo, para poder comprenderlas completamente. El historiador peruano Garcilaso de la Vega es uno de los mejores ejemplos de este tipo de historiógrafos, si no el mejor. Debido a tal hecho, he desistido de incluir su versión de los mitos en la presente obra.

Por lo general, se cuenta también al historiador mexicano Fernando de Alva Ixtlilxóchitl entre los autores más fidedignos. Sin embargo, de sus escritos aztecas sólo poseemos las traducciones, posiblemente defectuosas; hecho éste que nos impide formarnos una opinión justa. De todos modos, él dispuso, durante la redacción de su obra histórica de una serie de valiosos códices, que, sin embargo, muchas veces ya no comprendió correctamente, por lo que les dio una interpretación equivocada. Los códices mexicanos tienen, en realidad, más o menos el aspecto de libros pictóricos, y su "escritura" lo es sólo en el sentido en que los nombres de personas o de lugares se representan por glifos, es decir, de un modo incompleto: los numerales, fechas y ciertos conceptos abstractos aparecen en forma de símbolos. Para la reproducción de los sonidos de un texto, por lo tanto, esta escritura pictográfica es totalmente insuficiente. Los acontecimientos se ilustran por medio de figuras recargadas de símbolos que necesitan de una explicación oral para ser comprendidas. Tales explicaciones se han conservado en los comentarios del inicio del tiempo de los españoles sólo en pocos códices de origen azteca (por ejemplo, en el *Codex Vaticanus 3738)*. Además, poseemos en la *Historia de los Mexicanos por sus pinturas* no un códice (el cual en este caso está perdido), sino un extenso comentario a uno de ellos, de contenido casi exclusivamente mítico. Fue redactado por órdenes del primer obispo de México, Juan de Zumárraga, un hombre que, al quemar numerosos códices aztecas, infirió una pérdida irreparable a la supervivencia de las fuentes antiguas de México. Posiblemente la *Historia de los reynos de Colhuacan y de México* representa también uno de esos comentarios.

El lugar de procedencia de un grupo grande de códices se encuentra fuera de la región azteca propiamente dicha. Su representante principal lo hallamos en el *Códice de Viena*. Su contenido lo constituyen aparentemente mitos acerca de los dioses y leyendas épicas. También al famoso *Códice Borgia* de la Biblioteca del Vaticano, en Roma, se ha incorporado un relato mítico (no conocido de las demás fuentes), que trata de lo que le aconteció al dios de la estrella matutina, Quetzalcóatl, en su doble viaje al inframundo. La interpretación del último códice nombrado, por parte de Eduard Seler y la realizada por J. Cooper Clark en cuanto a la suerte del dios "Ocho Venado", descrita en los diversos códices del grupo de Viena nos han enseñado los tesoros míticos que aún faltan por descubrir. Sin embargo, la interpretación del contenido tropieza aquí con mayores dificultades que en los códices aztecas, no sólo porque carecen de todo comentario en español, sino también debido a que son muy escasos los informes españoles acerca de las creencias religiosas de las regiones que pueden ser consideradas como las de su origen. Las condiciones son algo mejores entre los mayas, debido a que tanto las representaciones en los códices, como en los relieves y frescos, frecuentemente se hallan acompañadas de jeroglíficos, los cuales, aunque descifrados hasta ahora sólo en una pequeña parte, permiten reconocer que explican, en forma escrita, los acontecimientos representados. Al ser descifrados, se podrá esperar en el futuro, un enriquecimiento considerable de lo que se sabe acerca del mundo mítico de los mayas. Los informes escritos por españoles e indígenas sólo se refieren, infortunadamente, a los mitos y leyendas de los tiempos postreros del reino de los mayas, de duración mayor que un milenio. Provienen, además, casi exclusivamente del sur, de las tribus de la región alta de Guatemala (quichés y cakchiqueles); estas tribus no se encontraban en el mismo nivel cultural que sus parientes lingüísticos más septentrionales, los cuales estuvieron expuestos a influencias extrañas (mexicanas) más recientes. Hacía tiempo que el "Viejo Imperio" de los mayas —con sus palacios, templos y su arte muy desarrollado— había sido devorado por la selva tropical del norte de Guatemala, cuando los españoles penetraron en estas regiones. Por otra parte, las largas y sangrientas guerras, así como el fervor fanático de los frailes, causaron en Yucatán más estragos en el tesoro de los códices y tradiciones, que en la altiplanicie de México.

Del Perú no han sido conservadas ningunas de estas representaciones pictográficas propiamente dichas. Sin embargo, durante el tiempo de los incas deben haber existido pinturas que servían para la ilustración de leyendas y tradiciones. Molina y Sarmiento nos hablan de tablas que llevaban representaciones pictográficas y que se encontraban en el templo del Sol de Cuzco, y to-

davía en el año 1572 Francisco de Toledo, Virrey del Perú, mandó a Felipe II
de España junto con las obras de Sarmiento cuatro resúmenes pictóricos, de
la prehistoria y de la historia del Perú, dibujados sobre tela por artistas indígenas. De hecho se han descrito tejidos del tiempo pre-incaico, en los cuales
se reproducen por medio de dibujos tejidos escenas míticas. Pero aún mayor
es el material pictórico en cerámica, que ha enriquecido el conocimiento de
la mitología peruana, sobre todo en vasijas procedentes de los sitios de la
cultura Chimú (en la costa septentrional del Perú), cuya decoración pintada
o plástica consiste frecuentemente en figuras y escenas míticas. Sólo raras veces se ha logrado hacer hablar a estos testigos mudos de ese rico y antiguo
tesoro de creencias. Se ha podido dar una interpretación a este material, en
aquellos casos en los que las representaciones han podido ser explicadas por
medio de los escasos restos de mitos y leyendas de los pueblos costeños del
Perú, conservados en las crónicas españolas.

Una revisión de nuestras fuentes muestra que las diferentes regiones de los
antiguos pueblos americanos de alta cultura han sido tratados de modo muy
desigual. Mientras que se han conservado muchos mitos y leyendas de los aztecas, de los mayas de Guatemala, de los muiscas y de algunas tribus del Perú,
faltan representantes de otros grandes pueblos si no del todo, casi por completo. Como ejemplos solamente nombro a los totonacas, zapotecas, chorote-
gas, y los pueblos del Cauca de Colombia. Nuestras fuentes son, sin embargo,
más abundantes, por ejemplo, en el tiempo de Alejandro de Humboldt. En la
segunda mitad del siglo xix se dio a conocer mucho material nuevo, hasta entonces desconocido, que se encontraba inédito en archivos y bibliotecas. El
mérito de haber encontrado estos tesoros y de haberlos puesto al alcance de
los investigadores por medio de buenas ediciones, pertenece en primer lugar
a Icazbalceta, Brasseur de Bourbourg, Marcos Jiménez de la Espada y Clements R. Markham. Todavía en tiempos recientes se han agregado documentos de importancia. La traducción del cosmógrafo francés Thévet, de una obra
del misionero mexicano Andrés de Olmos, *Histoyre du Mechique,* que se encuentra perdida, y la segunda parte de los *Anales de Cuauhtitlan, Historia de los
reynos de Colhuacan y de México* fueron descubiertos por E. de Jonghe y W.
Lehmann en la rica colección de códices de la biblioteca nacional de París.
También a ella pertenece la *Historia tolteco-chichimeca,* un relato en parte
mítico y en parte histórico de suma importancia, del cual hasta ahora no se
conocen más que fragmentos. En el año de 1912 Martínez Hernández publicó
el mito que se refiere al fin del mundo que se encuentra en la colección de
crónicas yucatecas llamada Chilam Balam, cuya edición completa (después
de la fragmentaria de Brinton) es una de las necesidades inminentes del futuro, puesto que no solamente contiene mitos, sino también importantes informaciones históricas. Finalmente se ha realizado en este año la edición de
importantes párrafos del texto de Sahagún escrito en idioma azteca, que han
sido copiados por Eduard Seler en Florencia y Madrid y más tarde traducidos
por él mismo. Por medio de esta obra se han dado a conocer por primera vez
importantes mitos y tradiciones de los aztecas, en su forma original. Del territorio peruano se debe mencionar sobre todo el feliz descubrimiento de la obra

histórica de Sarmiento por Pietschmann, el cual nos ha proporcionado materiales de suma importancia. Debemos esperar informaciones sumamente importantes a base de la crónica aún inédita del historiador indígena Guaman Poma de Ayala, descubierta también por Pietschmann, la cual está ilustrada con representaciones pictóricas, que faltan completamente en todas las demás obras peruanas.

He intentado, naturalmente, presentar en esta selección solamente las versiones más antiguas y completas de las diferentes tradiciones y leyendas (como excepción véanse las anotaciones de 16 e), eliminando, hasta donde fue posible, relatos de segunda mano. Algunas fuentes de importancia (Ávila, Balboa, Oliva) desgraciadamente no han sido dadas a conocer hasta ahora en su forma original, o sea la española, sino solamente en traducciones francesas o inglesas. Cuando hemos podido disponer tanto de una versión indígena como de una española, he dado preferencia a la primera, como por ejemplo en la mayor parte de los fragmentos tomados de la obra de Sahagún. Lo reducido del volumen me obligó a ciertas limitaciones. A esto se debe que se tomaran en cuenta principalmente sólo aquellas tradiciones y leyendas que se refieren a tiempos míticos hasta la época en la cual tuvo lugar la inmigración de las tribus históricas hacia las regiones que habitaron más tarde. Esto naturalmente no quiere decir, que en las tradiciones históricas de México y del Perú no se encuentren elementos míticos. Los antiguos soberanos son, por el contrario, casi siempre figuras míticas, y hasta qué punto la leyenda mixtifica personajes, sin duda históricos, nos lo muestran las tradiciones 17 y 49, que he escogido como ejemplos representativos de los mitos históricos. En Colombia la neblina mítica cubre aún los acontecimientos y figuras del tiempo de la conquista española. De los mitos de la creación del mundo y de las tradiciones que se refieren a dioses y héroes no parece faltar nada de gran importancia. En algunos casos hasta fue posible incluir diferentes versiones de una misma leyenda (que en no pocos casos reflejan los conceptos de diferentes escuelas sacerdotales), para hacer resaltar más claramente el carácter multicolor y a veces no claramente delineado de algunos dioses y personajes míticos. Aunque se nota ya en la mitología antigua de América y sobre todo en la del México prehispánico, la mano de un sacerdocio influyente, que escogía, transformaba y equilibraba los componentes de diversos orígenes, creando así un ciclo de mitos y tradiciones, no se ha logrado, sin embargo, la síntesis completa de todos estos componentes en una gran epopeya mítica, cuyo encadenamiento sea completo. A ella se acercan bastante algunas grandes leyendas ininterrumpidas, como el mito referente a Quetzalcóatl y los toltecas (10-12), el Hunahpú e Ixbalanqué (20), el de Guallallo y Pariacaca (40), igual que las diferentes tradiciones mexicanas referentes a la creación (1-6), que seguramente tienen orígenes diferentes, permiten reconocer una íntima relación y una estructura significativa. Puesto que en el momento de la conquista himnos y dramas eran formas conocidas del arte tanto en México como en el Perú, parece haberse impedido el desarrollo hacia la poesía épica, primeramente religiosa, sólo por la rápida decadencia de la cultura antigua. Algunas historias contienen partes, que ya muestran aparentemente una forma unitaria, encontrándose por otra parte entre los himnos traducidos por Seler, varios que incluyen fragmentos de mitos desgraciadamente perdidos.

Las diferencias en el estilo de las tradiciones no nos deben extrañar dada la gran diversidad del origen, posición social y educación del narrador. El estilo indígena, con su tendencia a la repetición, al modo simbólico de expresión, y al discurso solemne y conciso se explica por el hecho de que lo relatado era considerado todavía como parte de una ceremonia religiosa. Por supuesto es completamente diverso del de los españoles. De éstos, estaban algunos tan influidos por la cultura de su tiempo que escribían en forma afectada, mientras que otros,como Martín de Morúa, e Ixtlixóchitl, que se encontraban completamente bajo la influencia española, hacían de los mitos y tradiciones novelas sentimentales (véase 13 c, 50). Esto naturalmente afectó con mucha frecuencia el carácter original de lo narrado. Más serio es, sin embargo, el cambio sufrido por el contenido. Es frecuente que el fervor religioso o la mala interpretación haya querido encontrar en la antigua historia indígena rastros de la creencia cristiana, y que la adornara, agregándole arbitrariamente diferentes ideas cristianas. Hay cuentos y leyendas, que no son más que una parte del catecismo romano que llevan intercalados los nombres de los dioses paganos, como Seler lo ha expresado alguna vez. Se ha desistido naturalmente de la reproducción de las leyendas así enmendadas, que encontramos por ejemplo en los relatos del P. Francisco Hernández (en Las Casas), que se refiere a la Santísima Trinidad y que habla de la madre de Dios entre los mayas de Yucatán. Pero no hay que desechar leyendas completas suponiéndolas inventos españoles, porque contengan algunas ideas cristianas, como es el caso de caracterizar, a héroes culturales como Quetzalcóatl, Bochica, o Viracocha con la apariencia de un apóstol o cuando se adornan las leyendas del diluvio con detalles del génesis (véase sobre todo 43 a y d). Sin duda, el cronista parte aquí de una tradición que existía originalmente y de caracteres derivados de la base natural del mito (barbas de los héroes culturales, presagio de un regreso futuro, etc.) y los adorna con algunos inventos suyos. Los demás paralelismos existentes entre las tradiciones americanas y las del viejo mundo, pertenecen al gran número de concordancias entre los pueblos de alta cultura del viejo y del nuevo mundo, que se encuentran también en otros aspectos, y cuya explicación se debe dejar a futuras investigaciones.

Ehrenreich que se ha ocupado de algunas de las más notorias concordancias de esta índole, nos ha dado también una caracterización acertada de la mitología de las altas culturas de América y ha hecho resaltar las diferencias entre ésta y la mitología de los pueblos primitivos de América. El adelanto más importante de aquélla consiste en haber desarrollado un mundo rico en personajes divinos, que aparece sólo entre las tribus indígenas de Norte y Sud América que sufrieron una mayor influencia de los pueblos de alta cultura. Mientras que entre los pueblos primitivos, la persona principal de las leyendas es el héroe cultural, desarrollado a partir del ancestro tribal, con frecuencia en forma de animal y provisto con rasgos solares o lunares, vemos que entre los pueblos de alta cultura se han separado del gran número de los espíritus de la naturaleza, concebidos originalmente en forma poco determinada, seres divinos que actúan individualmente, ya no representando las cosas o fenómenos de la naturaleza, sino dominándolos y moviéndolos desde fuera. Siempre son de forma humana, pero tienen nombres, atavíos y atributos que recuerdan a los animales. A éstos se les dio sólo el papel de ayudantes de los dioses. Los espíritus de la naturaleza no son siempre el principio de estos seres divinos. La mayoría de los dioses del Perú y de Colombia se desenvolvieron a partir de héroes culturales, y su relación con los ancestros tribales ya no se puede reconocer con claridad, mientras que los rasgos solares y lunares del héroe cultural resaltan aún más. El mayor desarrollo de la mitología de las altas culturas se expresa también en el hecho de que fenómenos meteorológicos como el trueno, el rayo, el viento y el arco iris, cuyo poder de originar mitos es bastante débil entre los pueblos primitivos de América, se transformaron en campos de actuación de determinadas deidades. La leyenda heroica ha tomado en la región de los Andes y en México un carácter más o menos histórico, puesto que los señores por lo general derivan su linaje en línea directa a partir del héroe mítico, que se relaciona con hechos históricos y se coloca en un esquema cronológico, que no siempre se basa en hechos, sino más bien en especulaciones numéricas.

A pesar de la aparente homogeneidad en la mitología de las altas culturas de Centro y Sud América que es reforzada aún más por una clara difusión de ideas desde México hasta el Perú (véase la anotación en 40), existen también diferencias básicas. A los dioses peruanos falta aún mucho del carácter personal de los de México, por lo que el arte del Perú no ha creado ningún tipo individual y unívoco de dioses, y no conocemos ninguna representación que se pudiera relacionar seguramente con el dios del sol, Viracocha o Pachacamac, a pesar de que ya existen comienzos de una representación plástica de los dioses (véase 49). El místico paralelismo entre la tierra y el cielo, es decir, el concepto de que cada hecho y cada suceso terrestre se repite en los fenómenos y acontecimientos del cielo, ha influido mucho más intensamente el concepto mexicano del mundo que el de los pueblos andinos, entre los cuales la falta o la menor importancia de las representaciones pictográficas puso límites más estrechos a la especulación de los sacerdotes. Leyendas de la creación propiamente dichas, faltan por completo en Colombia y el Perú. Como en el caso de todos los redentores la actividad de los dioses se ocupa más de la perfección que de la creación de lo existente (véase 37, 39). El hecho de que los hombres y héroes culturales hayan nacido de huevos (38, 40, 41), es una idea que se encuentra en las leyendas peruanas, desconocida en la mitología de México y Centro América. También el papel representado por los lagos en las tradiciones de la creación, conocidas de los países andinos, pertenece a los rasgos específicamente sudamericanos en la mitología de los pueblos de alta cultura del Nuevo Mundo. De estos lagos emergen a veces los ancestros del género humano, y otras el sol y la luna. Para la mitología de los Andes es característica la falta casi completa de simbolismos que afectan tanto a números como a colores, de gran importancia en el norte, y el débil desarrollo de las leyendas de migraciones. Las tribus de Colombia y del Perú creen que nacieron en la región donde habitaban, y se habla entre las tribus de la costa del Ecuador y del Perú del desembarco de pueblos que vinieron a través del mar en embarcaciones (véase 48 *a-c*), pero se debe interpretar como algo enteramente distinto a lo encontrado en las leyendas de México y de Centro América (13 *a*, 15, 16 *a*, 18 *b*). Aquí se explica por concepto mítico del mundo, pero en Ecuador y el Perú hechos históricos parecen haber encontrado su expresión en estas leyendas.

Debido a la profunda influencia que los pueblos de alta cultura ejercieron sobre algunos pueblos primitivos de Norte y Sud América, no es de extrañar, que éstos muestren frecuentes vestigios de esta influencia en sus mitos y leyendas. En mi selección de los cuentos de los indios de Norte América he señalado este hecho repetidas veces. En América del Sur no sólo los pueblos primitivos vecinos del este de Bolivia, sino también los tupí del este de Brasil han sido inspirados por la mitología de los pueblos antiguos. Si se toma en cuenta esta íntima relación, y si se considera el hecho de que también las altas culturas de Centro y Sud América se originaron sobre la base común de las culturas americanas, sorprende cuán poco se ha conservado de las leyendas típicas de Norte y Sud América, en las regiones de alta cultura. Así falta "la visita al cielo" (o al inframundo) con las pruebas a las cuales se tiene que sujetar el héroe, y la "huida mágica" con los obstáculos, con que el espíritu maligno le cubre el camino al perseguirlo. Sólo existen dos excepciones: una es el mito quiché de Hunahpú e Ixbalanqué, en el cual se narra dos veces una visita típica al inframundo (20 *a, h-k*), la otra la leyenda Huarochiri de Coniraya que tiene dos versiones del tema de la huida, aunque incompletas y mal interpretadas (39). Pero el hecho de que se encuentren en lugares aislados es muy significativo. Nos demuestran, lo que Ehrenreich ya ha hecho resaltar, que sin duda existía en la región de los pueblos de alta cultura, una literatura de leyendas tradicionales de la cual nos han sido conservados algunos fragmentos por coincidencia,[1] mientras que todo lo demás perdió su original importancia a causa de los mitos divinos que predominaban. Por la forma en que se han conservado son frecuentemente el resultado de la interpretación y especulación de los sacerdotes. Si los españoles se hubieran interesado también por las tradiciones populares, el que las leyendas araucanas y las del noroeste de Norte América muestren una analogía tan sorprendente, no nos daría tantos dolores de cabeza, puesto que seguramente se hubieran encontrado eslabones que ligarían a los dos extremos y que harían patente la distribución de ciertas leyendas a lo largo de la costa del Pacífico. La existencia de la serpiente de dos cabezas, una figura mítica de gran importancia, ha sido demostrada en el noroeste de América, Centro América y el Perú por Fritz Roeck, siendo su forma en todos estos lugares muy semejante.

Hubiera sido lógico llenar las lagunas existentes con leyendas modernas de México y Centro América, Colombia y el Perú, pero el espacio limitado de que disponía me obligó a renunciar a su reproducción. Puesto que los mitos re-

---

[1] El mito de los quichés contiene también algunas ideas más antiguas, como por ejemplo la "curación engañosa" (20 *d*), mientras que Coniraya se parece completamente al tipo "trickster" de los héroes culturales del noroeste de Norte América. La leyenda de Coniraya contiene la "elección del padre" también conocida en el noroeste de América.

unidos por K. Th. Preuss entre los coras modernos de México complementan y explican frecuentemente los de los aztecas —dada la íntima relación que existe entre ellos, siendo los primeros muchas veces de forma más antigua— he creído de utilidad referirme frecuentemente a los primeros en las notas.

Tuve que limitar las anotaciones a la explicación de los textos, y sólo en algunos casos incluí indicaciones comparativas sobre las leyendas conocidas de otros círculos culturales, ya fueran de los pueblos primitivos de Norte o de Sud América. La extensión relativamente grande de las explicaciones de la primera parte (aztecas), se justifica por el carácter mismo de los mitos y tradiciones aztecas. Éstos solamente pueden ser comprendidos por un profano si éste intenta descubrir la relación mística, el extraño simbolismo, y el sentido secreto que la ciencia sacerdotal de México dio a los más sencillos sucesos, y cuando se trata de explicarlos por medio de paralelismos. La comprensión de las tradiciones y mitos de los pueblos andinos es, por otra parte, más sencilla.

En cuanto a las ilustraciones quisiera hacer notar que no se trata de un simple adorno del libro. Ellas deben explicar el texto y, lo que es aún más importante, complementarlo, puesto que numerosas representaciones de seres, conceptos y hechos míticos, se mencionan en las fuentes.

En fin, es para mí un agradable deber expresar aquí mi agradecimiento a los profesores Dr. K. Th. Preuss y Dr. W. Lehmann que me han ayudado a llevar a cabo este trabajo, poniendo a mi disposición material impreso y original, que de otra forma no hubiera estado a mi alcance.

WALTER KRICKEBERG.

Berlín — Wilmersdorf, noviembre de 1927.

AZTECAS

LA CREACIÓN DEL MUNDO

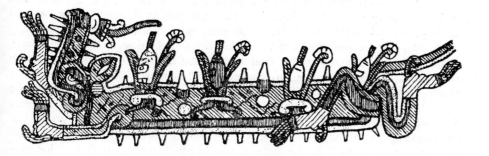

1. EL TIEMPO MÁS ANTIGUO

*a** Nuestros padres y abuelos nos dicen que él nos creó y formó, él cuyas criaturas somos: nuestro príncipe Quetzalcóatl. También creó el cielo, el sol y la deidad de la tierra.

b Por los caracteres y escrituras y por relaciones de los viejos y de los que en tiempo de su infidelidad eran sacerdotes y papas, y por lo dicho por los señores y principales a quien se enseñaba la ley y criaban en los templos para que la desprendiesen, juntados ante mí y traídos sus libros y figuras que según lo que demostraban eran antiguas, y muchas de ellas teñidas, la mayor parte untada con sangre humana parece que tenían a quien decían Tonacatecuhtli, el cual tuvo por mujer a Tonacacíhuatl o por otro nombre Xochiquetzal —señor y señora de nuestra carne— los cuales se criaron y estuvieron siempre en el decimotercer cielo, de cuyo principio no se supo jamás...

Este dios y diosa engendraron cuatro hijos: al mayor llamaron Tezcatlipoca rojo y los de Uexotzinco y Tlaxcala, los cuales tenían a éste por su dios principal, le llamaban Camaxtli, éste nació todo colorado. Tuvieron el segundo hijo, al cual dijeron Tezcatlipoca negro, el cual fue el mayor y peor, y el que más mandó y pudo que los otros tres, porque nació en medio de todos [los seres y cosas]**: éste nació negro. Al tercero llamaron Quetzalcóatl, y por otro nombre "Noche y Viento". Al cuarto y más pequeño llamaban "Señor del Hueso", y por otro nombre "La Culebra con dos Cabezas", y los mexicanos le decían: Huitzilopochtli, al cual tuvieron los de México por dios principal... De estos cuatro hijos de Tonacatecuhtli y Tonacacíhuatl, el Tezcatlipoca negro era el que sabía todos los pensamientos y estaba en todo lugar y conocía los corazones, y por esto le llamaban Moyocoya, que quiere decir que es todopoderoso o que hace todas las cosas sin que nadie le vaya a la mano... Huitzilopochtli, hermano menor y dios de los de México, nació sin carne, sino con los huesos, y de esta manera estuvo seiscientos años, en los cuales no hicieron cosa alguna los dioses...

* Traducido directamente de Krickeberg.
** Entre [ ] se incluyen a lo largo del texto palabras o frases explicativas.

Pasados seiscientos años del nacimiento de los cuatro dioses hermanos, los hijos de Tonacatecuhtli, se juntaron todos cuatro y dijeron que era bien que ordenasen lo que habían de hacer, y la ley que habían de tener, y convinieron en nombrar a Quetzalcóatl y Huitzilopochtli para que ellos dos ordenasen, y estos dos, por comisión y parecer de los otros dos, hicieron luego el fuego, y hecho, hicieron medio sol, el cual por no ser entero no relumbraba mucho sino poco. Luego hicieron a un hombre y a una mujer: al hombre llamaron Oxomoco y la mujer Cipactónal, y mandáronles que labrasen la tierra y que ella hilase y tejiese, y que de ellos nacerían los macehuales, y que no holgasen sino que siempre trabajasen, y a ella le dieron los dioses ciertos granos de maíz para que con ellos ella curase y usase en adivinanzas y hechicerías y así lo acostumbran hacer hoy día las mujeres. Luego hicieron los días, y los partieron en meses, dando a cada mes veinte días, y así tenían dieciocho meses, y trescientos sesenta días en el año, como se dirá adelante. Hicieron luego al "Señor del Inframundo" y a la "Señora del Inframundo", marido y mujer, y éstos eran dioses del infierno, y los pusieron en él; y luego crearon los cielos, comenzando del trece para abajo, e hicieron el agua y en ella criaron un pez grande que llamaron Cipactli, que es como caimán, y de este pez hicieron la tierra, como se dirá; y para crear al dios y diosa del agua juntaron los cuatro dioses a Tláloc y a su mujer Chalchiutlicue, a los cuales tuvieron por dioses del agua, y a éstos se pedía cuando tenían de ella necesidad. Después estando todos cuatro dioses juntos hicieron del pez Cipactli la tierra, a la cual llamaron Tlaltecuhtli, pintándola como deidad tendida sobre un pescado por haberse hecho de él.

c   Algunos otros dijeron que la tierra fue creada de esta manera: dos dioses, Quetzalcóatl y Tezcatlipoca, bajaron la diosa de la tierra del cielo. Ella tenía las articulaciones completamente llenas de ojos y bocas, con las cuales ella mordía como una bestia salvaje. Antes de que la bajaran ya había agua, de la cual nadie sabe quién la creó, sobre la cual esta diosa caminaba. Viendo esto los dioses dijeron el uno al otro: "Es necesario hacer la tierra", y diciendo esto se convirtieron ambos dos en grandes serpientes las cuales agarraron a la diosa la una en la mano derecha y en el pie izquierdo, la otra en la mano izquierda y el pie derecho, y la jalaron tanto que la hicieron romperse por la mitad. De la mitad detrás de los hombros hicieron la tierra, y la otra mitad la llevaron al cielo. Por eso se enojaron mucho los otros dioses. Para recompensar a la dicha diosa de la tierra por el daño que los dos dioses le habían hecho, todos los dioses descendieron del cielo para consolarla y ordenaron que de ella salieran todos los frutos necesarios para la vida de los hombres. Por eso hicieron de sus cabellos árboles, flores, y hierbas, de su piel las hierbas muy pequeñas y las pequeñas flores, de los ojos pozos, fuentes y pequeñas cavernas, de la boca ríos y grandes cavernas de los agujeros de la nariz valles de montañas, y de los hombros montañas. Y esta diosa lloraba algunas veces durante la noche queriendo comer corazones de hombres y no se quería callar hasta que se los daban, no queriendo llevar fruta si no estaba rociada con sangre humana.

2. LOS DIFERENTES SOLES

a Según sabían los viejos, la tierra y el cielo se estancaron en el año "1 tochtli" (uno-conejo). También sabían que cuando esto sucedió habían vivido cuatro clases de gentes, es decir, que habían sido cuatro las vidas. Así sabían también que cada una fue un sol. Decían que su dios los hizo y los crió de ceniza, y atribuían a Quetzalcóatl, signo "2 ehécatl" (siete-viento), el haberlos hecho y criado.

El primer sol que hubo al principio, bajo el signo de "4 atl" (cuatro-agua), se llama Atonatiuh (sol del agua). En éste sucedió que todo se lo llevó el agua; todo desapareció; y las gentes se volvieron peces.

El segundo sol que hubo, estaba bajo el signo de "4 ocelotl" (cuatro-tigre) y se llama Ocelotonatiuh (sol del tigre). En él sucedió que se hundió el cielo; entonces el sol no caminaba de donde es medio día y luego se oscurecía; y cuando se oscureció, las gentes eran comidas. En este sol vivían gigantes: dejaron dicho los viajeros que su saludo era "no caiga usted", porque el que se caía, se caía para siempre.

El tercer sol que hubo, bajo el signo de "4 quiauhuitl" (cuatro-lluvia) se dice Quiauhtonatiuh (sol de lluvia). En él sucedió que llovió fuego sobre los moradores, que por eso ardieron. Y dicen que en él llovieron piedrezuelas y que entonces se esparcieron las piedras que vemos; que hirvió el tezontle (piedra liviana llena de agujeros); y que entonces se enroscaron los peñascos que están enrojecidos.

El cuarto sol, bajo el signo de "4 ehécatl" (cuatro-viento) es Ehecatonatiuh (sol del viento). En éste todo se lo llevó el viento. Todos los hombres se volvieron monos y fueron esparcidos por los bosques.

El quinto sol, bajo el signo de "4 ollin" (cuatro-movimiento), se dice Olintonatiuh (sol del movimiento), porque se movió, caminando. Según dejaron dicho los viejos, en éste habrá terremotos y hambre general, con que hemos de perecer.

b Cuando los cuatro dioses vieron cómo el medio sol, que habían creado; alumbraba poco, dijeron, que se hiciese otro medio sol, para que pudiese alumbrar bien toda la tierra. Y viendo esto Tezcatlipoca, se hizo sol para alumbrar... debido a su divinidad, y todos los dioses criaron entonces gigantes, que eran hombres muy grandes y con tantas fuerzas que arrancaban los árboles con las manos. No comían mas que bellotas de encina y vivieron mientras duró este sol, que fueron trece veces cincuenta y dos años, que son seiscientos setenta y seis años... Perecieron cuando Tezcatlipoca dejó de ser sol y los tigres acabaron con ellos y los comieron. Estos tigres se hicieron de la siguiente manera: pasados las trece veces cincuenta y dos años, Quetzalcóatl fue sol y dejó de serlo Tezcatlipoca, porque aquél le dio con un gran bastón y lo derribó en el agua. Allí Tezcatlipoca se hizo tigre y salió a matar a los gigantes. Esto se ve todavía en el cielo, porque dicen, que la Osa Mayor baja al agua porque es Tezcatlipoca y que ella está allá en memoria de él.

En el tiempo de Quetzalcóatl los hombres solamente comían piñones. Quetzalcóatl duró siendo sol otras trece veces cincuenta y dos, que son, seiscientos y setenta y seis años. Acabados éstos, Tezcatlipoca, por ser dios, se transformó como los otros hermanos suyos podían hacerlo, y hecho tigre dio una coz a Quetzalcóatl; lo derribó y lo quitó de ser sol. Entonces se levantó tan gran aire que arrastró a Quetzalcóatl y con él a todos los hombres [que vivían entonces], dejando solamente algunos cuantos que se quedaron en los aires. Éstos se volvieron monos.

Ahora quedó por sol Tláloc, el dios del paraíso terrestre, el cual duró hecho sol siete veces cincuenta y dos, que son trescientos sesenta y cuatro años. En el sol de Tláloc todos los hombres no comían sino acecentli, que es una simiente como el trigo, que nace en el agua. Pasados estos años, Quetzalcóatl dejó llover fuego del cielo, quitó a Tláloc como sol y puso por sol a la mujer de Tláloc, Chalchiutlicue.

Ésta fue sol seis veces cincuenta y dos años, que son trescientos y doce años. Los hombres comían este tiempo de una simiente como maíz que se dice cencocopi. Desde el nacimiento de los dioses hasta el cumplimiento de este sol hubo según su cuenta dos mil y seiscientos y veinte y ocho años. En el año postrero que fue sol Chalchiutlicue, llovió tanta agua y en tanta abundancia, que se cayeron los cielos, y las aguas llevaron todos los hombres que había, de ellos se hicieron todos los géneros de pescados que hay. Así cesaron de haber hombres y el cielo cesó porque cayó sobre la tierra.

3. El levantamiento del cielo

Cuando los cuatro dioses vieron que el cielo se había caído sobre la tierra, lo cual sucedió en el primero de los cuatro años que hubo después que cesó el sol y llovió mucho, el cual se llamaba "1 tochtli" (uno-conejo), ordenaron los cuatro que se hicieran por el centro de la tierra cuatro caminos, para entrar por ellos y alzar el cielo. Y para que los ayudasen en el levantamiento del cielo criaron cuatro hombres: uno llamado Tzontémoc, otro Itzcóatl, otro Itzmalín y otro Tenexxóchitl. Criados estos cuatro hombres, los dioses Tezcatlipoca y Quetzalcóatl se hicieron árboles grandes: Tezcatlipoca se transformó en un árbol que llaman "árbol de espejo" y Quetzalcóatl en un árbol que llaman "gran flor de quetzal". Con la ayuda de los hombres y los árboles y los demás dioses alzaron el cielo con las estrellas, como ahora está. Por haberlo alzado así el "señor de nuestra carne" hizo a Tezcatlipoca y Quetzalcóatl señores del cielo y de las estrellas; y porque levantado el cielo, iban por él, hicieron el camino que aparece en el cielo, en cual se encontraron, y donde están desde entonces y donde tienen su asiento.

Después de que el cielo fue levantado, los dioses dieron vida a la tierra, porque murió cuando cayó el cielo sobre ella. En el segundo año después del diluvio que era "[2] ácatl" (dos-caña), Tezcatlipoca cambió su nombre y se transformó en Mixcóatl, que quiere decir "serpiente de nubes". En este año quiso hacer una fiesta en honor de los dioses, y para eso sacó lumbre de los palos, como lo acostumbran hacer. Ésa fue la primera vez que se sacó fuego

por medio de un instrumento, que consta de unos palos que tienen corazón. Sacado el fuego, la fiesta consistió en hacer muchos y grandes fuegos.

4. El origen de los hombres y de las plantas alimenticias

a* Después de haber levantado el cielo, se consultaron los dioses y dijeron: "¿El cielo ha sido construido, pero quiénes, oh dioses, habitarán la tierra?". Se ocuparon en el negocio; luego fue Quetzalcóatl al inframundo; llegó al señor y a la señora del reino de los muertos y dijo: "He venido por los huesos preciosos que tú guardas". Aquel contestó: "¿Qué harás tú con ellos, Quetzalcóatl?" Otra vez dijo éste: "Los dioses tratan de hacer con ellos quien habite sobre la tierra". De nuevo dijo el dios de los muertos: "Sea en buena hora. Toca mi caracol y lleva [el hueso] cuatro veces alrededor de mi asiento de piedras preciosas". Pero él no usó el caracol del dios de la muerte: Quetzalcóatl llamó a los gusanos, que le hicieron agujeros [en el hueso], e inmediatamente entraron allí las abejas grandes y las montesas, que lo tocaron, y lo oyó el dios de los muertos. Otra vez éste dijo: "Está bien, tómalos". Después el dios de los muertos [se arrepintió] y dijo a sus mensajeros, los moradores del inframundo: "Id a decirle, dioses, que ha de venir a dejarlos". Pero Quetzalcóatl respondió: "No, me los llevo para siempre". Y dijo a su nagual: "Anda a decirles que vendré a dejarlos", y Quetzalcóatl vino a decir a gritos: "Vendré a dejarlos".

* En algunas partes se utilizó la versión de Krickeberg.

Pronto subió Quetzalcóatl a la tierra. Luego que cogió los huesos preciosos, estaban juntos en un lado los huesos de varón, y también juntos, de otro lado, los huesos de mujer. Tan pronto como los tomó, Quetzalcóatl hizo de ellos un lío, que se trajo. Otra vez les dijo el dios de los muertos a sus mensajeros: "¡Dioses! Deveras se llevó Quetzalcóatl los huesos preciosos. ¡Dioses! Id a hacer un hoyo en su camino". Ellos fueron a hacerlo, y por caerse en el hoyo, se golpeó y le espantaron las codornices; cayó desmayado y esparció por el suelo los huesos preciosos, que luego mordieron y royeron las codornices. A poco y volvió en sí Quetzalcóatl, y lloró y dijo a su nagual: "¿Cómo será esto, nagual mío?" El cual dijo: "¡Cómo ha de ser! Que se echó a perder el negocio". Luego los recogió, los juntó e hizo un lío, que inmediatamente llevó a Tamoanchan. Después que los hizo llegar, los molió la diosa Cihuacóatl-Quilaztli, que a continuación los echó a una vasija preciosa. Sobre él se sangró Quetzalcóatl su miembro; y en seguida hicieron penitencia todos los dioses. Se dice, que después nacieron los hombres, puesto que los dioses habían hecho el sacrificio de su sangre sobre ellos.

Otra vez dijeron los dioses: "¿Qué comerán los hombres, oh dioses? Ya todos buscan el alimento". Luego fue la hormiga roja a coger el maíz desgranado que se encontraba dentro del cerro de la subsistencia. Quetzalcóatl encontró a la hormiga y le dijo: "Dime a donde fuiste a cogerlo". Muchas veces se lo preguntó, pero ella no quiso contestarle. Luego le dijo que allá (señalando el lugar). Entonces Quetzalcóatl se volvió hormiga negra y, acompañado por la otra, entraron y lo acarrearon entre ambos, esto es, Quetzalcóatl acompañó a la hormiga colorada hasta el lugar donde estaba guardado el maíz, ésta colocaba los granos en la orilla del cerro y en seguida Quetzalcóatl los llevó a Tamoanchan. Allá lo mascaron los dioses y lo pusieron en la boca de los hombres para robustecerlos. Después dijeron: "¿Qué haremos con el cerro de las subsistencias?". Quetzalcóatl se fue solo al lugar donde estaba, lo ató con cordeles y lo quiso llevar a cuestas pero no lo pudo levantar. A continuación, Oxomoco echó la suerte con maíz; también auguró Cipactónatl, la mujer de Oxomoco. Luego dijeron ambos que solamente Nanáhuatl "el buboso" puede despedazar el cerro de las subsistencias con el rayo, puesto que así lo habían adivinado. Mientras tanto llegaron los dioses de la lluvia, los azules, blancos, amarillos y rojos. Entonces Nanáhuatl despedazó el cerro de las subsistencias con el rayo, e inmediatamente los dioses de la lluvia arrebataron el alimento: el maíz blanco, el negro, el amarillo, el frijol, los bledos, la chía, huautli, todo el alimento fue arrebatado.

b   [Un mito referente a la creación procedente de Texcoco]: Un día, muy de mañana, el dios del sol tiró una flecha del cielo, la cual cayó en un lugar llamado Tezcalco, donde actualmente está una ciudad. Del agujero de aquella flecha salieron un hombre y una mujer; el nombre del hombre era "cabeza, o gavilán", el nombre de la mujer era "cabello de hierba". Del dicho hombre no había más cuerpo que las axilas para arriba, ni tampoco de la mujer, y para engendrar él metía su lengua en la boca de la mujer. Ellos no caminaban más que a saltos como urraca o gorrión. El hombre entonces hizo un arco y una flecha con los cuales tiraba a los pájaros que volaban, y si de ventura no mataba al pájaro al cual tiraba, la flecha caía en cualquier conejo u otra caza, la cual ellos comían cruda, pues no había aún el uso del fuego, y se vestían con la piel. La pareja tuvo seis niños y una niña, los cuales se fueron al lugar donde actualmente está Texcoco, pero que entonces no era más que un espeso monte, lleno de toda clase de bestias, con cuyas pieles ellos se vestían.

c   [En la provincia de Chalco se cuenta lo siguiente referente a la creación del maíz]: Todos los dioses descendieron del cielo a una cueva, donde un dios, llamado Piltzintecutli se acostó con una diosa llamada Xochiquétzal. De ella nació Tzentéotl, el dios del maíz, el cual se metió debajo de la tierra, y de sus cabellos salió el algodón, de un ojo una muy buena semilla, del otro ojo otra, de la nariz otra semilla, llamada chían, de los dedos salió una fruta llamada camote, de las uñas otra clase de maíz grande, y del resto del cuerpo salieron muchas otras frutas las cuales los hombres recogen y siembran. Por esto dicho dios fue más querido que los otros dioses y le llamaban "señor amado".

d   Los dioses dijeron entre sí: "Los hombres siempre serán tristes, si no hacemos alguna cosa para alegrarlos y para que ellos tengan placer de vivir en la tierra y para que nos alaben, canten y bailen". Esto fue oído por el dios del viento (= Quetzalcóatl), y pensaba en su corazón dónde podría encontrar alguna bebida para alegrar a los hombres y hacerles un regalo. Pensándolo, le vino a la mente una diosa virgen, llamada Mayahuel a la cual guardaba una diosa, su abuela, llamada Tzitzímitl. Inmediatamente se fue hacia ellas, las cuales se encontraban dormidas y despertó a la virgen y le dijo: "Vengo a traerte para llevarte al mundo". Ella estuvo inmediatamente de acuerdo y así descendieron ambos dos [del cielo], llevándola él en sus hombros. Luego que ellos llegaron a la tierra los dos se cambiaron en un árbol el cual tenía dos ramas de las cuales una se llamaba "sauce de quetzal", que era la del dios del viento y la otra "árbol de flores" que era la de la virgen. Cuando la abuela que dormía se despertó y no encontró a su nieta llamó luego a las otras diosas llamadas también Tzitzímitl y todas descendieron a la tierra buscando al dios del viento. En este momento las dos ramas del árbol se rompieron, y la de la virgen fue reconocida luego por la diosa vieja la cual la tomó y la rompió dando a cada una de las otras diosas un pedazo, que ellas comieron. Pero la rama del dios del viento no la rompieron sino la dejaron allá; tan pronto como las diosas habían subido al cielo, se tornó a su primera forma de dios del viento, el cual recogió los huesos de la virgen que las diosas habían comido, y los enterró. De ellos salió una planta que llaman metl [agave], de la cual los indios hacen el vino que beben y con el cual se emborrachan.

5. Dos dioses se convierten en el sol y la luna

a Decían que antes que hubiese día en el mundo se juntaron los dioses en aquel lugar que se llama Teotihuacan. Dijeron los unos a los otros dioses: "¿Quién tendrá cargo de alumbrar al mundo?". Luego a estas palabras respondió el dios que se llamaba Tecuciztécatl (el de la tierra de la concha marina), y

dijo: "Yo tomo cargo de alumbrar al mundo". Luego otra vez hablaron los dioses, y dijeron: "¿Quién será otro?". Luego se miraron los unos a los otros, y conferían quién sería el otro, y ninguno de ellos osaba ofrecerse a aquel oficio; todos temían y se excusaban. Uno de los dioses de que no se hacía cuenta y era buboso, no hablaba sino oía lo que los otros dioses decían, y los otros le hablaron y le dijeron: "Sé tú el que alumbres, bubosito". Y él de buena voluntad obedeció a lo que le mandaron y respondió: "En merced recibo lo que me habéis mandado, sea así".

Luego los dos comenzaron a hacer penitencia durante cuatro días. Después encendieron fuego en el hogar, el cual era hecho en una peña, que ahora llaman Teotexcalli. Todo lo que ofrecía el dios Tecuciztécatl era precioso. En lugar de ramos ofrecía plumas ricas de quetzal, y en lugar de pelota de heno ofrecía pelotas de oro, en lugar de espinas de maguey ofrecía espinas hechas de piedras preciosas, en lugar de espinas ensangrentadas ofrecía espinas hechas de coral colorado; y el copal que ofrecía era muy bueno. El buboso, que se llamaba Nanahuatzin, en lugar de ramos ofrecía cañas verdes atadas de tres en tres todas ellas llegaban a nueve; ofrecía bolas de heno y espinas de maguey, y las ensangrentaba con su misma sangre; y en lugar de copal ofrecía las postillas de las bubas. A cada uno de éstos se les edificó una pirámide, como monte; en los mismos montes hicieron penitencia durante cuatro noches. Estas pirámides todavía están cabe el pueblo de San Juan Teotihuacan.

Después que acabaron las cuatro noches de su penitencia, echaron por allí los ramos y todo lo demás con que hicieron penitencia. Esto se hizo al fin, o al remate de su penitencia, cuando la noche siguiente a la media noche habían de comenzar a hacer sus oficios; un poco antes de la media noche le dieron sus aderezos al que se llamaba Tecuciztécatl, le dieron un plumaje llamado Aztacómitl, y una chaqueta de lienzo; y al buboso que se llamaba Nanahuatzin le tocaron la cabeza con papel, que se llama amatzontli, y le pusieron una estola de papel y un maxtli (taparrabo) de papel. Llegada la media noche, todos los dioses se pusieron en rededor del hogar que se llama teotexcalli: En este lugar el fuego ya ardía cuatro días. Ordenándose los dichos dioses en dos filas, unos de una parte del fuego y otros de la otra; y luego los dos sobredichos se pusieron delante del fuego, las caras hacia el fuego, en medio de las dos rengleras de los dioses. Todos éstos estaban levantados, y luego hablaron y dijeron a Tecuciztécatl: "¡Ea pues, Tecuciztécatl entra tú en el fuego!" Él luego acometió para echarse en el fuego; y como el fuego era grande y estaba muy encendido, cuando sintió el gran calor del fuego tuvo miedo, y no osó echarse en el fuego y se volvió atrás. Otra vez tornó para echarse en el fuego haciéndose fuerza, y llegando se detuvo, no osando echarse en el fuego. Cuatro veces probó, pero nunca se osó echar. Estaba puesto mandamiento que no probase más de cuatro veces. Después de haber probado cuatro veces los dioses hablaron a Nanahuatzin y le dijeron: "¡Ea pues, Nanahuatzin, prueba tú!" Y como le hubieran hablado los dioses, se esforzó y cerrando los ojos arremetió y se hechó en el fuego. Luego comenzó a rechinar y repender en el fuego, como quien se asa. Como vio Tecuciztécatl que se había echado en el fuego y ardía, arremetió y se echó en el fuego, y dizque luego una águila entró en el fuego y también se quemó, y por eso tiene las plumas hoscas y negruscas; a la postre entró un tigre, y no se quemó, sino se chamuscó y por eso quedó manchado de negro y blanco. De este lugar se tomó la costumbre de llamar a los hombres diestros en la guerra "águila-tigre", y dicen primero águila, porque ésta entró primero en el fuego, y se dice a la postre tigre, porque éste entró en el fuego después del águila...

Después que ambos dioses se hubieron quemado, los otros se sentaron a esperar de qué parte vendría a salir Nanahuatzin. Después que estuvieron gran rato esperando, se comenzó a poner colorado el cielo y en todas partes apareció la luz del alba. Dicen que después de esto los dioses se hincaron de rodillas para esperar adónde saldría Nanahuatzin hecho sol. Miraron a todas partes volviéndose en rededor, mas nunca acertaron a pensar, ni decir a qué parte saldría; en ninguna cosa se determinaron. Algunos pensaron que saldría en la parte del norte y se pararon a mirar hacia él; otros hacia el medio día —a todas partes sospecharon que había de salir, porque en todas partes había resplandor del alba. Otros se pusieron a mirar hacia el oriente y dijeron: "Aquí, de esta parte, ha de salir el sol". El dicho de éstos fue verdadero. Dicen que los que miraron hacia el oriente fueron Quetzalcóatl, que también se llama "dios del viento"; y otro que se llama [Xipe] Tótec, y por otro nombre "Señor de la tierra costera" o "Tezcatlipoca rojo"; y otros que se llaman "Serpientes de nubes", que son innumerables; y cuatro mujeres, de las cuales una se llamaba la hermana mayor, otra la que le sigue en edad, otra la de en medio y otra la menor [de Tlazoltéotl].

Cuando vino a salir el sol, pareció muy colorado y como si se contoneara de una parte a otra; nadie lo podía mirar, porque quitaba la vista de los ojos, ya que resplandecía mucho y echaba rayos muy fuertes, que se derramaban por todas partes. Después salió la luna en la misma parte del oriente, a la par del sol —primero salió el sol y tras él la luna; por el mismo orden que entraron salieron hechos sol y luna. Y dicen los que cuentan fábula o hablillas, que tenían igual luz con que alumbraban. Cuando vieron los dioses que resplandecían igualmente, se hablaron otra vez y dijeron: "¡Oh dioses! ¿Cómo será esto? ¿será bien que vayan ambos a la par? ¿será bien que igualmente alumbren?". Entonces los dioses dieron sentencia, y dijeron: "Sea de esta manera, hágase de esta manera". Y luego uno de ellos fue corriendo y dio con un conejo en la cara de Tecuciztécatl, y le oscureció la cara y le ofuscó el resplandor, y su cara quedó como está ahora.

Después que hubieron salido ambos sobre la tierra estuvieron quedos, sin moverse de un lugar el sol y la luna. Los dioses otra vez se hablaron, y dijeron: "¿Cómo podemos vivir? no se mueve el sol. ¿Hemos de vivir entre los villanos? Muramos todos y hagamos que resucite el sol por nuestra muerte". Luego el [dios del] aire se encargó de matar a todos los dioses. Mientras los mató, uno llamado Xólotl (gemelo) rehusaba la muerte, y dijo a los dioses: "¡Oh dioses! ¡dejadme con vida!" y lloraba en gran manera, de suerte que se le hincharon los ojos de llorar; y cuando llegó a él el que mataba, echó a huir y se escondió entre los maizales, convirtiéndose en una planta de maíz con dos cañas, que los labradores llaman xólotl; pero fue visto y hallado entre las plantas de maíz. Otra vez se echó a huir, y se escondió entre los magueyes, convirtiéndose en maguey que tiene dos cuerpos que se llama mexólotl. Otra vez fue visto, y echó a huir metiéndose en el agua y haciéndose pez que por ello llaman axólotl. Por fin allí lo tomaron y lo mataron.

Dicen que aunque fueron muertos los dioses, no por eso se movió el sol. Luego el viento comenzó a soplar y ventear reciamente, y él le hizo moverse para que anduviese su camino. Después que el sol comenzó a caminar la luna se estuvo queda en el lugar donde estaba. Solamente después del sol comenzó la luna a andar. De esta manera se desviaron el uno del otro y así salen en diversos tiempos: el sol está durante el día, y la luna actúa en la noche, o alumbra en la noche.

b   Tan pronto como Nanáhuatl llegó al cielo [después de su autocremación] el señor y la señora de nuestra carne le hicieron inmediatamente mercedes: le sentaron en un trono de plumas rojas de quechol y le liaron la cabeza con un lienzo con una banda roja. Luego se detuvo cuatro días en el cielo: ocupó su lugar en el signo Nahui Ollin (= dios del sol). Durante cuatro días no se movió y se estuvo quieto. Entonces dijeron los dioses: "¿Por qué no se mueve?" Enviaron luego al "gavilán de obsidiana", que fue a hablar y preguntar al sol. Le dijo: "Me mandan los dioses a preguntarte por qué no te mueves". Respondió el sol: "Porque pido su sangre y su reino".

Entonces se consultaron los dioses y se enojó el "dios de la estrella matutina" y dijo" ¿Por qué no me permiten flecharlo? Ojalá no se detuviera". Le disparó y no le acertó. Ahora el sol dispara sus flechas que llevan plumas rojas de arára sobre el "dios de la estrella matutina", y lo tiró de cabeza en los nueve ríos. Por eso el "dios de la estrella matutina" es el dios del frío.

Después se hizo una junta por los dioses Tezcatlipoca y Huitzilopochtli y las diosas Xochiquétzal, "Falda verde" y "Falda roja" e inmediatamente sucedió que sacrificaron a los dioses en Teotihuacan. Después de que el sol se puso en movimiento en el cielo, debido a los sacrificios, comenzó también la luna su recorrido. Tan pronto como ella llegó a la orilla del cielo, vino Papaztac a quebrantarle la cara con una taza en figura de conejo. Luego vinieron

a encontrarla en la encrucijada de los caminos los duendes y ciertos demonios, que le dijeron: "Sé bienvenida por ahí. En tanto que ahí la detuvieron, le ajustaron al cuerpo puros andrajos; mientras que el sol estaba en el cielo detuvieron a la luna, y solamente la dejaron en libertad después de que aquél se había puesto.

c   [Cuando los dioses se sacrificaron], dejaron cada uno de ellos la ropa que traía a los devotos que tenía, en memoria de su devoción y amistad. Y estos devotos o servidores de los dichos dioses muertos envolvían estas mantas en ciertos palos, y haciendo una muesca o agujero en el palo, le ponían por corazón unas pedrezuelas verdes y cuero de culebra y tigre. A este envoltorio decían Tlaquimilolli, y cada uno le ponía el nombre de aquel demonio que le había dado la manta. Éste era el principal ídolo que tenían en mucha reverencia...

Los hombres devotos de estos dioses muertos a quien por memoria habían dejado sus mantas, dizque andaban tristes y pensativos cada uno con su manta a cuestas, buscando y mirando si podrían ver a sus dioses o si se les aparecían. Dicen que el devoto de Tezcatlipoca perseverando en ésta su devoción, llegó a la costa del mar donde se le apareció el dios en tres maneras o figuras, y le llamó y dijo: "Ven acá, fulano, pues eres tan gran amigo, quiero que vayas a la casa del sol y traigas de allá cantores e instrumentos para que me hagas fiesta. Para esto llamarás a la ballena, a la sirena, y a la tortuga, que se hagan puente por donde pises". Hecho el dicho puente, y dándole un cantar que fuese diciendo, entendiéndole el sol, avisó a su gente y criados que no le respondiesen al canto, porque a los que le respondiesen los había de llevar consigo. Y así aconteció que algunos de ellos, pareciéndoles melifluo el canto, le respondieron, a los cuales trajo con el atabal que llaman huéhuetl y con el teponaztli. De aquí dicen que comenzaron a hacer fiestas y bailes a sus dioses.

6. Los dioses estelares y el origen de la guerra

a Para que el sol alumbrase era necesario que comiese corazones y bebiese sangre, y para ello hicieron la guerra para que pudiesen obtener corazones y sangre. Y porque todos los dioses lo quisieron así, hicieron la guerra.

b En el año "1 técpatl" (uno-pedernal) nacieron las "serpientes de las nubes". Sucedió de la siguiente manera: la "Blanca diosa del agua" engendró primero a las cuatrocientas "serpientes de las nubes". Luego entraron a la cueva, y cuando habían entrado parió otra vez la madre de ellas. Esta vez nacieron cinco, siendo también "serpientes de las nubes": el primero llamado "cónyuge del águila"; el segundo, llamado "serpiente de las nubes"; el tercero, mujer, llamado Cuitlachcíhuatl (martucha); el cuarto, llamado "cerro de gavilanes"; y el quinto llamado "señor en el agua". Cuando nacieron, se metieron en el agua cuatro días; luego salieron y les dio a mamar Mecitli, deidad de la tierra...

[Cuando habían crecido] llamó el sol a las cuatrocientas "serpientes de las nubes", les entregó flechas y les dijo: "He aquí con que me serviréis de comer y me daréis de beber". También les entregó rodelas. Las flechas eran preciosas, con plumas de quetzal, de garza, de trupial, de quechol rojas y rosadas, y de cotinga... Pero aquéllos no hicieron su deber; y porque sólo flecharon aves y se divertían, llamándose después a aquel lugar "flecha de aves". A veces cogían un tigre y lo ofrendaban al sol. Tan pronto como cogieron al tigre, se cubrieron el cuerpo con plumas por medio de pegamentos [lo cual estaba reservado para los prisioneros adornados para el sacrificio], se acostaron emplumados y durmieron con sus mujeres y bebieron vino de tzihuactli (planta espinosa) y anduvieron enteramente beodos.

Entonces el sol llamó también a los cinco que nacieron a la postre; les dio flechas de tzihuactli (de espinas), les dio escudos fuertes y les dijo: "Mirad, hijos míos, que ahora habéis de destruir a las cuatrocientas 'serpientes de las nubes', que no dedican nada a nuestra madre y a nuestro padre".

En seguida se reunieron los cinco sobre un mezquite, de donde los vieron y dijeron: "¿Quiénes son éstos que son tales como nosotros?". Ésta fue la oportunidad de que se hicieran guerra. Pero "cónyuge del águila" se metió dentro del árbol; "serpiente de nubes" se metió debajo de la tierra; "cerro de gavilán" se metió dentro de un cerro; en el agua se paró el "señor en el agua"; y su hermana mayor, Cuitlachcíhuatl (martucha), se quedó en el juego de pelota. Cuando las cuatrocientas "serpientes de las nubes" los cercaron, ya ninguno estaba en la red de huacales en que se habían juntado encima del mezquite. Crujió el árbol, se desgajó sobre aquéllos y salió "cónyuge de águila", de adentro del árbol. Tembló la tierra y salió "serpiente de nubes", que se había metido debajo de la tierra; se reventó y derrumbó el cerro y salió "cerro de gavilán"; hirvió el agua y salió el "señor en el agua". Luego vencieron a los cuatrocientos y los destruyeron, y entonces sirvieron de comer y de beber al sol. Otros, que quedaron, vinieron para aplacarlos, suplicando y diciendo: "Nosotros os hemos afligido. Id a Chicomóztoc que ya es vuestra cueva, y entrad, que ya es vuestra casa"...

Luego bajaron [del cielo] dos venados, cada uno de dos cabezas. Entonces había dos "serpientes de nubes"; la primera llamada Xiuhnel y el segundo Mimich, que cazaban dentro del valle. Ellos persiguieron a los venados, queriendo flecharlos. Una noche los persiguieron lo mismo que un día, y ya a la puesta del sol los cansaron. Luego los venados consultaron entre sí: "¡Oye! hazte allá una choza; aquí hago la mía; ya se acercan los bellacos". [Y cuando habían construido las chozas] salieron los que antes eran venados, ya convertidos en mujeres. Van dando voces y diciendo: "Xiuhnel, Mimich, ¿dónde estáis? Venid a comer y a beber". Cuando aquellos oyeron eso, se consultaron entre sí: "¡Oye! ¡No les hables!". Luego solamente les habló Xiuhnel y les dijo: "¡Ven acá, hermana mía!" Y ella dijo: "Xiuhnel, bebe". Entonces Xiuhnel bebió la sangre [que ella le ofreció], y al punto se acostó junto a ella. Después de que se echó con ella,* le comió el corazón de su cuerpo. Luego dijo Mimich: "Ay, ya fue comido mi hermano". La otra mujer aún está en pie, llamándole y le dice: "Niño mío, come". Pero Mimich no le habla. Luego hizo fuego por medio de los palos y tan pronto que ardía entró en él corriendo. La mujer le persiguió, entró en el fuego, tres noches, y hasta mediodía [del cuarto día]. Y a la mitad de ese día vino Mimich [del cielo] y cayó en medio de un espino grande sobre el cual la mujer cayó también y cuando él vio, que era un tzitzímitl que se había caído, le disparó varias flechas y solamente entonces ella tomó su forma habitual.

Mimich caminaba ataviado con la peluca de papel, el cabello atado en lo alto a manera de los guerreros, con la cara pintada y llorando, porque su hermano había sido comido. Esto oyeron los dioses del fuego. Entonces se fueron, guiados por Mimich, para atrapar a la "mariposa de obsidiana", es decir, a aquella mujer. Y cuando la habían apresado la quemaron.

---

* De aquí en adelante se ha seguido la versión dada por Krickeberg, que difiere de la traducción de la "Leyenda de los Soles", 1945.

EL CIELO Y EL REINO DE LOS MUERTOS

7. LOS NUEVE CIELOS

Los indios de México creían que en el primer cielo estaba una estrella "faldellín de estrellas" que es hembra, y otra llamada "sol de estrella" que es macho. Éstas las hizo el "señor de nuestra carne" guardianes del cielo...

En el segundo dicen que hay unas mujeres que no tienen carne sino hueso, las cuales se llaman "mujeres de mal agüero", y por otro nombre Tzitzímitl. Éstas estaban allí para cuando el mundo se acabase, cuando habían de comer a todos los hombres. Preguntados los viejos cuándo llegaría el fin, dijeron que solamente sabían que llegaría cuando los dioses se acabasen, y cuando Tezcatlipoca se robase al sol.

En el tercero estaban los cuatrocientos hombres que hizo Tezcatlipoca. Éstos eran de cinco colores, amarillos, negros, blancos, azules y colorados y guardaban el cielo.

En el cuarto estaban todos los géneros de aves, y de allí venían a la tierra.

En el quinto había culebras de fuego que hizo el dios del fuego, y de ellas salen los cometas y señales del cielo.

En el sexto estaban todos los aires.

En el séptimo estaba todo lleno de polvo y de allí bajaba a la tierra.

En el octavo se juntaron todos los dioses.

De allí hacia arriba no subía ninguno hasta donde estaba el "señor de nuestra carne" y su mujer; y no saben lo que estaba en los cielos que quedan.

Preguntados dónde estaba el sol, dicen que en el arie [es decir, en el sexto cielo], y que de día andaba y no de noche, porque llegando el medio día volvía al oriente, y que su resplandor era el que iba al poniente. La luna anda tras el sol y nunca lo alcanza.

8. LOS TRES REINOS DE LOS MUERTOS

a Lo que dijeron y supieron los naturales antiguos y señores de esta tierra, de los difuntos que se morían, es que las ánimas de los difuntos iban a una de tres partes. La una es Mictlan, el infierno, donde estaba y vivía un diablo que se decía el "señor del inframundo" [Tzontémoc], y una diosa "señora del inframundo" y esposa de aquél. Las ánimas de los difuntos que iban al infierno, son los que morían de enfermedad, ahora fuesen señores o principales, o gente baja. El día que alguno se moría, varón o mujer o muchacho, decían al difunto echado en la cama, antes que lo enterrasen: "¡Oh hijo! ya habéis pasado y padecido los trabajos de esta vida; ya ha sido servido nuestro señor de llevaros, porque no tenemos vida permanente en este mundo y brevemente, como quien se calienta al sol, es nuestra vida. Hízonos merced nuestro señor que nos conociésemos y conversásemos los unos a los otros en esta vida y ahora, al presente ya os llevó el dios que se llama 'señor del inframundo' y la diosa que se dice 'señora del inframundo', ya os puso por su asiento, porque todos nosotros iremos allá, y aquel lugar es para todos y es muy ancho, y no habrá más memoria de vos. Ya os fuisteis al lugar oscurísimo que no tiene luz, ni ventana, ni habéis más de volver ni salir de allí, ni tampoco más habéis de tener cuidado y solicitud de vuestra vuelta. Después de haberos ausentado para siempre jamás, habéis ya dejado a vuestros hijos, pobres y huérfanos y nietos, ni sabéis como han de acabar, ni pasar los trabajos de esta vida presente. Nosotros allá iremos a donde vos estaréis antes de mucho tiempo..."

Y luego los viejos ancianos y oficiales de tajar papeles cortaban y aderezaban y ataban los papeles de su oficio, para el difunto y después de haber hecho y aparejado los papeles tomaban al difunto y encogíanle las piernas y vestíanle con los papeles y lo ataban. Después tomaban un poco de agua y derramábanla sobre su cabeza diciendo al difunto: "ésta es la de que gozasteis viviendo en el mundo"; y tomaban un jarrillo lleno de agua, y dábanselo diciendo: "Veis aquí con qué habéis de caminar"; y poníanselo entre las mortajas y así amortajaban el difunto con sus mantas y papeles, y atábanle reciamente. Además daban al difunto todos los papeles que estaban aparejados, poniéndolos ordenadamente ante él, diciendo: "Veis aquí con qué habéis de pasar en medio de dos sierras que están encontrándose una con otra". Además le daban al difunto otros papeles diciéndole: "Veis aquí con qué habéis de pasar el camino donde está una culebra guardando el camino". Le daban otros papeles diciendo: "Veis aquí con qué habéis de pasar a donde está la lagartija verde". Además decían al difunto: "Veis aquí con que habéis de pasar ocho páramos"; y más daban otros papeles diciendo: "Veis aquí con qué habéis de pasar ocho collados". Además decían al difunto: "Veis aquí con qué habéis de pasar el viento de navajas", porque el viento era tan recio que llevaba las piedras y pedazos de navajas. Por razón de estos vientos y frialdad quemaban todas las petacas y armas y todos los despojos de los cautivos, que habían tomado en la guerra, y todos los vestidos que usaban. Decían que estas cosas iban con aquel difunto y en aquel paso le abrigaban para que no recibiese gran pena. Lo mismo hacían con las mujeres que morían, puesto que quemaban las alhajas con que tejían e hilaban, y toda la ropa que usaban para que en aquel paso las abrigasen del frío y viento grande que allí había, y el que ningún ato tenía, sentía gran trabajo con el viento de este paso. Además hacían al difunto llevar consigo un perrito de pelo bermejo, y al pescuezo le ponían hilo flojo de algodón. Decían que los difuntos nadaban encima del perrillo cuando pasaban un río del infierno que se nombra Chiconahuapan (nueve veces río)...

Solamente después de pasados cuatro años el difunto se va a los nueve infiernos, donde está y pasa un río muy ancho y allí viven y andan perros en la ribera del río por donde pasan los difuntos nadando, encima de los perritos. Dicen que el difunto que llega a la ribera del río arriba dicho, luego mira el perro y si conoce a su amo luego se echa nadando al río, hacia la otra parte donde está su amo, y le pasa a cuestas. Por esta causa los naturales solían tener y criar los perritos. Mas decían, que los perros de pelo blanco y negro no podían nadar y pasar el río, porque dizque decía el perro de pelo blanco: "yo me lavé"; y el perro de pelo negro decía: "yo me he manchado de color prieto, y por eso no puedo pasaros". Solamente el perro de pelo bermejo, podía bien pasar a cuestas a los difuntos, y así en este lugar de los nueve infiernos, se acababan y fenecían los difuntos...

[En otra parte Sahagún nos informa lo siguiente acerca del reino de los muertos].*

El dios y la diosa del más profundo inframundo, devoraban manos y pies; su condimento es el escarabajo rojo, su sopa el pus; beben de una calavera. Aquel que cuando vivía comía muchos tamales los come en el inframundo llenos de agujeros. El escarabajo rojo los agujeró. Quien comía en vida ayocomolli, come en el inframundo corazones. Todas las plantas venenosas son comidas en el inframundo y todos los que van allá comen bledos. En fin, todo lo que no se come en vida, se come en el inframundo, y dicen que nada más se come allí.

En el inframundo hay gran pobreza y miseria. Allí se agitan los cuchillos de obsidiana, arena, árboles, plantas espinosas, astillas de pedernal, magueyes salvajes, nopales y cactos, y hace muchísimo frío. Fatigas pesan sobre los muertos. Si alguno crio un perro en vida, le previene antes de morir con estas palabras: "Mira bien desde la orilla de los nueve ríos por mí". Pues se dice que el perro traslada a su dueño a través de la corriente del inframundo; después se llama "perro de las nueve [veces corriente]". Allá a donde tienen que llegar todos los hombres, está el lugar donde se unen los cerros. Y aquél sobre el que chocan los cerros, perece y no se le vuelve a ver en el inframundo.

El que moría siendo un niño pequeño en la cuna, no iba a Mictlan, sino a Xochitlapan ("tierra de jardines"). Allí debe estar el árbol de los lactantes del cual se crían los niños pequeños, que yacen abajo y abren y cierran la boca, y en la boca les cae lo que beben.

* Traducido directamente de Krickeberg.

La segunda parte donde decían que iban las ánimas de los difuntos es el paraíso terrenal, que se nombra Tlalocan, en el cual hay muchos regocijos y refrigerios, sin pena ninguna. Nunca jamás faltan las mazorcas de maíz verdes, calabazas, ramitas de bledos, ají verde y jitomates, frijoles verdes en vaina, y flores. Allí viven unos dioses que se llaman tlaloque, los cuales se parecen a los ministros de los ídolos que traen cabellos largos. Y los que van allá son los que matan los rayos o se ahogan en el agua, y los leprosos, bubosos y sarnosos, gotosos e hidrópicos. El día que se morían de las enfermedades contagiosas e incurables, no los quemaban sino enterraban los cuerpos de dichos enfermos, y les ponían semillas de bledos en las quijadas, y sobre el rostro. Además poníanles color de azul en la frente, con papeles cortados, y más, en el colodrillo poníanles otros papeles, y les vestían con papeles, y en la mano poníanles una vara. Y así decían que en el paraíso terrenal había siempre verdura y verano.

La tercera parte donde iban las ánimas de los difuntos es el cielo, donde vive el sol. Los que se van al cielo son los que mataban en las guerras y los cautivos que habían muerto en poder de sus enemigos: unos morían acuchillados, otros quemados vivos, otros acañaverados, otros aporreados con palos de pino, otros peleando con ellos, otros atábanles teas por todo el cuerpo y poníanles fuego, y así se quemaban. Todos éstos dizque están en un llano que a la hora que sale el sol, alzaban voces y daban gritos golpeando las rodelas, y el que tiene rodela horadada de saetas por los agujeros de la rodela mira al sol, y el que no tiene rodela horadada de saetas no puede mirar al sol. Y en el cielo hay arboleda y bosque de diversos árboles. Las ofrendas que les daban en este mundo los vivos, iban a su presencia y allí las recibían. Después de pasados cuatro años, las ánimas de estos difuntos se tornaban en diversos géneros de aves de pluma rica, y de color, y andaban chupando todas las flores tanto en el cielo como en este mundo, como los chupamirtos (zinzones) lo hacen.

b   [Cuando una mujer moría de parto] se le llamaba mocihuaquetzque ("guerrero en forma de mujer"), daba tristeza y lloro de las parteras, pero los padres y parientes de ella se alegraban, porque decían que no iba al infierno, sino a la casa del sol, y que el sol por ser valiente la había llevado para sí...

Lo que decían los antiguos acerca de los que iban a la casa del sol, es que todos los hombres valientes que morían en la guerra y todos los demás soldados iban allá, y habitaban la parte oriental del sol. Cuando salía el sol, luego de mañana se aderezaban con sus armas y le iban a recibir, haciendo estruendo y dando voces. Con gran solemnidad iban delante de él peleando, con pelea de regocijo, y llevándolo así hasta el puesto de medio día. Acerca de las mujeres muertas de parto los antiguos dijeron que todas ellas van a la casa del sol, y residen en la parte occidental del cielo y por eso los antiguos llamaron a aquella parte cihuatlampa ("tierra de mujeres")... Cuando el sol sale por la mañana le van haciendo fiesta los hombres, hasta que llega al medio día, y luego las mujeres se aparejaban con sus armas, y de allí comenzaban a guiarle, haciéndole fiesta y regocijo. Después de que los hombres aparejados como para la guerra lo dejaban en compañía de las mujeres, se esparcían por todo el cielo y por los jardines del mismo, para chupar flores hasta el otro día. Las mujeres partiendo del medio día iban haciendo fiesta al sol, descendiendo hasta el occidente, llevándolo en unas andas hechas de quetzales o plumas ricas. Iban delante de él, dando voces de alegría y peleando, haciéndole fiesta. Lo dejaban donde se pone el sol y allí salían a recibirlo los del infierno, y lo llevaban a Mictlán. Dijeron los antiguos que cuando comienza la noche en la tierra, amanece en la tierra de los muertos, y éstos se despertaban y se levantaban de dormir. Tomando al sol los de la

tierra de los muertos, se esparcían las mujeres que lo habían llevado hasta allí, y descendían acá a la tierra. Buscaban husos para hilar, lanzaderas para tejer, petaquillas y todas las otras alhajas que son para tejer y labrar, y esto hacía el diablo para engañar, porque muchas veces aparecían a los de acá del mundo, y se presentaban a los maridos de ellas y les pedían enaguas y huipiles y todas las alhajas mujeriles...

Cuando una de esas mujeres muere, luego la partera la adora antes que la entierren y le habla de esta manera: "¡Oh mujer fuerte y belicosa, hija mía muy amada! Valiente mujer, hermosa y tierna palomita, señora mía, os habéis esforzado y trabajado como valiente, habéis vencido, habéis hecho como vuestra madre la señora Cihuacóatl-Quilaztli, habéis peleado valientemente, habéis usado la rodela y la espada como valiente y esforzada, la cual os puso en vuestra mano nuestra madre la señora Cihuacóatl-Quilaztli. Pues despertad y levantaos, hija mía, que ya es de día, ya ha amanecido, ya han salido los arreboles de la mañana, ya las golondrinas andan cantando y todas las otras aves. Levantáos hija mía, y componéos, id a aquel buen lugar que es la casa de vuestro padre y madre el sol, que allí todos están regocijados, contentos y gozosos. Idos, hija mía, hacia vuestro padre el sol y que os lleven sus hermanas, las mujeres celestiales, las cuales siempre están contentas y regocijadas y llenas de gozo con el mismo sol, a quien ellas dan placer, el cual es madre y padre nuestro... Hija mía muy amada, te ruego que nos visitéis desde allá, pues que sois mujer valerosa y señora, pues que ya estáis para siempre en el lugar del goce y de la bienaventuranza, donde para siempre habéis de vivir. Ya estáis con nuestro señor, ya le veis con vuestros ojos y le habláis con vuestra lengua. Rogadle por nosotros, habladle para que nos favorezca, y con esto quedamos descansados".

c   Los de Tlaxcala creían que las almas de los señores y principales se volvían nieblas, nubes, pájaros de pluma rica y de diversas maneras, en piedras preciosas de rico valor. Y que las ánimas de la gente común se convertían en comadrejas, escarabajos hediondos, animalejos que echan de sí una orina muy hedionda, y otros animales rastreros.

9. TLALOCAN

Del dios del agua dicen, que tiene su aposento de cuatro cuartos, y en medio de un gran patio donde están cuatro grandes tinajas de barro llenas de agua. En una de ellas el agua es muy buena, y de ésta llueve cuando se crían el maíz y las otras plantas alimenticias, y el agua llega en buen tiempo. El de la otra es mala; cuando llueve de esta agua se crían telarañas en las mazorcas y se vuelven negras. Cuando llueve de la tercera el maíz se hiela. Cuando llueve de la cuarta el maíz no granea y se seca.

El dios del agua crió, para dejar llover, a muchos ministros pequeños de cuerpo, los cuales estaban en los cuartos de dicha casa. Ellos tienen alcancías en que toman el agua de aquellas tinajas en una mano, y en la otra unos palos. Cuando el dios del agua les manda que vayan a regar algunas regiones, toman sus alcancías y palos, y riegan el agua que se les ordena. Cuando truena, quiebran las alcancías con los palos, y cuando cae el rayo se debe a lo que tenían dentro de la alcancía o a un fragmento de ella.

10. LA HISTORIA DE LA JUVENTUD DE QUETZALCÓATL

a Se dice que Quetzalcóatl nació en el año "1 ácatl" (uno-caña), a quien se llamó Topiltzin (nuestro príncipe) y sacerdote Quetzalcóatl Ce-ácatl. Se dice que su madre tenía por nombre Chimalman (escudo recostado). También se dice de la madre de Quetzalcóatl que lo concibió porque se tragó un chalchíhuitl (piedra verde)...

En el año "5 calli" (cinco-casa) fueron los toltecas a traer a Quetzalcóatl para constituirlo rey de Tollan. También fue su sacerdote.

b* Mixcóatl ("Serpiente de nubes"), el padre de Quetzalcóatl, adoró por dios al pedernal blanco, símbolo de la diosa "mariposa de obsidiana", al cual envolvió y lo cargó a cuestas yéndose a combatir en el lugar nombrado Comalan. Cuando lo supieron los comaltecas, vinieron al encuentro de Mixcóatl y le pusieron comida; sólo con eso lo aplacaron. Enseguida fue a Tecaman, y de igual manera le aplacaron. Dijeron: "¿Qué hace el señor? Sea bien venido, que reciba su planta espinosa..." Luego fue a Culhuacan donde combatió; y después de haber peleado en Culhuacan se fue a Huehuetocan, y también combatió; después que combatió en Huehuetocan, fue a Pochtlan y también peleó. Luego fue Mixcóatl a conquistar en Huitznáhuac: a su encuentro salió la mujer Chimalman, que puso en el suelo su rodela, tiró sus flechas y su lanzadardos, y quedó en pie desnuda, sin enaguas ni camisa. Viéndola, Mixcóatl le disparó sus flechas: la primera que le disparó, no más le pasó por encima y ella sólo se inclinó; la segunda que le disparó, le pasó junto al costado, y no más doblego el cuerpo; la tercera que le disparó, solamente la cogió ella con la mano; y la cuarta que le disparó, la sacó por entre las piernas. Después de haberle disparado cuatro veces, se volvió Mixcóatl y se fue.

* En algunas partes se utilizó la versión de Krickeberg.

La mujer inmediatamente huyó a esconderse en la caverna de la barranca grande. Otra vez vino Mixcóatl a aparejarse y proveerse de flechas; y otra vez fue a buscarla, y no vio a nadie. Enseguida maltrató a las mujeres de Huitznáhuac y dijeron ellas: "Busquémosla". Fueron a traerla y le dijeron: "Te busca Mixcóatl; por causa tuya maltrata a tus hermanas menores". Luego que fueron a traerla y Chimalman vino a Huitznáhuac.

Nuevamente fue Mixcóatl y otra vez ella le sale al encuentro: está de igual manera en pie, descubriendo sus vergüenzas; de igual manera puso en el suelo su rodela y sus flechas. Otra vez le dispara varias veces; y al igual que anteriormente pasó por encima la primera flecha, una junto al costado, una la cogió con la mano, una salió por entre sus piernas. Después de que esto pasó, la tomó, se echó con la mujer de Huitznáhuac, que era Chimalman, la que luego se empreñó. Cuando nació "Uno-caña" (Quetzalcóatl), afligió mucho a su madre durante cuatro días; e inmediatamente después de nacer, murió su madre.

La diosa Cihuacóatl-Quilaztli crió a "Uno-caña"; ya algo crecido, acompañó a su padre, conquistando, y en cuanto se ensayó para la guerra en el lugar nombrado Xihuacan, hizo allí sus primeros cautivos. Las cuatrocientas serpientes de las "nubes" son tíos de "Uno-caña", a cuyo padre aborrecieron y mataron, y después que le mataron, le fueron a enterrar en la arena.

"Uno-caña" buscó a su padre y dijo: "¿Qué es de mi padre?". El "águila de cabeza bermeja" le respondió: "Mataron a tu padre; yace allá donde fueron a sepultarlo". Él fue a desenterrarle y le puso dentro de su templo, en Mixcoatépetl. Los que mataron a su padre fueron sus tíos llamados Apanécatl, Zolton y Cuilton.

Luego dijo "Uno-caña": "¿Con qué dedicaré el templo? ¿Solamente con un conejo; solamente con una culebra, que luego comeremos?". [Las "Serpientes de las nubes"] contestaron, "Está bien que con un tigre, un águila y una martucha". Luego se lo dijeron, y "Uno-caña" les dijo: "Está bien, así será". Llamó al tigre, al águila y a la martucha, y les dijo: "Venid acá, tíos míos. Dizque con vosotros dedicaré mi templo pero no moriréis, sino comeréis a aquellos con quienes dedicaré mi templo". Fingiendo les ató el pezcuezo. Luego llamó "Uno-caña" a los topos y les dijo: "Venid, tíos míos; horadaremos nuestro templo". Enseguida los topos escarbaron la tierra y lo agujerearon por dentro. Por allí entró "Uno-caña" y fue a salir por arriba de su templo.

Después que sus tíos dijeron: "Nosotros sacaremos el fuego arriba", mucho se alegraron al ver al tigre, al águila y al lobo, que aúllan todos. Pero cuando volvieron en sí, ya saca [arriba] el fuego "Uno-caña". Mucho se enojaron sus tíos, y luego se fueron, yendo por delante Apanécatl, que subió de prisa. "Uno-caña" se levantó y le hendió la cabeza a Apanécatl con la serpiente de espejo, por lo que cayó hasta abajo. Enseguida agarró a Zolton y Cuilton; soplaron el fuego las fieras; y les hizo morir prestamente. Entonces virtió chile rojo sobre ellos, los cortaron en pedacitos y les pusieron, después de cocinados, la salsa.

Entonces "Uno-caña" se fue de nuevo a sus conquistas.

c   En las historias de los mexicanos se encuentra que hubo un dios llamado

Camaxtli que tomó por mujer una diosa llamada Chimalman. Ésta tuvo de él hijos entre los cuales había uno llamado Quetzalcóatl, el cual nació en la "barranca del pescado" y que fue llevado a su abuelo y abuela que le criaron, pues su madre murió al parir. Después que creció fue llevado a su padre; pero como éste le quería mucho le odiaban los otros hermanos tanto, que decidieron matarlo. Para hacerlo lo llevaron con engaño a una gran roca, llamada "roca donde se hece quemar". Lo dejaron allá y ellos descendieron y prendieron fuego alrededor de la roca. Pero Quetzalcóatl se metió en un agujero que había en la roca, y sus hermanos se fueron pensando que lo habían matado. Habiéndose ido ellos, salió de la roca con arco y flechas, tiró sobre una cierva y la mató; la tomó en sus hombros, y la llevó hacia su padre, y llegó antes que sus hermanos. Llegando éstos, estuvieron asombrados de verlo y pensaron matarlo de otro modo. Le hicieron subirse a un árbol, le dijeron que tirara de allá sobre pájaros y estando sobre el árbol comenzaron a tirarle sus flechas. Pero como era discreto se dejó caer en tierra fingiendo estar muerto. Viendo esto, sus hermanos se fueron a la casa. Habiéndo partido ellos se levantó Quetzalcóatl, mató un conejo y lo llevó a su padre antes de que sus hermanos llegaran. El padre sospechando lo que sus hermanos querían hacer le preguntó dónde se encontraban aquéllos; le respondió que ya llegaban, dejó a su padre y se fue a otra casa. Mientras tanto sus hermanos llegaron y el padre les preguntó dónde estaba Quetzalcóatl; ellos respondieron que ya venía. Entonces él les reprochó que querían matar a su hermano por lo cual se enojaron y se propusieron matar también a su padre. Esto lo hicieron llevándolo a una montaña. Después de haberlo matado querían traer a Quetzalcóatl y le hicieron creer que su padre se estaba transformando en roca y todos lo persuadieron para que sacrificara y ofreciera al-

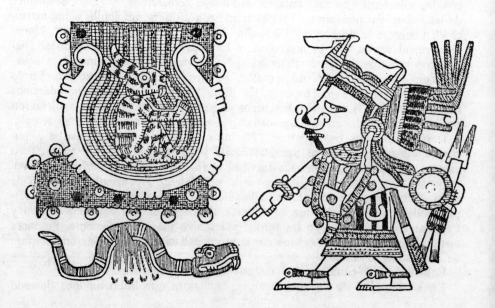

guna cosa a esta roca, como leones, tigres, águilas, venados o mariposas, para tener ocasión de matarle, puesto que él no podría conseguir estas bestias. Puesto que Quetzalcóatl no quería obedecer, le querían matar, pero él se escapó de sus manos y se subió a un árbol, o lo que es más probable subió a la misma roca y los mató a todos con sus flechas. Cuando esto pasaba, sus vasallos, que le amaban mucho, le vinieron a traer con muchos honores, tomaron las cabezas de sus hermanos y les sacaron el cerebro haciendo de ellas copas para beber. Más tarde se fueron a la tierra de México, mientras tanto Quetzalcóatl se quedó algunos días más en un pueblo llamado Tollantzinco, y de allá se fue a Tollan.

11. EL TIEMPO DE LA ABUNDANCIA

a Quetzalcóatl fue estimado y tenido por dios y lo adoraban de tiempo antiguo en Tollan. Tenía un templo muy alto con muchas gradas, y muy angostas que no cabía un pie. Estaba siempre echada su estatua y cubierta de mantas, y la cara que tenía era muy fea, la cabeza larga y era barbudo.

Los vasallos que tenía eran todos oficiales de artes mecánicas y diestros para labrar las piedras verdes, que se llaman chalchihuites y también para fundir plata y hacer otras cosas, y estas artes todas hubieron origen del dicho Quetzalcóatl. Y tenía unas casas hechas de piedras verdes preciosas, y otras casas hechas de plata y más otras hechas de concha colorada y blanca, y más otras casas hechas todas de tabla, y más otras casas hechas de turquesas, y más otras hechas de plumas ricas.

Los vasallos que tenía eran muy ligeros para andar y llegar a donde ellos querían ir y se llamaban "los que corrían todo un día". Hay una sierra que se llama Tzatzitépetl (cerro del grito) —hasta ahora así se nombra— en donde pregonaba un pregonero para llamar a los pueblos apartados, los cuales distan más de cien leguas, que se nombra Anáhuac, y desde allá oían y entendían el pregón, y luego con brevedad venían a saber y oír lo que mandaba el dicho Quetzalcóatl.

Y más dicen que era muy rico y que tenía todo cuanto era menester y necesario de comer y beber, y que el maíz [bajo su reinado] era abundantísimo, y las calabazas muy gordas, de una braza en redondo, y las mazorcas de maíz eran tan largas que se llevaban abrazadas. Las cañas de bledos eran muy largas y gordas y que subían por ellas como por árboles. Sembraban y cogían algodón de todos colores: colorado, encarnado, amarillo, morado, blanquecino, verde, azul, prieto, pardo, anaranjado y leonado, y estos colores de algodón eran naturales, puesto que así nacían. Mas dicen que en el dicho pueblo de Tollan se creaban muchos y diversos géneros de ave de pluma rica y colores diversos, que se llaman cotinga, quetzal, trupial y quechol rojo, y otras aves que cantaban dulce y suavemente. Y más tenía el dicho Quetzalcóatl todas las riquezas del mundo, de oro y plata y piedras verdes, y otras cosas preciosas. Había mucha abundancia de árboles de cacao de diversos colores, que se llaman xochicacaóatl. Los vasallos de Quetzalcóatl estaban muy ricos y les faltaba cosa ninguna, ni había hambre ni falta de maíz, ni comían las mazorcas de maíz pequeñas sino con ellas calentaban los baños, como con leña.

También dicen que el dicho Quetzalcóatl hacía penitencia punzando sus piernas y sacando la sangre con que manchaba y ensangrentaba las puntas de maguey, y se lavaba a la media noche en una fuente que se llama Xipacaya (lugar donde se lavan las turquesas). Esta costumbre y orden tomaron los sacerdotes y ministros de los ídolos mexicanos, como el dicho Quetzalcóatl lo usaba y hacía en el pueblo de Tollan.

b   Los toltecas fueron los primeros pobladores de esta tierra. Vivieron primero muchos años en el pueblo de Tollantzinco, en testimonio de lo cual dejaron muchas antiguallas, y un templo que llamaban "casa de tablas" el cual está hasta ahora, y por ser tajado en piedra y peña ha durado tanto tiempo.

Y de allí fueron a poblar a la ribera de un río, junto al pueblo de Xicotitlan, el cual ahora tiene nombre de Tollan. De haber morado y vivido allí juntos hay señales de las muchas obras que allí hicieron, entre las cuales dejaron una obra que está allí y hoy en día se ve, aunque no la acabaron que llaman "pilares de culebras". Éstos son unos pilares de la hechura de culebra, que tienen la cabeza en el suelo, por pie, y la cola y los cascabeles de ella tienen arriba. Dejaron también una sierra o un cerro, que los dichos toltecas comenzaron a hacer y no lo acabaron, y los edificios viejos de sus casas, y el encalado parece hoy día. Hállanse también hoy en día cosas suyas primamente hechas, conviene a saber, pedazos de olla, o de barro, o vasos, o escudillas, y ollas. Sácanse también de debajo de tierra joyas y piedras preciosas, esmeraldas y turquesas finas.

Todos estos dichos toltecas se nombraban chichimecas, y no tenían otro nombre particular sino el que tomaron de la curiosidad y primor de las obras que hacían, que se llamaron toltecas que es tanto como si dijésemos oficiales pulidos y curiosos, y con razón, porque eran sutiles y primos en cuanto ellos ponían la mano que todo era muy bueno, curioso y gracioso, como las casas que hacían muy curiosas, que estaban de dentro muy adornadas de cierto género de piedras preciosas, muy verdes, por encalado; y las otras que no estaban así adornadas tenían un encalado muy pulido que era de ver, y piedras de que estaban hechas, tan bien labradas y tan bien pegadas que parecía ser cosa de mosaico. Así con razón se llamaron cosas de primos y curiosos oficiales, por tener tanta lindeza de primor y labor.

Había también un templo que era de su sacerdote llamado Quetzalcóatl, mucho más pulido y precioso que las casas suyas. Contenía cuatro aposentos: el uno estaba hacia el oriente y era de oro, y llamábanlo aposento o casa dorada, porque en lugar de encalado tenía oro en planchas y muy sutilmente enclavado. El otro aposento estaba hacia el poniente, y a éste le llamaban aposento de esmeralda y de turquesa, porque por dentro tenía pedrería fina de toda suerte de piedras, todo puesto y juntado en lugar de encalado, como obra de mosaico, que era de grande admiración. El otro aposento estaba hacia el medio día, el cual era de diversas conchas mariscas, y en lugar del encalado tenía plata, y las conchas de que estaban hechas las paredes, estaban tan sutilmente puestas que no parecía la juntadura de ellas. El cuarto aposento estaba hacia el norte, y este aposento era de piedra colorada y jaspes y conchas muy adornado.

También había otra casa de labor de pluma, que por dentro tenía pluma en lugar de encalado; y tenía otros cuatro aposentos. Uno estaba hacia el oriente, y éste era de pluma rica amarilla, que estaba en lugar de encalado, v era de todo género de pluma amarilla muy fina. El otro aposento estaba hacia el poniente, se llamaba aposento de plumajes, el cual tenía en lugar de encalado toda pluma riquísima, pluma de un ave que es azul fino, que estaba toda puesta y pegada en mantas y en redes muy sutilmente, por las paredes de dentro a manera de tapicería, por lo cual le llamaban "casa de quetzal" que es aposento de plumas ricas. Al otro aposento que estaba hacia el sur llamábanle casa de pluma blanca, porque todo era de pluma blanca de por dentro, a manera de penachos, y tenía todo género de rica pluma blanca. El otro aposento que estaba hacia el norte le llamaban el aposento de pluma colorada, de todo género de aves preciosas por dentro entapizado.

Fuera de estas dichas casas hicieron otras muchas, muy curiosas y de gran valor.

La casa u oratorio del dicho Quetzalcóatl estaba [en Coatlan] en medio de un río grande que pasa por allí, por el pueblo de Tollan. Allí tenía su lavatorio el dicho Quetzalcóatl, y lo llamaban "agua de piedras preciosas".

Hay muchas casas edificadas debajo de tierra, donde dejaron muchas cosas enterradas los dichos toltecas, y no solamente en el pueblo de Tollan, y Xicotitlan, se han hallado las cosas tan curiosas y primas que dejaron hechas, así de edificios viejos, como de otras cosas, etc., pero en todas partes de la Nueva España donde se han hallado sus obras, tanto ellas, como pedazos de tejuela de barro, de todo género de servicio, y muñecas de niño, y joyas y otras muchas cosas hechas por ellos; y la causa de esto es que casi por todas partes estuvieron derramados los dichos toltecas.

Los que eran amantecas, que son los que hacían obra de pluma, eran muy curiosos y primos en lo que hacían, y tanto que ellos fueron inventores del arte de hacer obra de pluma, porque hacían rodelas de pluma y otras insignias que se decían apanecáyotl (adorno de plumas de los habitantes de la costa), y así todas las demás que antiguamente se usaban fueron de su invención hechas a maravilla y con gran artificio de plumas ricas. Para hacerlas muy pulidas primero antes que saliesen a luz trazaban y tanteábanlas, y al cabo hacíanlas con toda curiosidad y primor.

Tenían asimismo mucha experiencia y conocimiento los dichos toltecas, que sabían y conocían las calidades y virtudes de las hierbas que sabían las que eran de provecho y las que eran dañosas y mortíferas, y las que eran simples. Por la gran experiencia que tenían de ellas dejaron señaladas y conocidas las que ahora se usan para curar, porque también eran médicos, y especialmente los primeros de este arte que llamaban Oxomoco, Cipactónal, Tlaltetecuin, y Xochicauaca. Éstos fueron tan hábiles en conocer las hierbas que ellos fueron los primeros inventores de medicina, y aún los primeros médicos herbolarios.

Ellos mismos por su gran conocimiento hallaron y descubrieron las piedras preciosas, y las usaron primero como son las esmeraldas y turquesa fina y piedra azul fina, y todo género de piedras preciosas. Y fue tan grande el conocimiento que tuvieron de las piedras que aunque estuviesen dentro de alguna gran piedra, y debajo de la tierra, con su ingenio natural las descubrían. Ellos sabían donde las habían de hallar, en esta manera, que madrugaban muy de mañana y se subían a un alto, puesto el rostro hacia donde sale el sol, y en saliendo tenían gran cuidado en ver y mirar a unas y a otras partes, para ver dónde y en qué lugar y parte debajo de la tierra estaba o había alguna piedra preciosa, y buscábanla mayormente en la parte donde estaba húmeda o mojada la tierra. Acabando de salir el sol y especialmente empezando a salir, hacíase un poco de humo sutil que se levantaba en alto, y allí hallaban la tal piedra preciosa debajo de la tierra, o dentro de alguna piedra. Ellos mismos hallaron y descubrieron la mina de las piedras preciosas, que son turquesas, la cual según los antiguos es un cerro grande que está hacia el pueblo de Tepotzotlán, que tiene por nombre Xiuhtzone. Allí hallaban y sacaban las dichas piedras preciosas, y después de sacadas las llevaban a lavar a un arroyo que llaman Atóyac. Como allí las lavaban y limpiaban muy bien, le llamaron Xipacoyan, y ahora se llama de este nombre el propio pueblo que está junto al pueblo de Tollan.

Y tan curiosos eran los dichos toltecas que sabían casi todos los oficios mecánicos, y en todos ellos eran únicos y primos oficiales, porque eran pintores, lapidarios, carpinteros, albañiles, encaladores, oficiales de pluma, oficiales de loza, hilanderos y tejedores. Ellos mismos también, con su ingenio descubrieron y alcanzaron a sacar y descubrir las dichas piedras preciosas, y sus calidades y virtudes, lo mismo que las minas de plata, oro, y de metales de cobre y plomo, y oropel natural, y estaño, y otros metales, todo lo cual sacaron y dejaron señales en memoria de ellos. Y lo mismo el ámbar y el cristal, y las piedras llamadas amatistas, y perlas, y todo género de ellas, y todas las demás que traían por joyas, que ahora se usan y traen así por cuentas como por joyas, y de algunas de ellas su beneficio y uso está olvidado y perdido.

Los toltecas eran tan hábiles en la astrología natural que ellos fueron los primeros que tuvieron cuenta, y la compusieron, de los días que tiene el año, y las noches, y sus horas, y la diferencia de tiempos. Conocían y sabían muy bien los que eran sanos y los que eran dañosos, lo cual dejaron ellos compuesto por veinte figuras o caracteres. También ellos inventaron el arte de interpretar los sueños, y eran tan entendidos y sabios que conocían las estrellas de los cielos y les tenían puestos nombres, sabían sus influencias y calidades, y conocían los movimientos de los cielos, y esto por las estrellas.

También conocían y sabían y decían que había doce cielos, donde en el más alto estaba el gran señor y su mujer. A él le llamaban "dos veces señor" y a su compañera "dos veces señora", los cuales se llamaban así para dar a entender que ellos dos señoreaban sobre los doce cielos y sobre la tierra. Decían que de aquel gran señor dependía el ser de todas las cosas, y por su mandado de allá venía la influencia y calor con que se engendraban los niños o niñas en el vientre de sus madres.

Estos toltecas eran buenos hombres y apegados a la virtud, porque no decían mentiras. Su manera de hablar y saludarse unos a otros era: señor, y señor hermano mayor, y señor hermano menor. Su habla en lugar de juramento era: es verdad, es así, así es, está averiguado, y si por sí, y no por no.

Su comida era el mismo mantenimiento que ahora se usa, el maíz. Le sembraban y beneficiaban, así el blanco como el de los demás colores con que se sustentaban, y compraban y trataban con ello por moneda. Su vestir era ropa o manta, que tenía alacranes pintados en azul. Su calzado eran cotaras, también pintadas de azul, y de lo mismo eran sus correas.

Eran altos, de más cuerpo que los que ahora viven y por ser tan altos corrían y atrancaban mucho por lo cual les llamaban "los que corrían un día entero sin descansar".

Eran buenos cantores, y mientras cantaban danzaban, usaban tambores y sonajas de palo. Tañían y componían, y ordenaban de su cabeza cantares curiosos. Eran muy devotos y grandes oradores.

Adoraban a un solo señor que tenían por dios, al cual le llamaban Quetzalcóatl, cuyo sacerdote tenía el mismo nombre Quetzalcóatl, el cual era muy devoto y aficionado a las cosas de su señor y dios. Por esto estaba tenido en mucho entre ellos y lo que les mandaba lo hacían y cumplían y no excedían de ellos. Les solía decir muchas veces que había un solo señor y dios que se decía Quetzalcóatl, y que no quería más que culebras y mariposas que le ofreciesen y le diesen en sacrificio. Como dichos toltecas en todo lo creían y obedecían no eran menos aficionados a las cosas divinas que sus sacerdotes, y muy temerosos de su dioses...

Estos toltecas eran latinos en la lengua mexicana, que no eran bárbaros, aunque no la hablaron tan perfectamente como ahora se usa. Eran ricos, y por ser vivos y hábiles, en breve tiempo con su diligencia tenían riquezas, que decían que les daba su dios y señor Quetzalcóatl. Así se decía entre ellos que el que en breve tiempo se enriquecía que era hijo de Quetzalcóatl.

La manera de cortarse los cabellos era según su uso, pulido, que traían los cabellos desde la media cabeza atrás, y la parte delantera atusado, como a sobre peine.

Los toltecas se llamaban también por su nombre chichimecas... Todos los que hablan claro la lengua mexicana, que les llaman nahuas, son descendientes de dichos toltecas. Fueron de los que se quedaron y no pudieron ir y seguir a Quetzalcóatl, porque eran los viejos y viejas, o enfermos, o paridas, o que por su voluntad se quedaron.

c   En el año "2 ácatl" (dos-caña) edificó nuestro príncipe Ce-Ácatl Quetzal-cóatl su casa de ayunos, lugar de su penitencia y oración. Edificó cuatro aposentos, uno de tablas cubiertas con mosaicos de piedra verde, otro de corales, otro de caracoles y otro de plumas de quetzal, donde oraba y hacía penitencia y pasaba sus ayunos. Aún a media noche bajaba a la acequia [para bañarse] en el lugar que se llama Atecpanamochco. Se componía sus espinas de maguey en lo alto de las montañas Xicócotl, Huítzcoc, Tzíncoc y Nonohualca-tépec. En lugar de las puntas de maguey usaba [para sus autosacrificios]

piedras preciosas de color verde, en lugar de las ramas de pino usaba plumas de quetzal. Sahumaba con turquesas, esmeraldas y corales. Su ofrenda era de culebras, pájaros y mariposas, que sacrificaba. Se cuenta que idolatrando, oraba a los dioses que vivían en el cielo y que invocaba a la diosa "falda de estrellas", al dios "sol de las estrellas", a la "señora de nuestra carne", al "señor de nuestra carne", al "negro como carbón", al "rojo como sangre", a "aquel que fundó la tierra" y a "aquel que se levanta sobre la tierra, semejante a un copo". Daba voces [y lo oían], según sabían, en el "lugar de dos", que está sobre los nueve cielos. Sabían también que invocaba y rogaba a los que allí moraban y solamente a ellos veneraba con gran humildad y arrepentimiento.

En su tiempo, además, descubrió gran riqueza de piedras verdes, turquesas finas, oro, plata, corales, caracoles, de plumas de quetzal, de cotinga, de quechol rojas, de trupial amarillas, de tzinizcan y de ayoquan. Descubrió igualmente muchas clases de cacao y de algodón. Era un gran artífice en todas sus obras: la loza en que comía y bebía era pintada de azul, verde, blanco, amarillo y colorado. Cuando vivía Quetzalcóatl, empezó [a construir] su templo; le puso columnas en forma de culebra, pero no acabó de engrandecerlo.

Mientras vivía, no se mostraba públicamente: estaba dentro de un aposento muy oscuro y custodiado. Le custodiaban sus pajes en muchas partes, que cerraban; su aposento era el último, y en cada uno estaban sus pajes, en ellos había esteras de piedras preciosas, de pluma de quetzal y de plata.

12. El pecado de Quetzalcóatl y la destrucción de Tollan (Tula)

a Cuentan que Tezcatlipoca había descendido del cielo descolgándose por una soga que había hecho de tela de araña. Andando por este mundo desterró a Quetzalcóatl, que en Tula fue muchos años señor. Jugando con él a la pelota, se convirtió en tigre, por lo cual la gente que estaba mirando se espantó de tal manera que huyeron todos. Con el tropel que llevaban y ciegos del espanto concebido, cayeron y se despeñaron por la barranca del río que por

allí pasa, y se ahogaron. Tezcatlipoca fue persiguiendo a dicho Quetzalcóatl de pueblo en pueblo, hasta que vino a Cholula.

b   Vino el tiempo que ya acabase la fortuna de Quetzalcóatl y de los toltecas. Llegaron contra ellos tres nigrománticos, llamados Huitzilopochtli, Titlacahuan (= Tezcatlipoca) y Tlacahuepan, los cuales hicieron muchos embustes, en Tollan.

Titlacahuan comenzó primero a hacer un embuste, transformándose en un viejo muy cano y bajo, el cual fue a la casa del dicho Quetzalcóatl diciendo a los pajes de éste: "Quiero ver y hablar al rey Quetzalcóatl". Y contestaron: "Anda vete, viejo, que no lo puedes ver, porque está enfermo, y le darás enojo y pesadumbre". Entonces dijo el viejo: "Yo le tengo que ver". Los pajes del dicho Quetzalcóatl le contestaron: "Aguardaos, hemos de decírselo". Así fueron a decir a Quetzalcóatl de cómo venía un viejo a hablarle diciendo: "Señor, un viejo ha venido aquí y os quiere hablar y ver, y le echamos fuera para que se fuese, y no quiere, diciendo que os ha de ver por fuerza". Y dijo Quetzalcóatl: "Éntrese acá y venga, que le estoy aguardando desde hace muchos días". Luego llamaron al viejo quien entró a donde estaba Quetzalcóatl y entrando el dicho viejo dijo: "Señor hijo, ¿cómo estáis? Aquí traigo una medicina para que la bebáis". Y Quetzalcóatl respondió al viejo: "Enhorabuena vengáis vos, viejo, que ya hace muchos días que os estoy aguardando". Dijo el viejo a Quetzalcóatl: "Señor, ¿cómo estáis de vuestro cuerpo y salud?". Y respondió Quetzalcóatl diciendo al viejo: "Estoy muy mal dispuesto, y me duele todo el cuerpo, y las manos y los pies no los puedo menear". Le dijo el viejo respondiendo a Quetzalcóatl: "Señor, veis aquí la medicina que os traigo; es muy buena y saludable, y se emborracha quien la bebe; si queréis beber, os ha de emborrachar y de sanar, y se os ha de ablandar el corazón, y os habéis de acordar de los trabajos y fatigas y de la muerte, o de vuestra ida". Respondió Quetzalcóatl: "¡Oh, viejo!, ¿a dónde tengo que irme?". Y le contestó el viejo: "Por fuerza habéis de ir a Tollan Tlapallan, en donde está otro viejo aguardándoos, él y vos hablaréis entre vosotros, y después de vuestra vuelta estaréis como mancebo, y aún os volveréis otra vez como muchacho". Y a Quetzalcóatl, oyendo estas palabras, se le movió el corazón; y tornó a decir el viejo a Quetzalcóatl: "Señor, bebed esta medicina". Le respondió Quetzalcóatl, diciendo: "¡Oh, viejo!, no quiero beber"; y le respondió el viejo diciendo: "Señor, bebedla, porque si no la bebéis después se os ha de antojar. Al menos ponéosla en la frente, o bebed tantito". Quetzalcóatl la gustó y probó, y después la bebió diciendo: "¿Qué es eso? Parece ser cosa muy buena y sabrosa; ya me sanó y quitó la enfermedad, ya estoy sano". Y otra vez más le dijo el viejo: "Señor, bebedla otra vez porque es muy buena la medicina y estaréis más sano". El dicho Quetzalcóatl la bebió otra vez, de que se emborrachó y comenzó a llorar tristemente, y se le movió y ablandó el corazón para irse, y no se le quitó el pensamiento. Esto sucedía por el engaño y la burla que le hizo el dicho nigromántico viejo. La medicina que bebió el dicho Quetzalcóatl era vino blanco de la tierra hecho de magueyes que se llaman teómetl.

Otro embuste hizo el dicho Titlacahuan, el cual se volvió y apareció como indio huaxteco, desnudo todo el cuerpo como solían andar aquellos de su generación. Andaba vendiendo ají verde, y se sentó en el mercado delante del palacio. Huémac, que era señor de los toltecas en lo temporal, tenía una hija muy hermosa y por la hermosura la codiciaban y deseaban los dichos toltecas para casarse con ella; y el dicho Huémac no la quiso dar a los toltecas. La hija de Huémac miró hacia el mercado y vio al huaxteco desnudo, y el miembro genital. Después de haberlo visto entró en palacio y se le antojó el miembro de aquel huaxteco, de que luego comenzó a estar muy mala por el amor de aquello que vio; se le hinchó todo el cuerpo, y el dicho Huémac supo como estaba muy mala la hija, y preguntó a las mujeres que la guardaban: "¿Qué mal tiene mi hija? ¿qué enfermedad es ésta, que se le ha hinchado todo el cuerpo?". Y le respondieron las mujeres diciéndole: "Señor, de esta enfermedad fue la causa y ocasión el indio huaxteco, que andaba desnudo y vuestra hija vio y miró el miembro genital de aquél, y está mala de amores". El dicho Huémac, oídas estas palabras, mandó diciendo: "¡Ah toltecas! buscadme al huaxteco que anda por aquí vendiendo ají verde; por fuerza ha de aparecer". Así lo buscaron en todas partes, y no apareciendo, subió un pregonero a la sierra que se llama "cerro del grito", y pregonó diciendo: "¡Ah, toltecas! si hayáis un huaxteco que por aquí anda vendiendo ají verde, traedlo ante el señor Huémac". Así buscaron en todas partes y no lo hallaron y vinieron a decir al señor Huémac que no parecía el dicho huaxteco.

Después apareció el huaxteco sentado en el mercado donde antes había estado vendiendo ají verde. Y como le hallaron luego fueron a decir al señor Huémac cómo había aparecido el huaxteco, y el señor dijo: "Traédmelo acá presto". Los toltecas fueron por él, a llamarle, y traído ante el señor Huémac, dijo éste, preguntando al huaxteco: "¿De dónde sois?", respondió el huaxteco diciendo: "Señor, yo soy forastero, vengo por aquí a vender ají verde". Y más le dijo el señor al huaxteco: "¿Dónde os tardasteis? ¿porqué no os ponéis el maxtli (taparrabo) y no os cubrís con la manta?". Le respondió el huaxteco diciéndole: "Señor, tenemos la costumbre en nuestra tierra". Aquél le dijo al huaxteco: "Vos antojasteis a mi hija, vos la habéis de sanar". Respondió el dicho huaxteco diciendo: "Señor mío, de ninguna manera puede ser esto, mas matadme, yo quiero morir porque yo no soy digno de oír estas palabras, viniendo por aquí a buscar la vida vendiendo ají verde". Le dijo el señor: "Por fuerza habéis de sanar a mi hija; no tengáis miedo". Y luego lo tomaron para lavarle y trasquilarle, y le tiñeron todo el cuerpo con tinta y le pusieron el taparrabo, y le cubrieron con una manta al dicho huaxteco, y el señor Huémac le dijo: "Anda y entra a ver a mi hija, allá dentro donde la guardan". El huaxteco así lo hizo, y durmió con la hija de que luego fue sana y buena. De esta manera el huaxteco fue yerno del señor Huémac.

Después los toltecas comenzaron a enojarse y decir palabras injuriosas y afrentosas, diciendo entre sí: "¿Por qué el señor Huémac casó a la hija con un huaxteco?" y como el señor entendió y oyó las palabras afrentosas que decían contra él los toltecas, les llamó diciendo: "Venid acá, yo he entendido todas las palabras injuriosas que habéis dicho contra mí por amor de mi yerno que es un huaxteco. Yo os mando que le llevéis disimuladamente a la guerra de Zacatepec y Coatepec, para que le maten nuestros enemigos". Y así oyendo estas palabras, los toltecas se armaron y se juntaron y fueron a la guerra con muchos peones, y con el yerno huaxteco. Llegando al lugar de la pelea enterraron al dicho huaxteco para aguardar a los enemigos, con los pajes, enanos y cojos, y los toltecas fueron a pelear contra los enemigos de Coatepec. Y el huaxteco decía a los pajes, enanos y cojos: "No tengáis miedo, esforzaos porque a todos nuestros enemigos hemos de matar". Y los enemigos de Coatepec prevalecían, persiguiendo y venciendo a los toltecas, los cuales huían delante de los enemigos y se escaparon de sus manos. Astuta y engañosamente los toltecas dejaron al huaxteco solo, enterrado con los pajes, ya que habían pensado que los enemigos matarían a todos ellos. Se vinieron a decir y dar la noticia al señor Huémac diciendo: "Señor, ya hemos dejado a vuestro yerno solo en la guerra". Como Huémac había oído la traición que habían hecho los toltecas con el dicho yerno huaxteco, se holgó mucho, pensando que ya estaba muerto, porque tenía gran vergüenza de tener tal yerno. Y el dicho huaxteco, estando enterrado, miraba a los enemigos y decía a los pajes: "No tengáis miedo; ya llegan contra nosotros los enemigos, yo sé que los tengo que matar a todos". Y así se levantó y salió contra los enemigos, persiguiéndolos y matándolos en gran número.

Como esto vino a oídos del señor Huémac, se espantó y le pesó mucho, y llamó a los toltecas diciéndoles: "Vamos a recibir a nuestro yerno". Así fueron a recibirle junto con el señor Huémac, llevando consigo unas armas y divisas que se llaman "adorno de plumas de quetzal de los pueblos costeños", y rodelas hechas de piedras verdes, y las dieron al huaxteco. A él y a los dichos pajes los recibieron bailando, cantando, y tañéndoles las flautas, en señal de victoria y alegría. Llegando al palacio de Huémac los toltecas le emplumaron la cabeza y le tiñeron todo el cuerpo de color amarillo, y la cara de color rojo, haciendo lo mismo con los pajes. Éste es el regalo que solían hacer a los que venían victoriosos de la guerra. Después le dijo Huémac a su yerno: "Ahora ya estoy contento de lo que habéis hecho, y los toltecas también están contentos. Muy bien lo habéis hecho con los enemigos; descansad y reposad".

Estando emplumado todo el cuerpo del nigromántico que había aparecido en forma del huaxteco, mandó que danzasen y bailasen todos los toltecas e hizo pregonar a un pregonero en la "sierra del grito", diciendo que todos los indios forasteros viniesen a una fiesta para danzar y bailar. Luego vinieron muchos indios a Tollan, y al juntarse todos, el nigromántico se fue a un lugar llamado Texcalapan, con toda la gente, que no se podía contar, así mancebos como mozas. Comenzó a bailar y danzar y a cantar el dicho nigromántico, tañendo el tambor; y toda la gente asimismo comenzaba a bailar y holgarse mucho, cantando el verso que cantaba el dicho nigromántico, diciendo y cantando cada verso a los que danzaban. Luego comenzaban todos a cantar el mismo verso aunque no sabían de memoria el cantar. Comenzaron a cantar y bailar a la puesta del sol, terminando cerca de la media noche; puesto que era mucha la gente que danzaba, empujándose unos a otros, muchos de ellos caían, despeñándose en el barranco del río, y se convertían en piedras; y en el dicho río había un puente de piedra, y el nigromántico lo quebró y todos los que iban a pasar por él se caían y se despeñaban en el río, volviéndose piedras. Y todo esto que hacía el nigromántico no sentían ni miraban los toltecas, porque estaban como borrachos, sin seso. Todas las veces que bailaban y danzaban los toltecas en este lugar, como se empujaban unos a otros, se despeñaban en el dicho río.

Otro embuste hizo el nigromántico, el cual pareció como un hombre valiente, y mandó a un pregonero que pregonase y llamase a todos los comarcanos de Tollan para que viniesen a hacer cierta obra en una huerta de flores, para beneficiar y cultivar la huerta. Así lo hicieron todos, viniendo a ser la obra, y en juntándose todos los toltecas, luego comenzó el nigromántico a matarlos, acocándolos con una coa; y mató infinidad de ellos. Otros se iban huyendo para escaparse de sus manos, y en tropezando y cayendo luego morían, y otros empujaban unos a otros y todos así se mataban.

Otro embuste hizo el nigromántico ya dicho. Se sentó en medio del mercado diciendo llamarse Tlacahuepan, y por otro nombre Cuexcoch. Allí hacía bailar [la figurita de] un muchachuelo en la palma de sus manos —dicen que era Huitzilopochtli— y como lo vieron los toltecas se levantaron todos y fueron a mirarle empujándose unos a otros, y así murieron ahogados y acoceados. Esto acaeció muchísimas veces y los toltecas se mataban empujándose unos a otros. Dijo el nigromántico a los toltecas: "¡Ah toltecas! ¿qué es esto? ¿qué embuste es éste, cómo no lo sentís? Un embuste hace danzar al muchachuelo. ¡Matadlos y apedreadlos!". Y así mataron a pedradas al nigromántico y al muchachuelo. Después de haberlo matado comenzó a heder el cuerpo del nigromántico, y el hedor corrompía el aire, que de donde venía el viento llevaba muy mal hedor a los toltecas, de que muchísimos se morían. Y el nigromántico dijo a los toltecas: "Echadlo por allí a este muerto, porque ya se mueren muchos de los toltecas del hedor". Así lo hicieron los toltecas, atando al muerto con unas sogas, para llevarlo y echarlo, y pesaba tanto que los toltecas no podían llevarlo. Antes pensaban que presto lo echarían fuera de Tollan, [pero ahora] un pregonero pregonó diciendo: "¡Ah toltecas! veníos todos y traed vuestras sogas para atar al muerto y echarle fuera". Juntándose los toltecas luego ataron al muerto con sus sogas y comenzaron a llevarle arrastrando diciendo entre sí: "¡Oh toltecas, ea pues, arrastrad a este muerto con vuestra soga!". Y el dicho muerto pesaba tanto que no le podían mover, y se rompían las sogas, y rompiéndose una soga los que estaban asidos a ella caían y morían súbitamente, cayendo unos sobre otros. No pudiendo arrastrar al muerto, el nigromántico dijo a los toltecas: "¡Ah toltecas, este muerto quiere un verso de canto!". Y él mismo comenzó el canto diciéndoles: "¡Arrastradle, muerto, Tlacahuepan nigromántico!". Y así en cantando este verso luego comenzaron a llevar arrastrando al muerto, dando gritos y voces, y en rompiendo una soga todos los que estaban asidos a ella morían; y los que se empujaban unos a otros y los que caían unos sobre otros, todos morían. Llevaron al muerto hasta el monte, y los que volvieron no sentían aquello que les había acaecido porque estaban como borrachos.

[Acontecieron muchos otros augurios malos, provocados por el nigromántico, que vaticinan la destrucción de la ciudad de Tollan]:

Dicen que andaba volando un ave blanca atravesada con una zaeta, algo lejos de la tierra, y claramente la veían los dichos toltecas mirando hacia arriba.

Los toltecas veían de noche una sierra que se llama Zacatepec ardiéndose, y las llamas se podían ver desde lejos.

Al tiempo que veían estas cosas los toltecas se alborotaban y daban gritos y voces, estando desasosegados y diciendo unos a otros: "¡Oh toltecas, ya se nos acaba la fortuna, ya perecemos, ya nos vino la mala ventura! ¡guay de nosotros! ¿a dónde nos iremos? ¡oh desventurados de nosotros, esforzaos!".

También otro embuste que fue de los dichos toltecas, lo cual hizo el nigromántico, que llovió sobre ellos piedras. Después de pasado esto les cayó del cielo una gran piedra de sacrificio, y desde entonces andaba una vieja india en el lugar que se llama Chapultepec, vendiendo unas banderillas de papel diciendo: "¡Ah las banderas!". Quien se determinaba a morir luego decía: "Compradme una banderilla". Siéndole mercada la banderilla luego se iba a donde estaba la piedra de sacrificio, y allí le mataban. No había quien dijese: "¿Qué es esto que nos acontece?". Y estaban como locos.

Dicen que además todos los mantenimientos se volvieron acedos y nadie los podía comer. Apareció una india vieja —dicen que era el mismo nigromántico el cual apareció como una india vieja— y se asentó en una huerta tostando maíz. El olor del dicho maíz tostado llegaba a los pueblos de toda la comarca. Cuando olían los dichos toltecas el maíz, luego venían corriendo y en un momento llegaban al lugar donde estaba la vieja, porque dicen que los toltecas eran ligeros y aunque estaban lejos venían presto... Todos cuantos venían y se juntaban los mataba la dicha vieja, y ninguno de ellos volvía. Gran engaño y burla les hacía, y mató muchísimos toltecas el dicho nigromántico.

Otros embustes les acaecieron a los toltecas, por habérseles acabado la fortuna. Y Quetzalcóatl, teniendo pesadumbre de éstos, acordó irse de Tollan a Tlapallan.

Hizo quemar todas las casas que tenía hechas de plata y de concha, y enterrar otras cosas muy preciosas dentro de las sierra o barrancos de los ríos. Convirtió los árboles de cacao en otros árboles que se llaman mesquites, y además de esto mandó a todos los géneros de aves de pluma rica que se llamaban quetzal y quechol, que se fuesen adelante, y se fueron hasta Anáhuac, que dista más de cien leguas.

Y el dicho Quetzalcóatl comenzó a tomar el camino y partió de Tollan. Llegó a un lugar que se llama Cuauhtitlan, donde estaba un árbol grande y grueso y largo, y Quetzalcóatl se arrimó a él. Pidió a los pajes un espejo, se lo dieron y se miró la cara diciendo: "¡Ya estoy viejo!". Y entonces nombró al dicho lugar "Viejo Cuauhtitlan". Luego tomó piedras con que apedreó al árbol, y todas las piedras que tiraba Quetzalcóatl las metía dentro de él, y por muchos tiempos estaban así, y todos las veían, desde el suelo hasta arriba.

Así iba caminando Quetzalcóatl, e iban delante tañéndole flautas. Llegó a otro lugar en el camino donde descansó y se asentó en una piedra, poniendo sobre ella las manos y dejando las señales de éstas en la piedra. Estando mirando hacia Tollan comenzó a llorar tristemente, y las lágrimas que derramó cavaron y horadaron la dicha piedra donde estaba llorando y descansando. Dejó señales de las palmas de sus manos en la piedra, así como si las pusiera en lodo, tan ligeramente las dejó señaladas. También dejó de las nalgas en la dicha piedra donde se había sentado, y estas señales parecen y se ven claramente; entonces nombró el dicho lugar Temacpalco (donde está la señal de la mano en la roca).

Luego se levantó, yéndose de camino, y llegó a otro lugar que se llama Tepanoayan. Allí pasó un río grande y ancho, y Quetzalcóatl mandó hacer y poner un puente de piedra en aquel río, y así lo pasó; se llamó el dicho lugar Tepanoayan (donde se pasa el agua por un puente de piedra).

Yéndose en camino llegó a otro lugar que se llama Coahuapan, en donde los nigrománticos vinieron a toparse con él, para impedirle que se fuese más adelante, diciendo a Quetzalcóatl: "¿A dónde os vais? ¿Por qué dejasteis vuestro pueblo? ¿A quién lo encomendasteis? ¿Quién hará penitencia?" Y dijo Quetzalcóatl, respondiendo a los nigrománticos: "De ninguna manera podéis impedir mi ida; por fuerza tengo que irme". Y los nigrománticos preguntaron a Quetzalcóatl: "¿A dónde os vais?". Y les respondió diciendo: "Yo me voy hasta Tlapallan". Le preguntaron los nigrománticos: "¿A qué os vais allá?". Les respondió Quetzalcóatl: "Vinieron a llamarme, y es el sol quien me llama". Le dijeron los nigrománticos a Quetzalcóatl: "Idos enhorabuena, y dejad todas las artes mecánicas de fundir plata y labrar piedras, y madera, y pintar y hacer plumajes y otros oficios. Todo se lo quitaron los nigrománticos, y Quetzalcóatl comenzó a echar en una fuente todas las joyas ricas que llevaba consigo; así fue llamada la dicha fuente Cozcaapan, y ahora esta fuente se llama Coahuapan.

Yendo en camino Quetzalcóatl llegó a otro lugar que se llama Cochtocan, y vino otro nigromántico topándose con él diciendo: "¿A dónde os vais?"; y le dijo Quetzalcóatl: "Yo me voy a Tlapallan". El nigromántico dijo a Quetzalcóatl: "Enhorabuena os vais; bebed ese vino que os traigo". Dijo Quetzalcóatl: "No lo puedo beber, ni aun gustar un tantito". Le dijo el nigromántico: "Por fuerza lo habéis de beber, o gustar un tantito, porque a ninguno de los vivos dejo de dar y hacer beber ese vino; a todos emborracho ¡ea, pues bebedlo!". Quetzalcóatl tomó el vino y lo bebió con una caña, y en bebiéndolo se emborrachó y se durmió en el camino, y comenzó a roncar. Cuando despertó, mirando a una parte y a otra, sacudía los cabellos con la mano. Entonces fue llamado dicho lugar Cochtocan (donde uno se queda dormido).

El dicho Quetzalcóatl, yéndose de camino más adelante, pasó entre los dos cerros, el Popocatépetl y el Iztactépetl, donde todos los pajes, que eran enanos y jorobados que le iban acompañando, se le murieron de frío dentro de la dicha pasada de los dos cerros. Quetzalcóatl sintió mucho lo que le había acaecido con la muerte de los dichos pajes, y llorando muy tristemente y cantando con lloro y suspirando, miró la otra sierra nevada que se nombra Poyauhtécatl, que está cabe Tecamachalco.

Así pasó por todos los lugares y pueblos y puso muchas señales en las tierras y caminos según dicen. Mas dicen, que Quetzalcóatl se andaba holgando y jugando en una sierra, y encima de ella se asentó y veníase bajando, asentado, hasta el suelo, y bajó de la sierra y así lo hacía muchas veces. En otro lugar hizo poner un juego de pelota, hecho de piedras en cuadra, donde solían jugar a la pelota, y en el medio del juego puso una señal o raya, y donde hizo la raya está abierta la tierra profundamente. En otro lugar tiró con una saeta a un árbol grande que se llama Póchotl (ceiba), y la saeta era también un árbol de este mismo género y lo atravesó con la dicha saeta y así quedó hecha una cruz. Mas dicen que Quetzalcóatl hizo y edificó unas casas debajo de la tierra, que se llaman Mictlancalco. Además hizo poner una piedra grande que se mueve con el dedo meñique, y dicen que cuando hay muchos hombres que quieren mover y menear la piedra, ésta no se mueve aunque sean muchos.

Hay además otras cosas notables que hizo Quetzalcóatl en estos pueblos, y dio todos los nombres a las sierras y montes y lugares. Así en llegando a la ribera del mar, mandó hacer una balsa hecha de culebras, y en ella entró y se asentó como en una canoa. Así se fue por el mar navegando, y no se sabe cómo y de qué manera llegó a Tlapallan.

c   Se refiera que, cuando vivía Quetzalcóatl, reiteradamente quisieron engañarle los demonios, para que hiciera sacrificios humanos, matando hombres. Pero él nunca quiso ni condescendió porque amaba mucho a sus vasallos, que eran toltecas. Su sacrificio era siempre solamente de culebras, aves y mariposas que mataba. Se cuenta que por eso enfadó a los demonios, que comenzaron a escarnecerle cuando le dijeron lo que querían, para molestarle y hacerle huir, como en efecto sucedió...

Luego se refiere cómo se fue Quetzalcóatl. Cuando no obedeció a los demonios en cuanto a hacer sacrificios humanos, éstos se concertaron. Los que nombran Tezcatlipoca, "cordón de plumas", y "el tolteca" dijeron: "Es preciso que deje a su pueblo, donde nosotros hemos de vivir". Y añadieron: "Hagamos pulque; se lo daremos a beber, para hacerle perder su tino y que ya no haga penitencia". Luego habló Tezcatlipoca: "Yo digo que vayamos a mostrarle su cuerpo". Así como mutuamente se habían consultado lo llevaron a la práctica. Primero fue Tezcatlipoca; cogió un doble espejo del tamaño de un jeme y lo envolvió. Cuando llegó adonde estaba Quetzalcóatl, dijo a sus pajes que le custodiaban: "Id a decirle al sacerdote: Ha venido un mozo para mostrarte señor, y a enseñarte tu cuerpo. "Entraron los pajes a avisar a Quetzalcóatl, quien les dijo: "¿Qué es eso, abuelo y paje? ¿qué cosa es mi cuerpo? mirad lo que trajo y entonces entrará". Tezcatlipoca no quiso dejarlo ver y les dijo: "Id a decirle al sacerdote que yo en persona he de mostrárselo". Fueron a decirle a Quetzalcóatl: "No accede; insiste él en mostrártelo señor". Quetzalcóatl contestó: "Que venga, abuelo". Fueron a llamar a Tezcatlipoca, entró, le saludó y dijo: "Príncipe mío, sacerdote Ce-Ácatl Quetzalcóatl, yo te saludo y vengo, señor, a hacerte ver tu cuerpo". Contestó Quetzalcóatl: "Sé bien venido, abuelo, ¿de dónde has arribado? ¿qué es eso de mi cuerpo? a ver". Aquél respondió: "Príncipe mío, sacerdote, yo soy tu vasallo; vengo de la falda de Nonohualcatépetl; mira, señor tu cuerpo". Luego le dio el espejo y le dijo: "Mírate y conócete, príncipe mío; que has de aparecer en el espejo". Enseguida se vio Quetzalcóatl; se asustó mucho y dijo: "Si me vieran mis vasallos quizá correrían". Por las muchas verrugas en los párpados, las cuencas hundidas de los ojos y toda su cara hundida, se veía disforme. Después que vio el espejo, dijo: "Nunca me verán mis vasallos, porque aquí me estaré". Se despidió Tezcatlipoca y salió...

Entonces se consultaron los demonios otra vez para reírse y burlarse de Quetzalcóatl y se consertó con "cordón de plumas", el cual dijo: "Que vaya ahora 'máscara de coyote', el oficial de pluma". Notificaron a "máscara de coyote" que tenía que ir, contestando éste: "Sea en hora buena. Voy a ver a Quetzalcóatl". Y fue y dijo a Quetzalcóatl: "Príncipe mío, yo digo que salgas a que te vean los vasallos; voy a adornarte, para que te vean". Y aquél dijo: "A ver. Hazlo, abuelo mío". Luego se puso a trabajar "máscara de coyote" el oficial de pluma. Hizo primero la insignia de pluma de Quetzalcóatl. Enseguida le hizo su máscara de piedra verde; tomó color rojo, con el que le puso bermejos los labios; tomó color amarillo, para hacerle rayas longitudinales en la cara; y le hizo los colmillos de serpiente; a continuación le hizo su barba y le cubrió la parte posterior de la cabeza con plumas de cotinga y de quechol rojo. Después de que "máscara de coyote" aparejó de esta manera el atavío de Quetzalcóatl, le dio el espejo. Cuando éste se vio, quedó muy contento de sí e inmediatamente salió de donde le guardaban.

"Máscara de coyote", oficial de pluma, fue a decir a "cordón de plumas":

"Hice salir a Quetzalcóatl; ahora anda tú". "Cordón de plumas" contestó: "Está bien". Luego se hizo amigo del demonio "el tolteca"; y ambos se fueron, y se pusieron en camino. Vinieron al lugar "donde se lavan las cebollas" a posar con su labrador, Maxtlaton, que era el guarda del "cerro de los toltecas". Cocieron quelites [hierbas comestibles], tomates, chile, jilote y ejotes. Esto se hizo en pocos días. También había ahí magueyes, que le pidieron a Maxtlaton; y en sólo cuatro días compusieron pulque y lo recogieron. Ellos descubrieron unos cantarillos de miel de abeja para echar el pulque. Fueron luego a Tollan, a la casa de Quetzalcóatl, llevando todo, sus quelites, sus chiles, etc., y el pulque. Llegaron y se ensayaron. Los que guardaban a Quetzalcóatl, no les permitían entrar; dos y tres veces los hicieron regresar, sin ser recibidos. Al cabo, preguntados que de dónde eran, respondieron y dijeron que venían del "cerro del sacerdote" y del "cerro de los toltecas". Cuando lo oyó Quetzalcóatl, dijo: "Que entren". Entraron, saludaron y finalmente le dieron los quelites y lo demás. Después que comió, le rogaron de nuevo y le dieron el pulque. Pero él les dijo: "No lo beberé, porque estoy ayunando. Quizá es embriagante o hace perder el conocimiento". Ellos dijeron: "Pruébalo con tu dedo meñique porque el vino es bueno y burbujea". Quetzalcóatl lo probó con su dedo; le gustó y dijo: "Abuelo, voy a beber tres raciones más. Pero los diablos le dijeron: "Has de beber cuatro". Cuando le dieron la quinta le dijeron: "Es tu libación". Después de que él bebió, dieron a todos sus pajes, cinco tazas a cada uno, que bebieron y los emborracharon completamente. De nuevo dijeron los demonios a Quetzalcóatl: "Hijo mío, canta. He aquí la canción que has de cantar". Y cantó "cordón de plumas":

"Mi casa de plumas de quetzal,
De amarillas plumas de trupial,
Mi casa de corales,
La dejaré.
Ay de mí, Ay".

Estando ya alegre Quetzalcóatl, dijo: "Id a traer a mi hermana mayor; que ambos nos embriaguemos". Fueron sus pajes a Nonohualcatépetl, donde hacía penitencia, a decirle: "Señora, hija mía, Quetzalcóatl ayuna, hemos venido a llevarte. Te aguarda el sacerdote Quetzalcóatl. Vas a estarte con él". Ella dijo: "Sea en hora buena. Vamos, abuelo y paje". Y cuando vino a sentarse junto a Quetzalcóatl, luego le dieron cuatro raciones de pulque y una más la quinta, que era su libación "cordón de plumas" y "el tolteca" los emborracharon, y para dar también música a la hermana mayor de Quetzalcóatl, cantaron:

"Oh tú, Quetzalpétlatl,
Hermana mía,
¿A dónde fuiste en día de labor?
Embriaguémonos.
Ay, Ay, Ay".

Después que se embriagaron, ya no dijeron: "¡Pero si nosotros somos hermitaños!". Ya no bajaron a la acequia [para tomar los baños de obligación]; ya no fueron a depositar espinas de maguey [como señal de que se había cumplido con el autosacrificio]; ya nada hicieron al alba.

Cuando amaneció mucho se entristecieron, y se ablandó su corazón. Luego dijo Quetzalcóatl: "¡Desdichado de mí!". Y cantó la canción lastimera que para irse de allí compuso;

> *"Aún me llevaba*
> *Ella, nuestra madre,*
> *La diosa, con el faldellín de culebra,*
> *Como su hijo.*
> *Lloro".*

Cuando cantó Quetzalcóatl, todos sus pajes se entristecieron y lloraron. En seguida también cantaron:

> *"Ay, Ay, los que nos han enriquecido,*
> *Ellos, nuestros señores,*
> *Ellos Quetzalcóatl,*
> *Sacerdote de piedras preciosas*
> *[Nos abandonan ahora].*
> *El árbol está truncado.*
> *Déjennos que lo veamos,*
> *Déjennos llorar".*

Después que cantaron sus pajes, Quetzalcóatl les dijo: "Abuelo y paje, basta. Voy a dejar el pueblo, me voy. Mandad que hagan una caja de piedras". Prontamente labraron una caja de piedra, y cuando acabaron de hacerla, acostaron ahí a Quetzalcóatl. Sólo cuatro días estuvo en la caja de piedra. Cuando se sintió bien de salud, dijo a sus pajes: "Basta, abuelo y paje; vámonos. Cerrad por todas partes y esconded las riquezas y cosas placenteras que hemos descubierto y todos nuestros bienes". Así lo hicieron sus pajes: escondieron las cosas en el baño que era de Quetzalcóatl, en el lugar nombrado Atecpanamochco. Inmediatamente se fue Quetzalcóatl; llamó a todos sus pajes y lloró con ellos.

Luego se fueron a Tlillan Tlapallan (el lugar donde se juntan el negro y el rojo), el quemadero. Él fue viendo y experimentando por donde quiera, pero ningún lugar le agradó. Y habiendo llegado a donde iba, se entristeció otra vez y lloró. Se dice que en el año "1 ácatl" (uno-caña), habiendo llegado a la orilla celeste del agua divina (a la costa del mar), se detuvo, cogió sus arreos, aderezó su insignia de plumas, su máscara de piedras verdes y todo lo demás. Luego que se había ataviado, él mismo se prendió fuego y se quemó: por eso se llama el quemadero ahí donde fue Quetzalcóatl a quemarse. Se dice que cuando ardió, al punto se encumbraron sus cenizas, y que aparecieron a verlas todas las aves preciosas, que se remontaban y visitan el cielo: el quechol rojo, el cotinga, el tzinizcan, los papagayos, aráras, loros y también otros pájaros preciosos. Al acabarse sus cenizas, al momento vieron encumbrarse el corazón de Quetzalcóatl. Según sabían, fue al cielo y entró en él. Decían los viejos que se convirtió en la estrella que sale al alba; así como dicen que apareció [por primera vez], cuando murió Quetzalcóatl, a quien por eso nombraban el "señor del alba". Decían que, cuando él murió no apareció durante sólo cuatro días, porque entonces fue a morar entre los muertos. Otros cuatro días era hueso; por lo que a los ocho días apareció la gran estrella (Venus), que llamaban Quetzalcóatl. Y añadían que entonces se entronizó como dios...

Matlacxóchit le sucedió a Quetzalcóatl y reinó en Tollan. En el año "10 tochtli" (diez-conejo) murió; luego le sucedió y se entronizó Nauhyotzin, que reinó en Tollan. Éste murió en el año "12 calli" (doce-casa); luego le sustituyó y se entronizó Matlaccoatzin. Él murió en el año "1 calli" (uno-casa) y se entronizó Tlicohuatzin, que reinó en Tollan. En el año "9 tochtli" (nueve-conejo) murió Tlicohuatzin. Luego se entronizó Huémac, cuyo nombre de soberano real fue Atecpanécatl ("el del palacio del agua").

Es de saber que se ha escrito mucho sobre Huémac en diferentes libros, cuando se entronizó, hacía poco que se había casado. Se casó con la llamada "faldellín de serpientes", mujer valiente, a quien instruyó el diablo en el lugar llamado Coacueyecan, de donde era ella. Sus asentaderas se hicieron tan anchas como una brazada. Cuando esto había sucedido, los toltecas fueron a traer a Xicócoc a un sacerdote, de nombre "Águila", el cual se sentó luego en la estera y silla de Quetzalcóatl (a regir y gobernar): por tanto, vino a ser imagen y semejanza de Quetzalcóatl y guardián de los dioses (sacerdote) en Tollan. Sustituyó a Huémac, que era ministro de Quetzalcóatl, hasta que fueron a burlarse de él las diablesas y tuvo que ver con ellas. Las diablesas eran el diablo "enemigo" —así se dice a Tezcatlipoca que había venido a Tzapotlan. Engañaron a Huémac volviéndose mujeres, y él tuvo que ver con ellas, e inmediatamente cesó de ser ministro de Quetzalcóatl y le sustituyó "Águila" como ya se ha dicho.

En el año "7 tochtli" (siete-conejo) se comenzó a sacrificar niños en honor del dios de la lluvia. En este año hubo mucha hambre, y [todavía hoy en día] se le llama "la calamidad de los toltecas en el año siete-conejo". Fueron siete los años de hambre; y por dondequiera, de una manera estable, todo fue aflicción y muertos de hambre. Luego los demonios pidieron [en recompensa de que acabaran con el hambre] los hijos legítimos de Huémac. Fueron a dejarlos en la acequia de Xochiquétzal y a los cerros Huítzcoc y Xicócoc para pagar al dios de las lluvias con el sacrificio de los pobres niños. Allí por primera vez comenzaron los sacrificios de niños que despúes se hizo costumbre...

En el año "8 tochtli" (ocho-conejo) hubo muchos malos agüeros en Tollan. También en este año llegaron ahí las diablesas que se decían Ixcuinanme. Así es la plática de los viejos. Cuentan que salieron y vinieron de la Huaxteca. Se dice que en el "lugar en que lloraron los huaxtecos" hablaron con sus cautivos que apresaron en la Huaxteca y les dijeron: "Ya vamos a Tollan; seguramente llegaremos a la tierra y haremos la fiesta; hasta ahora nunca ha habido sacrificio con flechas y nosotros vamos a iniciarlo; nosotros os flecharemos". Después que lo oyeron sus cautivos, se afligieron y echaron a llorar. Ahí empezó el sacrificio por flechamiento con que [más tarde] se celebraba la fiesta de las Ixcuinanme en el mes Izcalli. En el año "9 ácatl" (nueve-caña) llegaron a Tollan las Ixcuinanme: llegaron a la tierra con sus cautivos, y flecharon a dos. Los demonios eran diablesas; sus maridos eran los cautivos huaxtecos.

También en el año "13 ácatl" (trece-caña) hubo muchos malos agüeros en Tollan. También entonces empezó la guerra, a que dio principio el diablo "enemigo". Compitieron los toltecas con los que se dicen de Nextlalpan; y después de que hicieron cautivos, comenzó la matanza de hombres en sacrificio: los toltecas mataron a sus cautivos, ya que en medio de ellos anduvo el diablo "enemigo", induciéndoles mucho para que mataran hombres.

Luego el demonio introdujo también el desollamiento de hombres. Sucedió que se dedicaba a los cantos en el río del despeñadero. Ahí por primera vez, una mujer otomí aderezaba en el río hojas de maguey. La cogió y la desolló y luego vistió la piel el tolteca "adorno de turquesa". Ésta fue la primera vez que alguien vistiese la piel de Xipe.

Después empezó, en todas partes, tanta mortandad que hubo de hombres en sacrificio. Se refiere que primero, durante su poder y su tiempo, Quetzalcóatl, que fue el que se nombra Ce-ácatl, nunca jamás quiso los sacrificios humanos; y que después en dondequiera, cuando estaba reinando Huémac, había todo lo que comenzaron los diablos...

En el año "1 técpatl" (uno-pedernal) se desbarataron los toltecas: aconteció en el tiempo cuando reinaba Huémac. Se fueron de Tula y al irse, pasaron por Tzíncoc; ahí sacrificó Huémac al dios de la lluvia un niño llamado "uno serpiente". Más adelante quería entrar en la cueva que hay en el camino de Tlamacazcatzinco, y no pudo. Luego partió y pasó por Cuauhnénec...

[Los toltecas tocaron en su migración numerosos lugares] y cuando ya habían pasado por muchos pueblos, se establecieron algunos en Cholula, Tehuacán, Cuazacatlan, Nonoualco, Teotitlan, Coaixtlahuaca, Tamazula, Copilco, Topila, Ayotlan y Mazatlán, hasta que se asentaron en todas partes de la tierra Anáhuac, donde ahora habitan...

En el año "7 tochtli" (siete-conejo) se suicidó Huémac en la cueva "casa de maíz" de Chapultepec. En este año se acabó el tiempo de los toltecas. Siete años estuvieron pasando por todas partes, de pueblo en pueblo, hasta que fueron a asentarse. Desde que poblaron los toltecas, han pasado trescientos treinta y nueve años. Huémac se dio muerte, ahorcándose de desesperación en la cueva de Chapultepec. Primero se entristeció y lloró, y cuando ya no vio a ningún tolteca, y que todos los que le seguían se habían acabado, se suicidó.

d   Una vez Huémac jugó a la pelota con los dioses de la lluvia. Ellos le preguntaron: "¿Qué ganamos en el juego?". Y Huémac contestó: "Mis piedras verdes y mis plumas de quetzal". Otra vez dijeron a Huémac: "Eso mismo ganas tú: nuestras piedras verdes y nuestras plumas de quetzal". Jugó Huémac y les ganó. Enseguida fueron los dioses de la lluvia a trocar lo que habían de dar a Huémac, esto es, elotes [en lugar de las piedras verdes] y en lugar de las plumas verdes las hojas del maíz que crecen en el elote. Pero Huémac no los recibió y dijo: "¿Por ventura eso es lo que gané?, ¿acaso no piedras verdes?, ¿acaso no plumas de quetzal? Llevaos esto". Los dioses de la lluvia contestaron: "Está bien. Dadle piedras verdes y plumas de quetzal y tomad nuestras piedras verdes y nuestras plumas de quetzal". Luego las tomaron y se fueron. Dijeron enseguida: "Bien está; de ahora en adelante escondemos nuestras piedras verdes; ahora padecerá trabajos el tolteca, pero no más cuatro años".

Luego heló, y en cuanto cayó el hielo se perdieron los frutos de la tierra. Solamente en Tollan siempre hizo calor; todos los árboles, nopales y magueyes se secaron; todas las piedras se deshicieron, todo se hizo pedazos a causa del calor. Cuando padecían trabajos los toltecas y se morían de hambre, se sacrificaban cautivos de guerra, y en donde había [niños] éstos fueron encerrados por sus padres [para venderlos en esclavitud] y se compraban pavos, haciéndose de ellos tamales que comían. En Chapultepec vivía una viejezuela que vendía banderas de sacrificio. Se iba ahí para comprar una bandera e irse luego a morir en la piedra de sacrificios.

Al cumplirse los cuatro años que tuvieron hambre, se aparecieron los dioses de la lluvia en Chapultepec, donde hay agua. Y aparecieron los elotes y los [demás] alimentos. Éstos los vio un tolteca que vivía allí, que luego los cogió y los comió. Entonces salió debajo del agua un sacerdote de Tláloc, que le dijo: "Villano, ¿conoces esto?". Dijo el tolteca: "Sí, amo nuestro, hace mucho tiempo que nosotros lo perdimos". Y contestó aquél: "Está bien, siéntate, mientras yo hablo al señor". Y otra vez se metió en el agua, mas no tardó; volvió a salir y trajo una brazada de buenos elotes. Luego le dijo: "Villano, toma esto y dáselo a Huémac. Los dioses en cambio piden a los mexicanos la hija de Tozcuecuex [en sacrificio]; entre tanto comen los mexicanos el maíz de aquí; a los toltecas les queda poco tiempo, pues ya se acabarán los toltecas y se asentarán los mexicanos aquí [en su lugar]. Deberán entregar a la muchacha para el sacrificio en el remolino de piedras preciosas, en Pantitlan".

El tolteca fue luego a informar a Huémac y le dijo así como le mandó Tláloc. Huémac se afligió y lloró y dijo: "¡Conque así es! ¡conque se irán los toltecas! ¡conque se acabará Tollan!". Luego despachó a Xicócoc dos de sus mensajeros, llamados "Siete-serpiente" y "Serpiente de martucha" y les mandó pedir a los mexicanos la doncella llamada "flor de quetzal", la cual aún no era grande, era todavía niña. Los mensajeros fueron a Xicócoc y dijeron a los mexicanos: "Acá nos envía Huémac, que dice que se aparecieron los dioses de la lluvia y piden una doncella de los mexicanos". Luego los mexicanos ayunaron cuatro días y llevaron luto por la muerte de la muchacha. Cuando habían transcurrido los cuatro días, la llevaron a Pantitlan: la acompañó su padre; y luego la sacrificaron. Otra vez aparecieron los dioses de la lluvia y dijeron a Tozcuecuex: "Tozcuecuex, no tengas pesadumbre, sólo tú acompañas a tu hija. Destapa tu calabaza para el tabaco". Ahí pusieron el corazón de la muchacha y todos los diferentes alimentos y le dijeron: "Aquí está lo que han de comer los mexicanos, porque ya se acabarán los toltecas".

Al punto se nubló el cielo e inmediatamente llovió, y llovió muy recio: en cuatro días que llovió, cada día y cada noche la tierra fue absorbiendo el agua. Entonces brotaron las diferentes hierbas comestibles y todas las demás hierbas y el zacate, y por sí solos se crearon los frutos de la tierra. Los mexicanos sembraron y recogieron veinte y cuarenta veces lo que habían sembrado; pronto se hizo redonda la mata de maíz y temprano se dio el mantenimiento humano. Esto sucedió en el año "2 ácatl" (dos-caña).

En el año "1 técpatl" (uno-pedernal) desaparecieron los toltecas; entonces entró Huémac en la cueva "casa de maíz". Algunos de los toltecas se volvieron [de donde habían venido] y otros más se fueron hasta diseminarse por todos los rumbos.

13. LA HISTORIA TOLTECA SEGÚN UN RELATO POSTERIOR

a Huémac fue un rey muy poderoso y muy temido que se hizo adorar como dios, el cual salió de Tula para ensanchar su reino por algunas partes de esta Nueva España. En todo el tiempo de su reinado se ocupó en conquistar y ganar tierras y provincias inclinándose más hacia el orgullo de la milicia y de la guerra que a la tranquilidad y quietud de la paz. Como dicho rey andaba ausente, ocupado siempre en guerras, los toltecas nombraron como rey y señor a Nauhyotzin, que fue el segundo señor natural de los chichimecas. Éste también salió de Tollan y caminó hacia esta laguna con gran poder de gentes, a conquistar lo que pudiese de sus comarcas...

Algunos años después de estar poblada la provincia de Tollan vinieron desde la parte norte ciertas gentes, que llegaron por la parte del Pánuco. Estas gentes fueron unos hombres de buen porte y bien aderezadas, con ropas largas a manera turca o hechas de lienzo negro como sotanas de clérigos, abiertos por delante y sin capillas, con los cuellos escotados, las mangas cortas y anchas, las cuales no llegaban al codo. Aún hoy en día los naturales usan algunas de estas ropas en sus bailes cuando quieren representar a aquellas tribus. Estas gentes pasaron adelante del Pánuco con buen ánimo y sin encontrarse envueltos en guerras o peleas. Pasando de lugar en lugar hasta Tollan, donde fueron recibidos y hospedados por los naturales de aquella provincia, puesto que era gente muy entendida y hábil, de grandes artistas y trabajadores. Labraban el oro y la plata y eran muy grandes artífices en cualquier arte, eran grandes lapidarios y sobresalían no solamente en estas cosas delicadas, sino también en otras actividades necesarias para el sustento humano, tales como labrar y romper las tierras.

Así, por su buen gobierno, grandes industrias y habilidades tuvieron gran acogida entre ellos, y adonde quiera que llegaban los apreciaban y estimaban mucho, y les hacían gran honra...

Viendo estas nuevas gentes que en Tollan no se podían sustentar por estar la tierra tan poblada, procuraron pasar adelante y se fueron a poblar Cholula donde otra vez fueron muy bien recibidos y donde se sabe que los naturales de allí se emparentaron con ellos, y durante mucho tiempo vivieron y se arraigaron en aquel lugar. En este paso se narra el siguiente cuento: cuando estas gentes llegaron a Tula, traían consigo una persona muy principal como caudillo, el cual los gobernaba y a quien llamaban Quetzalcóatl, que los cholultecas después adoraron como a dios, esto se tiene por muy averiguado, de que fue de muy buena disposición, blanco, rubio, barbudo y bien acondicionado. Estando en Tollan, le hicieron traición los señores de allí, especialmente Tezcatlipoca Huémac. Viendo aquél su mal término se salió de Tollan muy enojado y se vino a Cholula, donde habitó muchos años con sus gentes. A algunos de éstos envió desde allá a la provincia de Oaxaca a poblarla y a toda la Mixteca Baja y Alta y al territorio de los zapotecas. Se dice que ellos hicieron los grandes y suntuosísimos edificios de Mitla...

Todavía hoy en día se llama a la ciudad de Cholula "Tollan Cholollan" y los cholultecas se llaman por excelencia "grandes toltecas"... Cuando los toltecas habían estado mucho tiempo en dicha ciudad de Cholula, tuvieron noticias de que Huémac, su gran enemigo, venía con muchas gentes en su demanda, y por todas partes que llegaba, venía destruyendo y tallando todas las cosas que hallaba en las provincias por donde pasaba, haciendo muchas crueldades y tiranías. Como dicho Quetzalcóatl tenía al rey Huémac por gran guerrero, no le quiso esperar y determinó salirse de la ciudad. Así lo hizo y se fue con gran parte de sus súbditos diciendo que iba a visitar otras provincias y a las gentes que había enviado a poblar las tierras de Nonoalco. Éstas son vecinas del mar y son las que ahora llamamos Yucatán, Tabasco y Campeche.

Llegando Huémac al sitio y lugar donde pensaba hallar a su enemigo Quetzalcóatl, y sabiendo que se había ido, lo sintió mucho, y con el enojo que le produjo y sus grandes matanzas en todos los que todavía vivían en esta tierra, a tanto llegó el temor que le cobraron que se hizo adorar por dios. Con esto pretendió destruir y oscurecer la forma que Quetzalcóatl había dejado en aquella ciudad, haciéndose señor no solamente de Cholula sino también de Cuauhquechula e Izucar (Itzyucan), Atlixco y todas las provincias de Tepeaca, Tecamachalco, Quecholac y Tehuacán. Fue su rey y señor, y aún después, adorado por dios de todos ellos.

b   Según sus historias Quetzalcóatl vino de las partes de Yucatán (aunque algunos digan que de Tollan) a Cholula... Afirman de Quetzalcóatl, que estuvo veinte años en Cholula, y estos pasados, se volvió por el camino por donde había venido, llevando consigo cuatro mancebos principales virtuosos de la misma ciudad. Desde Coatzacualco, provincia distante de allí ciento cincuenta leguas hacia el mar, los tornó a enviar, y entre otras doctrinas que les dio, fue que dijesen a los vecinos de la ciudad de Cholula que tuviesen por cierto que en los tiempos venideros habían de venir por el mar hacia donde sale el sol unos hombres blancos, con barbas largas como él. Éstos serían señores de aquellas tierras, y que eran sus hermanos. Los indios siempre esperaron que se había de cumplir aquella profecía, y cuando vieron venir a los cristianos luego los llamaron dioses hijos y hermanos de Quetzalcóatl, aunque después que conocieron y experimentaron sus obras, no los tuvieron por celestiales.

c   Habiendo heredado el señorío de los toltecas Tecpancaltzin, el octavo rey, de allí a diez años que gobernaba, vino una doncella a su palacio, muy hermosa, que había venido con sus padres a traer ciertos regalos para él; y aún dicen que se halla en la historia que era miel prieta de maguey, y azúcar de esta miel que fueron inventadas por su padre Papantzin, y como cosa nueva se lo trajeron a presentar al rey. Siendo estos caballeros de sangre noble y de su propio linaje, se holgó el rey de verlos y les hizo muchas mercedes, y tuvo en mucho este regalo y se aficionó mucho de esta doncella que se llamaba Xóchitl por su belleza que quiere decir rosa y flor. Les mandó que le hicieran placer de hacerle otra vez este regalo y que su hija lo trajera ella sola con alguna criada. Los padres, no cayendo en lo que podía suceder, se holgaron mucho y le dieron la palabra de que así lo harían. Pasados algunos días vino al palacio la doncella, cargada de miel, azúcar, y otros regalitos de nuevo inventados, o por mejor decir, conserva de maguey. Cuando había llegado, avisaron al rey de que estaba allí la doncella hija del caballero que inventó la miel de maguey llamado Papantzin. Aquél se holgó mucho y mandó que la metiesen sola con el regalo que traía, y a la criada, que era una vieja ama suya la sentaran en los cuartos y le dieran muchas mantas y oro, y la regalaran hasta que fuera tiempo de volver con su señora. Así lo hicieron los criados, y visto el rey el regalo de la doncella Xóchitl y de sus padres, se holgó mucho y trató con ella como él hace días estaba aficionado de ella, rogándole le cumpliera sus deseos, que él le daba su palabra de hacer muchas mercedes a sus padres y a ella. En estas demandas y respuestas estuvieron buen rato, hasta que la doncella, visto que no tenía remedio, tuvo que hacer lo que el rey le mandaba. Cumplidos sus torpes deseos, la hizo llevar a un lugarcito pequeño fuera de la ciudad, poniéndole muchas guardias, y envió a decir a sus padres como la había dado a ciertas señoras para que la adoctrinaran, puesto que la quería casar con un rey vecino suyo en recompensa del regalo que le habían traído, y que no tuvieran pena, que hicieran de cuenta que la tenían en su casa. Con esto les hizo muchas mercedes y les dio ciertos pueblos y vasallos para que fueran señores de ellos y sus descendientes. Aunque sus padres lo sintieron mucho, lo disimularon, que como dicen, donde hay fuerza derecho se pierde. El rey iba a menudo a ver a la señora Xóchitl, que estaba en un lugarcito muy fuerte, sobre un cerro que se decía Palpan, servida y regalada, al fin como cosa del rey monarca tolteca, la cual en muy poco tiempo se empreñó y parió un hijo en el año ce-ácatl que le puso su padre por nombre Meconetzin, que quiere decir "niño del maguey", a significación de la invención y virtudes del maguey... Este niño tenía casi todas las señales que dijo el sabio Huémac que había de tener el rey tolteca, en cuyo tiempo y gobierno éstos se habían de destruir.

Los padres de la doncella Xóchitl, que por tal la tenían, viendo que ya iba para tres años que no veían a su hija, les daba grandísima pena, y procuraban siempre saber en qué lugar pudiese estar. Pero como era tan gran-

LÁMINA 1. El dios azteca Macuilxóchitl "Cinco Flor", dios de la música, de la danza y de los juegos. Figura de piedra.

LÁMINA 2. Imagen del sol con el dios del sol en el campo medio.
Piedra serpentina (azteca).

de la ciudad de Tollan y hubiese tantas casas de señores, pasó este tiempo de tres años, hasta que casi en el último de ellos supieron cómo el rey la tenía en un lugar con mucha guarda y que se decía Palpan. Como ninguna persona la podía ver, ya que el rey había mandado que principalmente a ninguno de sus deudos dejasen entrar en aquel lugar, y viendo este señor el mandato del rey, le dio grandísimo cuidado y pena, y buscó manera para poder entrar sin que fuese reconocido. No hallando ningún remedio, se disfrazó vistiéndose como un labrador, fingiendo que había ido a la ciudad para vender ciertas cosas. Pareciéndole a los guardas que era inofensivo, le dejaron entrar, como que iba a ver aquel lugar, dándoles ciertas cosas para que le dejasen entrar, y así le dieron licencia y entró mirando por todas partes. Pasando por unos jardines halló a su hija, que tenía en sus brazos al niño. Como la reconoció, se enterneció mucho de gozo al ver a su hija, preguntándole que si el rey la había metido en aquel lugar para que jugara con niños —no sabiendo que era su nieto. La hija, aunque con vergüenza, le contó a su padre todo lo que había pasado con el rey, el cual lo sintió mucho, pero lo disimuló por ser cosa que tocaba a su honor. Despidiéndose el padre de su hija se tornó a salir, y al otro día fue a ver al rey, quejándose de la afrenta que le había hecho. El rey le consoló y le dijo que no tuviese pena, que en haber sido cosa del rey no incurría en ninguna afrenta, además de que el niño sería su heredero, porque no tenía voluntad de tomar estado con ninguna señora, y le dijo muchas otras cosas; y le hizo de nuevo otras muchas mercedes a él y a sus parientes, y mandó que cada vez y cuando que quisiesen él y su mujer y deudos, pudiesen ir a ver a Xóchitl su hija, con tal de que no había de salir de aquel lugar ni lo había de saber persona alguna, y lo mismo habían hecho las personas de su guardia al tiempo que se les entregó, y fiábase de ellos porque eran personas de su devoción. El rey hizo todas estas cosas porque vivían en aquel tiempo con tanta rectitud, que por poca ocasión y falta lo tenían por gran mal los señores toltecas y sus vasallos. Con esto volvió el buen Papantzin algo consolado a su casa, consolando a su mujer y deudos; y de allí en adelante iban y venían a ver a la hija encastillada todas las veces que querían.

Habiendo gobernado cincuenta y dos años el rey Tecpancaltzin, y como todavía estaba vivo, acordó hacer jurar por rey a Meconetzin, su hijo natural, llamado por otro nombre Topiltzin ("nuestro príncipe"), que ya era hombre de más de cuarenta años y muy virtuoso y gran sabio. Para que los señores toltecas no se revelaran —ya que había tres señores de su linaje muy cercanos herederos, mereciendo serlo por su gran valor y virtud, los cuales se encontraban en su señorío, lejos y desviados de la ciudad de Tula más de doscientas leguas junto al mar del sur en Jalisco y otras partes—, llamó a algunos amigos suyos y deudos, principalmente los que eran de su devoción, entre los cuales estaban dos muy principales que tenían muy grandes tierras, muchas ciudades y provincias, llamados el uno Cuauhtli (águila) y el otro Maxtlatzin, y otros muchos señores, y les trató lo que tenía ordenado, diciendo que si le concedían esto, estarían en la ciudad de Tollan y gobernarían ellos y sus hijos todos sus reinos y señoríos, haciéndose cabezas principales sobre todos los reyes y señores de sus vasallos, gobernando los tres de conformidad, aunque su hijo había de tener el más supremo lugar, como persona suya y rey de reyes como él lo era. Este arreglo les pareció bien a los dos reyes y concedieron en ello, jurando por su rey y monarca a Topiltzin, con los ritos y ceremonias que ellos usaban. Esta jura fue en el año "dos-caña" y según nuestra cuenta en el de 937 d.C.

Hacía cuarenta años que gobernaba Topiltzin cuando comenzaron las señales que había pronosticado el astrólogo Huémac, a mostrarse tanto en la tierra como en el cielo. Casi a los últimos años de estos cuarenta Topiltzin había cometido pecados muy graves, y con su mal ejemplo toda la ciudad de Tula, las demás provincias, ciudades y tierras de los toltecas. Las señoras iban a los templos y a las ciudades de sus santuarios a romerías, se revolvían con los sacerdotes y hacían otros pecados graves y abominables... Los inventores de estos pecados fueron dos hermanos, señores de diversas partes, muy valerosos y grandes nigrománticos, que se decían, el mayor Tezcatlipoca [negro] y el menor Tezcatlipoca rojo, a los que los toltecas después tuvieron por dioses... Yendo un día el rey a ciertos jardines y bosques suyos, halló un conejo que andaba allí con cuernos de venado, y un pájaro colibrí que andaba chupando el licor de las flores, con un espolón muy largo. Y como había visto muchas veces el libro sagrado que mandó pintar Huémac, y sabía que éstos eran los prodigios y señales que había pronosticado [para la destrucción de los toltecas], le dio grandísima pena, y envió a llamar a los sacerdotes del templo. Venidos éstos les mostró lo que había visto..., y para aplacar la ira de sus dioses convino en hacerles grandes fiestas, sacrificios, ritos y ceremonias.

Pero luego en el año siguiente, que fue el de "uno-casa"..., comenzó a castigar dios nuestro señor a los toltecas, enviándoles grandísimos aguaceros, huracanes y sapos del cielo que les destruían la mayor parte de sus edificios, lloviendo casi cien días sin cesar, por lo cual ellos entendieron que el mundo se quería acabar con otro diluvio. Pero el señor, por su gran misericordia, aplacó las aguas, y al año siguiente, que fue "dos-conejo", vino un grandísimo calor y sequía, de modo que se secaron todas las plantas y árboles. Al tercer año, que fue "tres-caña" pensando ellos que ya estaban libres, cayeron al mejor tiempo unas heladas que abrasaron toda la tierra, sin quedar cosa alguna. Al cuarto año, que era "cuatro-pedernal", cayeron tan grandes granizos y rayos del cielo, y en tanta abundancia, que destruyeron totalmente todos los árboles que habían escapado, y aún hasta los magueyes, sin quedar memoria de cosa ninguna, y aun los edificios y murallas fuertes. Y pasado este tiempo estuvo la tierra algo sosegada por casi doce años, y las plantas comenzaron a producir. Pero en el año "cuarto-casa" vinieron tantas langostas, gusanos, sabandijas y aves, que lo destruyeron todo, y por otra parte guerras grandísimas con los tres herederos cercanos, todo por la hermosa Xóchitl, porque su hijo había heredado el reino y mandaba ella toda la tierra; aunque esta vez no pudieron hacer nada, porque aunque los toltecas habían tenido grandes persecuciones del cielo, todavía eran grandes sus fuerzas y su poder.

Asimismo en este año, casi a fines de él, todos los graneros de los toltecas en donde guardaban el grano fueron atacados por los gorgojos. Pasaron otros cuatro años con algún descanso, cuando al quinto que fue el de "nueve-conejo" y veinte después de la primera calamidad, hallaron a los primeros días en un cerro un niño, muy blanco, rubio y hermoso, que debía ser el demonio. Lo llevaron a la ciudad para mostrárselo al rey. Cuando lo vio lo mandó llevar otra vez al punto de donde lo habían traído, porque no le pareció buena señal; y al niño demonio se le comenzó a pudrir la cabeza, y del mal olor se moría mucha gente. Los toltecas procuraron matarlo, pero nunca jamás pudieron llegar a él, porque todos los que se acercaban morían luego; y este mal olor causó una gran peste por toda la tierra de modo que de mil toltecas se murieron novecientos. Todas estas cosas le sucedieron y otras muchas, y los tres señores rivales del rey no dejaron de hacer grandes agravios a los pocos que se habían escapado, tomando poco a poco muchas provincias y ciudades sujetas a este gran Topiltzin...

Viendo Topiltzin que sus rivales iban apoderándose paso a paso de sus tierras y provincias, ordenó enviarles con dos embajadores, caballeros muy valerosos, un gran presente de oro, mantas, piedras preciosas, joyas y un juego de pelota del tamaño de una mediana sala, de cuatro géneros de piedras preciosas..., enviándoles decir que bastaba su enojo, que bien sabían ellos los trabajos que había tenido, las persecuciones del cielo y que por consiguiente conocían su daño y el valor de ello. Que recibieran este juego de pelota... y que conforme a los cuatro géneros de piedras preciosas en él, todas las cuatro, tan estimadas y puestas en igualdad, así, ni más ni menos todos los cuatro, de aquí en adelante, gobernarían sus reinos y señoríos, con grandísima paz y conformidad... Fue este presente y tesoro el mayor que jamás se vio en esta tierra, y tan grande, y pesado que para llevarlo se necesitaron diez y seis mil toltecas durante ciento cuarenta días. Llegados los embajadores, los recibieron y se holgaron al ver el tesoro; pero no por eso dejaron de proseguir en su demanda, aunque por esta vez con fingidas palabras despidieron a los embajadores diciéndoles, que ellos no tratarían de cosa alguna y dejarían de hacerles mal alzando sus ejércitos, y otras palabras, ni muy buenas ni muy malas, sino todas cautelosas, de modo que los embajadores volvieron muy tristes, y dieron sus respuestas al gran Topiltzin...

En el año "uno-caña" vinieron a la ciudad de Tula los tres reyes rivales del gran Topiltzin con un gran ejército, los cuales haciendo burla a todos los toltecas, como gente destrozada, entraron hasta adentro de la ciudad. Cuando Topiltzin lo supo, los recibió y mandó que les diesen todo lo necesario a ellos y a sus gentes, y de nuevo trató con ellos la paz y conformidad, como se los había enviado decir. Ellos no traían este propósito, sino el de vengarse, y no quisieron consentir en ello sino le dijeron que aprestara sus gentes, que con las armas se entenderían. Topiltzin, viendo que no había remedio, pidió tiempo para ello y le dieron diez años de plazo; al último de ellos se darían la batalla en Toltitlan. Con esta orden y concierto se volvieron a sus tierras, porque padecía grandísima hambre su ejército, que estaba la tierra tal, que aún los moradores de ella apenas se podían sustentar.

A los últimos días del año "diez-pedernal", que fue, según nuestra cuenta, el año de mil ocho d.C., volvieron estos tres señores con un mayor ejército que la primera vez. A la sazón el gran Topiltzin tenía puestos dos ejércitos muy grandes, el uno a cien leguas de Tollan y el otro en Toltitlan. Duró la guerra tres años justos, muriendo en ambos lados innumerables gentes, al último de ellos, como los de Topiltzin tenían poco refrigerio y socorro, mientras que a los tres señores, sus rivales, todos los días les venían grandes cantidades de gentes, los toltecas fueron vencidos y muerta casi toda la gente. Entonces Topiltzin mandó a ciertos criados y criadas que llevaran a los niños suyos, legítimos sucesores de sus reinos a los montes y tierras muy altas de Toluca y entró otra vez a la batalla. Durante cuarenta días peleaban de noche y de día, cuando ya los de Topiltzin iban desmayando con las pocas fuerzas que tenían. No pudiendo resistir el ímpetu grande del enemigo, le fue forzoso a Topiltzin salir a pelear en persona, al viejo de su padre, y aun a las señoras sus mujeres y a las otras matronas de las ciudades, haciéndose de tripas corazón, como dicen, y entre ellas iban su madre y la hermosa Xóchitl, peleando valerosamente y haciendo todo lo que pudieron. Pero al fin todos fueron vencidos, y muertos viejos y mozos, mujeres y niños, no perdonando a nadie. En el año "uno-pedernal" y al último día del mes de la "pequeña velación", al primer día de la semana llamada "uno-movimiento", que conforme a nuestra cuenta fue el veintiocho de abril de mil doce, cuando el gran Topiltzin y sus gentes se vieron vencidos y huyeron. En la huida dieron alcance al viejo rey Tecpancaltzin y a la hermosa Xóchitl, a los cuales los perseguidores mataron a puñaladas, después de que el rey viejo se defendió valerosamente. Topiltzin se fue y se metió en Xico, una cueva que está junto a Tlalmanalco, y así no le pudieron dar alcance. Visto por los tres reyes que ya habían dado muerte a todos y que todo quedaba despoblado, fueron a las ciudades grandes y de los templos y palacios sacaron cuantos tesoros y riquezas hallaron, y se volvieron a sus tierras con el despojo de sus enemigos. Después de algunos días Topiltzin salió con algunos de sus criados de Xico, y viendo la tierra por todas partes destruida, se fue hasta Tlapallan, provincia que está hacia el mar del sur, tierra muy próspera, rica y bien poblada. Antes dijo a sus vasallos, esto es, a los pocos que estaban en Colhuacan, y que se habían ido allí para librarse de sus enemigos, como él se iba hacia donde sale el sol, a unos reinos y señoríos de sus antepasados muy prósperos y ricos, y que de allí a quinientos años volvería de nuevo a esta tierra en el año "uno-caña", y que castigaría a los descendientes de los reyes sus rivales. En Tlapallan vivió después casi treinta años y murió a la edad de ciento cuatro años, dejando constituidas muchas leyes que después su descendiente Netzahualcóyotl confirmó, y él mismo mandó quemar su cuerpo con los ritos y ceremonias que después se usaron. Dicen muchos indios que Topiltzin está todavía en Xico, y que no se fue a Tlapallan.

Los toltecas que escaparon se fueron por las costas del mar del sur y del norte, a las tierras de Guatemala, Tehuantepec, Cuatzacoalco, Campeche y Tecolotlan. Unos se quedaron en sus tierras, estableciéndose en Colhuacan y además en Chapultepec, Tlaxcala, Cholula y otros lugares.

EL ORIGEN DE LOS AZTECAS

14. El nacimiento de Huitzilopochtli

Según lo que dijeron y supieron los naturales viejos, del nacimiento y principio del diablo que se decía Hutzilopochtli, al cual daban mucha honra y acatamiento los mexicanos, éstos: que hay una sierra que se llama Coatepec junto al pueblo de Tollan. Allí vivía una mujer que se llama Coatlicue (faldellín de serpiente), que fue madre de unos indios que se decían los cuatrocientos huitznahua, los cuales tenían una hermana que se llamaba Coyolxauhqui. Coatlicue hacía penitencia barriendo cada día en la sierra de Coatepec, y un día acontecióle que andando barriendo descendióle una pelotilla de pluma, como ovillo de hilado, y tomóla y púsola en el seno junto a la barriga, debajo de las naguas. Después de haber barrido la quiso tomar y no la halló y dicen que de ella se empreñó.

Como vieron los dichos indios llamados cuatrocientos huitznahua a la madre que ya era preñada se enojaron bravamente diciendo: "¿Quién la preñó que nos infamó y avergonzó?" Y la hermana que se llamaba Coyolxauhqui decíales: "Hermanos, matemos a nuestra madre porque nos infamó, habiéndose a hurto empreñado".

Después de haber sabido la dicha Coatlicue [lo que se tramaba] pesóle mucho y atemorizóse. Pero su criatura hablábale y consolábale, diciendo: "No tengas miedo, porque yo sé lo que tengo que hacer". Y después de haber oído estas palabras la dicha Coatlicue aquietósele su corazón y quitósele la pesadumbre que tenía.

Como los dichos cuatrocientos huitznahua habían hecho y acabado el consejo de matar a la madre, por aquella infamia y deshonra que les había hecho, estaban enojados mucho, juntamente con la hermana que se decía Coyolxauhqui, la cual les importunaba que matasen a su madre. Los dichos cuatrocientos huitznahua habían tomado las armas y se armaban para pelear, torciendo y atando sus cabellos como hombres valientes. Uno de ellos que se llamaba Quauitlícac, el cual era como traidor, iba a contar a Huitzilopochtli, que aún estaba en el vientre de su madre, lo que decían los cuatrocientos huitznahua. Huitzilopochtli le respondió diciendo: "¡Oh tío mío! mira lo que hacen y escucha muy bien lo que dicen, porque yo sé lo que tengo que hacer..."

Los dichos cuatrocientos huitznahua fueron a donde estaba su madre Coatlicue, y delante iba la hermana suya Coyolxauhqui y ellos iban armados con todas las armas y papeles y cascabeles, y dardos en su orden. El dicho Quauitlícac subió a la sierra a decir a Huitzilopochtli cómo ya venían los dichos cuatrocientos huitznahua contra él, a matarlo. Díjole Huitzilopochtli respondiéndole: "Mirad bien a dónde llegan". Y díjole el dicho Quauitlícac que ya llegaban a un lugar que se dice Tzompantitlan. Mas preguntó el dicho Huitzilopochtli a Quauitlícac: "¿A dónde llegan los cuatrocientos huitznahua?" y le dijo aquel que ya llegaban a otro lugar que se dice Coaxalapa. Mas otra vez preguntó Huitzilopochtli a Quauitlícac, diciéndole, dónde llegaban y éste respondió diciéndole que ya llegaban a otro lugar que se dice Apétlac. Otra vez le preguntó Huitzilopochtli diciéndole a dónde llegaban, y le respondió diciéndole que ya llegaban al medio de la sierra. Mas dijo Huitzilopochtli preguntando a Quauitlícac: "¿A dónde llegan?" y éste le dijo que ya llegaban y estaban muy cerca, y delante de ellos venía la dicha Coyolxauhqui. Y en llegando los dichos cuatrocientos huitznahua nació Huitzilopochtli, tra-

yendo consigo una rodela que se dice teueuelli, con un dardo y varas de color azul, y su rostro pintado [con rayas transversales de color amarillo] y en la cabeza traía un pelmazo de pluma pegado, y la pierna siniestra delgada y emplumada y los dos muslos pintados de color azul, y también los brazos. Huitzilopochtli dijo a uno que se llamaba Tochancalqui que encendiese una culebra hecha de teas que se llamaba xiuhcóatl (serpiente de fuego), y así la enseñó y con ella fue herida la dicha Coyolxauhqui, que murió hecha pedazos, y la cabeza quedó en aquella sierra que se dice Coatepec y el cuerpo se cayó abajo hecho pedazos. Huitzilopochtli se levantó y se armó y salió contra los dichos cuatrocientos huitznahua, persiguiéndoles y echándoles fuera de aquella sierra que se dice Coatepec, hasta abajo, peleando contra ellos y cercando cuatro veces la dicha sierra. Los cuatrocientos huitznahua no se pudieron defender, ni valer contra el dicho Huitzilopochtli, ni hacerle cosa alguna, y así fueron vencidos y muchos de ellos murieron. Los dichos cuatrocientos huitznahua rogaban y suplicaban a Huitzilopochtli, diciéndoles que no les persiguiese y que se retrayese de la pelea. Huitzilopochtli no quiso ni les consintió, hasta que los mató casi a todos, y muy pocos escaparon y salieron huyendo de sus manos, y fueron a un lugar que se dice Huitzlampa. Les quitó y tomó muchos despojos y las armas que traían que se llamaban anecuhiotl.

15. La migración de los pueblos

Años sin cuenta ha que llegaron los primeros pobladores a estas partes de la Nueva España, y viniendo con navíos por la mar aportaron al puerto que está hacia el norte; y porque allí se desembarcaron se llamó Panutlan, lugar donde llegaron los que vinieron por el mar y actualmente se llama aunque corruptamente Pantla. Y desde aquel puerto comenzaron a caminar por la ribera del mar mirando siempre las sierras nevadas y los volcanes, hasta que llegaron a la provincia de Guatemala, siendo guiados por su sacerdote, que llevaba consigo a su dios de ellos, con quien siempre se aconsejaba para lo que debían de hacer. Y fueron a poblar a Tamoanchan donde estuvieron mucho tiempo y nunca dejaron de tener sus sabios o adivinos que se decían amochoaque, que quiere decir hombres entendidos en las pinturas antiguas. Aunque vinieron juntos estos sabios no se quedaron con los demás en Tamoanchan, porque dejándolos allí se tornaron a embarcar y llevaron consigo todas las pinturas que habían traído de los ritos y de los oficios mecánicos. Y antes que partiesen les hicieron este razonamiento: "Sabed que manda nuestro señor dios que os quedéis aquí en estas tierras de las cuales os hace señores, y os da posesión. Él mismo vuelve de donde vino, y nosotros con él. Pero va a volver y tornar a visitaros cuando ya sea tiempo de que se acabe el mundo. Entre tanto vosotros estaréis en estas tierras esperándole y poseyéndolas, y todas las cosas contenidas en ella, porque para tomarlas y poseerlas venisteis por acá, y así quedaos en buena hora que nosotros nos vamos con nuestro señor dios".

Y así partieron con su dios que llevaban envuelto en un envoltorio de mantas, y siempre les iba hablando y diciendo lo que debían de hacer. Fuéronse hacia el oriente llevando consigo todas sus pinturas, donde tenían todas las cosas de antiguallas y de los oficios mecánicos. Pero de estos sabios quedaron cuatro con esta gente que quedó, que se decían Oxomoco, Cipactónal, Tlaltetecuin y Xochicauaca. Éstos, después de idos los demás sabios, entraron en consulta, donde trataron lo siguiente, diciendo: "Vendrá tiempo cuando haya luz para el regimiento de esta república, mas ¿mientras esté ausente nuestro señor dios, qué modo se tendrá para poder regir bien la gente? ¿qué orden habrá en todo?, pues los sabios llevaron sus pinturas por donde gobernaban, por lo cual inventaron la astrología jurídica y el arte de interpretar los sueños, compusieron la cuenta de los días, y de las noches y de las horas, y las diferencias de tiempo que se guardó mientras señoreaban y gobernaban los señores de los toltecas, de los mexicanos, de los tepaneca, y de todos los chichimecas. Ya no se puede saber cuánto tiempo estuvieron en Tamoanchan. Antes se sabía por las pinturas que se quemaron en tiempos del señor de México que se decía Itzcóatl, en cuyo tiempo los señores y los principales que había entonces acordaron y mandaron que se quemasen todas, para que no viniesen a manos del vulgo y viniesen en menosprecio".

Desde Tamoanchan iban a hacer sacrificios al pueblo llamado Teotihuacan, donde hicieron en honor del cielo y de la luna dos montes, y en este pueblo se elegían los señores que habían de regir a los demás, por cual se llamó Teotihuacan, que quiere decir lugar donde hacían señores.

Allí también se enterraban los principales y señores, sobre cuyas sepulturas se mandaban a hacer túmulos de tierra, que hoy se ven todavía y parecen como montecillos hechos a mano. Aún se ven todavía los hoyos donde sacaron las piedras, o peñas de que se hicieron los dichos túmulos. Y los túmulos que hicieron al sol y a la luna, son como grandes montes edificados a mano, que parecen ser montes naturales y no lo son, y aún parece ser cosa indecible decir que son edificados a mano, es cierto, porque los que los hicieron entonces eran gigantes. Esto se ve claro en el cerro o monte de Cholula, porque tiene adobes y encalado.

Se llamó Teotihuacan, el pueblo de Téotl, que es dios, porque los señores que allí se enterraban después de muertos los canonizaban por dioses. Creían que no se morían sino que despertaban de un sueño en que habían vivido. Por eso los antiguos decían que cuando morían los hombres no perecían, sino que de nuevo comenzaban a vivir, casi despertando de un sueño, y se convertían en espíritus o dioses... Y cuando alguno se moría, de él solían decir que ya era téotl, que significa que ya era muerto, para ser espíritu o dios. Creían los antiguos, engañándose, que los señores cuando morían se convertían en dioses, con el fin de que fuesen obedecidos y temidos los señores que elegían, y que algunos se convertían en sol y otros en luna, y otros en otros planetas.

Y estando todos en Tamoanchan, ciertas familias fueron a poblar a las provincias que ahora se llaman Olmeca, Huixtotin, los cuales antiguamente solían saber los maleficios o hechizos. Su caudillo y señor tenía pacto con el demonio... De éstos se cuenta que fueron en pos de los toltecas cuando salieron del pueblo de Tollan, y se fueron hacia el oriente, llevando consigo las pinturas de sus hechicerías. Llegando al puerto se quedaron allí, y no pudieron pasar por el mar, y de ellos descienden los que al presente se llaman "mixtecas de la costa". Fueron a poblar allí sus antepasados porque su señor escogió aquella tierra por muy buena y rica.

Éstos mismos inventaron [en Tamoanchan] el modo de hacer el vino del agave. Era mujer la que comenzó y supo primero agujerear los magueyes, para sacar la miel de que se hace el vino, y llamábase Mayahuel, y el que halló primero las raíces que echan en la miel se llamaba Pactécatl. Y los autores del arte de saber hacer el vino [pulque], así como se hace ahora se decían Tepoztécatl, Quatlapanqui, Tlilhua, Papáztac y Tzocaca, todos los cuales inventaron la manera de hacer el vino en el monte llamado Chichinauhyan, y porque el dicho vino hace espuma también llamaron al cerro "monte espumoso". Hecho el vino convidaron los dichos a todos los principales, viejos y viejas, en el monte que ya está referido, donde dieron a comer a todos y de beber del vino que habían hecho. A cada uno que estaba en el banquete dieron cuatro tazas de vino, y a ninguno cinco para que no se emborrachasen. Y hubo un huaxteca, que era caudillo y señor de su pueblo que bebió cinco tazas de vino, con las cuales perdió el juicio y estando sin él echó por allí su taparrabo, descubriendo sus vergüenzas, de lo cual los dichos inventores del vino, corríanse y afrentándose mucho, se juntaron todos para castigarle; empero, como lo supo el huaxteca, de pura vergüenza se fue huyendo de ellos con todos sus vasallos y los demás que entendían su lenguaje, y se fueron hacia Panutlan, de donde ellos habían venido, que al presente se dice Pantla y los españoles le dicen Pánuco. Y llegando al puerto no pudieron irse, por lo cual allí poblaron, y son los que al presente se llaman Toneyome que quiere decir "nuestros prójimos". Su nombre es [también] huaxteca, que tomaron de su caudillo y señor. Y estos huaxtecas, llevaron consigo los cantares que cantaban cuando bailaban y todos los aderezos que usaban en la danza o areito. Los mismos eran amigos de hacer embaimientos, con los cuales engañaban a las gentes, dándoles a entender ser verdadero lo que es falso, como es dar a entender que se queman las casas que no se quemaban y hacían aparecer una fuente con peces y no era nada, sino ilusión de los ojos; y que mataban a sí mismos, haciéndose tajadas y pedazos sus carnes; y otras cosas que eran aparentes y no verdaderas. Y nunca dejaron de ser notados por borrachos puesto que eran muy dados al vino, y siguiendo o imitando a su caudillo o señor que había descubierto sus vergüenzas por su borrachera, los hombres también andaban sin taparrabos, hasta que vinieron los españoles. Y porque el dicho señor había bebido cinco tazas de vino en el "monte espumoso", los vasallos suyos siempre han sido tenidos por muy borrachos, porque parecían andar casi siempre tocados del vino y con poco juicio. Así es que para injuriar a algún alocado le decían que él también había bebido cinco tazas de vino y que las acabó de beber sin dejar gota y que por esto andaba como borracho.

Cuando por largos tiempos se había tenido señorío y mando en Tamoanchan, después se traspasó al pueblo llamado Xomiltepec donde estando los que eran señores, ancianos y sacerdotes de ídolo, se hablaron unos a otros, diciendo, que su dios les había dicho que no habían de estar siempre en el pueblo de Xomiltepec, sino que habían de ir más adelante para descubrir más tierras, porque su dios no quería parar allí sino pasar adelante. Así todos los muchachos, viejos y viejas, mujeres y hombres, comenzaron a caminar, y fuéronse poco a poco hasta que llegaron al pueblo de Teotihuacan, donde se eligieron los que habían de regir y gobernar a los demás. Se eligieron los que eran sabios y adivinos y los que sabían secretos de encantamiento. Y hecha la elección de los señores se dividieron luego todos de allí, yendo cada señor con la gente que era de su lenguaje, y guiando a cada cuadrilla su dios. Iban siempre delante los toltecas, y luego los otomíes, los cuales con su señor llegando a Coatepec no siguieron más adelante con los demás, porque de allí su señor los llevó a la sierra para poblarlos allí. Por esta causa ellos tenían por costumbre hacer sacrificios en las alturas de las sierras y poblarse en las laderas de ellas.

Las demás gentes, como los toltecas, y los mexicanos o nahuas, y todos los otros, prosiguieron su camino por los llanos y páramos para descubrir tierras. Cada gente, o familia, yendo con su dios que les guiaba. Y de cuanto tiempo hayan peregrinado no hay memoria. Fueron a dar a un valle entre unos peñascos, donde lloraron todos sus duelos y trabajos porque padecían mucha hambre y mucha sed. En este valle había siete cuevas que tomaron por sus oratorios todas aquellas gentes. Allí iban a hacer sacrificios todos los tiempos que tenían de costumbre. Tampoco hay memoria ni cuenta de todo el tiempo que estuvieron allí. Estando allí los toltecas con los demás dicen que su dios les habló aparte, mandándoles que volviesen al lugar de donde habían venido, porque no habían de permanecer en donde se encontraban. Habiendo oído esto los toltecas antes de que partiesen de allí fueron primero a hacer sacrificios en aquellas siete cuevas, y hechos, partieron todos. Fueron a dar en el pueblo de Tollantzinco y de allí pasaron después a Xicotitlan que es el pueblo de Tollan. Después de éstos volviéronse también los michoaques, con su señor que les guiaba, llamado Amímitl, y fuéronse hacia el occidente, a aquellas partes donde están poblados ahora. Ellos también hicieron sus sacrificios en las cuevas antes de que partiesen. Sucesivamente se volvieron los nahuas, que son los tepanecas, los acolhuaques, los chalcas, los uexotzincas y los tlaxcaltecas, cada familia por sí, y vinieron a estas partes de México... Puesto que cada una de estas familias ya dichas, antes de que partiese hizo sus sacrificios en aquellas siete cuevas, por lo cual todas las naciones de esta tierra, gloriándose, suelen decir que fueron criados en aquellas siete cuevas, y que de allá salieron sus antepasados, lo cual es falso porque no salieron de allí sino que iban allí a hacer sus sacrificios cuando estaban en el valle ya dicho.

Y así venidos todos a estas partes, y tomada la posesión de las tierras y puestas las mojoneras entre cada familia, los dichos mexicanos prosiguieron su viaje hacia el poniente. Según cuentan los viejos llegaron a una provincia que se dice Colhuacan México, y de allí tornaron a volver. No hay memoria de qué tanto tiempo duró su peregrinación, viniendo de Colhuacan. Y antes que partiesen de Colhuacan dicen que su dios les habló, que volviesen allí de donde habían partido y que les guiaría mostrándoles el camino por donde debían de ir. Y así volvieron hacia esta tierra que ahora se dice México, siendo guiados por su dios. Los sitios donde se aposentaron los mexicanos a la vuelta están todos señalados y nombrados en las pinturas antiguas, que son los anales de los mexicanos. Viniendo de peregrinar por largos tiempos fueron los postreros que vinieron aquí, a México, y viniendo por su camino en muchas partes no los querían recibir, ni aún los conocían, sino que les preguntaban quiénes eran y de dónde venían, y los echaron de sus pueblos...

16. La tradición de la migración azteca

Lo que nos cuenta un códice antiguo

a Aquí está escrita la historia de cómo los mexicanos vinieron del lugar llamado Aztlan:

En medio de una laguna estaba el lugar de donde las cuatro tribus de los mexicanos vinieron hacia acá. Cuando querían hacer méritos, colocaban ramas de pino en sus canoas. Las ocho tribus [de los nahuas] salieron del lugar llamado "cueva del origen": la primera tribu eran los uexotzinca, la segunda los chalca, la tercera los xochimilca, la cuarta los cuitlahuaca, la quinta los malinalca, la sexta los chichimeca, la séptima los tepaneca y la octava los matlatzinca. Estuvieron en Colhuacan donde tenían sus casas. Allí encontraron a los aztecas cuando llegaron desde Aztlan a través del agua. Cuando los vieron les dijeron: "Señores nuestros, ¿a dónde vais? permitid que nosotros os acompañemos". Los aztecas les preguntaron: "¿A dónde queréis que os llevemos?" Entonces respondieron las ocho tribus: "No señores, nosotros os llevaremos". Los aztecas dijeron: "Está bien, entonces nosotros os vamos a seguir".

En Colhuacan recibieron los aztecas a un dios; estableciendo como tal a Huitzilopochtli. Entonces se pusieron en camino; desde Aztlan habían traído una mujer llamada Chimalman. Repartidos en cuatro divisiones abandonaron a Colhuacan en el año "uno-pedernal" y cuatro de ellos llevaban a cuestas al dios (el bulto con el ídolo). Uno se llamaba Quauhcóuatl, el segundo Apanécatl, el tercero Tezcacouácatl, y la cuarta Chimalman. Cuando habían llegado a Quauitl itzintlan ("debajo del árbol"), establecieron su campamento en un lugar donde había un árbol grande. Allí hicieron una pequeña pirámide de tierra, sobre la cual pusieron al dios (al ídolo). Luego tomaron lo que traían para comer y querían tomar su alimento, el árbol bajo el cual estaban se partió en dos. Entonces dejaron la comida y estuvieron sentados tristemente, y con la cabeza baja, durante mucho tiempo. Entonces les habló el dios diciéndoles: "Llamad a las ocho tribus que os llevan y decidles: 'Nosotros no iremos adelante, sino nos regresaremos' ". Cuando los aztecas dijeron eso a las ocho tribus, éstas se pusieron tristes y dijeron, después de haber despedido a los aztecas: "Señores nuestros, ¿a dónde debemos ir? mejor os acompañaremos". Una vez más les dijeron los aztecas: "No, de todos modos tendréis que seguir adelante [solos]". Entonces las ocho tribus se fueron y dejaron a los aztecas en Quauitl itzintlan.

Los aztecas se quedaron mucho tiempo en este lugar. Cuando ellos se habían puesto en camino también, se encontraron hechiceros que se habían caído entre cactus redondos; algunos también se habían caído debajo de mezquites. Ellos eran los que llamaban "serpientes de las nubes"; el nombre del uno era Xiuhnel, el del otro Mimich, la tercera era una mujer, la hermana mayor de ambos. Otra vez les habló el dios Huitzilopochtli a los aztecas: "Aprehended a los que están entre los cactus redondos; ellos serán los primeros que os darán tributo". Luego los aztecas cambiaron su nombre en el mismo lugar, [pues su dios] les dijo: "De ahora en adelante ya no os llamaréis aztecas, sino mexicanos". Mientras adoptaban el nombre de "mexicanos", se emplumaron las orejas. [El dios] les dio arco, flecha y la bolsa de red [y les dijo]: "Todo lo que hay en el aire sabrán tirar los mexicanos con sus flechas". Después llegaron a Cuextécatl ichocayan ["donde llora el huaxteca"] y en el año "dos-casa" a Cóatl icámac ("en la fauce de la serpiente"). En este último lugar se ligaron por primera vez los años sobre ellos. En el año "dos-caña" se hizo el fuego [nuevamente] en el Cerro de las Serpientes, y entonces los mexicanos se fueron a Tollan...

[Sigue ahora la enumeración de los lugares por donde los mexicanos pasaron después en su migración.]

En el año "seis-pedernal" llegaron los mexicanos a Atlacuiuayan, donde se quedaron cuatro años. Allí mismo inventaron el lanza dardos y la flecha, y por eso llamaron al lugar "donde se recibe el lanza dardos". En el año "nueve-pedernal" pasaron a Chapultepec. Cuando los tepanecas y los de Colhuacan habían contado a los mexicanos en Chapultepec [y cuando temerosos se dieron cuenta de cómo se habían multiplicado], vinieron de las cuatro partes para atacarlos. Los mexicanos se quedaron veinte años en Chapultepec; a mediados del año partieron hacia Acocolco, donde fueron rodeados por enemigos en cuyas manos cayeron finalmente; lo que pasó en el tiempo en el cual se ligan otra vez los años. En Acocolco los mexicanos tuvieron que hacerse vestidos de hojas de maguey. Huitzilihuitl (su jefe) junto con su hija menor llamada Azcalxoch llevaron [a los enemigos] a Colhuacan, mientras que Tezpanxoch, la hija mayor, fue llevada a Ixtlahuacan; ella iba desnuda, ningún vestido cubría su cuerpo. En Colhuacan gobernaba un rey llamado Coxcoxtli. Huitzilihuitl le pidió protección para su hija, que no poseía ningún vestido, y le dijo al rey: "¡Oh señor! ten un poco de compasión con mi hija". Pero Coxcoxtli respondió: "No, ella se quedará así, como se encuentra".

En el año "tres-pedernal" los mexicanos se fueron [a la región de] Colhuacan; en Contitlan se detuvieron en Tizapan Colhuacan... En el año "[seis]-caña" los colhuas se armaron para la guerra y combatieron contra los xochimilcas. Cuando los xochimilcas habían puesto en peligro a los colhuas, el rey Coxcoxtli dijo: "¿No están los mexicanos todavía allá? Que vengan". Luego los llamaron, y cuando llegaron a la presencia del rey, les dijo éste: "Venid, los xochimilcas nos vencerán [si no nos ayudáis]. Yo os prometo como recompensa todo un bulto [de granos de cacao], si vosotros los prendéis, de modo que sean vuestros prisioneros". Entonces los mexicanos contestaron: "Está bien; pero danos oh rey, por piedad, un pequeño y mal escudo y una pequeña y vieja espada". El rey respondió: "No, quiero que os vayáis así como estáis". Los mexicanos se consultaron entre sí y dijeron: "¿Qué llevaremos?" Luego agregaron: "Aunque solamente tenemos nuestros cuchillos de pedernal, les cortaremos las narices a nuestros prisioneros. Si les cortamos con ellos las orejas, no querrán saber nada de ello. 'Tal vez los prisioneros tengan cortadas las orejas de ambos lados. ¡Desechadlas, [dejadnos] sus narices!' Vamos a llevarnos bultos para poderlas contar; quién sabe lo que va a suceder". Entonces tomaron los bultos y se fueron a la lucha; algunos de ellos se fueron en canoas. Formaron su ejército en el "río de la serpiente". En este tiempo los de Colhuacan tenían como jefe de guerreros a Tetzitzilin. Éste llevaba como distintivo de rango una camisa de tiras de papel extendidas. Éste les dijo a los mexicanos: "Poneos en camino, mexicanos". Tan pronto como habían hecho [los primeros] prisioneros se aterrorizó y lloró por lo que les había dicho a los mexicanos. Hasta las puertas de Xochimilco avanzaron los mexicanos, entonces se regresaron. Luego se hizo la cuenta de sus prisioneros delante del rey Coxcoxtli. Los mexicanos le dijeron: "¡Oh rey! éstos son todos nuestros prisioneros; hemos tomado cuatro bultos de ellos". Inmediatamente Coxcoxtli llamó a sus consejeros y les dijo: "Estos mexicanos no son seres humanos. ¿Cómo lo habrán hecho, ya que solamente los quería probar y burlarme de ellos?" Entonces les tomaron mucho miedo a los mexicanos.

Solamente a cuatro de sus prisioneros habían traído con vida, y no los mostraron al rey. Luego levantaron en Tizapan una pequeña pirámide de piedra, y luego se fueron a ver al rey y le dijeron: "Ahora, oh rey, deja que [tus sacerdotes] santifiquen nuestra pirámide con alguna pequeña cosa". El rey contestó: "Está bien, merecéis alguna recompensa; que los sacerdotes lo hagan". Después se llamó a los sacerdotes y se les dijo: "Ponedles en su santuario excremento, cabellos, y un pájaro nocturno". Los sacerdotes se fueron de noche para dejar estas cosas. [A la mañana siguiente] los mexicanos dijeron: "Veamos lo que se ha puesto en nuestra pirámide". Cuando vieron el interior y cuando se dieron cuenta de que les habían dejado excremento para su pirámide, se pusieron muy tristes. Entonces quitaron estas cosas y santificaron la pirámide con ramas de espinas y de pinos. Y ya que esto estaba terminado convidaron al rey. Cuando éste vino, vio a los prisioneros que mataban y que estaban ataviados para el sacrificio con adornos preciosos, el "adorno de plumas de la gente de la costa", escudos de turquesa y banderas de quetzal, —pero solamente parecía que llevaban estas cosas, mas en realidad no era así. Y sobre [los prisioneros sacrificados] los mexicanos sacaron fuego, para expresar así que sus años en Chapultepec se habían ligado; ellos no habían podido prender el fuego nuevo, desde que habían sido rodeados por sus enemigos.

Cuando esto había pasado, [los de Colhuacan] se impacientaron, montaron en cólera y Coxcoxtli dijo: "¿Quiénes son éstos? Ellos no son seres humanos, echadlos fuera". Entonces arrojaron a los mexicanos de la tierra, y éstos entraron sobre balsas de caña al juncal de Mexicatzinco; cuando pasaban en sus balsas de juncos [?], fueron cubiertos por una lluvia de flechas...

Axolohua y Cuauhcóatl (dos sacerdotes mexicanos) fueron a buscar [un lugar que pudiera servir para asentarse en él]. Cuando habían penetrado al juncal, vieron una piedra que estaba allí, con un nopal encima, sobre el cual estaba parada un águila. Detrás de él estaba su nido, su lugar de descanso, que estaba formado por muchas clases de plumas preciosas —de quechol, de cotinga y de quetzal. Uno de los dos hombres, Cuauhcóatl, regresó y vino

a decir a los mexicanos: "Apenas habíamos visto el agua, que parecía remolino azul, cuando Axolóhua fue jalado debajo del agua". Cuando esto
había sucedido, Cuauhcóatl regresó para contarlo a sus amigos... Pero ya
al día siguiente apareció Axolohua otra vez y dijo: "Yo me fui y he visto
a Tláloc. Éste me dijo: 'Ahora mi querido hijo Huitzilopochtli ha llegado a
su meta, puesto que aquí estará su casa; pero él tendrá que trabajar dura-
mente, para que los dos podamos vivir juntos sobre la [pirámide de] tierra'."
Después de que ellos lo habían contado a todos, se fueron los mexicanos para
ver [el milagro]. Y cuando habían contemplado el nopal sobre la piedra,
limpiaron el suelo detrás de éste y levantaron allí una pirámide de tierra.
Xomímitl (un jefe mexicano) se paseaba una vez, y entonces se encontró
con el jefe de la guerra de Colhuacan, Chichilquahuitl. [Después de que lo
habían hecho prisionero], lo trajeron y lo pusieron vivo en el interior de su
pirámide de tierra; así santificaron su pirámide con el jefe de guerra de Colhuacan. El año en que ellos establecieron su pirámide se llamó "dos-pe-
dernal".

Por qué los aztecas abandonaron Aztlan, su lugar de origen

b Dicen las fábulas, que un pájaro se les apareció sobre un árbol muchas
veces, el cual cantando repetía un chillido que ellos quisieron interpretar
como diciendo "Tihui", que quiere decir "ya vámonos". Como esta repetición fue durante muchos días, y muchas veces, uno de los más sabios de
aquel linaje y familia, llamado Huitziton reparó en ello, y considerando el
caso quiso aprovecharse de este canto para fundar su intención, diciendo que
era llamamiento que alguna deidad oculta hacía por medio del canto de aquel
pájaro. Para tener un compañero y un ayudante en sus intenciones dio parte
de ello a otro llamado Tecpatzin, diciéndole: "¿Por ventura, no advertiste
aquello que el pájaro nos dice?" Tecpatzin le respondió que no a lo cual
Huitziton dijo: "Lo que aquel pájaro nos manda es que nos vayamos con
él, y así conviene que le obedezcamos y sigamos". Tecpatzin, que entendió
lo mismo que Huitziton en el canto del pájaro, fue del mismo parecer. Los
dos juntos lo dieron a entender al pueblo, el cual, persuadido por la ventura
grande que le llamaba, por lo mucho, que de ella supieron encarecer los dos,
trasladaron sus casas y dejaron el lugar, siguiendo la fortuna que el porvenir
les estaba aguardando.

La Primera Discordia

c Dicen que en el lugar llamado Cohuatlicámac (en las fauces de la serpiente) el demonio les hizo una mala jugada a los aztecas, la cual, aunque en sí
mismo no era nada, fue de grandes consecuencias para todos. Consistía en
que en medio de su campamento aparecieron dos quimiles, que son dos pequeños envoltorios. Deseosos de saber lo que contenían, desenvolvieron uno
de ellos, dentro del cual vieron una muy rica y preciosa piedra, que resplandecía como una esmeralda. Como la vieron tan rica empezaron todos a mi-

rarla, y codicioso cada quien de verla, se dividieron en dos bandos. Viendo Huitziton (que se halló presente y era el que los capitaneaba) que se disputaban cuál de los bandos había de llevar la piedra, les dijo: "Admirado estoy mexicanos de que por una cosa tan poca y leve hayáis provocado tanta discusión, sin saber en fin lo que con ello se pretende. Y está delante de vosotros otro envoltorio, desenvolvedlo y descubridlo y veréis lo que contiene. Será posible que sea alguna cosa más preciosa para que estimándola más tengáis en menos ésta". Les pareció bien la razón de Huitziton a todos los opositores. Desataron el quimil, y en él hayaron sólo dos palos. Como no relucían como la piedra no los estimaron y volvieron a su primera contienda. Pero viendo Huitziton que unos de ellos, que después se llamaron tlatelocas, hacían tanta instancia por llevarse la piedra, dijo a los otros, que después se quedaron con el nombre de mexicanos que partiesen las diferencias y que dejasen la piedra a los tlatelocas, llevándose ellos los dos palos, puesto que era mucho más necesario y de mucho mayor estimación para el progreso de su jornada, como luego verían. Ellos que creyeron las palabras de Huitziton, tomaron sus palos y dieron la piedra a los otros, y con esto se conformaron. Pero deseosos los mexicanos de saber el secreto de estos palillos pidieron a Huitziton que se los descubriese. Él deseoso de contarles, los tomó y, puesto uno en el otro, sacó fuego de ellos, de lo cual quedaron grandemente admirados todos los presentes, porque jamás habían visto cosa semejante. Desde entonces se conoció la invención del fuego por este método. Esto tuvo como consecuencia que los que se habían llevado la piedra, quedasen arrepentidos y quisieran trocar los envoltorios. Pero como el secreto estaba descubierto no quisieron los mexicanos, y cada quien se quedó con lo suyo.

Desde esta ocasión, aunque todos estos aztecas vivían juntos, ya no lo hacían con aquella hermandad y familiaridad que acostumbraban, porque desde esta discordia guardaron el rencor y el odio los unos contra los otros y se quedaron divididos en dos grupos y en dos voluntades.

Cómo se dejó atrás a los tarascos

d   Llegados los mexicanos al lugar de Pátzcuaro, viéndolo tan apacible y alegre, consultaron a su dios los sacerdotes y pidiéronle, que si no era aquel el lugar que les tenía prometido y que si tenían por fuerza que pasar adelante, que al menos tuviese por bien de que aquella provincia quedase poblada. El dios Huitzilopochtli respondió a sus sacerdotes, en sueños, que estaba contento de hacer lo que le rogaban, y que el modo sería que todos los que entrasen a lavarse, como ellos lo tienen de uso y costumbre, en una laguna grande que existe en aquel lugar, así hombres como mujeres, que después de entrados se diese aviso a los que afuera quedasen para que les hurtasen la ropa, tanto a ellos como a ellas, y sin que lo sintiesen alzasen el real y se fuesen con ella y los dejasen desnudos.

Los mexicanos obedeciendo el mandato de su dios, estando los de la laguna embebidos en el contento del agua, sin ningún detenimiento alzaron el real y partieron de allí, tomando la vía que su dios les señaló. Después de haberse lavado con mucho contento los que estaban en la laguna, salieron de ella y buscando su ropa para cubrirse no la hallaron, y entendiendo ser burla que los demás les hacían, vinieron al real donde habían dejado a las demás gentes y halláronlo solo y sin persona que les dijese hacia qué parte habían tomado la vía. Viéndose así desnudos y desamparados y sin saber a dónde ir, determinaron de quedarse allí y poblar aquella tierra. Cuentan los que dan esta relación, que como quedaron desnudos en cuero, así ellos como ellas, lo estuvieron mucho tiempo, y que de allí vinieron a perder la vergüenza y traer descubiertas sus partes impúdicas y a no usar bragueros ni mantas los de aquella nación, sino unas camisas largas hasta el suelo.

Huitzilopochtli muestra a los aztecas una visión de su futura capital

e Cuando los aztecas habían entrado en la tierra de Tollan, asentados ya y puestos en orden en sus tiendas alrededor del tabernáculo, su dios Huitzilopochtli mandó en sueños a los sacerdotes que atajasen el agua de un río, que junto allí pasaba, para que el agua se derramase por aquel llano y tomase en medio aquel cerro donde estaban, porque les quería dar una idea de la tierra y sitio que les había prometido. Hecha la presa, se derramó el agua y se extendió por todo aquel llano, haciéndose una gran laguna, la cual cercaron de sauces, sabinas y álamos. Pusiéronla llena de juncia y espadañas, empezóse a llenar de peces de todo género de lo que en esta tierra se cría; comenzaron a venir aves marinas, como son patos, ánsares, garzas, gallaretas, de que se cubrió toda aquella laguna, con otros muchos géneros de pájaros que tiene y cría hoy en día la laguna de México. Llenóse asimismo aquel sitio de flores marinas, de carrizales, los cuales se cubrieron de diferentes géneros de tordos, urracas, unos colorados, otros amarillos, que con su canto y chirriar hacían gran armonía, y alegraron tanto aquel lugar y se puso tan ameno y deleitoso, que los mexicanos olvidaron con este contento del sitio que su dios les prometía, que éste no era más que una muestra y dechado de lo que iban a buscar, dijeron que aquél les bastaba y que no querían irse de allí para buscar más deleite del que tenían. Empezaron luego a cantar y bailar con cantares apropiados y compuestos a la frescura y lindeza del lugar. Oído por Huitzilopochtli que muchos de la compañía, encabezada por los huitznahua y una mujer que llamaba Coyolxauhqui, no querían pasar adelante, sino enamorados de aquel sitio decían: "Aquí está tu morada Huitzilopochtli; a este lugar has sido enviado, aquí te conviene ensalsar tu nombre en este cerro Coatepec, aquí te es concedido gozar del oro, de la plata y de todos los demás metales, de las piedras preciosas, de las plumas de diversos colores ricas y resplandecientes, de las ricas y preciosas mantas, del cacao y de todo lo demás que en este nuevo mundo se criare. También aquí has de ganar lo que resta de las cuatro partes del mundo con la fuerza de tu pecho, de tu cabeza y de tu brazo; aquí es el lugar donde has de alcanzar la gloria y el ensalzamiento de tu nombre, ésta es la cabeza de tu reino. Manda a tus padres y ayos que disciernan sobre esto y que se concluya el andar para buscar más descanso del que aquí tenemos, para que descansen ya los aztecas y

LÁMINA 3. La serpiente de fuego. Monolito (azteca).

LÁMINA 4. La mariposa de obsidiana y el sapo terrestre. Relieves, lateral de un bloque cúbico de piedra y de la base de una caja de piedra cuadrada (azteca).

mexicanos y tengan fin sus trabajos". Airado el dios Huitzilopochtli respondió a los sacerdotes y dijo: "¿Quiénes son éstos que así quieren traspasar mis determinaciones y poner objeción y término a ellas? ¿Son ellos por ventura más que yo? Decidles que yo tomaré venganza de ellos antes de mañana, para que no se atrevan a dar parecer en lo que yo he determinado y para lo que fui enviado, y para que sepan todos que a mí sólo han de obedecer". Dicen que vieron el rostro del dios en aquel punto tan feo y tan espantoso, con una figura endemoniada que a todos puso espanto y terror.

Cuentan que a media noche, estando todos en sosiego, oyeron en el lugar que llamaban Teotlachco y por otro nombre Tzompanco, que eran lugares sagrados dedicados a este dios, un gran ruido. Venida la mañana hallaron muertos a los principales instigadores de aquella rebelión, juntamente a la señora que se llamaba Coyolxauhqui. Todos abiertos por los pechos y sacados solamente los corazones... Visto por los mexicanos el riguroso castigo que su dios había hecho contra los culpables, y asombrados por el espantoso ruido que en la ejecución del castigo habían oído aquella noche, y visto a su dios tan feroz y enojado, recibieron grandísimo temor y espanto, y no parando aquí el enojo de Huitzilopochtli, para mostrar más su braveza y furor, manda a sus ayos y sacerdotes que abran y deshagan los reparos y tomas de agua que habían hecho, con los cuales el agua estaba represada, y que la dejasen seguir su antiguo curso. Los mexicanos, no osando hacer otra cosa, quitaron y deshicieron los reparos y presas que tenían las aguas, y dejándolas correr, contra todo el torrente de su voluntad por el descanso, refresco y mantenimiento que aquellas aguas les redundaba... Deshecha la laguna se empezaron a secar los carrizales y espadaños, los árboles y frescura y a morirse los peces y ranas y todas las demás sabandijas que el agua engendra, de lo cual esta gente se aprovecha para su mantenimiento; se empezaron a ir las aves marinas y aquel lugar se quedó tan seco y sombrío como estaba antes.

El sacrificio de Copil

ƒ La hermana de Huitzilopochtli, que se llamaba Malinalxoch era muy gran hechicera y bruja [por lo cual los aztecas se separaron de ella siguiendo el consejo de su dios]. Ella vino a parir un hijo, y enseñándole aquellas malas mañas y hechicerías, después que tuvo edad le contó el agravio que su hermano Huitzilopochtli le había hecho al dejarla y separarla de su compañía. El hijo, enojado y airado su corazón, movido por las lágrimas de la madre, le prometió ir a buscarlo y procurar con sus artes y mañas destruir, a él y a toda su compañía... La madre discurriendo por unas y por otras partes tuvo la noticia de la llegada [de Huitzilopochtli y de los aztecas] a Chapultepec y Copil empezó a discurrir de pueblo en pueblo para encender y mover los corazones de todas las naciones contra la generación mexicana, y a incitarlos a que los destruyesen y matasen, señalándolos como hombres perniciosos y belicosos tiranos, de malas y perversas costumbres, certificando tener noticia de ellos y conocerlos como gente tal como él daba la relación. Las gentes y naciones temerosas y asombradas por las nuevas tan enormes y espantosas, temieron admitir semejante gente y determinaron matarlos, para lo cual se conjuraron todas las ciudades comarcanas de Azcapotzalco y de Tacuba, Coyoacán y Xochimilco, Colhuacan y Chalco, para que todos, de mancomún, los cercasen y matasen, sin quedar uno solo. Este propósito luego fue puesto en ejecución.

Viendo el malvado de Copil que ya su juego estaba entablado y que su deseo tenía efecto, subióse en un cerrillo que está al principio de la laguna que se llama Tetepetzinco [hoy Peñón de los Baños], al pie del cual hay unas fuentes de agua caliente, conocidas de todos, para aguardar desde allí el fin y la pérdida de los mexicanos, prometiéndose el señorío de toda la tierra al salir con lo que pretendía. Pero le resultó muy al revés, porque el dios Huitzilopochtli, su tío, conociendo su maldad, dio aviso a toda la congregación de los mexicanos por medio de sus sacerdotes, y mandó que antes de que los cercasen fuesen a aquel cerro y que tomaran [a Copil] descuidado y que le matasen y le llevaran su corazón; pero que para el efecto llevasen a él o a su efigie. Así tomando la efigie de Huitzilopochtli a cuestas uno de sus ayos que se llamaba Cuauhtloquetzqui, se fueron al cerro, y tomándolo muy descuidado, lo mataron y le sacaron el corazón y se lo presentaron al dios su tío, el cual mandó que su ayo, metido en el tular, lo arrojase en medio de éste con la mayor fuerza que pudiese; y así fue hecho. El corazón fue a caer en un lugar que ahora llaman Tlalcocomolco, del cual dicen que nació el tunal donde después se edificó la ciudad de México. También dicen que luego que fue muerto Copil, nacieron en el mismo lugar aquellas fuentes de agua caliente, y así las llaman Copilco, que quiere decir el "agua de Copil".

17. Cómo el rey Moctezuma el viejo envió a buscar Aztlan

Viéndose Moctezuma tan gran señor y en tanta gloria y con tantas riquezas determinó enviar a saber en qué lugares habían habitado sus antepasados y qué formas tenían aquellas siete cuevas, de que la relación de sus historias hacían tan particular memoria. Para esto mandó llamar a [su canciller] Tlacaelel y le dijo: "He determinado juntar mis valientes hombres y enviarlos bien aderezados y apercibidos con gran parte de las riquezas que el dios de lo creado y señor por quien vivimos, del día y de la noche, nos ha comunicado para que las ofrezcan allí y las den a los que hallaren en aquellos lugares. También tenemos noticia que la madre de nuestro dios Huitzilopochtli quedó viva; podría ser que lo estuviese todavía y han de ofrendarle lo que llevasen y decirle, para que gozase, lo que su hijo había ganado con la fuerza de su brazo, pecho y cabeza..."

[Tlacaelel le aconseja no mandar guerreros a esa empresa sino hechiceros que con sus encantamientos y hechicerías descubriesen mejor el lugar misterioso.]

Moctezuma, viendo el buen consejo de Tlacaelel, acordó llamar al historiador real que se llamaba Cuauhcóatl, viejo de muchos años, y venido ante él le dijo: "Padre anciano, mucho quería haber qué memoria tienes en tu historia de las siete cuevas donde habitaron nuestros antepasados padres y abuelos, y qué lugar es aquel donde habitó nuestro dios Huitzilopochtli y de dónde sacó a nuestros padres". Respondió Cuauhcóatl: "Poderoso señor, lo que yo, tu indigno siervo, sé de lo que me preguntas, es que nuestros padres moraron en aquel feliz y dichoso lugar que llamaron Aztlan, que quiere decir blancura. En este lugar hay un gran cerro en medio del agua, que llamaban Colhuacan, porque tiene la punta algo retorcida hacia abajo. En este cerro había unas bocas o cuevas y concavidades donde habitaron nuestros padres y abuelos por muchos años. Allí tuvieron mucho descanso bajo el nombre de Mexitin y Azteca. Allí gozaban de mucha cantidad de patos de todo género, de garzas, de cuervos marinos, de gallinas de agua y de gallaretas. Gozaban del canto y de la melodía de los pajarillos de cabezas coloradas y amarillas, gozaron de muchas diferentes especies de hermosos y grandes pescados; gozaron de gran frescura de arboledas que había por aquellas riberas, y de fuentes cercadas de sauces, de sabinas y de alisos grandes y hermosos. Andaban en canoas y hacían camellones en que sembraban maíz, chile, tomates, bledo, frijoles y todo género de semillas que comemos y que trajeron de acá. Pero después de que salieron de allí a la tierra firme y dejaron aquel deleitoso lugar, todo se volvió contra ellos: las hierbas mordían, las piedras picaban, los campos estaban llenos de abrojos y de espinas, y hallaron grandes jarales  y espinos que no podían pasar, ni había donde asentarse ni donde descansar. Todo lo hallaron lleno de víboras, culebras y sabandijas ponzoñosas y de leones, tigres y otros animales que les eran perjudiciales y dañosos. Esto es lo que dejaron dicho nuestros antepasados y lo que tengo escrito en mis historias antiguas, y ésta es la relación que de lo que me preguntas, poderoso rey, te puedo contar".

El rey respondió que era verdad, porque Tlacaelel daba aquella misma relación. Luego mandó que llamasen y buscasen por todas las provincias a los encantadores y hechiceros que pudiesen hallar, y fueron traídos ante él sesenta hombres y gente anciana, que sabían de aquel arte mágico y les dijo: "Padres ancianos, yo he determinado saber dónde está el lugar del cual salieron los mexicanos y qué tierra es aquella y quien la habita, y si está viva la madre de nuestro dios Huitzilopochtli. Por lo tanto preparaos para ir allá en la mejor forma que os fuere posible y en el tiempo más corto". Luego mandó sacar gran cantidad de mantas de todo género, de vestiduras de mujer, de piedras ricas de oro y joyas muy preciosas, mucho cacao, teonacaztli, algodón, rosas de vainillas negras, muchas en cantidad, y plumas de mucha hermosura, las mejores y más grandes —en fin, de todas las riquezas de sus tesoros lo mejor y más precioso—, y lo entregó a aquellos hechiceros, dándoles a ellos sus mantas y paga para que lo hiciesen con más cuidado, y mucha comida para el camino.

Ellos partieron, y llegados a un cerro que se llama Coatepec, que está en la provincia de Tollan, todos juntos hicieron sus cercos e invocaciones al demonio, embijaron con aquellos ungüentos que para esto sus semejantes suelen hacer hoy en día... De este modo invocaron en aquel cerro al demonio, al cual le suplicaron les mostrase aquel lugar donde sus antepasados vivieron. El demonio, forzado por aquellos conjuros y ruegos, y ellos transformándose unos en aves, otros en bestias fieras, leones, tigres, adibes, gatos espantosos, los llevó el demonio a ellos y a todo lo que llevaban al lugar donde habían habitado sus antepasados.

Llegados a una laguna grande, en medio de la cual estaba el cerro Colhuacan, puestos en la orilla tomaron la forma de hombres que antes tenían, cuenta la historia que vieron alguna gente andar en canoas pescando y en sus granjerías. Ellos los llamaron, y la gente de la tierra, como vio gente nueva que hablaba su misma lengua llegaron con las canoas a ver lo que querían y les preguntaron de dónde eran y a qué venían. A esto contestaron: "Señores, nosotros somos de México y enviados por nuestros señores para buscar el lugar en donde habitaron nuestros antepasados". Ellos les preguntaron: "¿Qué dios adoraban?" Contestaron que al gran Huitzilopochtli, ya que el gran rey Moctezuma y su coadjutor Tlacaelel les habían mandado venir para buscar a la madre de Huitzilopochtli, que se llamaba Coatlicue y al lugar de donde salieron sus antepasados, que se llama Chicomóztoc [siete cuevas], y que le traían cierto presente a la señora Coatlicue, si estaba viva, y si no a sus padres y ayos que la servían. Les mandaron a esperar y fueron al ayo de la madre de Huitzilopochtli llevándole la noticia. El anciano dijo: "Sean bienvenidos: traedlos acá".

Luego volvieron con sus canoas y metieron a los hechiceros y a todo lo que llevaban y los pasaron al cerro Colhuacan, del cual dicen que de la mitad para arriba es de una arena muy fina de modo que no se puede subir por estar tan fofa y honda. Entrando en la casa que el viejo tenía al pie del cerro, le saludaron con mucha reverencia y dijeron: "Venerable viejo y señor, aquí hemos llegado tus siervos al lugar donde es obedecida tu palabra y reverenciado el hálito de tu boca". Él les respondió: "Seáis bienvenidos hijos míos. ¿Quién os envió acá?" Ellos dijeron: "Señor, nos envía Moctezuma y su coadjutor Tlacaelel que por sobrenombre tiene el de Cihuacóatl". Entonces preguntó el viejo: "¿Quién es Moctezuma y quién Tlacaelel? No son de acá tales nombres, porque los que de aquí se fueron se llamaban Tezacátetl, Acacitli, Ocelopan, Aatl, Xomímitl, Auéxotl, Huicton y Tenoch. Estos eran siete varones, y estos siete iban como caudillos de cada barrio. Sin estos fueron cuatro ayos de Huitzilopochtli, maravillosos, los cuales se llamaban Cuauhtloquetzqui y Axoloua y otros dos". Ellos le respondieron: "Señor, nosotros te confesamos que no conocemos ya a esos señores, ni los vimos. Ya no hay memoria de los que mencionas porque todos están ya muertos, pero los hemos oído mencionar alguna vez". El viejo, espantado, respondió haciendo gran admiración: "¡Oh, señor de lo criado! ¿pues qué los mató?

Porque en este lugar estamos vivos todos los que ellos dejaron; ninguno se ha muerto. ¿Quiénes son los que viven ahora?" Ellos les respondieron que los nietos de aquellos que nombraba; y a la pregunta a quién el dios Huitzilopochtli tenía ahora como padre y ayo, le contestaron, que a un gran sacerdote el cual se llamaba Cuaúhcotl, al cual le hablaba y le decía lo que quería y a quien revelaba su voluntad. "¿Lo visteis vosotros, ahora cuando partisteis? ¿Les dijo algo?", preguntó el viejo. Ellos respondieron que no, y que los que los habían enviado eran el rey y su coadjutor, pero que él no les había mandado ni dicho nada. Dijo el viejo: "¿No avisará cuándo ha de volver? Por acá dejó dicho a su madre que él volvería, y está la pobre hasta el día de hoy en espera, tan triste y llorosa, que no hay quien la consuele. ¿No fuera bien que le vierais y le hablares?" Ellos respondieron: "Señor, nosotros hicimos lo que nuestros señores nos mandaron y traemos un presente a la gran señora y nos mandaron que la viésemos y la saludásemos y le diésemos a ella misma los despojos y riquezas de que su hijo goza". El viejo les dijo: "Pues tomad lo que traéis y venid conmigo".

Ellos se echaron a cuestas el presente y se fueron tras el viejo, el cual empezó a subir por el cerro con gran ligereza y sin pesadumbre, e iban tras él por la arena, con gran pesadumbre y trabajo. El viejo, volviendo la cabeza, vio que la arena les llegaba casi hasta la rodilla y que no podían subir, diciéndoles: "¿Qué os pasa? ¿no subís? daos prisa". Ellos, queriéndolo seguir, quedaron metidos y atascados en la arena hasta la cintura, y no pudiendo moverse, dieron voces al viejo, que iba con tanta presteza que parecía que no tocaba la arena. El viejo volvió y dijo: "¿Qué os ha pasado, mexicanos? ¿Qué os ha hecho tan pesados? ¿Qué coméis allá en vuestras tierras?". "Señor, comemos las viandas que allá se crían, y bebemos cacao". El viejo les respondió: "Esas comidas y bebidas os tienen, hijos, graves y pesados y no os dejan llegar a ver el lugar donde estuvieron vuestros padres y eso os ha acarreado la muerte. Todas las riquezas que traéis no las usamos acá puesto que vivimos en pobreza y llaneza. Dadlo acá y estaos allí que yo llamaré a la señora de estas moradas, madre de Huitzilopochtli, para que la veáis". Tomando una carga de aquellas en los hombros la subió como si llevara una paja, y volvió por las otras, subiéndolas con gran facilidad.

Acabado de subir todo lo que los mexicanos traían, salió una mujer, ya de gran edad según mostraba su aspecto, y la más fea y sucia que se puede pensar e imaginar. Traía la cara tan negra y llena de suciedad, que parecía cosa del infierno. Lloraba amargamente y les dijo a los mexicanos: "Seáis bienvenidos, hijos míos. Habéis de saber que después de que se fue de este lugar nuestro dios y mi hijo Huitzilopochtli estoy en llanto y tristeza esperando su regreso. Desde aquel día no me he lavado la cara, ni peinado mi cabeza, ni mudado mi ropa. Este luto y tristeza durará hasta que él vuelva. ¿Es verdad, hijos míos, que os enviaron los señores de aquellos siete barrios que llevó de aquí mi hijo?" Ellos alzaron los ojos y viendo una mujer tan abominable y fea, llenos de temor se le humillaron y dijeron: "Grande y poderosa señora, a los señores de los barrios no los vimos ni nos hablaron; el que nos envía acá es tu siervo el rey Moctezuma y su coadjutor Tlacaelel

Cihuacóatl, para que te viésemos y buscásemos el lugar donde habitaron sus antepasados, y nos mandaron a besarte las manos de su parte. Que sepas como él reina y rige ahora la gran ciudad de México... Y para que veas cómo nos va te envía estas cosas y presentes, que son los bienes y riquezas de tu hijo maravilloso Huitzilopochtli, el cual con su brazo, pecho, cabeza y corazón ha querido. Esto nos concedió el señor de lo creado, del día y de la noche, y con esto damos fin a nuestras razones. Ya algo aplacada de su llanto ella les dijo: "Sea en hora buena, hijos míos; yo se lo agradezco a esos mis hijos... Pero decidme el traje de mi hijo ¿es de la manera que muestran estas mantas y plumas ricas?" Los brujos dijeron: "Sí señora, así se compone y se aderezar, y así se atavía con esas riquezas y galanías, porque es señor de todas ellas". Respondió Coatlicue: "Está bien, hijos. Mi corazón queda quieto, pero decidle que tenga lástima de mí y del gran trabajo que sin él paso. Miradme como estoy, en ayuno y penitencia, por su causa. Él se acordará de lo que me dijo cuando se fue: 'Madre mía, no me detendré mucho en regresar, en cuanto llegue a estos siete barrios y los aposentos en donde han de habitar y poblar aquella tierra que les ha sido prometida. Habiéndolos asentado, poblado y consolado luego volveré, y esto será cumpliéndose los años de mi peregrinación y el tiempo que me está señalado, en el cual tengo que hacer guerra a todas las provincias, ciudades, villas y lugares, y traerlos y sujetarlos a mi servicio. Pero del mismo modo que los ganaré me los han de quitar volviéndolos a ganar gentes extrañas que me han de echar de aquella tierra. Entonces me vendré acá y regresaré a este lugar, porque aquellos que yo sujetaré con mi espada y rodela, esos mismos se han de volver contra mí y han de echarme cabeza abajo, y yo y mis armas iremos rodando por el suelo. Entonces, madre mía se habrá cumplido mi tiempo y me volveré huyendo a vuestro regazo. Hasta entonces no hay que tener pena; pero lo que yo os suplico es que me deis dos pares de sandalias, unos para ir y otros para volver, y dadme cuatro pares, ...dos para ir y dos para volver." Entonces yo le dije: 'Hijo mío, id en hora buena, y mirad que no os detengáis sino que en cumpliendo ese tiempo que decís os vengáis luego'. Me parece hijos míos, que él se debe hallar bien allá puesto que se quedó y no se acuerda de la triste de su madre, ni la busca, ni le hace caso. Por eso yo os mando que le digáis que ya se está cumpliendo el tiempo y que se venga luego; y para que se acuerde que deseo verle y que soy su madre, dadle esta manta de henequén y este braguero o ceñidor del mismo material para que se lo ponga".

Los mensajeros tomaron la manta y el braguero y volvieron a descender del cerro. Estando en la falda del mismo, la vieja empezó a llamarlos y les dijo: "Esperad allí y veréis como en esta tierra nunca envejecen los hombres. ¿Véis a mi ayo viejo? pues dejadlo descender y veréis, cuando llegue allá en donde vosotros estáis, qué joven llega". El viejo, muy viejo, empezó a descender, y mientras más bajaba más joven se iba volviendo, y cuando llegó a ellos, llegó mancebo de veinte años y les dijo: "Me veis mancebo... pues habéis de saber, hijos, que ese cerro tiene la virtud, que el que ya es viejo se quiere rejuvenecer sube hasta donde le parece y vuelve de la edad que quiere. Si quiere volver muchacho sube hasta arriba, y si quiere volver mancebo sube hasta un poco más arriba de la mitad, y si de buena edad hasta la mitad. Por eso vivimos aquí mucho y están vivos todos los que dejaron vuestros padres, sin haberse muerto ninguno, rejuveneciéndonos cuando queremos..."

Pero para que los mensajeros no se fueran con las manos vacías, mandó traer de todos los géneros de patos, ánsares, garzas y aves marinas que se crían en aquella laguna, y de todos los géneros de peces que en ella se crían, y de todos los géneros de legumbres que en aquella tierra se dan y de todos los géneros de rosas que hay en ella, y haciendo grandes sartas de ellas se las dio, y juntamente les dio mantas de henequén y bragueros, uno para el rey Moctezuma y otro para Tlacaelel, diciéndoles le perdonasen que no tenía otra cosa que enviarles, y con esto los despidió.

[Los mensajeros tomaron los regalos, se convirtieron en animales como lo habían hecho en su llegada y regresaron en esta forma al cerro Coatepec. Después de haber recuperado allí su aspecto humano, volvieron a México para informar a Moctezuma de todo lo que habían visto y oído.]

QUICHÉS Y CAKCHIQUELES

18. La creación del mundo

Según la tradición de los quichés

a Aún no había una sola gente, ni animales, ni pájaros, ni peces, ni cangrejos, ni árboles, ni piedras, ni hondonadas, ni barrancas, ni pajonales, ni guatales. Sólo el cielo existía. Aún no estaba visible la superficie de la tierra; solamente existía el mar tranquilo y todo lo que hay en el cielo. No había nada que estuviera en conjunto, que reposara; algo que no se moviera, que tuviera semejanza con lo que existe hecho en el cielo. Nada había en pie; solamente existía la tranquilidad de las aguas y el silencio de la noche.

Solo en el silencio estaba Tepeu Gucumatz; al mismo tiempo la constructora y el creador, padre y madre, deslumbrantes en el agua. Estaban cubiertos con un manto de plumas verdes y azules, y por eso les llamaron Gucumatz. Estaban poseídos de grandes sentimientos. De esta manera existía el cielo y también el "Corazón del Cielo"; éste era el nombre de la deidad [del cielo]... [Con otro] nombre es Huracán, siendo la primera manifestación Caculhá-Huracán, la segunda Chipi-Caculhá, la tercera Raxa-Caculhá y estas tres manifestaciones constituyen el "Corazón del Cielo".

[Huracán] llegó a reunirse con Tepeu Gucumatz y conferenció con él sobre la futura existencia de los seres que se proponían crear, cómo harían brotar la claridad y quiénes los alimentarían [a los dioses].

Llegaron entonces a un acuerdo y se llenaron de satisfacción. El agua no se retiraba aún. "Que se vacíe el agua para labrar la tierra y que aparezca la superficie de ella como plato. Que nazca la claridad en el cielo y en la tierra, para sembrar lo que han de comer sus pobladores, los que deben sentir adoración por ese aparecimiento hacia el formador y creador de la gente".

Así dijeron ellos cuando se formó y pobló la tierra que habían hecho. Sólo así ciertamente quedó resuelta la existencia de los pobladores de la tierra.

"¡Tierra!" dijeron, y luego se formó ésta. Únicamente nubes y neblinas llenaban el espacio sobre ella; y entonces, pues, comenzaron a aparecer dentro del agua los montes, surgiendo inmediatamente de ella. Era cosa sobrenatural, extraña y maravillosa, cómo fueron formándose los montes, las costas y los valles de la tierra, al aparecer a un mismo tiempo sobre la superficie de ella poblados bosques de cipreses y pinos.

Así fue como se llenó de alegría Gucumatz: "Magnífico que hayas venido", dijo, "¡Oh, tú, 'Corazón del Cielo'! ¡Oh, tú, Huracán! ¡Oh, tú, Chipi-Caculhá! ¡Oh, tú, Raxa-Caculhá!' ". "Está consumada la obra de nuestro creador y manifestador", dijeron ellos entonces.

Primero, pues, se formaron la tierra, los montes, las montañas, las costas y los valles. Luego pensaron cómo hacer el camino de las aguas, y [desde entonces] comenzaron éstas a deslizarse al pie y entre las montañas...

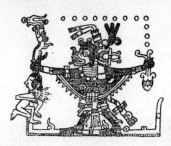

Después llenaron con sus animales montes y montañas; como guardianes de los guatales y habitantes de los matorrales fueron desde entonces los pájaros, leones y tigres; y de los bejucos, las culebras, las víboras de cascabel y los cantiles. Entonces dijo el creador: "¿Es sólo para que árboles y bejucos estén en silencio y sin movimiento, para lo que han sido creados? Es bueno que tengan sus guardianes"... Luego les designaron moradas a las bestias y a los pájaros. "¡Tú, bestia salvaje del campo, beberás en los ríos, dormirás en las barrancas, en la paja reposará tu cuerpo, cohabitarás y procrearás entre los platanares y guatales, andarás en cuatro pies que servirán para llevar su carga!" Así quedó establecido y se les dijo. Entonces a los grandes y pequeños pájaros les designaron morada del mismo modo: "Vosotros, pájaros, estaréis y fabricaréis vuestros nidos en los árboles y en los bejucos, como nosotros en nuestras casas, allí fecundaréis y os multiplicaréis entre las ramas de los árboles y entre los enredos de los bejucos". Así les fue dicho a las bestias y a los pájaros del campo, y haciendo luego lo que cada uno debía hacer, todos eligieron sus guaridas, querencias y nidos. Así fue como tuvieron sus moradas en donde vivían los animales todos de la tierra, dadas por el creador.

Concluída la creación de todas las bestias y pájaros les fue dicho por el creador: "¡Gritad, aullad y gorjead para entenderos; no permanezcáis en silencio; separaos cada grupo según vuestro modo de entenderos y según vuestra especie!". Así [además] les fue dicho a los animales, bestias y pájaros, leones y tigres y culebras: "Ahora decid nuestros nombres para que seamos honrados en el cielo, ya que somos vuestra madre y vuestro padre", les dijeron Huracán, Chipi-Caculhá, Raxa-Caculhá, el Corazón del Cielo y de la Tierra, [y Gucumatz], el edificador y manifestador, madre y padre. "¡Hablad, llamadnos y acudiremos a veros!". Así les dijeron. Pero no pudieron hacerlo como lo hubiera hecho la gente racional, y sólo hacían gestos, sólo cacareaban, sólo graznaban... Por tal motivo su carne fue destinada a ser sacrificada y comida, y solamente para esto serían matados todos los animales que viven en la tierra.

"Probaremos ejecutar un nuevo intento, porque es preciso que al llegar la aurora hayamos sembrado el alimento para mantener a nuestras criaturas. ¿Cómo haremos para que éstas nos llamen e invoquen como los principales sobre la superficie de la tierra? Hicimos los primeros seres y no pudieron admirarnos, al manifestarnos ante ellos de manera hermosa y deslumbrante. Probaremos, pues, de nuevo a crear un ser grande, que se mueva y que sea impulsado por nosotros".

Así lo dijeron. Entonces principiaron a formar de barro húmedo las carnes [de los hombres]. Pero al momento comprendieron que no serviría porque se desleía, era sólo un montón de cieno en el que se veía un pescuezo, una boca muy ancha, con ojos que no miraban sino para un lado, y sin cabeza. Habló pero no sentía, y por su constitución no podía permanecer en el agua, porque inmediatamente se deshacía; no era consistente.

Entonces el señor y creador les dijo: "Sólo estaréis hasta que vengan los nuevos seres, lucharéis para procrear y multiplicaros". Así les dijeron, dejando en esta forma ejecutada su voluntad. Entonces el creador y el manifestador desbarataron lo que habían hecho, diciendo entre sí: "¿Cómo haremos para formar seres mejores que los anteriores, que vean, comprendan y nos invoquen?" Y se consultaron de nuevo y resolvieron hablar con Ixpiyacoc e Ixmucané, "dios solar tlacuache" y "dios solar coyote"... Hablando después con Ixpiyacoc e Ixmucané les dijeron a la abuela sol que se juntasen de nuevo y resolvieran qué clase de gentes crearían y formarían, quiénes las mantendrían, para que los adorasen como superiores de ellos... Manifiéstense para ello ustedes mismos "dios solar tlacuache" y "dios solar coyote", "dos veces formador", "dos veces creador", "señor de la lengua grande", "gran sangrador", "señor de las esmeraldas", "señor resplandeciente", "señor de los rayos penetrantes", "señor de la extensión del firmamento", "señor de la superficie luminosa", "señor de la savia del pino", "señor de los toltecas", "abuela del sol" y "abuela de la luz". Así fueron llamados por nuestro creador y manifestador. ¿Solamente el hechicero que maneja los granos de maíz y las semillas de palo de pito podrá hacer y llegará a salir a la medida la escultura de madera con boca y cara?, preguntaron ellos al agorero del sol...

[Después Ixpiyacoc e Ixmucané echan la suerte]. Entonces ellos hablaron a su mantenedor diciendo: "Es bueno encontrar muñecos hechos de madera que hablen y platiquen como gente sobre la superficie de la tierra". Inmediatamente formaron muñecos de madera como gente que habla también, siendo ésta la gente que debe existir sobre la tierra. El cuerpo del hombre fue hecho por el creador, de palo de pito, y al mismo tiempo fue formado de zibaqué la cara de la mujer. Éstos emparentaron entre sí, cohabitaron y tuvieron hijos e hijas también como muñecos de madera; pero no tenían corazón ni sentimiento; ni sabían que eran hijos del edificador y manifestador. Vagaban sólo como seres extraños y sin destino. Y como no supieron comprender al "Corazón del Cielo", cayeron en su desgracia, pues eran solamente como engaño con boca para comer; hablaban, pero su cara era enjuta, no tenían pies ni manos, ni sangre en las venas, ni intestinos para guardar la comida, ni miembros para defenderse, y estaban secas sus mejillas y sus dedos no se distinguían de su carne. Así no pudieron comprender la presencia del creador, que es padre de los que respiran y tienen corazón. Ésa era la clase de gente con que de nuevo empezó a poblarse la tierra.

Luego fueron destruidos los muñecos de madera, condenándoseles a desaparecer por la muerte. Para el efecto se llenó de agua la tierra por mandato del "Corazón del Cielo". Una gran inundación se hizo entonces, la que fue llegando hasta donde se encontraban los muñecos hechos de madera... Y llegó el llamado "águila dominadora de la existencia" y les sacó las pepitas de los ojos; vinieron después, los "fúnebres examinadores" y les cortaron las cabezas; y vino el "tigre funesto" y les devoró las carnes; y vino el "tigre escarbador como conejo" y les escarbó las entrañas y les masticó los huesos y los nervios. Fueron, pues, pulverizados, y castigados, y la causa fue el no haber comprendido la presencia de sus progenitores, del "Corazón del Cielo" llamado Huracán. Por esa causa, pues, se oscureció la superficie de la tierra y cayó una lluvia negra como las tinieblas, que llovía de día y llovía de noche.

Llegaron entonces los pequeños y los grandes animales, y mostraron sus caras hechas de madera y piedra. Hablaron todos, señalándose unos a otros las tinajas, los comales, las escudillas, las ollas, los chuchos, las gallinas, y todo cuanto poseían. "Mucho nos hicisteis sufrir a unos, y nos comisteis a otros". dijeron. "Ahora vuestra carne será nuestra comida", les decían los chuchos y las gallinas. Las piedras de moler les dijeron también: "Por vuestra causa se gastaban nuestras caras. Día a día, al anochecer y al amanecer, siempre estuvisteis haciendo sobre nosotros: *¡holi, holi, huqui, huqui!* Tal era nuestro oficio; pero ahora os probaremos nuestras fuerzas". Así les dijeron a ellos las piedras de moler. Los chuchos a su vez hablaron diciendo: "¿Cuántas veces por vuestra culpa no comimos? Sólo de lejos os mirábamos con miedo, nos manteníamos de pie ante vosotros, que comíais, y nos echabais afuera, apaleándonos. De esta manera fuimos tratados sin que pudiéramos hablar. ¿Por qué no hemos de mataros ahora? ¿Cómo no sentisteis y no presentisteis esto, cómo no comprendisteis lo que se os venía encima? Nosotros os vamos a despedazar. Ahora probaréis los huesos que tenemos en la boca y os morderemos". Así les dijeron los chuchos cuando los vieron cara a cara. También los comales y las ollas hablaron de esta manera: "Nos hicisteis sufrir quemando y ahumando nuestras bocas y nuestras caras, pues siempre nos teníais cociendo y ardiendo sobre el fuego, haciéndonos sentir este suplicio. Ahora os comeremos, os pondremos a hervir", dijeron las ollas a todos los que estaban ante ellas. Los jarros que servían para poner líquidos al fuego, también fueron invitados a hablar y dijeron: "Mucho dolor nos hicisteis sentir".

Los muñecos corrieron apareados como mazorcas, unos tras otros y subían sobre las casas, pero al llegar a las goteras se caían; probaron a trepar sobre los árboles, pero éstos se rendían bajo su peso; quisieron guarecerse en las cuevas, pero éstas los rechazaban al llegar a su presencia. Así, pues, fue destruída esta gente. . .

Según lo dice la tradición sólo quedaron por señal de su existencia los micos que ahora viven en los bosques y guatales, en los que perdura la muestra de los que fueron hechos de madera, como lo había ordenado el creador. Por esta causa los micos son los únicos seres que existen ahora con cierto parecido a la gente civilizada, a la gente entendida, a la criatura humana. . .

[Ahora los dioses determinaron probar la creación de los hombres a base del maíz.]

Paxil, Cayalá se llama [la tierra] de donde vinieron las mazorcas amarillas y blancas. Éstos son los nombres de los animales que proporcionaron la noticia de los alimentos: zorra, coyote, cotorra y cuervo. Cuatro fueron los animales que trajeron [a los dioses] la noticia de las mazorcas amarillas y de las mazorcas blancas, las que se encontraban en Paxil, y que fueron a enseñarles el camino de Paxil. De esta manera [los dioses] hallaron los elementos que entrarían a formar la carne de la gente [nueva] que iba a ser hecha y formada, siendo entonces el agua su sangre, la sangre que llegó a ser la sangre de la gente, la que hizo entrar en las mazorcas el creador. Por este motivo se llenaron de alegría, por haber encontrado aquel paraje lleno de cosas sabrosas y buenas, donde abundan las mazorcas amarillas y blancas, donde abundan también el pataxte y el cacao, donde no se veía más que zapotales, anonales, manzanales, jocotales, matazanales y miel. Lleno de comidas jugosas estaban los lugares que nombran Paxil y Cayalá. . .

Entonces desgranaron y molieron las mazorcas amarillas y blancas e Ixmucané hizo nueve bebidas [hechiceras], entrando estos elementos en las sustancias destinadas a darle vida, fuerza y energía a la gente. Esto fue lo que hizo el creador Tepeu Gucumatz, como le llamaban. Enseguida comenzaron a pensar cómo harían y formarían a nuestros primeros padres y a nuestras primeras madres. Formaron sus carnes del producto de las mazorcas amarillas y blancas, y también los brazos y las piernas de la gente. . .

He aquí los nombres de la primitiva gente que ellos formaron y manifestaron: la primera gente fue Balam-Quitzé, la segunda Balam-Acab; la tercera fue Mahucutah y la cuarta Iqui-Balam. Éstos fueron los nombres de nuestros primeros generadores. Sólo les decían los hechos y manifestados [y no los nacidos] porque no tenían padre ni madre; solamente les decían "hombres". No nacieron de mujer, sino que eran hijos formados por el creador. Su formación y creación fue solamente obra sobrenatural y maravillosa. Entonces les dieron aspecto de gente y quedaron así, parecidos a gente. Ellos hablaron y razonaron, vieron y sintieron, anduvieron y palparon, fueron hombres perfectos de cara, gente de buena y hermosa presencia. Conocieron su inteligencia al darse cuenta que veían, pues inmediatamente vieron lo que les rodeaba; comprendieron lo que miraban, concluyendo por saber todo lo que hay bajo el cielo; y luego volvieron sus miradas hacia todo lo que hay en el cielo y en la tierra. . . Grande fue la sabiduría que poseían; la que hicieron penetrar de sus seres a los árboles, las piedras, los lagos, al mar, a las montañas y a las costas. . . Después que terminaron de ver todo lo que había debajo del cielo, mostraron su agradecimiento al creador: en verdad allí mismo le dieron las gracias dos y tres veces. "Nos habéis dado la existencia, y nuestras bocas y nuestra carne; hablamos, oímos, sentimos, nos movemos, andamos, y poseemos buenos sentimientos para conocer lo que está lejos y cerca de nosotros. Por eso vemos lo grande y lo pequeño que existe en el cielo y en la tierra..." Pero los creadores no oyeron con agrado esas razones, porque consideraron que no era bueno lo que decían las criaturas formadas por ellos. "Ellos comprenden todo lo grande y lo pequeño", dijeron... "¿No están manifestados y formados solamente como criaturas? Llegarán a sentirse como el que todo lo ve... ¿No querrán llegar a saber y a hacer tanto como nosotros les hemos hecho comprender, viéndolo todo?". Así fue dicho por el "Corazón del Cielo", Huracán, Tepeu Gucumatz, Ixpiyacoc e Ixmucané... Entonces se les empañaron los ojos por mandato de "Corazón del Cielo", cubriéndoselos como cubre el aliento la superficie de un espejo; así les quedaron nublados los ojos y sólo pudieron mirar lo que estaba cerca. De este modo quedaron los que ahora tienen. De esa manera destruyeron toda la sabiduría y los sentimientos de las cuatro gentes que aparecieron en un principio...

Durante una especie de sueño fue cuando recibieron, por su palabra, mujeres llenas de hermosura: Balam-Quitzé, Balam-Acab, Mahucutah, e Iqui-Balam. Estaban allí sus mujeres cuando despertaron; luego se les llenaron de alegría los corazones porque ya tenían compañeras. Éstos fueron, pues, los nombres de sus mujeres: Cahá-Paluna fue el nombre de la mujer de Balam-Quitzé; Chomihá fue el nombre de la mujer de Balam-Acab; Tzununihá fue el nombre de la mujer de Mahucutah; y Caquixahá fue el nombre de la mujer de Iqui-Balam... Ellos engendraron las gentes de las grandes y pequeñas tribus; este fue, pues, nuestro origen, el de la gente quiché, como descendientes de ellos.

Según la tradición de los cackchiqueles

b* Aquí escribiré algo de lo dicho por nuestros antiguos padres y antepasados quienes hicieron los primeros hombres, antes de que estuvieran habitados cerros y valles, en los cuales vivían solamente conejos y pájaros, según cuentan. Entonces nuestros padres y antepasados de Tulán tomaron posesión de los cerros y planicies. Escribiré lo dicho por nuestros padres y antepasados —Gagavitz es el nombre de uno y Zactecauh el del otro.

Contaban que venimos del otro lado del mar, de la tierra de Tulán, donde fuimos concebidos y nacimos... Esto es lo que dijeron Gagavitz y Zactecauh: de las cuatro [direcciones] vinieron los hombres de Tulán. Un Tulán está situado en donde sale el sol, otro está en el reino de los muertos, y aún otro se encuentra donde se pone el sol, y finalmente hay otro donde está dios. Así hubo cuatro lugares llamados Tulán. Nosotros venimos del situado en

* Traducido directamente de Krickeberg.

donde se pone el sol, que se encuentra al otro lado del mar; éste es el Tulán donde fuimos concebidos y donde nacimos.

Primero fue dada a luz la piedra de obsidiana por el inframundo de color verde y amarillo, y entonces el creador hizo al hombre para alimentar a la piedra de obsidiana. Cuando se creaba al hombre y cuando se le quería acabar de forma se intentó hacerlo [primeramente] con madera y con hojas; pero solamente la tierra servía para su creación. Pero [estos hombres creados de tierra] no podían hablar ni caminar, y no tenían sangre ni carne. Así dicen nuestros padres, nuestros antepasados. No se encontraba nada que hubiera servido para hacerlo y solamente después se encontró algo apropiado. Había dos animales que sabían que el maíz se encontraba en el lugar llamado Paxil, donde vivían estos animales, llamados coyote y cuervo. Se encontró el maíz en su excremento. Entonces se mató al coyote, se le abrieron los intestinos y se le quitó el maíz. Luego se buscó con la ayuda de un animal, llamado colibrí, algo con qué amasarlo. Después de que el colibrí había traído la sangre de la serpiente de tapir desde el mar, se la amasó con el maíz. Así fue  formada la carne del hombre por el creador. Realmente sabio era el creador que hizo a los hombres.

De esta manera se hizo al hombre, de esta manera se le formó, según cuentan. Había trece hombres y catorce mujeres; éstos tenían cabeza y podían hablar y caminar, y estaban hechos de sangre y carne. Ellos se casaron y uno de los hombres tenía dos esposas. Con este fin se unieron estos hombres y mujeres del tiempo antiguo: para procrear hijos e hijas, y éstos fueron los primeros hombres.

Así se creó al hombre y así se hizo la piedra de obsidiana. [Todavía] estaba cerrada la puerta de Tulán, de donde vinimos; un murciélago cerraba la puerta de Tulán donde fuimos concebidos y donde nacimos y en donde se nos dio nuestro bulto [todavía] en el tiempo de la oscuridad y de la noche. Así dijeron Gagavitz y Zactecauh, y lo que ellos contaron no ha sido olvidado. Ellos eran los más grandes entre nuestros antecesores y sus palabras dieron origen a todo en la antigüedad.

19. El origen de la cultura

Según la tradición de los quichés

a Muchas gentes aparecieron en las tinieblas; entonces se propagaron cuando aún no había aparecido la luz del día. Cuando se propagaron estaban en un solo lugar juntas todas en gran cantidad en donde se levanta el sol...

"¡Oh, Edificador!, ¡Oh, Manifestador! ¡Míranos y óyenos! No nos pierdas ni nos abandones. ¡Tú, el que ve en la sombra, en el cielo y en la tierra, danos la señal de tu palabra, cuando se van el sol y el día, cuando anochezca y amanezca! Danos también el camino azul, el mismo del que nacimos y nos diste; que estemos tranquilos y en paz con nuestros descendientes, con los buenos y purificados de nuestra raza, con los bien nacidos en la existencia que nos has dado. ¡Tú, Huracán, Tepeu Gucumatz, Ixpiyacoc e Ixmucané, abuela del sol, abuela del día, muéstrate y amanece!

Así hablaron e invocaron cuando vieron que se manifestaba su presencia en la bóveda azul de su amanecer; en donde sólo estaban escondidos y se levantaban el día y la luna y una gran estrella que nace antes que el sol, como señal de cuanto hay en el cielo y en la tierra, para que comenzase a caminar la gente formada, la gente manifestada. Dijeron Balam-Quitzé, Balam Acab, Mahucutah e Iqui-Balam: "Esperemos todavía que amanezca". Así dijeron estos grandes sabios, dotados de grandes sentimientos y dignidades; los grandes, como les decían.

No había ni existían aún árboles, ni piedra para labrar a nuestros primeros padres; ellos se cansaban solamente de esperar allí, en sus corazones, al sol, siendo muchas las tribus, con la gente de los yaqui, los sacrificadores y adoradores. "Vamos a ver y a buscar sobre qué esculpir la figura de ellos [los dioses], y al hallarla nos pondríamos a orar ante ella. Sólo así quedaría un símbolo de que existíamos como sus guardadores". Así dijeron, pues, Balam-Quitzé, Balam-Acab, Mahucutah e Iqui-Balam.

Ellos tuvieron noticia de un pueblo y allá se fueron. Éste es pues, el nombre de aquel lugar a donde llegaron a traer sus dioses: Tulán-Zuivá, "las siete barrancas y las siete cuevas". Llegaron, pues, todos a Tulán, o sea el lugar escondido; no se podía contar la gente que llegaba porque iba dispersa. Sacaron de allí a sus dioses: el primero era el de Balam-Quitzé, Balam-Acab, Muhucutah e Iqui-Balam, se llenaron de alegría. "¡Esto era lo que buscábamos, y lo hemos encontrado!" dijeron ellos. El primero de los dioses que salió era Tohil. Ellos lo sacaron y pusieron en el armazón de varas que llevaba Balam-Quitzé. Enseguida sacaron a Avilix, así era el nombre del dios que llevó Balam-Acab, luego el nombrado Hacavitz, llevado por Mahacutah; Nicahtacah es el nombre del dios que llevaría Iqui-Balam. De la misma manera que la gente quiché llevaron el suyo los de Tamub [e Ilocab], que tiene el mismo nombre de Tohil... Así quedaron los nombres de los tres dioses del quiché; y ellos no se separaron, porque un solo nombre era el nombre de sus dioses: Tohil de los quichés, Tohil de los tamub y de los ilocab; un solo nombre era el de sus dioses, por lo que no se dividieron estas descendencias por la lengua quiché...

[En Tulán] fue, donde se confundió la lengua de las tribus; distintas fueron las que se formaron. Por esa causa no pudieron entenderse, cuando partieron de Tulán. Allí fue, pues, donde se dividieron; hubo quienes se fueron para donde se levanta el sol; muchos se vinieron para acá. Cada uno sólo poseían pieles para cubrirse. No tenían buenas ropas para su uso, y sólo pieles de animales eran sus riquezas. Eran pobres, nada tenían. Sólo la gente agorera y poderosa las poseían buenas...

No había más fuego que el poseído por [la adoración de] Tohil. [No se sabe cómo se originó] puesto que ya quemaba cuando Balam-Quitzé y Balam-Acab lo notaron...

Enseguida comenzó a caer copiosa lluvia que apagó el fuego de las tribus, acompañada de gran cantidad de granizo que golpeaba donde estaban todas reunidas. Así, pues, se apagó el fuego. Entonces Balam-Quitzé y Balam-Acab le pidieron su fuego: "¡Tú, Tohil, en verdad que moriremos por causa del frío!", le dijeron a Tohil. "¡Bien, no os aflijáis", les contestó Tohil; y enseguida obtuvo el fuego golpeando dentro de su sandalia. Luego se llenaron de alegría Balam-Quitzé, Balam-Acab, Mahucutah e Iqui-Balam, calentándose enseguida. Así también se les apagó el fuego a todas las [demás] tribus, que morían ya por causa del frío. Vinieron a implorar por el fuego que poseían Balam-Quitzé, Balam-Acab, Mahucutah e Iqui-Balam... Como no les dijeron que se sentasen [cerca del fuego], los de las tribus sintieron gemir sus corazones. En idioma distinto Balam-Quitzé, Balam-Acab, Mahucutah e Iqui-Balam, les dijeron: "¡Postraos de hinojos!" "¡Ah, ya han perdido nuestra lengua! ¿Qué les hemos hecho? ¿Nos han olvidado?..."

Entonces apareció una gente ante Balam-Quitzé, Balam-Acab, Mahucutah e Iqui-Balam, hablándoles en este momento como un enviado del reino de los muertos "el dios a quien adoráis es el dios verdadero, representante e imagen del creador. No participéis de su fuego a las tribus hasta que ellas consientan en lo que deben ofrendar a Tohil como el señor proporcionado a todos. Interrogad en sus sentimientos a Tohil, sobre lo que será lo que darán a cambio de su fuego", les dijo el del reino de los muertos. Tenía alas como las que tienen los murciélagos. "Yo soy el enviado de vuestro formador y de vuestro manifestador", les dijo... e inmediatamente desapareció de su presencia sin dejar de existir, escondido en el espacio...

Entonces volvieron las tribus desoladas a presencia de Balam-Quitzé, Balam-Acab, Mahucutah e Iqui-Balam diciendo: "¿No os compadecéis de nuestra desgracia, cuando os suplicamos nos proporcionéis un poco de vuestro fuego? ¿Acaso no nos juntamos y encontramos en una misma morada, en un solo monte, cuando fuimos formados y manifestados? ¡Tendréis, pues, compasión de nosotros!", les dijeron entonces. "¿Qué cosa nos daréis a nosotros para que tengamos compasión de vosotros?" les contestaron aquéllos. "Bueno, os daremos metales preciosos", respondieron los de las tribus. "Pero nosotros no queremos metales", replicaron entonces Balam-Quitzé y Balam-Acab. "¿Y qué es lo que deseáis vosotros? Consultad nuestra súplica", les dijeron los de las tribus. "Muy bien, iremos a consultar, pues, los deseos de Tohil..."

"¿Qué es lo que os darán las tribus, ¡oh Tohil! los que llegaron a suplicar un poco de vuestro fuego", dijéronle [al dios] Balam-Quitzé, Balam-Acab, Muhucutah e Iqui-Balam. "¿Querrán ellos ponerse en la piedra de sacrificios, al tañer el tum? ¿Querrán sus corazones adornarme? Si no consienten en esto, no les daré de mi fuego", les dijo Tohil... "Está bien, os lo prometemos", dijeron; y entonces, tomando de su fuego, ante él se calentaron.

Hubo una de las tribus que quiso obtener un poco de fuego por medio del taladro [es decir los cakchiqueles]. Zotzil Chamalcán era el nombre de su dios, y su apariencia era sólo de murciélago... Los cakchiqueles no suplicaron por su fuego, ni tampoco se dieron por vencidos. De la siguiente manera fueron vencidas todas las tribus, cuando se dejaron sacrificar sobre la piedra donde brotan todas sus entrañas: éste era, pues, el florecimiento que había pedido Tohil, ser sacrificadas las tribus ante su presencia. Entonces les fueron extraídos los corazones...

[Las tribus estaban] viendo solamente la aurora y mirando que se mostrara la salida del sol. Se alternaban entre ellos viendo la salida de la gran estrella de la mañana, la que sale antes que el sol, como luna brillante del sol, permaneciendo siempre allí, en dirección de donde se levanta el sol, desde que estuvieron allá en Tulán-Zuivá...

[Finalmente las tribus abandonan Tulán-Zuivá.]

"No es ésta nuestra morada [que se nos había asignado]; ahora iremos a ver dónde nos radicaremos", les dijo entonces Tohil. Con toda certeza les habló a Balam-Quitzé, Balam-Acab, Muhucutah e Iqui-Balam: "Dejad dadas las gracias y sacad sangre de vuestras orejas. Sangraos la corva de vuestros codos ofreciendo así el sacrificio. Éstas son las gracias que debéis ofrecer ante la presencia de vuestro dios". "Muy bien", dijeron ellos. Entonces se horadaron las orejas, brotándoles también la oración al venirse de Tulán, y sus corazones gimieron al ponerse en camino y cuando dejaron abandonado a Tulán. "Aquí ya no veremos el amanecer, cuando nazca el sol que alumbra la faz de la tierra", dijeron ellos al venirse...

[Entonces se fueron a la cima de una montaña para esperar a que amaneciera.]

Se quedaron reunidos sobre el monte llamado Chi-Pixab, teniendo consigo a Tohil, Avilix y Hacavitz. Gran abstinencia observaban Balam-Quitzé con Cahá-Paluna, que era el nombre de su mujer; lo mismo hacía Balam-Acab con su mujer que se llamaba Chomihá; con ellos también Mahucutah que observaba gran abstinencia en unión de su mujer llamada Tzununihá e Iqui-Balam y su mujer llamada Caquixahá... Estando juntos les amaneció y juntos esperaron la salida de la gran estrella de la mañana, la que sale antes que el sol cuando va a amanecer... No habían dormido, permaneciendo en pie y sintiendo que grandes gemidos salían de sus corazones y de sus entrañas, esperando de rodillas que les aclarara el día. Sólo allá se afligieron sus caras, viniéndoles gran tristeza y gran abatimiento y estaban angustiados por los sufrimientos...

Entonces vino la aparición o el nacimiento del sol, de la luna y de las estrellas.

Grande fue la alegría de Balam-Quitzé, Balam-Acab, Mahucutah e Iqui-Balam cuando vieron la estrella de la mañana. Ella fue la primera que salió con faz radiante, antes que el sol. Después de esto desenvolvieron [de sus bolsas] bastante incienso, que habían traído de allá de donde se levanta el sol... Y lloraban de placer que les embargaba, quemando su incienso, el incienso sagrado...

Cuando comenzó a salir el sol se llenaron de alegría los grandes y pequeños animales; acabando de salir los que estaban en los ríos y en los barrancos, y se situaron sobre la cima de un monte dirigiendo juntos sus miradas hacia donde salía el sol... Enseguida se secó la superficie de la tierra a causa del sol. Como una gente que tuviera la faz ardiendo se mostró la cara del sol, por lo que se secó la superficie de la tierra. Antes que se les mostrara y penetrara el sol era húmeda y lodosa la superficie de la tierra... Grande tranquilidad se apoderó de los corazones de Balam-Quitzé, Balam-Acab, Mahucutah e Iqui-Balam cuando apareció el sol... Quemaron su incienso y despejándose sus tristezas dirigieron sus miradas hacia donde había partido, de allá de donde se levanta el sol... Allí [en la montaña] también principiaron sus oraciones que se llama Camucú. En ella expresan sólo el gemido de sus corazones y de sus entrañas. Postrados de hinojos decían: "¡Nos hemos perdido en Tulán, quedando divididos, y allá hemos dejado a nuestros parientes y hermanos! ¿En dónde estarán? Hemos visto la salida del sol, pero ¿dónde estarían cuando nos amaneció?" Así les decían a los sacrificadores y adoradores de la gente yaqui. Así fue como quedó el nombre de Tohil para el dios de la gente yaqui llamado [realmente] Yolcuat-Quitzalcuat. "De ellos nos separamos en Tulán en Zuivá, de donde llegamos y de donde venimos completos los de nuestra raza". Así decían entre ellos mismos. Entonces recordaron de dónde habían procedido y llegado sus parientes y hermanos, [primero] de la gente yaqui, a los que les amaneció allá en México, como le nombran ahora; [luego] también de la gente guardadora del pescado, a la que dejaron donde se levanta el sol; Tepeu Olimán es el nombre de los lugares en donde se quedaron.

Según la tradición de los cackchiqueles

b* Entonces nos ordenó el creador que viniésemos, las trece divisiones de los vukamag y las trece divisiones de los ahlabales. Por esto nos venimos de Tulán, [todavía] en el tiempo de la oscuridad y de la noche. Se nos dio nuestro bulto y lo recibimos, el bulto de los vukamag y de los ahlabales. Se nos puso en fila; a mano izquierda estaban los vukamag, a la derecha los ahlabales. Los vukamag fueron los primeros que tomaron su bulto y después los ahlabales. Solamente jade y oro, plumas azules y verdes y perlas de conchas junto con otros artículos pintados y esculpidos, danzas, flautas y cantos, el calendario astrológico y el de los sacerdotes, cacao fino y silvestre —estas

* Traducido directamente de Krickeberg.

riquezas traídas de Tulán [por los vukamag]. Pero los ahlabales solamente trajeron lanzas y escudos, macanas y "kiomah", cuando vinieron de Tulán...

Y después de que todos los vukamag y los ahlabales habían recibido sus bultos, se abrió la puerta de Tulán. Los tzutuhiles fueron los primeros vukamag que abandonaron Tulán; primero vinieron todos los vukamag y después nosotros, los ahlabales. Y nuestro creador nos dijo y nos hizo la siguiente profecía: "¡Oh, mis hijas y mis hijos!, os daré riquezas y señoríos, distinción y soberanía, vuestro palio y vuestro trono, porque os habéis llevado macana y 'kiomah', lanza y escudo, plumones blancos y la tierra blanca de la guerra. Si hubierais tenido en vuestro bulto jade y oro, plumas verdes y azules, artículos pintados y esculpidos, el calendario astrológico y el de los sacerdotes, flautas y cantos, esto hubiera sido la causa de que os hubieran vencido. Porque verdaderamente es vuestro, lo que los vukamag llevan en su bulto, por donde quiera que lo toméis; vosotros sois los [verdaderos] propietarios, que pueden disponer de él libremente... Grande es la soberanía [que os doy]; nunca seréis vencidos. Cosecharéis fama por vuestras armas. No os durmáis ni descanséis hasta que os haya dado vuestro poder, a todos vosotros los trece señores. Vuestra lanza y vuestro escudo, vuestra soberanía y poder, vuestro palio y trono —esto es lo que lleváis de ventaja a todos los otros". Así se habló a los quichés, cuando vinieron de Tulán las trece divisiones de los ahlabales, [puesto que] los primeros [ahlabales] que partieron fueron los quichés...

Y cuando se habían ido todos los vukamag y ahlabales, partimos nosotros, los cackchiqueles, quienes fuimos los últimos que abandonaron Tulán, cuando no se había quedado ya ningún otro... También a nosotros el creador nos hizo la siguiente profecía: "¡Vosotros, mis hijas e hijos! ya han partido los otros de tu linaje; pero vos, mi hijo menor, no seréis el último; verdaderamente, [también] brillará tu fortuna. Aquí están tus dioses, sus representaciones en madera y en piedra; 'nueve agua' es el nombre de uno de ellos, y 'uno pedernal' el del otro. A estos dos debéis llevar en vuestro bulto. Y entonces tendréis [que coger] vuestra lanza, vuestro escudo y vuestras corazas de algodón, y colocar los plumones blancos y la creta blanca". Además se les dieron las siguientes cosas: escarabajos amarillos y avispas amarillas, lodo, oscuridad, lluvia, neblina y nubes...

"Os he dado lanzas y escudos. Ahora os debéis ir luego y poner en acción a vuestro bulto, vuestra lanza y vuestro escudo. Hay un guerrero en el lugar donde nace el sol, el cual se llama Zuyva. Allá debéis ir, para probar las lanzas y los escudos que yo os he dado, hijos míos". Así se nos dijo cuando abandonamos Tulán. Los vukamag y los ahlabales ya estaban todos en camino, cuando nos venimos nosotros de Tulán. Era verdaderamente terrible ver cómo nos veníamos de Tulán acompañados por los escarabajos amarillos, por las avispas amarillas, la neblina y las nubes, el lodo, la oscuridad y la lluvia.

Todavía allá comenzó la profecía del desastre. Cuando abandonábamos Tulán nos gritó un animal, llamado "guardián de la barranca", en la puerta de Tulán. "Habréis de morir, os habréis de perder, yo soy el heraldo de vuestra desgracia", nos dijo el animal. "Nosotros no creemos que tu augurio se realizará", le contestamos al animal. Entonces gritó [otro] animal, el buho, que se había colocado sobre un árbol rojo, y dijo: "Yo soy el heraldo de vuestra desgracia". "No lo eres, aunque quisieras serlo", se contestó al buho. Éstos eran los mensajeros que nos mandaron nuestros dioses. Al fin gritó otro animal en el aire, un pequeño papagayo, y dijo: "Yo soy el heraldo de vuestra desgracia; habéis de morir", pero contestamos al animal: "No hables de esta manera; tú eres el mensajero de la primavera, y eres el primero en gritar cuando llega la primavera y cuando se acaba el tiempo de lluvias".

Entonces llegamos a la orilla del mar, allá se juntaron todos los [vuk] amag y ahlabales. Entonces vimos a muchos que llevaron gran tristeza en el corazón. "No hay ninguna manera de pasar el mar; ¿no se os ha dicho cómo podéis pasarlo?", nos dijeron todos los ahlabales y vukamag. "¿Quién nos lo podrá decir, quién nos llevará al otro lado? solamente tú, nuestro hermano, eres nuestra esperanza", dijeron todos. Nosotros les contestamos: "Seguid adelante, vosotros que sois los primeros, para ver cómo podemos pasar mientras que nosotros nos quedamos". Entonces nos dijeron todos: "Tened piedad de nosotros, hermano, puesto que estamos tendidos en la orilla del mar, sin poder ver nuestras montañas y nuestros valles"...

Ahora teníamos como bastón un palo rojo que recibimos en la puerta de Tulán cuando nos veníamos; por eso también nos llamamos cackchiqueles. Metimos la punta de nuestro bastón en la arena dentro del mar, e inmediatamente el agua se separó de la arena: y para esto nos sirvió el palo rojo que habíamos recibido en la puerta de Tulán. Pronto se formó un banco de arena y nosotros íbamos adelante; entonces se extendieron el principio y el fin del mar, y todos se alegraron cuando vieron la arena dentro del mar...

Así salimos a la otra orilla del mar. Pronto les dio miedo a todos los vukamag y les dijeron a los ahlabales: "¡Señores y guerreros! habéis visto nuestro bulto; lo hemos recibido junto con vosotros para nuestro provecho. No iremos con vosotros hacia donde sale el sol, sino buscaremos nuestras montañas y valles...". Los demás llegaron al lugar llamado Teozacuancu; entonces todos fueron a otro lugar llamado Meahauh. Allí se reunieron en gran número, siguiendo hacia el lugar llamado Valval Xucxuc, donde descansaron. Entonces se reunieron otra vez y partieron a los lugares llamados Tapcu y Olomán. Allí se reunieron todos y tomaron consejo. Mientras estuvimos allá sucedió, que abrimos por primera vez nuestros bultos. Entonces nos dijeron todos los ahlabales: "¿A quién nombraremos para ser nuestra cabeza, nosotros, los guerreros, los marineros [?], que podemos disponer libremente de nuestro bulto, hermano nuestro?" Nosotros les contestamos: "Ya se nos acercó la guerra; ya estamos preparados, adornados con plumones, y nuestro bulto, que nos fue dado por el creador, ha sido abierto. ¡Vayamos a adornarnos con plumones! Yo [lo digo], el sabio". Así dijimos mientras abríamos nuestro bulto; el cual contenía plumones blancos, creta blanca, lanzas, escudos y corazas de algodón. Así nos mostramos ante los ojos de todos y nos armamos por primera vez con lanza, escudo y coraza de algodón, plumones blancos y creta blanca. Cuando nos habíamos puesto todo les dijimos: "¡Adelante con vosotros, nuestros hermanos! ¡Ya se declaró la guerra! ¡Tenemos que probar nuestras lanzas y nuestros escudos, tenemos que conquistarlos! ¡No importa en qué dirección vayamos; escoged nuestro camino!". "No nos incumbe a nosotros escoger el camino", nos contestaron. "Tú escoge el camino, nuestro hermano, tú el sabio". Entonces elegimos el camino y se lo indicamos a ellos.

Luego nos reunimos todos, partimos y pronto nos encontramos frente a frente un grupo de guerreros, que se llamaban los nonoualcas y los xulpiti, y que vivían sobre sus embarcaciones a la orilla del mar. Verdaderamente terrible era su lluvia de flechas y su lucha. Pero pronto fueron desplazados por nosotros y peleaban en parte desde las canoas. Cuando habían sido vencidos los nonoualcas y los xulpiti preguntaron todos los ahlabales: "¿Cómo cruzamos el mar [otra vez], nuestro hermano?". Nosotros contestamos: "Lo cruzaremos en sus embarcaciones; aún tenemos que guerrear más". Entonces nos subimos a las embarcaciones de los nonoualcas y nos fuimos hacia el este, hasta que llegamos allá, [a la tierra de los de Zuyva]. ¡Verdaderamente horrible fue [la guerra] con los de Zuyva!... Grande era el ruido y se levantaba el polvo cuando venían; sus casas perros y gallinas luchaban y todos sus implementos de cultivo [nos] combatían; un ataque, dos ataques fueron ganados por nosotros, y [sin embargo] fuimos vencidos [finalmente], puesto que había unos entre los [de Zuyva] que volaban por el aire, otros, que descendían en la tierra, y aún otros que ascendían y descendían con todos nosotros, mostrando así su poder mágico y su habilidad de transformarse.

Después todos los ahlabales regresaron al lugar de Tapcu y Olomán. Allí nos reunimos con gran tristeza, allí, donde nos habíamos adornado con plumones blancos y donde nos armamos para la lucha...

[Aquí las tribus reciben a sus dioses y parten separadamente hacia los lugares donde habitaron más tarde.]

20. Hunahpú e Ixbalanqué

El viaje de los padres al inframundo

a En el tiempo de la oscuridad [se engendraron] y nacieron Hun-Hunahpú y
Vucub-Hunahpú engendrados por Ixpiyacoc e Ixmucané. Hun-Hunahpú tuvo
y crió dos hijos: Hunbatz era el nombre del primero y Hunchouén el del segundo. El nombre de la madre de éstos era Ixbaquiyalo; así llamaban a la
mujer de Hun-Hunahpú. Pero Vucub-Hunahpú no tenía mujer, era solo. Estos
dos seres fueron dotados de grandes sentimientos, y por eso poseían gran sabiduría; eran adivinos de la suerte aquí en la tierra, y sólo cosas buenas poseían y las ofrendaban también. Y ellos les trasmitieron su ciencia y sabiduría de Hunbatz y a Hunchouén, hijos de Hun-Hunahpú, y les enseñaron a cantores, oradores, joyeros, escritores, cinceladores, entalladores en piedras preciosas y en metales; eso les enseñaron a Hunbatz y Hunchouén.

Pero Hun-Hunahpú y Vucub-Hunahpú solamente se engalanaban para jugar
todos los días [a la pelota] y aunque eran solamente dos se enfrentaron como
si fueran cuatro, que llegaban a reunirse [generalmente] en el juego de pelota. Llegó entonces a verlos jugar el cuervo, uno de los mensajeros de Huracán, Chipi-Caculhá, Raxa-Caculhá, y como no estaba la tierra tan lejos del
reino de los muertos, el cuervo llegaba luego al cielo donde estaba Huracán.
Y mientras ellos estaban aquí en la tierra, se murió la madre de Hunbatz y
Hunchouén.

Entonces tomaron el camino de Xibalba (el inframundo), donde [Hun-
Hunahpú y Vucub-Hunahpú] estaban jugando a la pelota, cuando fueron notados por Hun-Camé y Vucub-Camé padres y soberanos del inframundo. "¿Y
qué hacen sobre la tierra, donde producen solamente ruido y están siempre
inquietos? Que vayan a verlos, que los traigan y que jueguen aquí a la pelota,
para que nosotros los venzamos. En verdad, ya no somos obedecidos por
ellos; ya no tienen respeto ni reverencia por nuestro ser, y no hacen más que
combatir sobre nuestras cabezas", dijeron todos a una voz los del inframundo. Entonces tomaron sus pareceres a todos ellos...

Luego aparecieron los mensajeros de Hun-Camé y Vucub-Camé, los que
serían enviados para que llamasen a Hun-Hunahpú y Vucub-Hunahpú, de-
biéndoles decir al llegar junto a ellos: "Dicen los señores [del inframundo]
que vayan ustedes allá, que jugarán con ellos a la pelota... Que traigan
sus bandas para la cara, sus cueros para la cadera, y guantes; que traigan
también sus pelotas de goma", dicen los señores. "Así les dirán cuando lleguen", les fue dicho a los demandaderos. Ahora bien, estos demandaderos
eran buhos: Flecha de buho, Piedra de buho, Guacamaya buho y Cabeza de
buho; así se llamaban los mensajeros del inframundo. La Flecha de buho
era rápido como una flecha; Piedra de buho no tenía, por naturaleza, más
que una pierna; Guacamaya buho tenía alas color de fuego; y, en fin, Cabeza de buho sólo era cabeza, no tenía piernas sino solamente alas. Cuatro
eran, pues, los mensajeros de los señores del inframundo.

Entonces vinieron éstos y se posaron sobre el juego de pelota donde jugaban Hun-Hunahpú y Vucub-Hunahpú, y que llamaban Nim-Xob Carchah. Bajaron entonces los buhos sobre el juego de pelota con toda agilidad y dieron su recado; y de esta manera comunicaron el mandato que traían de Hun-Camé, Vucub-Camé, Ahalpuh y Ahalganá, Chamiabac y Chamiaholom, Xiquiripat, Cuchumaquic, Ahalmez, Ahaltogob, Xic y Patán —estos son los nombres de los señores [del inframundo], de quienes traían recado los buhos. "¿Ciertamente, es así como dicen Hun-Camé y Vucub-Camé? ¿Es cierto que les dijeron que nosotros les acompañásemos?". "Que traigan todos sus objetos de juego, dijeron los señores". "Está bien, solamente espérennos, vamos a despedirnos de nuestra madre", le dijeron [Hun-Hunahpú y Vucub-Hunahpú]. Fuéronse, pues, a su casa y dijeron a su madre, porque su padre había muerto ya: "Han venido los mensajeros del inframundo por nosotros. Que vayamos nos dijeron, así nos mandaron decir [los señores]. Pero quedará un testigo de nuestra existencia, estas pelotas", agregaron ellos. Luego, las pusieron en un hueco arriba de sus casas. Entonces dijeron: "Madre nuestra, después las bajaremos para volver a jugar con ellas. En cuanto a vos, ocupaos de que canten, oren, escriban y cincelen". "Calentad nuestras casas y mantened el calor en el corazón de nuestra abuela". Así dijeron a Hunbatz y a Hunchouén. Enseguida se despidieron de su madre, e Ixmucané lloraba. "Nos vamos, no estéis tristes, porque todavía no hemos muerto", les dijeron entonces, cuando partieron Hun-Hunahpú y Vucub-Hunahpú.

Después de esto se fueron, tomando el camino que les señalaron los mensajeros del inframundo, y llegaron a un camino bajo tierra, muy quebrado, lleno de hoyos, que bajaba hacia donde se encontraba Xibalba. Descendieron, pues, hallando al llegar a un río las aberturas de dos barrancos que se denominaban Nu zivan cul y Cuzivan y los pasaron. Llegaron después a otro río que tenía dentro muchas pozas de diferentes tamaños y también lo pasaron, y nada les aconteció. Llegaron después a la orilla de un río de sangre y lo pasaron porque no bebieron de él. Después llegaron a otro río de agua y tampoco perecieron al atravesarlo. Luego llegaron al encuentro de cuatro caminos y sólo allí se consideraron perdidos, entre estos cuatro diferentes caminos. Uno de los caminos era colorado; otro era negro; otro era blanco, y el otro amarillo. El camino negro habló entonces: "Yo soy el camino del señor [del inframundo]", les dijo éste. Allí fue donde se perdieron; tomaron ese camino para llegar donde estaba, la residencia cubierta de esteras del señor del inframundo, y allí fue donde encontraron su primera perdición.

[La prueba] que hallaron primero allí adentro consistía en que había solamente muñecos de madera adornados por los de Xibalba. Al verlos los saludaron: "¡Salud, Hun-Camé!" les dijeron a los muñecos. "¡Salud, Vucub-Camé!", les dijeron otra vez a los que estaban hechos de madera. Pero éstos no les pudieron contestar. Entonces los moradores del inframundo se rieron a carcajadas. Se desternillaban todos de pura risa, porque los habían engañado en sus corazones; y perdidos como estaban Hun-Hunahpú y Vucub-Hunahpú se reían también. Entonces les hablaron Hun-Camé y Vucub-Camé: "Bueno está que hayáis venido; mañana os pondréis vuestras bandas de la cara, vuestros cueros para las caderas y vuestros guantes". Así les dijeron. "[Mas primero] sentaos en vuestros bancos", les dijeron. Pero los bancos que les ofrecían solamente eran piedras calientes, y se quemaron en ellas al sentarse; y la quemada los hacía revolverse sin encontrar alivio, y queriendo levantarse no mitigaban su dolor y se quemaron sus asentaderas. Entonces se rieron los de Xibalba; se morían de risa como gentes que tuvieran calambres en el corazón; así se reían entre ellos mismos; hasta los huesos se les movían de tanto reírse, a todos los señores de Xibalba.

"Entrad a la casa pero quedaos dentro, ya os mandaremos vuestros ocotes y vuestros cigarros, allí donde vais a dormir", les dijeron [a Hun-Hunahpú y Vucub-Hunahpú]. Entonces los hicieron entrar en la "casa de la oscuridad", donde había solamente tinieblas. Mientras tanto los de Xibalba tomaban sus disposiciones. "Mañana los sacrificaremos luego se irán muriendo por las prendas de juego de pelota", pensaban entre sí los de Xibalba. Pero el ocote que habían dado [a los hermanos] era una flecha redonda de pino blanco; "el pedernal blanco" se llama el ocote del inframundo. Cuando Hun-Hunahpú y Vucub-Hunahpú entraron a la "casa de la oscuridad" se les dieron sus astillas de ocote, a cada uno de ellos encendida que les enviaron Hun-Camé y Vucub-Camé; y a cada uno su cigarro, igualmente encendido, que les enviaban los señores... "Cuando amanezca vendrán a recogerlos, pero guardaos muy bien de usarlos, pues los habéis de entregar como los habéis recibido. Así lo mandan a decir los señores". Así les dijeron; así fue igualmente como quedaron vencidos. Se les acabó el ocote y se les terminaron los cigarros que les habían dejado.

Grandes y numerosos eran los lugares de prueba y de tormento que había en el inframundo; el primero de estos lugares de suplicio era la "casa de la oscuridad", pues allí sólo había tinieblas. El segundo era la "casa del frío", como la llamaban, donde la temperatura era muy baja y soplaba un fuerte viento que producía un frío inaguantable en el interior. El tercero se llama la "casa de los tigres", y dentro de ella solamente había tigres que rugían y se destrozaban con las garras como verdaderos tigres que estuvieran encerrados. El cuarto de los lugares de tormento lo denominaban la "casa de los murciélagos". Dentro de ella sólo había murciélagos que gritaban, chillaban y revoloteaban en ella, como si estuvieran acorralados, pues no tenían por donde salir. El quinto era el que llamaban "casa de los pedernales", donde no había más que guerreros, vencedores que alternativamente peleaban con sus lanzas y reposaban. Tales eran los lugares de tormento en el inframundo; pero Hun-Hunahpú y Vucub-Hunahpú no llegaron a ellos [con excepción del primero], pues solamente les hablaron de estas casas indicándoles los nombres de ellas.

[A la mañana siguiente] Hun-Hunahpú y Vucub-Hunahpú llegaron a la presencia de Hun-Camé y Vucub-Camé quienes les preguntaron: "¿Dónde están los cigarros y dónde el ocote que os mandamos dejar por la noche?" "Los acabamos, señores", les contestaron. "Está muy bien. Ahora, pues, han terminado vuestros días y moriréis. Os haremos desaparecer, se despedazará el pecho y vuestro recuerdo permanecerá enterrado en estos lugares". "Seréis sacrificados" dijeron Hun-Camé y Vucub-Camé. Entonces los sacrificaron y enterraron en el lugar llamado basurero. Se cortó primero la cabeza de Hun-Hunahpú, y el cuerpo del mayor de edad fue enterrado con el de su hermano. "Vayan a colocar sus cabezas en las ramas de un árbol que está sembrado en medio camino", ordenaron Hun-Camé y Vucub-Camé. Y fueron a dejar las cabezas entre las ramas del árbol, y entonces el árbol fructificó, dando frutos que no había producido antes de que fuese colocada la cabeza de Hun-Hunahpú. [Este árbol], el árbol que da las calabazas, se llama aún hoy en día "Cabeza de Hun-Hunahpú". Luego se asombraron Hun-Camé y Vucub-Camé de que el árbol hubiese fructificado; pero la cabeza de Hun-Hunahpú había desaparecido, puesto que se confundió con los frutos del árbol de calabazas. Esto fue lo que vieron los de Xibalba cuando llegaron a verlas. Gran importancia adquirió en sus corazones aquel árbol, a consecuencia de lo que había acontecido cuando colocaron entre sus ramas la cabeza de Hun-Hunahpú. Los de Xibalba dijeron al reunirse: "que nadie venga a coger de sus frutos, y que ninguno se coloque bajo este árbol". Así fue dicho después, a cada uno de los de Xibalba, cuando llegaron a reunirse.

La concepción milagrosa y el nacimiento de Hunahpú e Ixbalanqué

b Ya no apareció la cabeza de Hun-Hunahpú en ese árbol porque se había identificado con los frutos del mismo. Entonces una doncella llamada Ixquic tuvo noticias de aquel gran suceso..., hija de un señor [del inframundo] llamado Cuchumaquic. Y cuando ella oyó la historia de los frutos de este árbol, la cual le fue contada por su padre, se maravilló también mucho de esta relación. "¿Por qué no vamos a ver ese árbol de que se habla, que ciertamente dicen que sus frutos son muy sabrosos, según oí?" Dijo ella. Enseguida fue sola y llegó bajo el árbol, que se hallaba sembrado por donde estaba el basurero. "¡Ah! ¿Qué fruto es ese que produce ese árbol? ¿Tiene algún sabor su fruto? ¿No podré coger uno? ¿Me pasará alguna cosa?", decía la doncella. Entonces habló la calavera que estaba entre las ramas del árbol: "¿Qué es lo que deseas? Solamente calaveras están prendidas en las ramas del árbol", dijo la cabeza de Hun-Hunahpú, cuando habló a la doncella. Le preguntó: "¿Deseas de veras [tener estos frutos]?" le preguntó. La doncella contestó: "Los deseo". "Está bien, extiende tu brazo derecho para ver la mano", le dijo la calavera. "¡Está bien!" dijo la doncella, y extendió su mano derecha delante de la calavera. Entonces la calavera le dejó caer saliva en la mano de la doncella, y en cuanto la vio en la palma de su mano, ésta desapareció luego, como si no le hubiera caído saliva de la calavera en su mano. "Esta saliva que te he arrojado sólo es señal de nuestros sufrimientos. Estas cabezas nuestras ya no tienen nada encima, solamente son huesos y de nada servirán ya. Así igualmente es la cabeza aún de los más grandes señores, porque la carne es solamente la que embellece la cara. Por eso cuando morimos asustamos a la gente, a causa de que sólo somos una calavera. También de esta manera los hijos son como la saliva [del padre], ya sean hijos de señores, de sabios y de oradores; por eso no se pierden [los linajes], porque son la saliva dejada por los señores, hombres pensadores y oradores; puesto que perduran los hijos de aquellos antepasados. Esto mismo he hecho contigo. Ahora vete sobre la superficie de la tierra, porque no morirás. Atiende mis palabras cuando llegues", le dijo la cabeza de Hun-Hunahpú y Vucub-Hunahpú. Solamente la voluntad de la palabra de Huracán, Chipi-Cuculhá y de Raxa-Caculhá fue la que ejecutaron.

La doncella retornó a su casa después de haber oído aquello y se apercibió de lo que le pasaba. A causa de la saliva concibió seres vivos en su vientre; así se concibieron Hunahpú e Ixbalanqué. Al llegar la doncella a su casa, y cuando había cumplido seis meses de embarazo se dio cuenta su padre, que se llamaba Cuchumaquic. Enseguida su padre observó a la joven con más atención, cuando vio que llevaba un niño en su seno. Entonces tomaron sus pareceres los señores [del inframundo, y especialmente] Hun-Camé y Vucub-Camé con Cuchumaquic. "¡Esta hija mía ya está encinta, grandes señores; y verdaderamente para su deshonor!". Dijo Cuchumaquic, cuando llegó ante los señores. "¡Está bien! Hazle abrir la boca y si no habla, que se le dé la muerte y que la vayan a sacrificar lejos de aquí". "Muy bien, respetables señores", respondió él. Entonces preguntó a su hija: "¿Quién te engendró el hijo que llevas en el vientre, ¡oh! hija
mía?" Pero ella respondió: "Yo no tengo hijo, ¡oh mi señor y padre!, no he conocido la cara a ningún hombre". Él agregó: "¡Muy bien! tú estás deshonrada, porque ciertamente lo tienes. Llevadla y hacedla morir, obreros de los señores de la estera, y traedme su corazón en un vaso, y volved hoy mismo con los señores", les fue dicho a los buhos.

Cuatro de ellos fueron a tomar el vaso y se pusieron inmediatamente en camino, conduciendo a la joven sobre sus espaldas y llevando un cuchillo de pedernal destinado a inmolarla. "Vosotros no me mataréis, servidores de Xibalba, porque no es deshonra lo que llevo en el vientre; el ser viviente que concebí sólo lo tengo porque fui a expresar mi sentimiento ante la cabeza de Hun-Hunahpú que está colocada por donde está el árbol. Por esa causa no debéis sacrificarme, oh servidores", les dijo la doncella cuando les habló. "¿Y qué pondremos en lugar de tu corazón? Tu padre nos ha dicho: 'traedme su corazón; volveréis hacia los señores; sed formales y de acuerdo manifestad el cumplimiento del mandato y pronto traed la prueba de ello en un vaso'. ¿No nos ha dicho así? ¿Qué pondremos, pues, en el vaso? Sin embargo, más nos gustaría que tú no murieses", dijeron los servidores de Xibalba. Replicó ella: "¡Muy bien! este corazón no puede ser de ellos... En cuanto a quemarlo delante de ellos, eso no será tampoco. Poned en el vaso el producto de este árbol", agregó la joven. Y la roja savia del árbol salió y cayó en el vaso, y allí se coaguló y se convirtió en una bola, en reemplazo del corazón, que fue lo que se formó entonces del líquido que brotó del árbol. Así fue como quedó el líquido del árbol en vez de la sangre... Mientras que aquél se hacía célebre por causa de la joven; "sangre de dragón" le dicen ahora...

"Toma tu camino, mientras nosotros vamos a poner la imagen y semejanza de tu corazón ante los ojos de los señores", dijeron los mensajeros [a la joven]. Y cuando llegaron ante los señores, todos estaban en una expectativa inquieta. "¿Ha concluido eso?", les preguntó Hun-Camé. "Hemos concluido, señores; he aquí el corazón en el fondo del vaso". "Muy bien, lo veré" respondió Hun-Camé. Entonces lo levantó delicadamente y el líquido ensangrentado, brillante y de color rojo, comenzó a derramarse como sangre. "Es bueno que avivéis el fuego y que lo pongáis encima", les dijo Hun-Camé. Enseguida lo pusieron en el fuego llegando a sentir los de Xibalba [el olor que exhalaba] se levantaron todos y se volvieron con gran sorpresa hacia el perfume que sentían salir del humo de aquella sangre. Mientras permanecían aturdidos con aquello que pasaba, los buhos salieron a reunirse con la doncella en la tierra; y cuando llegaron ante ella se convirtieron en sus servidores. Así fueron burlados los señores de Xibalba por esta joven, porque en todo se dejaron engañar...

Ixquic llegó ante la abuela de Hunbatz y Hunchouén. Llevaba en el vientre a sus hijos, y poco le faltaba para dar a luz a Hunahpú e Ixbalanqué. Cuando llegó la mujer ante la anciana dijo a ésta: "Vengo hacia ti, mi madre; yo soy tu hija adoptiva, pues soy tu nuera madre mía", le dijo entrando y acercándose a la vieja. "¿De dónde vienes? ¿Dónde están mis hijos? ¿No han muerto en Xibalba? Los dos que se han quedado como descendientes de ellos se llaman Hunbatz y Hunchouén. ¿Acaso no los ves? sal de aquí ¡vete!" le fue dicho a la joven por la vieja. "Esta es la sola verdad: yo soy nuera tuya, mujer de él; el hijo que tengo es de Hun-Hunahpú, y lo concebí como obra de su presencia, porque no han muerto Hun-Hunahpú y Vucub-Hunahpú, y la sentencia que sobre ellos ha caído no los ha hecho sino más ilustres. Vos sois mi suegra. Así, pues, ved su imagen querida en lo que llevo", fue dicho a la vieja.

Y he aquí que Hunbatz y Hunchouén se encolerizaron contra la joven [cuando oyeron esto]. De tocar flauta y de cantar se ocupaban ellos únicamente; en pintar y esculpir empleaban todo el día y eran el consuelo de la vieja. La anciana respondió entonces: "No quiero que tú seas mi nuera, sólo es deshonra lo que llevas en tu vientre; tú me engañas, porque ya han muerto mis hijos a que te refieres". Y la vieja continuó: "No es sino verdad lo que te digo. Pero está bien, si tú eres mi nuera ayúdame, anda a traernos que comer; anda cosecha una buena red llena, vuelve enseguida, puesto que eres mi nuera, según entiendo", fue dicho a la joven. "Está bien", dijo ella y se encaminó a la milpa que tenían sembrada Hunbatz y Hunchouén, y el camino había sido abierto y limpiado por ellos. La joven los siguió y llegó así al campo. Pero ella no encontró más que una sola mata de maíz, no habían ni dos ni tres matas; y cuando vio que había una sola el corazón de la joven desfalleció. "¡Desgraciada pecadora que soy! ¿A dónde iré a buscar esta red llena de provisiones que me han pedido?", agregó ella. Enseguida comenzó a invocar a los guardianes [divinos] de los alimentos, a fin de obtener que le concediesen lo que pedía. "¡Dios de la lluvia, diosa del maíz y diosa del cacao, vosotras que preparáis el maíz con la ceniza, y tú guardián de las provisiones de Hunbatz y Hunchouén venid en mi ayuda!", exclamó la joven. Entonces ella tomó los pelos de la extremidad del elote y los arrancó suavemente sin desarraigar la mazorca; [los pelos se convirtieron en mazorcas], y cuando los arregló en el fondo de la red, ésta se llenó enteramente. Entonces la joven se puso en camino y unos animales cargaron la red. Fueron a dejar la carga a un rincón de la casa, como si fuera una carga [ordinaria]. Y cuando llegó la anciana, la vio, y al ver tan gran saco lleno de provisiones dijo: "¿De dónde sacaste la comida, que trajiste? ¿Habrás acaso arruinado nuestra sementera? Voy a verlo al instante", dijo la vieja poniéndose en camino y yendo a ver el campo. Pero la única espiga estaba parada en el mismo lugar y sólo se distinguía allí también la señal donde había sido colocada la red. Presto se volvió entonces la vieja y dijo a la joven: "Sólo con esto me basta como señal de que ciertamente tú eres mi nuera, seguiré viendo por ti y cuidaré de los sabios que llevas [en tu vientre]".

El castigo de los hermanos envidiosos

c Cuando llegó el día de su alumbramiento, la joven llamada Ixquic, parió. Pero la vieja no estaba presente cuando nacieron. En la madrugada vinieron a la vida los dos llamados Hunahpú e Ixbalanqué; en el monte fueron dados a luz. Cuando fueron llevados a la casa no querían dormir. "Anda a tirarlos, verdaderamente es mucho lo que chillan", decía la viejita. En seguida los fueron a dejar a un hormiguero, en el cual durmieron a gusto, por lo cual los quitaron de allí después y los fueron a colocar en un espinero [y allí también durmieron un sueño muy tranquilo]. Ahora, pues, lo que quería Hunbatz y Hunchouén era que muriesen sobre el hormiguero o sobre el espinero...

[Hunahpú e Ixbalanqué] se mantenían solamente tirando con sus cerbatanas, día a día. No eran queridos ni por la viejita ni por Hunbatz y Hunchouén. No les proporcionaban de comer, y cuando estaba lista la comida, llegaban a comer primero Hunbatz y Hunchouén, y hasta después entraban ellos. Pero ellos no se encolerizaban ni se irritaban, contentándose con sufrir; porque conocían su naturaleza y veían todo claramente como el día. Traían, pues, los pájaros [que habían matado con la cerbatana], cuando volvían todos los días; pero Hunbatz y Hunchouén se los comían, sin dar nada a los dos hermanos Hunahpú e Ixbalanqué. Hunbatz y Hunchouén no hacían otra cosa más que tocar la flauta y cantar.

Una vez vinieron Hunahpú e Ixbalanqué sin traer ningún pájaro, y cuando llegaron así, la viejecita se mostró incómoda. "¿Por qué no traéis, pues, pájaros?" preguntó a Hunahpú e Ixbalanqué. "La causa es, abuelita nuestra, que los pájaros [que hemos matado] se quedaron enredados en las ramas del árbol", le dijeron entonces, "y tampoco podemos subir nosotros para cogerlos, pero que suban a él nuestros hermanos mayores, que vengan con nosotros y que bajen los pájaros", agregaron ellos. "Muy bien, mañana iremos con vosotros en cuanto amanezca", asintieron los hermanos mayores...

[A la mañana siguiente] se fueron al pie del árbol llamado Canté, acompañados de sus hermanos mayores, y caminaban entreteniéndose en tirar con sus cerbatanas. Como había muchísimos pájaros que cantaban sobre el árbol los hermanos mayores se admiraban de ver tantos. He aquí que ninguno de los pájaros [que mataban] caía al pie del árbol. "Es preciso que subáis a bajarlos", les dijeron entonces a sus hermanos mayores. "Está bien", les contestaron ellos. En seguida subieron éstos al árbol, pero éste creció y engrosó como si se hubiera hinchado; y cuando quisieron bajar Hunbatz y Hunchouén no pudieron descender del árbol. Entonces dijeron ellos desde arriba del árbol: "¿Cómo nos ha sucedido esto, oh hermanitos nuestros? Este árbol nos asusta al solo verlo". Entonces Hunahpú e Ixbalanqué les contestaron: "Quitaos vuestros taparrabos, amarradlos debajo del abdomen, teniendo cuidado de dejar pendiente una larga extremidad que la pasaréis a la parte de atrás como si fuesen colas, y así podréis descender con facilidad". "Bueno", contestaron aquéllos, arrojando hacia atrás las extremidades de sus taparrabos, que al instante se convirtieron en colas y ellos se transformaron en monos. Enseguida huyeron por entre los grandes y pequeños montes, y se fueron por los bosques, gesticulando y balanceándose en las ramas de los árboles. Así quedaron vencidos Hunbatz y Hunchouén por Hunahpú e Ixbalanqué; pero no fue sino por su poder mágico que ellos hicieron esto.

Enseguida retornaron a su casa, y cuando [Hunahpú e Ixbalanqué] llegaron ante su abuela y su madre dijeron: "¡Oh abuela! ¿Qué les habrá pasado a nuestros hermanos mayores, que repentinamente fueron tomando un aspecto como de animal?" "Si sois vosotros los que habéis hecho esto con vuestros hermanos, me habéis arruinado, me habéis sumergido en la tristeza. No obréis, pues, así con vuestros hermanos mayores, oh mis hijos", les respondió la vieja a Hunahpú e Ixbalanqué. Entonces le contestaron ellos: "Nos os afligáis, abuela, volveréis a ver la cara de nuestros hermanos; ellos vendrán; sin embargo, esto será una prueba para vos, abuela; tened cuidado de no reír. Su suerte ha sido puesta en vuestras manos". Entonces comenzaron a tocar en la flauta el son de "mono-hunahpú". Tomando sus flautas y atabales, cantaron, tocaron flauta y tambor, haciendo sentarse a la abuela con ellos, haciendo aquello para provocar a sus hermanos mayores con sus sones y con sus cantos, por lo que se llamó el son "mono-hunahpú". Entonces entraron Hunbatz y Hunchouén y se pusieron a bailar al entrar. Y luego se apercibió la vieja que tenían las caras muy feas y al vérselas se rio de ellos sin poder contener la risa; mas al instante mismo [los monos] se fueron y no les vieron más las caras. "Ya veis, abuela". Ellos han vuelto a los bosques. "¿Qué habéis hecho abuela?"...

[Se intenta atraer a los monos tres veces más y en ninguna se tiene éxito, puesto que la vieja siempre se tiene que reír de su figura grotesca y de sus movimientos cómicos. A la cuarta vez los monos ya no regresan.]

Hunbatz y Hunchouén eran invocados [como dioses] por los músicos y cantores, y lo eran también antiguamente por los pintores y escultores. Ellos se

convirtieron en animales y se transformaron en monos por haberse envane-
cido y por haber maltratado a sus hermanos. . .

La jactancia de Vucub-Caquix y su fin

d No había entonces en la superficie de la tierra sino muy poca luz, porque todavía no existía el sol. En un principio existían el cielo y la tierra, pero todavía estaba cubierta la cara del sol y de la luna. Sobre la tierra vivía, lleno de
orgullo, Vucub-Caquix quien decía: "Yo estoy por encima de los hombres
creados, de los hombres formados. Yo soy el sol, yo soy la luna, yo soy la
luz. Grande es mi luz. Por mí andan, por mí caminan los hombres formados [sobre la tierra], puesto que mis ojos son de oro, y resplandecen de ge-
mas azules y mis dientes brillan azules por las piedras [incrustadas] como
la cara del cielo. De la misma manera deslumbran mis narices a gran distancia como la luna; mi trono también es de metal precioso. La faz de la tierra
se ilumina cuando avanzo hacia mi trono. De esta manera, pues, yo soy el
sol y la luna, y seré la causa de que se civilicen y sean inteligentes los hijos
y las hijas de la tierra; y así será porque mi vista penetra muy lejos". Así
decía Vucub-Caquix. Pero en verdad no era él el sol que alumbraba, y sólo el
orgullo de sus jades y de su oro le hacían hablar así. Pero su vista no llegaba
sobre todas las cosas que hay debajo del cielo. [Los hombres] aún no habían
visto la luz del sol, de la luna y de las estrellas, es decir, aún no había acla-
rado el día. Y por eso Vucub-Caquix se envanecía de ser el que alumbraba
como el sol y la luna; sólo porque la luz del día no había comenzado a es-
parcirse. Sólo por eso tenía deseos [de alcanzar más que nada] grandeza.
Eso pasaba cuando llegó la inundación, a causa de los muñecos hechos de
madera. . .

He aquí el principio de su caída, habiéndole llegado su término a Vucub-
Caquix por medio de dos jóvenes: Hunahpú se llamaba uno, e Ixbalanqué
el segundo. Ambos eran dioses, y por eso veían que era malo lo que pensaba
Vucub-Caquix lleno de orgullo y lo que él quería hacer ante la presencia del
"Corazón del cielo". . .

Vucub-Caquix tenía dos hijos: el primero era Zipacná, el segundo era Cabracán; Chimalmat era el nombre de la madre de ellos, mujer de Vucub-
Caquix. Este Zipacná había hecho las montañas y volcanes Chicac, Hunahpú, Pecul, Yaxcanul, Macamob y Huliznab. Éstos eran los nombres que se
les dieron al hacerse el día. En una sola noche se levantaron, por voluntad
de Zipacná. En cambio, Cabracán se ocupaba en menear y tener en desaso-
siego a las grandes y pequeñas montañas y volcanes, sólo por su voluntad.
Vucub-Caquix y sus hijos se enorgullecían mucho porque hacían eso. "Yo
soy el sol", decía Vucub-Caquix. "Yo hice la tierra", decía Zipacná. "Yo soy
quien inquieta al cielo, moviendo y removiendo la tierra", decía Cabracán.
De este modo los hijos de Vucub-Caquix manifestaban que poseían también
los deseos de grandeza de su padre. Ése fue el mal que vieron los jóvenes
(Hunahpú e Ixbalanqué) . . . y por eso pensaron luego en la manera de acabar con ellos, matándolos. . .

Vucub-Caquix iba a un gran árbol de nance a comer de sus frutos. Día tras día iba al nance y subía a él. El lugar donde iba a comer fue descubierto por Hunahpú e Ixbalanqué que vieron a Vucub-Caquix al pie del árbol. Ellos se escondieron entre el follaje permaneciendo quietos cuando llegó Vucub-Caquix y se detuvo a hacer su comida de nances. Entonces Hunahpú le tiró con su cerbatana y le clavó el proyectil en la quijada. Le rompió la boca a Vucub-Caquix que cayó del árbol gritando, quedando boca arriba tendido sobre la tierra. Con toda presteza Hunahpú se dirigió a prenderlo y lucharon allí. En este mismo momento Vucub-Caquix asió del hombro a Hunahpú, lo tiró al suelo y le arrancó el brazo. Entonces Hunahpú soltó a Vucub-Caquix y exclamó: "Bueno está que nos pase esto, por no haber acabado de una vez con Vucub-Caquix".

Cuando Vucub-Caquix se fue a su casa llevó consigo el brazo que arrancó a Hunahpú, adonde llegó sosteniéndose la quijada. "¿Qué te ha sucedido?", le preguntó Chimalmat, su mujer. "¿Quiénes habían de ser?, sino aquellos dos muchachos traviesos y malos, que me hirieron con su cerbatana y me han desquiciado la quijada. Por esa causa me hicieron daño en los dientes, que me duelen. Pero aquí traigo este brazo: ponlo sobre el fuego y que se quede colgando allí hasta que estos engañadores vengan a buscarlo". Así decía Vucub-Caquix, colocando el brazo de Hunahpú.

Mientras tanto, se ponían de acuerdo Hunahpú e Ixbalanqué y después hablaron con un anciano que tenía el pelo muy blanco, y con una anciana que realmente era viejita; y ambos estaban tan encorvados que sólo miraban hacia abajo como la gente decrépita. "Gran Jabalí del Alba" era el nombre del viejo, y "Gran Tapir del Alba" era el nombre de la viejecita. Los dos jóvenes dijeron a los viejos: "Acompañadnos para ir a recobrar el brazo que está en poder de Vucub-Caquix. Nosotros iremos detrás de vosotros y allí diréis: 'Estos son nuestros nietos que nos acompañan. Los padres de ellos ya murieron y por eso andan tras de nosotros y en nombre de ellos pedimos limosna. Lo único que sabemos hacer es sacar los gusanos de las muelas', así debéis decir. De esta manera Vucub-Caquix no sospechará que somos los jóvenes y nos tendrá confianza, dándonos a conocer sus sentimientos". Así dijeron los dos muchachos. "Muy bien", contestaron los viejos. Y luego tomaron la dirección hasta llegar frente a la casa donde Vucub-Caquix estaba sentado en su trono. Los dos jóvenes iban haciendo como que jugaban y se reían, detrás del anciano y la viejita cuando llegaron cerca de la casa. El señor daba gritos, a causa del dolor que le producían los dientes rotos. Al ver Vucub-Caquix al anciano y a la viejecilla que llegaban acompañados les dijo: "¿De dónde venís, abuelos?" "Nosotros andamos buscando nuestro alimento, señor", le contestaron. "¿Y cuál es vuestro alimento? ¿Son vuestros hijos los que os acompañan?" "No los tenemos, gran Señor, solamente son nuestros nietos, y por ellos pedimos favores. Lo que nos dan lo partimos con ellos, ¡Oh, Señor!" le contestaron los ancianos. Entre tanto Vucub-Caquix no sabía qué hacer con el dolor de sus dientes, y por ello hacía gestos para hablar. "Yo os pido por favor que me aliviéis. ¿Qué [enfermedad] curáis?", les preguntó de nuevo. "Solamente extraemos los gusanos de las muelas, curamos el mal de los ojos y de los huesos, Señor", contestaron los viejecitos. "Está bien, curadme mis dientes, porque verdaderamente me duelen todos los días y paso las noches gritando, y por causa de ellos no he podido dormir. Dos muchachos traviesos y mal intencionados me tiraron con la cerbatana produciéndome este dolor que me impide comer. Tened piedad de mí, porque sólo me mantengo deteniéndome la quijada y los dientes". "Muy bien Señor, gusanos son los que os molestan, sacaremos estos dientes y os pondremos sus reemplazos". "Pero esto no está bien", dijo él, "porque tengo en mis dientes y en mis ojos mis riquezas y por ellos soy Señor". "Os pondremos otros en lugar de esos, os pondremos unos que tengan la apariencia de huesos". Pero pensaron en ponerle granos de maíz blanco que tienen parecido al hueso. "Está bien, proceded entonces a extraerlos", les dijo. Entonces le sacaron los dientes a Vucub-Caquix y en su lugar le pusieron granos de maíz blanco, que le brillaban en la boca. Pronto decayó su presencia de gran personaje, porque ya no lo era, pues dejó de serlo al extraérsele los dientes de esmeralda que antes le brillaban en la boca. También hicieron como que si le curaban los ojos a Vucub-Caquix y al quitarles [la capa que los cubría] acabó en ellos el brillo metálico que antes tenían... Solamente así pudieron acabar con el orgullo que poseía, y lo hicieron por consejo de Hunahpú e Ixbalanqué.

Entonces murió Vucub-Caquix y Hunahpú pudo recoger su brazo... El anciano y la viejecilla descolgaron entonces el brazo de Hunahpú, y se lo colocaron muy bien a éste...

El fin de Zipacná

Un día Zipacná se bañaba en la orilla de un río, cuando aparecieron gritando cuatrocientos muchachos que arrastraban palos cortados por ellos, para horcones de sus casas. Los cuatrocientos venían después de haber quemado y derribado un tronco muy grande que les serviría de viga madre de una casa. Zipacná se fue a donde se encontraban los cuatrocientos muchachos y les preguntó: "¿Qué hacéis, muchachos?" "Llevamos un árbol, mas no podemos levantarlo sobre nuestros hombros", contestaron. "Yo lo llevaré. ¿A dónde lo debo conducir y para qué pensáis que os va a servir ese palo?". "Nos servirá para viga madre de nuestra casa", le contestaron. "Está bien", dijo Zipacná, y poniéndoselo sobre el hombro caminó, llevándolo hasta la entrada de la casa de los cuatrocientos muchachos. "Ahora te quedarás con nosotros, joven", le dijeron. "¿Tiene padre y madre?" "Ya no los tengo", les contestó. "Entonces mañana irás con nosotros a trabajar, cargando y ayudándonos a preparar un palo que servirá de horcón de nuestra casa". "Bueno", les contestó Zipacná.

Luego los cuatrocientos muchachos pensaron y se pusieron de acuerdo. "¿Cómo haríamos para matar a este joven? Porque lo que hace, de cargar y llevar él solo un palo, no nos parece bien hecho. Abriremos un hoyo profundo y haremos que baje. 'Anda a escarbar la tierra' le diremos entonces, y cuando él lo esté haciendo, le dejaremos caer un palo grande, para que muera dentro del hoyo. Esto dijeron y concertaron, y entonces los cuatrocientos muchachos comenzaron a abrir un gran hoyo cuyo fondo debía ser muy hondo. Después llamaron a Zipacná, diciéndole: "Te agradeceríamos mucho que siguieras escarbando la tierra, porque nosotros ya no alcanzamos a hacerlo". Así le dijeron. "Está bien", dijo Zipacná, y enseguida bajó al hoyo. "Nos llamas cuando hayas cavado bastante, cuando esté muy hondo". "Sí", les contestó, y se fue a excavar el agujero; pero solamente hizo un hoyo para guarecerse en él. Como comprendió que querían matarle, cavó una cueva al lado del agujero para esconderse en ella. "¿Mucho tardaréis en hacerlo?", le preguntaron desde arriba los cuatrocientos muchachos. "Voy a seguir escarbando y os llamaré cuando esté concluído", les dijo Zipacná, dentro del hoyo. Pero no escarbaba el que le serviría de sepultura, sino que lo hacía en el lugar en donde debería guarecerse. Cuando éste estuvo concluído los llamó Zipacná, pero después de haberse resguardado en el segundo agujero. "Venid a acarrear la tierra que he sacado del hoyo, pues en verdad he descendido mucho. ¿Por qué no oís que os estoy

llamando?" Entonces volvió a llamarlos una y dos veces, pero su voz se repetía y ninguno le oía. Zipacná siguió llamándolos desde la cueva en que estaba ya cubierto, desde allí seguía llamando. Entonces los cuatrocientos muchachos fueron a derribar un gran palo que después de acarrear dejarían caer dentro del hoyo. "No hay que hablar, estemos atentos cuando él grite, cuando se muera". Y se hablaban en secreto, cubriéndose la boca, mientras que el árbol caía al hoyo. Entonces [Zipacná] gritó con toda su fuerza, una sola vez, mientras el árbol caía. "¡Qué bien ha terminado todo lo que hemos hecho! Ya está muerto. Si hubiera seguido actuando como estaba acostumbrado a hacerlo, hubiera sucedido que querría ser el primero, y se habría metido entre los cuatrocientos muchachos". Así decían ellos llenos de alegría: "Ahora debemos hacer bebida durante tres días y cuando hayan pasado éstos la beberemos en honor de nuestra casa", así dijeron los cuatrocientos muchachos. Después agregaron: "Mañana o pasado mañana iremos a ver si todavía no han entrado las hormigas en la tierra para llevarse al cuerpo hediondo. Entonces nuestro corazón podrá estar en reposo y beberemos nuestras bebidas fermentadas".

Pero Zipacná los había oído desde su cueva. Había escuchado lo que dijeron los cuatrocientos muchachos, y al siguiente día aparecieron las hormigas, yendo y viniendo desde el asiento del palo. Las unas aparecieron cargando cabellos y las otras llevando restos de las uñas de Zipacná. Cuando los cuatrocientos muchachos lo vieron, se dijeron: "Ya se acabó ese mal hombre. Vean las hormigas que se encuentran unas con otras, llevando estos cabellos, y aquellas uñas. Ésta es nuestra obra". Así hablaron entre sí. Pero Zipacná estaba vivo y sólo había proporcionado a las hormigas algunos de sus cabellos, y con sus dientes se había arrancado pedazos de las uñas para dárselas también a las hormigas. Los muchachos creyeron que había quedado muerto. Entonces prepararon su bebida, y al cabo de tres días, cuando ya estaba fermentada, se embriagaron. Y estando todos los cuatrocientos muchachos embriagados, cuando ya nada sentían, Zipacná hundió sobre ellos la casa donde estaban y acabó por hacerlos desaparecer. No se salvaron uno ni dos de los cuatrocientos muchachos; y así fue como murieron por causa de Zipacná, hijo de Vucub-Caquix. Así ocurrió la muerte de los cuatrocientos muchachos, y de ellos se dice que fueron a formar parte de las estrellas, por lo cual ahora se les llama "el montón"...

[He aquí que los jóvenes Hunahpú e Ixbalanqué] sintieron congoja en el corazón cuando supieron la muerte de los cuatrocientos muchachos, por causa de Zipacná. Éste solamente buscaba peces y cangrejos por los ríos; tal era diariamente su oficio. En el día vagaba buscando su comida, y por la noche se ocupaba en transportar las montañas en sus hombros. Entonces Hunahpú e Ixbalanqué simularon un cangrejo, poniéndole delante [la planta] ec, que hay en los guatales y bosques. De éstas hicieron las patas grandes y de pahac las pequeñas. De piedra fina de afilar formaron la coraza dura del cangrejo. Luego lo pusieron en el fondo de una cueva al pie de una gran montaña. Meaván es el nombre de la montaña donde vencerían [a Zipacná]. Entonces los jóvenes fueron a buscar a Zipacná, que estaba en un río. "¿A dónde vas, mi hijo? dijeron a Zipacná. "A ninguna parte, sólo busco mi comida, jóvenes", contestó éste. "¿Y qué es lo que comes?". "Sólo peces y cangrejos. Pero ahora no he encontrado nada; desde hace dos días que no encuentro nada para comer y por eso estoy con hambre". Así les dijo Zipacná a Hunahpú e Ixbalanqué. "Allá abajo en la cueva hay un gran cangrejo para ti, y ciertamente es tan grande que bien puede satisfacerte, para comértelo allí. A nosotros nos mordió, no quiso dejarse prender y por eso le tuvimos miedo, y no volveríamos allí por nada". "¡Tened piedad de mí! ¡Mostrádmelo, jóvenes!", les dijo Zipacná. Pero ellos no quisieron hacerlo. "Tú puedes ir solo, no te perderás si vas por la orilla del río, él que nace al pie de una gran montaña, y cuando llegues al pie de ella penetrarás en la cueva", le dijeron Hunahpú e Ixbalanqué. "¡Oh, tened piedad de mí hacedme el favor de mostrármelo; llevadme donde se encuentra mi comida. Hay por allí en el camino pájaros que podréis cazar con la cerbatana. Yo sé donde se encuentran", dijo entonces Zipacná. Los jóvenes tuvieron lástima de él. "¿Y si no lo atrapas, si regresamos en vano por tu causa? Nosotros verdaderamente no lo hubiéramos intentado otra vez, puesto que luego nos mordió cuando entramos agachados [a la cueva] y después tuvimos miedo de entrar [otra vez]. Pero faltaba poco y lo hubiéramos atrapado. Por eso sería bueno que entres [a la cueva]", le dijeron. "Muy bien", contestó Zipacná; y yendo en su compañía, se fueron.

Llegaron a la cueva al pie [de la montaña] donde se hallaba el cangrejo, tendido, mostrando la espalda roja. "Muy bien", dijo y se llenó de gusto Zipacná que deseaba tenerlo ya en su boca a causa del hambre que le mortificaba mucho. Y cuando quiso entrar para atraparlo y comerlo, el cangrejo se paró y corrió hacia arriba y [Zipacná] se salió otra vez de la cueva. "¿No lo has atrapado?". "No, si no se hubiera ido para arriba lo hubiera atrapado, pero sólo entrando [otra vez] boca arriba se podrá cogerlo". Entonces fue entrando boca arriba Zipacná e iba desapareciendo en la cueva hasta enseñar solamente la punta de los pies; y cuando ya había desaparecido le dejaron caer encima la montaña, que habían cavado por el centro. Zipacná ya no se movió más y desde entonces se convirtió en piedra. De esta manera se acabó también Zipacná, por causa de Hunahpú e Ixbalanqué...

[También se exterminó al segundo de los hijos de Vucub-Caquix, llamado Cabracán. Hunahpú e Ixbalanqué lo incitaron a tumbar una gran montaña después de haberlo inducido a comerse un pájaro untado con tierra blanca sagrada, por medio del cual perdió su fuerza. Los jóvenes lo ataron de manos y pies y lo enterraron.]

Hunahpú e Ixbalanqué reciben noticias de sus padres

f   Ahora [Hunahpú e Ixbalanqué] comenzaron sus trabajos [agrícolas] para obtener prestigio ante su abuela y ante su madre. La primera cosa que hicieron fue abrir un claro en el monte. "Vamos a sembrar, abuela nuestra, y tú, madre nuestra", les dijeron. "No estéis tristes, nosotros quedamos para alimentarlas, nosotros reemplazaremos a nuestros hermanos mayores", agregaron.

Entonces ellos cogieron sus hachas, sus azadas y sus macanas, y se fueron llevando cada uno su cerbatana sobre el hombro. Y cuando salieron de su casa encargaron a su abuelita que les llevara la comida. "Cuando el sol esté encima nos llevas nuestra comida, abuela", le dijeron. "Está muy bien, os la llevaré", les dijo la viejecita. Enseguida llegaron al lugar donde sembrarían su milpa; metieron sus azadas en la tierra, y aquel instrumento labró la tierra solo [sin intervención de los hombres]. También las hachas cortaban y rajaban solas los palos, lo mismo que las ramas, los varejones y los bejucos que cubrían los árboles. Caídos por tierra los quemaban después que eran cortados; y lo que hicieron fue debido a un solo hachazo. Lo que la azada arrancaba era también considerable; no se hubiera podido calcular la limpia de zarzas y espinas que se hacía con una sola azada, no se podía calcular lo que se había limpiado y todo lo que se había echado por tierra en los grandes y pequeños montes. Luego Hunahpú e Ixbalanqué dieron sus órdenes a un animal, llamado pichón campesino, y habiéndolo hecho trepar sobre un tronco grande le dijeron: "No tienes más que hacer que mirar cuando venga nuestra abuela a traernos la comida; y cuando llegue nos avisas inmediatamente y entonces nosotros tomaremos nuestra azada y nuestra hacha". "Muy bien", dijo entonces el pichón campesino. He aquí que sólo se ocuparon en tirar con sus cerbatanas, pero en verdad ya no hacían nada en sus siembras. Luego les avisó el pichón campesino e inmediatamente volvieron, cogiendo uno la azada y el otro el hacha. Se cubrieron la cabeza y el uno se untó barro en las manos como alguien que tiene sucia la cara y que verdaderamente hubiese estado trabajando en la siembra. También el otro se puso en la cabeza pedacitos de palo podrido y musgo como si verdaderamente hubiese estado ocupado en cortar madera. Así fueron vistos entonces por la abuela. En seguida comieron los alimentos que ésta les llevó, como si en verdad hubiesen trabajado la milpa, y así fue que gratuitamente se les llevó que comer. Luego retornaron a su casa. "En verdad que estamos muy cansados, abuelita nuestra", le dijeron cuando llegaron; "hemos completado nuestro día"; y estiraron sin razón piernas y brazos ante la viejita.

Antes que amaneciera otro día volvieron a su siembra y llegando hasta donde la tenían, notaron que habían vuelto a su lugar otra vez, árboles y bejucos, y que maleza y espinas todas juntas se habían enredado de nuevo. "¿Quién se ha burlado así de nosotros?", se preguntaron ellos. "Fueron [seguramente] todos los animales grandes y pequeños: pumas, jaguares, venados, conejos, gatos de monte, coyotes, jabalíes y pisotes, los grandes y pequeños pájaros. Éstos fueron los que lo hicieron, y en una sola noche lo lograron". Después comenzaron a preparar de nuevo el campo; [de la misma manera que el día anterior] la tierra se labró sola y los árboles se cortaron solos, tomando ellos consejo entre sí mientras los árboles caían y se limpiaba la maleza. "Ahora velaremos nuestra milpa; ya verán lo que haremos con el que lleguemos a sorprender", dijeron, cuando se pusieron de acuerdo. Después regresaron a su casa...

Luego se volvieron a sus árboles cortados, permaneciendo escondidos y sin hablar entre los palos cortados, como si estuvieran sepultados allí. Entonces se reunieron todos los animales, uniéndose cada especie aparte entre los pequeños y grandes animales. Éstos fueron llegando como a la media noche, y éstos eran los que decían: "¡Levantaos árboles! ¡Levantaos bejucos!". Así gritaban a medida que iban llegando bajo los árboles y los bejucos, cuando fueron sorprendidos y vistos por Hunahpú e Ixbalanqué. Los primeros fueron el puma y el jaguar; ellos quisieron cogerlos, pero no se dejaron. Entonces sorprendieron a los venados y conejos que acercaban las colas unas junto a otras; las cogieron pero no les arrancaron más que lo que sobresalía [atrás] quedándoles la cola del venado [y del conejo] entre las manos. Desde entonces llevan el venado y el conejo una cola muy corta. Tampoco se dejó coger el gato montés, ni el coyote, ni el jabalí, ni el pisote. Todos pasaron gritando frente a Hunahpú e Ixbalanqué por lo que a éstos ardían en cólera sus corazones, por no haber podido coger a ninguno de aquellos animales. Enseguida apareció entre los terrones otro animal que caminaba brincando; le taparon el paso, tomaron la rata en un paño, y habiéndola agarrado, le apretaron enseguida fuertemente la cabeza porque querían ahogarla, y le quemaron la cola en el fuego. Desde entonces llevan las ratas las colas sin pelo, lo mismo que los ojos saltados como si se les quisiesen salir a causa de los maltratos que les dieron los hermanos Hunahpú e Ixbalanqué. "Que no muera yo en vuestras manos, porque vuestro oficio no es trabajar la tierra", les dijo la rata. "¿Qué es eso que nos cuentas ahora?", preguntaron los hermanos a la rata. "Soltadme un momento, porque lo que tengo que deciros está en mi vientre; enseguida os contaré, pero primero dadme algo que comer", dijo la rata. "Después te daremos de comer, primero di lo que tienes que decir", le fue contestado. "Muy bien, sabed pues, que estos son los bienes de vuestros padres Hun-Hunahpú y Vucub-Hunahpú, que murieron en Xibalba. Ellos dejaron sobre la casa sus cueros de las caderas, sus guantes y sus pelotas de hule. Vuestra abuela no ha querido mostrarlos, porque a causa de ello perecieron vuestros padres". "¿Es cierto lo que sabes?", preguntaron los hermanos a la rata. Grande fue el gozo en sus corazones cuando oyeron la noticia de la pelota de hule.

Habiendo dicho esto la rata, ellos le dieron de comer. "He aquí la comida que te daremos: maíz, chile blanco, frijoles, pataxte, cacao, todo será para ti; y si queda alguna cosa [alimenticia] guardada u olvidada será siempre para ti y tú la roerás", dijeron a la rata Hunahpú e Ixbalanqué. "Muy bien, jóvenes". "¿Pero qué diré si me ve vuestra abuela?", agregó. "No temas nada, nosotros estaremos aquí; estamos listos para cuanto haya que responder a nuestra abuela. Pronto, pues, subamos a esa esquina de la casa, vamos a donde es preciso ir, y trepa luego al lugar donde están suspendidas [las cosas del juego de pelota], que vemos en las amarras de la casa cuando estamos comiendo".

Después de haber cavilado toda una noche y asentido en sus pareceres, Hunahpú e Ixbalanqué llegaron a su casa al medio día, sin mostrar la rata; avanzaron, entrando el uno deliberadamente [por la puerta] en la casa, el otro en el rincón donde dejó inmediatamente trepar a la rata. Entonces pidieron su comida a su abuela; "prepáranos nuestra comida, deseamos salsa de chile, abuela", dijeron. Inmediatamente se les preparó una escudilla de caldo que fue puesta delante de ellos. Pero esto no era más que un ardid para engañar a su abuela y a su madre, y habiendo derramado disimuladamente el agua del cántaro, dijeron a su abuela: "Verdaderamente morimos de sed, id a buscar que beber". "Sí, ya voy, respondió ella yéndose. En cuanto a ellos continuaron comiendo; pero no sentían en realidad ninguna necesidad de beber, y no lo hacían sino para impedir que ella viese lo que iban a hacer. Una vez que estuvieron adentro con su salsa de chile, vieron a la rata que se hallaba donde estaba guardada la pelota [y las demás cosas del juego de pelota] en el techo de la casa. Cuando [los jóvenes] la vieron en la salsa de chile mandaron a un Xan, uno de estos insectos que se parecen a los zancudos, y éste fue a la orilla del río y se puso inmediatamente a agujerear el cántaro que había llevado la vieja, y el agua se caía fuera del cántaro procurando ella contenerla sin poder tapar el agujero por donde corría el agua.

"¿Qué hace, pues, nuestra abuela? Nos sofocamos por falta de agua y morimos de sed", dijeron [Hunahpú e Ixbalanqué] a su madre, mandándole que fuera a ver. Luego que ella había salido, la rata fue a cortar la cuerda que retenía la pelota de hule; ésta cayó de la cumbrera de la casa junto con los cueros para la cadera, los guantes y el cuero para las asentaderas. Tomáronlos inmediatamente y fueron enseguida a ocultarlos en el camino que conducía al juego de pelota. Después de esto fueron a buscar a su abuela a la orilla del río. Ésta y su madre, estaban, pues, en aquel momento ocupadas la una y la otra en tapar el agujero del cántaro. Entonces [Hunahpú e Ixbalanqué] llegaron con sus cerbatanas y se dirigieron a la orilla del río. "¿Qué estáis haciendo, pues? Estábamos cansados de esperar y hemos venido", dijeron ellos. "Ved, pues, el lado de mi cántaro que no se puede tapar", respondió la abuela. Pero ellos lo taparon al instante y juntos se volvieron marchando los jóvenes delante de su abuela.

He aquí cómo les fue entregada [a Hunahpú e Ixbalanqué] la pelota de hule.

El mensaje de los poderes del inframundo

g [Hunahpú e Ixbalanqué] se sentían llenos de alegría al ponerse en camino para jugar a la pelota en el juego de la pelota; y muy lejos se fueron para esto los dos solos; y comenzaron por barrer el juego de pelota de sus padres.

Sucedió, pues, que los príncipes de Xibalba oyeron [el ruido de sus juegos]. "¿Quiénes son éstos, pues, que vuelven a comenzar ahora a jugar sobre nuestras cabezas, afrentándonos con ese ruido que llega hasta donde nosotros estamos? ¿No han muerto pues Hun-Hunahpú y Vucub-Hunahpú que quisieron exaltarse ante nuestra presencia? Id a buscar a ésos también". Así dijeron otra vez Hun-Camé, Vucub-Camé y todos los principales señores de Xibalba. Enviaron de nuevo y dijeron a sus emisarios: "Id a decirles: 'que vengan', dicen los señores; 'aquí mismo queremos jugar con ellos; en siete días queremos medirnos con ellos', dicen los señores; id a decirles esto", les fue repetido a los emisarios de Xibalba. Entonces vinieron éstos tomando el camino principal que los jóvenes mismos habían despejado desde su casa y que iba derecho a ella y por donde los enviados llegaron directamente a la casa de la abuela. [Ambas mujeres] estaban comiendo cuando llegaron los enviados de Xibalba. "En verdad, los señores [del inframundo] ordenan que vayan", repitieron los enviados de Xibalba. Entonces los mensajeros les señalaron el día en que ellos debían ir. "En siete días serán esperados", se dijo a Ixmucané. "Está bien, irán allá, ¡oh! mensajeros", respondió la vieja. Y habiéndose puesto en camino los enviados, se volvieron a Xibalba. Entonces el corazón de la vieja se afligió: "¿A quién recomendaré que vaya a buscar a mis nietos? ¿No es así verdaderamente como vinieron en otra ocasión los enviados de Xibalba para llevarse a sus padres?", dijo la abuela entrando sola y triste en la casa. En esto le cayó un piojo en sus enaguas y ella lo tomó inmediatamente, levantándolo y poniéndolo en su mano, donde el piojo meneándose comenzó a andar. "Nieto mío ¿quisieras tú que te enviase a llamar a mis nietos al juego de pelota?", dijo ella al piojo. "Han venido enviados a buscar a vuestra abuela y le han dicho: 'Que lleguen, pues deben estar allí dentro de siete días dicen los enviados del inframundo; así dice la abuela', les dirás a ellos". Entonces el piojo se fue caminando perezosamente. En el camino se hallaba sentado un joven llamado Tamazul, que quiere decir sapo. "¿A dónde vas?", le dijo el sapo al piojo. "Llevo un mensaje y voy a buscar a los jóvenes", respondió el piojo. "Muy bien, sin embargo tú no corres bastante por lo que veo", le dijo el sapo al piojo. "¿Quieres que te trague? ya verás cómo corro y llegaremos pronto". "Está bien", respondió el piojo y enseguida fue tragado por el sapo. Ahora, pues, el sapo caminó largo tiempo, avanzando en su camino, pero no corría. Enseguida se encontró con una gran culebra llamada Zaquicaz. "¿A dónde vas, hijo Tamazul?", le dijo Zaquicaz al sapo. "Soy un mensajero, llevo un mensaje", dijo también el sapo a la culebra. "Tú no corres nada, por lo que veo, ¿no llegaré yo más pronto que tú?", dijo la serpiente al sapo. "Te como", le dijo. Entonces el sapo fue tragado a su turno por Zaquicaz. Desde entonces las culebras se tragan a los sapos como alimento hasta el día de hoy. La culebra corría por el camino y habiéndose encontrado a su vez con un pájaro grande, el gavilán, al instante mismo la culebra fue tragada por él. Desde entonces el gavilán se alimenta de las culebras y las devora en las montañas.

Pronto después el gavilán llegó sobre el juego de pelota. Al llegar se sentó sobre la cornisa del juego de la pelota, donde Hunahpú e Ixbalanqué se divertían jugando. Entonces se puso a graznar el gavilán: "Vac-có, vac-có", decía su grito. "¿Qué es ese graznido? ¡Pronto, nuestras cerbatanas!", exclamaron [Hunahpú e Ixbalanqué]. En seguida le tiraron al gavilán, pegándole con la bola de cerbatana en el ojo; dio una vuelta y fue a caer. En el acto corrieron a cogerlo y le preguntaron enseguida: "¿Qué vienes tú a hacer aquí?". "Llevo mi mensaje en el vientre, pero curadme antes mi ojo, y enseguida os lo diré", habló el gavilán. "Muy bien", respondieron ellos, entonces tomaron un poco del hule de la pelota con que jugaban y lo aplicaron al ojo del gavilán. [Este remedio] lo llamaron ellos Lotzquic, y al instante que lo aplicaron la vista del gavilán quedó perfectamente curada por ellos. "Habla ahora", dijeron al gavilán. Entonces éste vomitó la gran culebra. "Habla, pues, tú", dijeron en el acto a la culebra. "Bueno", respondió ésta y al momento vomitó el sapo. "¿Dónde está el mensaje que nos has anunciado?", se le dijo a su vez al sapo. "Yo llevo este mensaje en mi vientre", respondió el sapo. Entonces hizo esfuerzo como si se estuviera ahogando; pero no vomitó [al piojo] y su boca se llenó de babas con las fuerzas que hacía, sin poder vomitar. Con esto los jóvenes lo querían maltratar. "Tú eres un impostor", le dijeron partiéndolo por detrás, y desde entonces tiene caídos los huesos de la rabadilla y de las piernas. Probó otra vez a vomitar pero sus esfuerzos no produjeron otra cosa que babas. Enseguida los jóvenes le abrieron la boca al sapo, y estando abierta buscaron en ella; ahora, pues, el piojo estaba trabado en la encía del sapo, encontrándose así en la boca [y no en el vientre]. Él no lo había trabado sino que solamente lo tenía en la boca. Así fue burlado el sapo; por eso es que no se conoce el carácter de los alimentos que toma éste. Tampoco sabe correr, quedando desde entonces como alimento de culebras.

"Habla", se le dijo enseguida al piojo y él explicó su mensaje. "Así habla vuestra abuela, jóvenes: 'Ve a llamarlos. Enviados de Hun-Camé y Vucub-Camé han venido del inframundo en su demanda. [El siguiente es su mensaje]: Que vengan (al inframundo) dentro de siete días contados desde hoy, para jugar con nosotros a la pelota; que vengan igualmente los instrumentos con que ellos se divierten: la pelota de hule, los cueros para la cadera, los guantes y los cueros para las asentaderas, para que vengan a disputar sus existencias aquí, dijeron los señores [del inframundo]. Y verdaderamente han venido (los mensajeros)', dijo vuestra abuela. Entonces vine yo. En verdad eso dice la abuela; ella gime y se lamenta, y por eso he venido." "¿Será esto verdad?", pensaron los jóvenes en su mente al escuchar el mensaje. Al instante mismo se pusieron en camino y llegaron a donde estaba su abuela, y fueron únicamente para despedirse de ella.

"Partimos, abuela, y hemos venido solamente para despedirnos de vos. Pero he aquí la señal de la palabra que dejamos: cada uno de nosotros sembrará una caña de maíz por aquí, en medio de la casa la plantaremos, esta será la señal de nuestra muerte si se seca. '¡Muertos son!', diréis vos si la caña se seca; pero si ella florece, diréis '¡ellos viven!' ¡Oh! nuestra abuela, ¡oh! nuestra madre, no lloréis, he aquí la señal de nuestra palabra que queda con vos".

E inmediatamente se fueron, habiendo plantado Hunahpú una caña e Ixbalanqué otra [de maíz]. Ellos las plantaron en medio de la casa y no en medio de la montaña ni en terreno húmedo, sino en tierra seca, en medio del interior de la casa, las dejaron sembradas.

El viaje de Hunahpú e Ixbalanqué al inframundo. Las primeras pruebas

h   Entonces Hunahpú e Ixbalanqué se pusieron en camino, cada uno con su cerbatana, bajando hacia Xibalba. Descendieron con celeridad la vertiente precipitada, y pasaron del mismo modo por las aguas en las barrancas del interior [de la tierra] atravesando entre bandadas de pájaros llamados molay. Pasaron igualmente el río del pus y el río de la sangre, donde debían ser presos en la trampa, según la idea de los de Xibalba; pero no los tocaron con los pies, pues los atravesaron sobre sus cerbatanas. Habiendo salido de ellos llegaron al lugar de los cuatro caminos. Ahora, pues, ellos sabían los caminos que había en el inframundo, el camino negro, el blanco, el rojo y el verde. Tomando el que debían sin vacilar, enviaron a un animal llamado Xan (especie de mosca) diciéndole: "Pica uno tras otro [a los señores de Xibalba]; desde luego pica al primero que se encuentra sentado y acaba por picar a todos; porque [en el futuro] tú debes chupar la sangre de los hombres en los caminos", le fue dicho a Xan. "Está muy bien", respondió. Tomó, pues, el camino negro, y al llegar cerca del muñeco de madera, que eran los que estaban sentados primero [como prueba], cubiertos con sus ornamentos, picó al primero; pero este no gritó. Entonces picó al otro, es decir, al segundo que estaba sentado; pero tampoco gritó. Picó entonces al tercero que estaba sentado, y éste era Hun-Camé. "¡Ay!" exclamó, cuando fue picado. "¿Qué es esto, Hun-Camé?, ¿qué os ha picado?", le dijo Vucub-Camé. "¡Qué sé yo!", contestó Hun-Camé. "¡Ay, ay!", dijo a su vez el cuarto que estaba sentado. "¿Qué es esto, pues, Vucub-Camé, qué es esto que os ha picado?", le dijo el quinto que estaba sentado...

[Así sigue hasta que todos los doce señores del inframundo han sido picados.]

De esta manera dijeron todos sus nombres, que anunciaron los unos a los otros; así fue como se pusieron en evidencia, llamándose por sus nombres...

en el momento que fueron picados por el pelo de la barba de Hunahpú que éste se arrancó; porque no fue un verdadero Xan el que les picó y que fue a escuchar los nombres de todos por orden de Hunahpú e Ixbalanqué.

Enseguida, habiéndose puesto los jóvenes en camino llegaron a donde estaban los de Xibalba. "Saludad, saludad al rey, el que está allí sentado", les dijeron. "Este no es el rey, no es más que un muñeco hecho de madera", respondieron ellos avanzando. Entonces comenzaron a saludarlos: "¡Salud, Hun-Camé; salud, Vucub-Camé, Xiquiripat, Cuchumaquic, Ahalpuh, Ahalcaná, Chamiabak, Chamiaholom, Quicxic, Patán, Quicré, Quicrixcac!" Así dijeron ellos al llegar, descubriéndoles a todos la cara, diciendo los nombres de todos sin olvidar ninguno. Lo que hubiera agradado a los señores habría sido que sus nombres no los hubiesen descubierto [los dos jóvenes].

"Sentaos", les dijeron aquéllos, mostrándoles el sitio donde deseaban que se pusiesen. Pero Hunahpú e Ixbalanqué no lo quisieron. "Este no es nuestro asiento, pues esto es un asiento de piedra caliente", dijeron sin poder ser cogidos en la trampa. "Está muy bien; idos a vuestra morada", les dijeron. Entonces entraron a la "casa de la oscuridad", pero sin poder ser vencidos en ella. Aquella era la primera prueba de Xibalba, y al entrar en este lugar debía comenzar su derrota, según la mente de los de Xibalba. Desde luego entraron en la "casa de la oscuridad". En seguida les llevaron sus astillas de ocote ya encendidas, y un cigarro para cada uno, los cuales les entregaron los mensajeros de Hun-Camé. "He aquí sus hachones de pino", dice el rey; pero deberán entregarlos mañana por la mañana, lo mismo que los cigarros enteros". Así hablaron los mensajeros al llegar. "Está muy bien", respondieron los jóvenes. En realidad, ellos no quemaron las astillas de ocote, habiendo puesto alguna cosa roja en lugar [del fuego], es decir, una pluma de guacamaya que les pareció como ocote encendido a los veladores, y en cuanto a los cigarros, pusieron luciérnagas en el extremo de ellos. Toda la noche fueron engañados [los veladores], y éstos decían: "¡Han caído en la trampa!". Pero la astilla de ocote no se había gastado, su forma era la misma; así estaban también los cigarros de los cuales no se había quemado nada absolutamente y tenían la misma apariencia [que antes]. Fueron, pues, llevados a los señores, y éstos dijeron: "¿Cómo han podido suceder estas cosas? ¿De dónde vienen estas gentes, quién los ha engendrado y echado al mundo? En verdad, nuestro corazón arde porque no está bien lo que hacen con nosotros. Son extrañas sus caras, extraños sus modos de obrar"; se dijeron entre sí...

[Ahora sigue el primer juego a la pelota con los señores del inframundo, durante el cual éstos tiran su propia pelota en una forma no permitida por las reglas del juego —la pelota cae contra el cuero de la cadera de Hunahpú— y en consecuencia tiene que permitir que los jóvenes usen su propia pelota durante el juego. Después mandan a los jóvenes a traer cuatro jarros de flores del jardín de los señores del inframundo. Aquéllos mandan hormigas y zompopos para que corte las flores sin que lo notasen los guardianes del jardín, que eran unos pájaros nocturnos, y a los cuales se les hendió el pico a manera de castigo por no haber puesto atención. En este último cuento se ha intercalado un corto relato referente a la estancia en la "casa de las lanzas". Después sigue la visita de otras cuatro casas de prueba.]

Enseguida los jóvenes entraron en la "casa de las lanzas", la segunda prueba de Xibalba. Ahora, pues, era el deseo [de los señores del inframundo] que fueran matados por los lanceros, y que muriesen lo más pronto posible, era lo que deseaban en el fondo de sus corazones. Pero ellos no murieron. Hablando entonces a los lanceros les hicieron esta promesa: "A vosotros es a quienes pertenecerá la carne de todos los animales". Y al oír estas palabras todos dejaron de moverse [desistiendo de su actitud amenazadora] y únicamente bajaron sus armas...

Después se hizo entrar a los hermanos a la "casa del frío". El frío era en ella insoportable y esta casa estaba llena de hielo. Pero el frío cesó pronto debido a las antorchas de pino que encendieron; dejó de sentirse, y el hielo desapareció [finalmente] por causa de los jóvenes. Lejos de morir allí, estaban llenos de vida cuando amaneció el día. Los de Xibalba querían, sin embargo, que muriesen; pero no fue así, pues estaban en buena salud cuando alumbró el sol. Salieron, pues, una vez más, habiendo ido sus guardianes a buscarlos. "¿Cómo es esto? ¿No han muerto aún?", exclamaron los señores de Xibalba, contemplando llenos de sorpresa a los jóvenes Hunahpú e Ixbalanqué.

Después de esto entraron a la "casa de los jaguares", cuyo interior estaba lleno de jaguares a los cuales los dos hermanos dijeron: "No nos mordáis; tenéis otra cosa mejor que hacer". Enseguida arrojaron huesos entre aquellas bestias que se lanzaron inmediatamente con voracidad sobre ellos y al oír el ruido que hacían dijeron los guardianes: "Su muerte está por fin decidida; habrán sentido [lo que significa medirse con los del inframundo]. Sus huesos serán roídos está vez", decían todos los que velaban cerca de ellos y todos [los señores del inframundo] se regocijaban de su muerte. Pero [los jóvenes] no habían perecido; sus semblantes presentaban el mismo aspecto de salud cuando salieron de la casa de los jaguares. Al verlos exclamaron los de Xibalba: "¿De qué raza son estas gentes? ¿De dónde vienen?"

Después de esto los hicieron entrar en medio del fuego en una "casa de fuego" en cuyo interior no había más que fuego. Pero ellos no se quemaron, aunque [el fuego] era extremadamente fuerte y del más ardiente, y los dos hermanos se presentaron cuando salió el sol iguales que el día anterior. Era, sin embargo, el deseo de los de Xibalba que pereciesen pronto en el lugar donde pasaron esta vez, pero no fue así y el ánimo de los del inframundo desfalleció por causa de ello.

Entonces los hicieron entrar a la "casa de los murciélagos". No había más que murciélagos en el interior de este lugar, casa de los murciélagos que matan, animales brutos y bárbaros cuyos instrumentos de muerte eran el tabique nasal, y que mataban a todos los que llegaban a su presencia. Habiendo entrado [Hunahpú e Ixbalanqué] se colocaron para dormir dentro de sus cerbatanas para no ser tocados por los animales que estaban dentro. Fue muerto uno de ellos a causa de otro murciélago que vino del cielo o de lo alto; para mostrar [su poder], los otros lo dejaron actuar. Estaban, pues, reunidos allí [los murciélagos] en el consejo toda la noche y haciendo un gran ruido. "¡Quilitz! ¡quilitz!", decían y lo repetían toda la noche. Cesaron, sin embargo, un poco; ya no hubo movimiento entre los murciélagos que permanecieron parados en un extremo de la cerbatana.

Entonces Ixbalanqué dijo a Hunahpú: "Parece que el día comienza a despuntar". "Voy a ver al instante", respondió Hunahpú. Deseaba ardientemente mirar por el agujero de la cerbatana; al querer ver la salida de la aurora, su cabeza fue cortada por el murciélago, y el cuerpo de Hunahpú quedó sin cabeza. Sin percibir lo que había sucedido repitió Ixbalanqué: "¿No amanece todavía?" Pero Hunahpú no se movía ya. "¿Se habrá ido Hunahpú? ¿Qué habrá hecho?", decía Ixbalanqué, pero aquél ya no tenía movimiento, permaneciendo extendido como muerto. Entonces Ixbalanqué se sintió lleno de vergüenza y de tristeza. Exclamó: "¡Ay! desgraciados de nosotros, estamos ya medio vencidos".

Enseguida fueron los guardianes [del inframundo] a colocar la cabeza de Hunahpú sobre el juego de pelota, por orden expresa de Hun-Camé y Vucub-Camé, estando todos los de Xibalba llenos de alegría a causa de la cabeza de Hunahpú.

El juego de la pelota y la prueba del fuego

i   Ahora Ixbalanqué llamó a todos los animales, pisotes, jabalíes, y todos los grandes y pequeños animales; y durante la noche pensó qué comerían. "¿Qué es lo que come cada uno de vosotros? Para esto os he mandado llamar, para que escojáis vuestros alimentos", les dijo Ixbalanqué. "Está bien", le contestaron. Entonces fueron para buscar sus comidas; no faltaba ninguno. Había unos que fueron a buscar lo corrompido, otros sólo fueron a traer hierba; otros llevaban solamente guijarros; otros sólo tierra; variada era la comida de los grandes y pequeños animales. Cuando se habían dispersado en todas direcciones, se quedó como último la tortuga cubierta por su caparazón; se acercó zigzagueando para llevarse [su parte] y cuando llegó al fin [del cuerpo de Hunahpú] tuvo que sustituir la cabeza de Hunahpú. Inmediatamente se formaron los ojos. Entonces bajaron los sabios del cielo [para ayudar en la obra]; también vino Huracán, el "Corazón del Cielo" a la casa de los murciélagos. Pero lo demás de la cara de Hunahpú no se terminó tan rápidamente, sin embargo al fin fue completado. También su cabello era hermoso y pudo hablar otra vez. Y fue entonces cuando comenzó a quererse aclarar el día, el cielo se enrojeció y el tlacuache abrió las piernas... Tan pronto como el alba coloreó el cielo, comenzó a vivir [Hunahpú]... y su cabeza quedó realmente hecha igual a la cabeza de un hombre.

Enseguida [los jóvenes] hicieron sus comentarios y se aconsejaron uno a otro antes de jugar a la pelota. "Sólo trata de cuidarte. El único que hará [lo que hace falta] seré yo", dijo Ixbalanqué a Hunahpú. Entonces llamó a un conejo y le dijo: "Te vas a colocar allí sobre el juego de la pelota; allí estarás dentro del hueco del reborde; y al llegar la pelota allá contigo tú sales; yo haré lo demás". Así le dijo al conejo cuando le dio las órdenes por la noche.

Cuando amaneció, eran buenas las presencias de los dos [jóvenes]. Bajaron enseguida a jugar; pero la cabeza de Hunahpú estaba suspendida todavía sobre el juego de la pelota. "Hemos vencido y vosotros os habéis cubierto de vergüenza, os habéis entregado", exclamaron los señores de Xibalba. Y le dijeron a Hunahpú, burlándose de él: "Descansa tu cabeza del [juego con] la pelota de hule". Así hablaron a los jóvenes; pero [éstos] no sentían dolor porque los maltrataban.

En esto, pues, tiraron su pelota los señores de Xibalba, e Ixbalanqué fue en su contra y la pelota se fue contra su cuero de las caderas; puesto que fue detenida por esto, salió [del juego de la pelota] y saltó enseguida hasta el reborde y allí se quedó. Entonces salió de allí el conejo y se fue brincando [imitando a la pelota]. Fue perseguido inmediatamente por los de Xibalba que gritando y corriendo fueron tras del conejo hasta que desaparecieron todos. Entonces Ixbalanqué tomó rápidamente la cabeza de Hunahpú y la puso en lugar de la tortuga, y colocó a la tortuga arriba en el juego de la pelota. La cabeza de Hunahpú era ahora una verdadera cabeza, y los dos se regocijaron. En esto, pues, andaban buscando su pelota los de Xibalba; la recogieron [finalmente] entre los huecos del reborde y gritaron: "¡Venid! aquí está la pelota que ya hemos encontrado". Así decían mientras la agitaban en sus manos de un lado para otro. Cuando llegaron los de Xibalba les preguntaron: "¿Qué es eso que hemos visto?", les dijeron entonces cuando principiaron a jugar otra vez. Los dos [jóvenes] estaban jugando de nuevo juntos a la pelota. Entonces Ixbalanqué tocó con la pelota a la tortuga que estaba en lugar de la cabeza y aquella cayó y se quebró en el juego de pelota... Así fueron vencidos los señores de Xibalba por Hunahpú e Ixbalanqué...

[Puesto que los señores del inframundo planean ahora la prueba de fuego, Hunahpú e Ixbalanqué llamaron a dos magos, Xulú y Pacam que les dan el consejo de no tirar los huesos quemados en una barranca profunda, ni de colgarlos en los árboles, puesto que por eso revivirían. Para acabar con ellos para siempre es necesario molerlos y tirarlos a un río.]

Entonces hicieron una gran hoguera entre las piedras; así como un horno fue lo que hicieron los de Xibalba, y le pusieron grandes ramas. Enseguida llegaron los mensajeros de Hun-Camé y Vucub-Camé para llevarse a Hunahpú e Ixbalanqué. "Que vengan. Id donde están los jóvenes; ahora verán que los vamos a quemar. Así dicen los señores, jóvenes", les dijeron [los mensajeros]. "Muy bien" contestaron éstos. Inmediatamente partieron y llegaron a la orilla de la hoguera. Estando allí [los señores del inframundo] quisieron ponerse a jugar con ellos. "Bebamos nuestras bebidas fermentadas y que cada uno de nosotros brinde cuatro veces, jóvenes", les dijo Hun-Camé. "No os burléis de nosotros. ¿Es acaso que no sabemos que vamos a morir?", les contestaron ellos. Entonces se pusieron frente a frente y juntando los brazos los dos hermanos, unos sobre otros, se dirigieron a la hoguera y allí, pues, murieron ambos. Todos los de Xibalba se pusieron alegres; por todas partes sonaban sus silbidos y gritos. "¡Ahora ciertamente los hemos vencido, trabajo nos ha dado, pero ya están muertos!"...

Luego molieron sus huesos y los mandaron arrojar a un río. Pero [los pedazos] no fueron arrastrados lejos, sino que se precipitaron al fondo de las aguas apareciendo unos hermosos jóvenes con la misma presencia de los que habían sacrificado, y así se mostraron después. Al quinto día aparecieron otra vez y fueron vistos en el agua por la gente. Los dos hermanos tenían parecido a personas con cuerpo de peces, y cuando fueron vistos por los del inframundo, los buscaron entre las aguas.

Cómo quedaron vencidos los poderes del inframundo

k A la mañana siguiente [Hunahpú e Ixbalanqué] se dejaron ver como dos pobres de aspecto miserable, cubiertos de harapos, habiendo perdido la apariencia de lo que eran. Así fueron vistos por los de Xibalba, haciendo cosas divertidas. Bailaban las danzas de los pájaros nocturnos, de la comadreja, del armadillo, del ciempiés y de los zancos, y hacían mil otras maravillas: quemaban las casas [y parecía] como si realmente se quemasen, y al instante renacían intactas. Después se despedazaban entre ellos mismos, dándose muerte uno a otro, y el primero que se dejaba matar quedaba como muerto, pero al instante renacía. Los de Xibalba sólo miraban todo lo que hacían; y ellos lo repetían, como preparación del vencimiento [definitivo] de los del inframundo.

Luego llegó a oídos de Hun-Camé y Vucub-Camé la noticia de sus bailes, y entonces dijeron: "¿Quiénes son estos pobres si es en realidad tan admirable lo que hacen?" "Ciertamente que son admirables sus bailes y todo lo que hacen", dijeron los que habían llevado la noticia a los señores. Agradable les pareció lo que oyeron, mandando entonces a sus servidores y a prevenirles que vinieran a donde ellos estaban. "Que vengan, que lleguen a hacer lo que hacen de extraordinario en nuestra presencia; pues queremos ver cómo lo hacen. Así les diréis", les ordenaron a los mensajeros. Al llegar, pues, ante los bailadores les hablaron comunicándoles el mandato que les habían dado los Señores. "No queremos ir porque en verdad tenemos vergüenza. ¿Cómo no hemos de tener vergüenza de llegar a la casa de los señores, con nuestras caras tan feas, nuestros ojos tan grandes y nuestra presencia de pobres?"...

[Aparentemente obligados se pusieron en camino.]

Al llegar ante los señores se mostraron humildes, bajando la cabeza e inclinándose al entrar, con los trapos descoloridos de puro viejos; ciertamente llegaron con un aspecto de pobres y miserables. Entonces les preguntaron por la raza y el lugar de donde procedían, les preguntaron también por su madre y por su padre. "¿De dónde venís?", les dijeron. "No lo sabemos, oh Señor. Tampoco conocimos las caras de nuestra madre ni de nuestro padre porque estábamos muy chicos cuando ellos murieron". Sólo esto les dijeron porque no sabían otra cosa más que decirles. "Está bien. Mostrad, pues, lo que hacéis para admiraros, y os pagaremos lo que queráis por ello", les fue dicho. "Nada queremos, porque en verdad tenemos miedo", respondieron a los Señores. "No temáis, no os asustéis, bailad, haciendo primero como cuando os matáis y os despedazáis entre vosotros mismos, quemando después nuestra casa. Haced todo lo que sabéis hacer, queremos presenciarlo, esto es lo que desean nuestros corazones. Después de todo os pagaremos y os podréis ir con todo lo que queráis", siguieron diciéndoles.

Al principiar ellos, pues, con sus cantos y sus bailes, fue cuando llegaron todos los de Xibalba y se sentaron alrededor de ellos para ver lo que hacían. Después bailaron el baile de la comadreja, del pájaro nocturno y del armadillo Entonces les dijo el Señor: "Sacrificad a mi perro, haciéndolo resucitar después". "Sí", les respondieron. Luego sacrificaron al perro, haciéndolo resucitar, y cuando resucitó meneaba de gusto la cola, porque había vuelto a vivir. Después volvió a decirles el Señor: "Quemad ahora mi casa". Entonces quemaron la casa del Señor, estando todos los Señores sentados dentro, pero no se quemaron. Inmediatamente la volvieron a dejar buena sin perder nada la casa de Hun-Camé. Todos estaban maravillados y muy grande era su alegría por lo que aquéllos hacían. Entonces les fue dicho por el Señor: "Matad ahora a un hombre, sacrificadlo, pero sin que se muera". "Muy bien" dijeron, y agarraron a un hombre, lo despedazaron y le arrancaron el corazón, [al cual levantaron] y le dieron vuelta hacia todos los lados ante la presencia de los Señores. Se admiraron Hun-Camé y Vucub-Camé cuando inmediatamente hicieron volver al hombre a la vida, y se alegró su corazón cuando lo hicieron volver a su presencia. Les volvieron a rogar los Señores: "Sacrificaos vosotros mismos, porque en verdad nuestros corazones desean ver lo que sabéis hacer". "Muy bien, Señores", les respondieron entonces. Enseguida se sacrificaron entre sí. Hunahpú fue despedazado por Ixbalanqué, una por una le despedazó las piernas y los brazos, le quitó la cabeza y fue a colocarla lejos, le arrancó el corazón que fue puesto delante de ellos, de lo que se alegraron todos los Señores de Xibalba. Sólo veían y oían lo que hacía Ixbalanqué. "¡Levántate!", le dijo [a Hunahpú] y le hizo volver a la vida. Ambos se llenaron de alegría, y como si Hun-Camé y Vucub-Camé lo hubieran hecho, así se llenaron también de alegría sus corazones; sintieron como que si ellos lo hubieran llevado a cabo.

Enseguida les vino el deseo, a causa de lo que sentían los señores en sus corazones, por lo que habían hecho Hunahpú e Ixbalanqué, y entonces les brotaron las palabras a Hun-Camé y Vucub-Camé: "Haced lo mismo con nosotros, despedazadnos". Así dijeron Hun-Camé y Vucub-Camé a Hunahpú e Ixbalanqué. "Muy bien, vosotros resucitaréis también. ¿Cómo sería posible que murierais? Nosotros haremos que se duerman vuestros cuerpos, hijos de grandes Señores", les respondieron a ellos. Primero despedazaron al más importante de los Señores del inframundo que se llamaba Hun-Camé, el gran Señor de Xibalba. Muerto Hun-Camé, hicieron lo mismo con Vucub-Camé, pero no volvieron a resucitarlos. Por esa causa huyeron los demás Señores de Xibalba, al ver que habían muerto sus jefes súbitamente, con los pechos abiertos. Estando afuera [los demás Señores de Xibalba], los dos hermanos les molieron la cabeza y acabaron con ellos. Directamente iban y mataban a cada uno de los Señores, los que ya no volvían a resucitar... De esta manera fueron vencidos los de Xibalba, lo que lograron hacer [Hunahpú e Ixbalanqué] solamente por la transformación de que se valieron.

[Los súbditos de los señores del inframundo se humillaron entonces ante los jóvenes.]

Entonces los jóvenes dijeron sus nombres y se exaltaron ante todo Xibalba [por sus hazañas]. "Escuchad, pues, nuestros nombres y también los nombres de nuestros padres. Nosotros somos Hunahpú e Ixbalanqué, y nuestros padres, a quienes vosotros habéis matado, eran Hun-Hunahpú y Vucub-Hunahpú. Nosotros les hemos hecho pagar lo que sufrieron y los daños que ocasionaron a nuestros padres. De esta manera os haremos sufrir los mismos daños que nos habéis ocasionado, y del mismo modo os haremos desaparecer matándoos, para que no quede ninguno de vosotros", así dijeron... De esta manera, pues, principió la perdición y ruina [de los habitantes del inframundo], lo mismo que sus invocaciones [como dioses]. Por eso no tenían tanta adoración como antiguamente, pues deseaban sólo la caída de los hombres. Por tal motivo no tenían atributos de verdaderos dioses, sólo asustaban por su aspecto y sus caras feas, eran los señores de las malas inclinaciones, los señores de los buhos, eran los enviados de los que excitaban al mal y a la guerra...

Mientras tanto, la viejita llamaba llorando a sus nietos ante las cañas de milpa que [Hunahpú e Ixbalanqué] habían dejado sembradas. Primero les vinieron retoños a las cañas de maíz, después se habían secado, y esto sucedió cuando los habían quemado en la hoguera, volviendo después a retoñar. En un principio la viejecita se puso a juntar fuego para quemar copal delante de las cañas de maíz, en recuerdo de sus nietos. Al retoñar por segunda vez las cañas, se le alegró el corazón a la viejecita. Entonces las cañas fueron bendecidas por ella, recibiendo los nombres de "centro de la casa", "caña resucitada" y "tierra tendida"...

Hunahpú e Ixbalanqué también vieron en el inframundo otra vez las caras de sus padres, y entonces les dijeron a sus padres, que habían vencido a los de Xibalba... "Vosotros seréis invocados", les dijeron sus hijos y sus corazones quedaron satisfechos. "Seréis los primeros [dioses], los primeros también en ser adorados por los hijos del alba. Nunca serán olvidados vuestros nombres. Que así sea". Así dijeron a sus padres consolándolos: "Nosotros solamente somos los vengadores de vuestra muerte, de vuestra desaparición y de los sufrimientos que os proporcionaron". De esta manera imprecaron a todos los de Xibalba. Después subieron del inframundo, en medio de la luz, e inmediatamente se elevaron [sus padres] al cielo. El uno fue el sol y el otro la luna, y enseguida se aclaró el espacioso firmamento y la superficie de la tierra, quedándose ellos en el cielo. Luego subieron [al cielo] los cuatrocientos muchachos que habían muerto por causa de Zipacná, y fueron a hacerles compañía [a Hun-Hunahpú y Vucub-Hunahpú] en el cielo al llegar convertidos en estrellas.

LOS TARASCOS, LOS PUEBLOS DEL ISTMO Y LOS MAYAS DE YUCATÁN. EL SUR DE MESOAMÉRICA

21. Una leyenda solar de los tarascos

El dios llamado Cupancieri jugó a la pelota con otro dios, llamado Ahchuri hirepe. Éste le ganó y lo sacrificó en un pueblo llamado Xacona. Cupancieri dejó a su mujer preñada de Sirahtatahperi, su hijo. Cuando éste nació lo llevaron a criar en un pueblo, puesto que lo habían hallado. Después ya mancebo, se fue a tirar aves con un arco y topó con una iguana que le dijo: "No me fleches y te diré una cosa. El padre que tienes ahora no es tu padre, porque tu padre fue a la casa del dios llamado Ahchuri hirepe para conquistar y allí lo sacrificaron".

Como oyó aquello, se fue allá para probarse con el que había matado a su padre. Cavó donde estaba enterrado, lo sacó, se lo hechó a cuestas y se venía con él. En el camino estaban en un hierbazal una manada de codornices que se levantaron todas en vuelo. Dejó allí a su padre para tirar a las codornices, y el padre se volvió venado y tenía crines en la nuca y una cola larga. Se fue hacia la mano derecha para que viniera con los [españoles] que vienen a estas tierras.

22. El castigo de un sacrilegio

Un día Quahue y Camexan, sacerdotes de la diosa Xaratanga, bebiendo mucho vino en una fiesta de esta su diosa, empezaron a escoger de las mieses que había traído Xaratanga a la tierra, chile colorado, verde y amarillo, y de todas estas maneras de chile, e hicieron una guirnalda como la que solía ponerse el sacerdote mayor de Xaratanga. Escogieron asimismo los frijoles colorados y negros, y los ensartaron unos con otros, y los pusieron en las muñecas diciendo que eran las mieses de Xaratanga que su sacerdote se solía poner. Sus hermanas llamadas Pacimbave y Zuzurave escogieron de estas dichas mieses el maíz colorado y el pintado, y lo ensartaron y se lo pusieron en las muñecas diciendo que eran otras cuentas de Xaratanga. También escogieron otras maneras de maíz, el blanco y el entreverado, y lo ensartaron y se lo pusieron en el cuello, diciendo que eran sartales de Xaratanga.

Desplaciendo esto a la diosa, no se les pegó el vino que todo lo echaron y vomitaron. Cuando se levantaron y volvieron algo en sí dijeron a sus hermanas: "¿Qué haremos, hermanas, que no se nos pegó el vino? ¡Muy malos nos sentimos! Id si queréis a pescar algunos pececillos para comer y quitar la embriaguez de nosotros". Como no tenían red para pescar, tomaron una cesta y la una andaba con ella en la ribera y la otra ojeaba el pescado: ¡Las pobres! ¿cómo habían de tomar pescado que ya se lo había escondido Xaratanga, que era tan grande diosa? Después de haber trabajado mucho buscando pescado toparon con una culebra grande y la alzaron en la mano en un lugar llamado Nucutzepo, y la llevaron a su casa con mucho regocijo. Los dos Vatarecha, es decir sacerdotes, de Xaratanga, uno llamado Quahue y su hermano menor Camexan saludaron a sus hermanas y dijeron: "Seáis bienvenidas, hermanas. ¿Traéis siquiera algunos pececillos?" Respondieron ellas: "Señores, no hemos traído nada, mas no sabemos qué es esto que traemos aquí". Respondieron ellos: "También es pescado y es de comer. Chamuscadle en el fuego para quitar el pellejo y haced unas poleadas y cortad este pescado en pedazos, echadlo en una olla y ponedlo al fuego para quitarnos la embriaguez". Hecha aquella comida se sentaron en su casa para comer aquella culebra cocida con maíz.

Ya puesto el sol empezaron a rascarse y arañarse el cuerpo, puesto que se querían volver culebras. Siendo ya media noche se dieron cuenta de que les había crecido una cola de culebra y empezaron a verter lágrimas. Estando ya verdinegros en todo el cuerpo —de color de las culebras—, se quedaron dentro de su casa y saliendo en la mañana, los cuatro entraron en la laguna. Uno tras otro iban derecho hacia Vayameo, cerca de Santa Fe, e iban echando espuma arriba y haciendo olas hacia donde están los chichimecas, llamados hiyoca, que les dieron voces, por lo cual ellos dieron la vuelta. Regresaron [a tierra y se fueron] hacia un monte de la ciudad [Tzintzuntzan], llamado Tariakaherio. Entraron allí en la tierra todos los cuatro y donde entraron se llama "donde Quahue desaparece en la tierra".

23. La reunión de los dioses

El señor del pueblo de Ucareo tenía una manceba entre las otras mujeres que tenía. Vino la diosa Cueravahperi, madre de todos los dioses terrestres y tomó aquella mujer de su misma casa... La diosa llevó a aquella mujer un rato hacia el camino de México y volvió a traerla hacia el camino de Araro. Entonces la puso allí y se desató una jícara que tenía atada en sus naguas. Tomó agua y lavó aquella jícara, echó un poco de agua en ella, poniéndole algo como simiente blanca, e hizo un brevaje. Se lo dio de beber

a aquella dicha mujer y le mudó el sentido. Luego le dijo: "Vete, que yo no
te tengo que llevar. Allí está quien te ha de llevar. Yo no te tengo que hacer
mal, ni sacrificarte. Tampoco aquel que te lleva te ha de hacer mal. Oirás
muy bien lo que se diga donde te llevará, puesto que habrá allí concilio y le
harás saber al rey Tsiuangua, que nos tiene a todos en cargo, [todo lo que
oigas]". Fuese por el camino aquella mujer y luego encontró un águila blanca que tenía una verruga grande en la frente. El águila empezó a silbar y a
erizar las plumas. Tenía unos ojos grandes y decían que era del dios Curicaveri. El águila la saludó y le dijo que fuese bienvenida, y ella también le saludó y le dijo: "Señor, estés en buena hora". El águila le dijo: "Sube aquí
encima de mis alas y no tengas miedo a caer". Cuando se subió la mujer, se
levantó el águila con ella y empezó a silbar. La llevó a un monte donde está
una fuente caliente en la cual hay piedra de azufre. Era ya que quebraba el
alba cuando la llevó al pie de un monte muy alto que está allí cerca, llamado
Xanuuata hucahtzio. La levantó en alto y aquella mujer vio que estaban sentados todos los dioses de la provincia, todos tiznados. Unos tenían guirnaldas de hilo de colores en la cabeza y otros estaban tocados. Otros tenían
guirnaldas de trébol, otros unas entradas en las molleras y otros peinados de
muchas maneras. Tenían muchas clases de vino tinto y blanco de maguey,
de ciruelas y de miel. Todos llevaban sus presentes, muchos de frutas, a otro
dios llamado Curita kaheri, que era el mensajero de los dioses, y le llamaban
todos "abuelo". Le parecía a aquella mujer que estaban todos en una casa
muy grande y el águila le dijo: "Siéntate aquí, y de aquí oirás lo que se
dice". El sol ya había salido, y aquel dios Curita kaheri se lavaba la cabeza
con jabón y no tenía el trenzado, puesto que solía tener una guirnalda de colores en la cabeza, unas orejeras de palo en las orejas y unas tenazuelas pequeñas al cuello y una manta delgada que le cubría. Con él vino su hermano
llamado Tiripame quarencha. Todos estaban muy hermosos. Los otros dioses
les saludaron y les decían: "¡Seáis bienvenidos!". Curita kaheri respondió:
"Pues, ¿habéis venidos todos? Mira, no se haya quedado alguno por olvido,
debido a que no lo halláis llamado". Respondieron "Señor, todos hemos venido" y aquél volvió a preguntar: "¿Han venido también los dioses de la mano
izquierda?" y ellos respondieron que sí... Dijo [Curita kaheri]: "Que diga
mi hermano lo que se ha de decir y yo quiero entrar en la casa". Tiripame
quarencha les dijo: "Acercaos aquí, dioses de la mano izquierda y de la
mano derecha. El pobre de mi hermano dice lo que yo diré. Él fue hacia el
oriente donde está la madre Cueravahperi, y estuvo algunos días con la diosa. Allá estaba Curicaveri, nuestro nieto, y [la diosa] Xaratanga y [los dioses]
Urendequa vecara y Querenda angapeti. Todos intentaron contradecir a la
madre Cueravahperi, pero no se les creía lo que querían hablar y sus palabras fueron rechazadas y no les quisieron recibir lo que querían decir. Ya han
aparecido otros hombres, [los españoles], y han de venir a las tierras; esto
es lo que ellos querían que Cueravahperi no permitiera, y no fueron oídos.
Les dijeron: Dioses primogénitos, esforzados a sufrir, y vosotros, dioses de
la mano izquierda. Si así está determinado por los dioses [supremos], ¿cómo
podremos contradecir lo que está así determinado? No podemos saber lo que

es esto; a la verdad, ¿no fue determinación al principio, que estaba ordenado que no anduviésemos dos dioses juntos, antes que viniese la luz, para que no nos matásemos y perdiésemos la deidad? Entonces estaba ordenado que una vez que se sosegase la tierra, que esto volviese [a suceder] dos veces, y que para siempre se había de quedar así, que no se había de cambiar esto que teníamos concertado todos los dioses antes de que viniese la luz, y ahora no sabemos qué palabras son éstas... Vosotros, dioses primogénitos y de la mano izquierda, idos todos a vuestras casas, no traigáis con vosotros ese vino que traéis, quebrad todos esos cántaros, ya que de aquí en adelante ya no será como hasta ahora, cuando estábamos muy prósperos. Quebrad por todas partes las tinajas de vino, dejad los sacrificios de hombres y no traigáis más ofrendas con vosotros, ya que de aquí en adelante no ha de ser así, no han de sonar más atabales, rajadlos todos; no han de aparecer más templos ni fogones, ni se levantará más humo [del fuego sagrado]. Todo ha de quedar desierto, porque ya vienen otros hombres a la tierra, que han de ir por todos los fines de la tierra, hacia la mano derecha y hacia la mano izquierda e irán hasta la ribera del mar y pasarán adelante. El cantar será todo uno y ya no habrá muchos cantares como teníamos, sino uno sólo por todos los términos de la tierra. Tú, mujer que estás aquí y nos oyes, publica esto [entre los hombres] y hácelo saber al rey Tsiuangua, que nos tiene a todos en cargo".

Todos los dioses del concilio respondieron que así sería y empezaron a limpiarse las lágrimas y se deshizo el concilio y no apareció más aquella visión. La mujer se halló puesta al pie de una encina y cuando volvió en sí no vio en aquel lugar ninguna cosa más que un peñasco que estaba allí. Se vino a su casa por el monte... [y contó todo lo que había visto y oído].

24. Mitos mixtecos de la creación

a En el año y en el día de la oscuridad y tinieblas, antes que hubiese días, ni años, estando el mundo en grande oscuridad, que todo era caos y confusión, estaba la tierra cubierta de agua, sólo había limo y lama sobre la haz de la tierra. En aquel tiempo, dicen los indios que aparecieron visiblemente un dios que tuvo por nombre "un ciervo", y por sobrenombre "culebra de león"; y una diosa muy linda y hermosa, cuyo nombre era "un ciervo" y por sobrenombre "culebra de tigre". Estos dos dioses dicen haber sido principio de los demás dioses que los indios tuvieron. Luego que aparecieron estos dos dioses en el mundo, y con figura humana, cuentan las historias de esta gente, que con su omnipotencia y sabiduría hicieron y fundaron una grande Peña [sacándola fuera del agua] sobre la cual edificaron unos muy suntuosos palacios, hechos con grandísimo artificio, adonde fue su asiento y morada en la tierra. Encima de lo más alto de la casa y habitación de estos dioses estaba una hacha de cobre, el corte hacia arriba, sobre la cual estaba el cielo. Esta peña y palacios de los dioses estaba en un cerro muy alto, junto al pueblo de Apoala que está en la provincia que llaman Mixteca Alta. Esta peña en lengua de la gente tenía por nombre: "lugar donde estaba el cielo". [Quisieron significar en esto, que era lugar de paraíso y gloria, donde había suma felicidad y abundancia de todo bien, sin haber falta de cosa alguna. Éste fue el primer lugar que los dioses tuvieron para su morada en la tierra, adonde estuvieron muchos siglos en lugar ameno y deleitable, estando en este tiempo el mundo en oscuridad y tinieblas... Estando pues, estos dioses, padre y madre de todos los dioses, en sus palacios y corte], tuvieron dos hijos varones muy hermosos, discretos y sabios en todas las artes. El primero se llamó "viento de nueve culebras", que era nombre tomado del día en que nació. El segundo se llamó "viento de nueve cavernas", que también fue nombre del día de su nacimiento. Estos dos niños fueron criados en mucho regalo. El mayor cuando quería recrearse se volvía en águila, la cual andaba volando por los altos. El segundo también se transformaba en un animal pequeño, figura de serpiente, que tenía alas con que volaba por los aires con tanta agilidad y sutileza que entraba por las peñas y paredes y se hacía invisible; de suerte que los que estaban abajo, sentían el ruido y estruendo que hacían ambos dos. Tomaban estas figuras para dar a entender el poder que tenían para transformarse y volverse a la que antes tenían. Estando pues estos hermanos en la casa de sus padres, gozando de mucha tranquilidad, acordaron de hacer ofrenda y sacrificio a los dioses sus padres, para lo cual tomaron unos como incensarios de barro con unas brasas, sobre las cuales echaron cierta cantidad de beleño molido, en lugar de incienso. Esta dicen los indios que fue la primera ofrenda que se hizo en el mundo. Ofrecido este sacrificio, hicieron estos dos hermanos un jardín para su recreación, en el cual pusieron muchos géneros de árboles que llevaban flores y rosas, y otros que llevaban frutas, muchas hierbas de olor y otras especies. En este jardín y huerta se estaban de ordinario recreando y deleitando: junto al cual hicieron otro prado muy hermoso en el cual había todas las cosas necesarias para las ofrendas y sacrificios que habían de hacer a los dioses sus padres... Hacían asimismo oraciones, votos y promesas a sus padres y pedíanles que por virtud de aquel beleño que les ofrecían y los demás sacrificios que les hacían, que tuviesen por bien hacer el cielo y que hubiese claridad en el mundo: que se fundase la tierra o por mejor decir, apareciese, y las aguas se congregasen, pues no había otra cosa para su descanso, sino aquel pequeño vergel. Para más obligarles a que hiciesen esto que pedían, se punzaban las orejas con unas lancetas de pedernal, para que saliesen gotas de sangre. Lo mismo hacían en las lenguas, y esta sangre la esparcían y echaban sobre los ramos de los árboles y plantas con un hisopo de una rama de un sauce, como cosa santa y bendita...

Después de haber referido los hijos e hijas que [además] tuvieron aquellos dioses marido y mujer... dicen los indios que hubo un diluvio general, donde muchos dioses se ahogaron. Después de pasado el diluvio se comenzó la creación del cielo y la tierra por el dios que en su lengua llamaron "Creador de todas las cosas". Restauróse el género humano y de aquesta manera se pobló aquel reino mixteco.

b El origen de los mixtecos se atribuye a dos árboles altivos, soberbios y ufanos, hasta que los deshojó el viento. Estaban a las márgenes de un río en la [entonces todavía] retirada soledad de Apoala, entre las montañas de lo que después fue población. Este río nace del encañado de dos montes, que forman en medio una calle, como si fueran cortados a tajo abierto. Al pie de uno hace boca una oquedad o cueva... De las venas de este río crecieron los árboles, que produjeron los primeros caciques, varón y hembra. De aquí por generación se aumentaron y extendieron, poblando un dilatado reino.

25. El dios de las montañas y de las cuevas, entre las tribus del Istmo

a En lo más alto del collado de peñascos de este pueblo de Apoala, en lo áspero y fragoso de la eminencia, tenían los mixtecos el mayor adoratorio donde asistía su sumo sacerdote, y allí celebraban sus sacrificios. Entre sus diferentes altares tenían uno de un ídolo, que llamaban "Corazón del Pueblo". Era de gran veneración, y la materia [de que estaba hecho] pedía mucho aprecio, porque era una esmeralda tan grande como un grueso pimiento; tenía labrado encima una avecita o pajarillo, con grandísimo primor, y de arriba a abajo enroscada una culebrilla [hecha] con el mismo arte. La piedra era tan transparente, que brillaba desde el fondo, donde parecía como la llama de una vela ardiendo. Era antiquísima alhaja, y no había memoria del principio de su culto y adoración.

b   En la laguna de Tehuantepec, a un lado, está un cerrillo aislado muy ameno y poblado de arboledas y animales. Aquí está una profunda y dilatada cueva donde los zapotecas tenían un ídolo de su mayor veneración. Lo llamaban "el alma y corazón del reino", persuadidos los bárbaros de que aquella fabulosa deidad era el atlante que llevaba el peso de la tierra y lo sustentaba sobre sus hombros, y cuando los movía, la tierra se estremecía en desusados temblores. De su favor dependían las victorias de los zapotecas y los bienes temporales con que se sustentaban.

c   Votan es el tercer gentil que está puesto en el calendario [de los tzentales]. En un cuadernillo histórico escrito en idioma indígena se van nombrando todos los parajes y pueblos donde estuvo, y hasta estos tiempos ha habido una generación en Teopisca, a que llamaban los votanes. Se dice además que Votan es el señor del "palo hueco" (tambor que llaman teponaztli)... que es el primer hombre a quien envió dios para dividir y repartir esta tierra... Dicen además que estuvo en Huehuetan, un pueblo situado en el Soconusco, y allí puso dantas y un tesoro grande en una casa lúgubre que fabricó a soplos; luego nombró a una señora [como sacerdotisa] con cuidadores para que lo guardasen. Este tesoro era de unas tinajas tapadas con el mismo barro, y de una pieza donde estaban grabadas en piedra las figuras [de las deidades] de los indios gentiles antiguos que están en el calendario, hechos de preciosas piedras verdes, y otras figuras supersticiosas. Todo esto se sacó de una cueva, y lo entregó la misma india sacerdotisa, y los cuidadores o guardas de ella; y en la plaza de Huehuetan se quemaron públicamente... A este Votan lo veneran mucho todos los indios, y en alguna provincia le tienen por el "corazón de los pueblos".

26. Las sagradas señales de manos y pies

a Hacia la parte sur de Amoltepec, y a diez leguas de él, hay una sierra muy grande en cuya cima está una enorme peña. En ella hay una concavidad del tamaño de una gran portada, y en lo alto de ella están esculpidas tres manos coloradas, y asimismo cuatro o cinco letras que parecen griegas. Dicen los naturales que antiguamente pasó por allí un hombre que les predicó, y dejó aquellas señales; no saben dar razón de lo que les dijo. Del pie de la peña mana agua hacia donde hay una fuentecita de ella.

b Fray Juan de Ojedo subió a la cumbre de la montaña Cempoaltepec, la atravesó y vio aquella cima que descuella sobre las nubes y tocó con sus manos la piedra memorable de un peñasco cuya superficie era plana como la de una mesa. En ella se encontraban esculpidas dos plantas como si las esculpieran a cincel, con todos los músculos y formas de los dedos como si se imprimieran en cera. La tradición de los indios desde su gentilidad es, que la obtuvieron de sus mayores y dejaron escrita en sus pieles y caracteres (códices), que un hombre blanco y anciano que vino de la mar del sur con el hábito que pintan a los apóstoles, había llegado a estos mixes, predicándoles en su lengua, algunas cosas del dios verdadero que habían de adorar. Los naturales de esta nación lo quisieron matar, y que subiéndose a aquella peña, dejó estampadas las huellas y no le vieron más.

27. Deidades y conceptos del mundo de los mayas de Yucatán

El dios supremo

1 Creían los indios de Yucatán que había un dios único, vivo y verdadero, que decían ser el mayor de los dioses, y que no tenía figura ni se podía representar por ser incorpóreo. A éste llamaban Hunab Ku, y decían, que de él procedían todas las cosas; y como era incorpóreo no lo adoraban con imagen alguna, ni la tenían de él. Tenía un hijo a quien llamaban Hun Itzamná o Yax Coc Ah Mut.

• Este dios era mayor que todos los otros, y le llamaban también Kinch Ahau. Era casado y su mujer fue inventora del tejer las telas de algodón con

que se vestían. Por eso la adoraron por diosa, y la llamaban Ix Azal Voh. El hijo del dios único, que llamaban Itzamná, tengo por cierto fue el [mismo], que entre ellos inventó primero los caracteres que servían de letras a los indios; porque a éste le llamaban también Itzamná, y le adoraban por dios.

Los cinco dioses de Itzmal

c En este pueblo de Itzmal hay cinco pirámides, o cerros muy altos, todos levantados de piedra seca... Hoy no se ven edificios enteros, mas las señales y vestigios están patentes en uno de ellos de la parte del medio día. [Aquí] tenían los antiguos un ídolo, el más celebrado, que se llamaba Itzmat ul, que quiere decir "el que recibe y posee la gracia, o rocío, o sustancia del cielo". Este ídolo no tenía otro nombre, o no lo mencionaron, porque dicen que éste fue un rey, gran señor de esta tierra, que era obedecido por hijo de dioses. Cuando le preguntaron cómo se llamaba, o quién era, no decía más que estas palabras: "Itz en caan, itz en muyal", que es decir: "Yo soy el rocío, o sustancia del cielo, y nubes". Cuando murió este rey, levantaron altares y era oráculo; después se verá cómo le edificaron otro templo, y para qué. Cuando vivía este rey y dios, le consultaban los pueblos las cosas que sucedían en las partes remotas, y les decían estas y otras cosas futuras. Asimismo le llevaban los muertos, y dicen que los resucitaba, a los enfermos sanaba, y así le tenían gran veneración...

Otro altar y templo sobre otra pirámide levantaron estos indios en su gentilidad a aquel su rey y dios Itzmat ul. En él pusieron la figura de la mano, que les servía de memoria, pues dicen que allí le llevaban los muertos y enfermos, y que allí resucitaban y sanaban tocando la mano. Éste era el [templo] que está en la parte del poniente; se llama y nombra Kab ul, que quiere decir, "mano obradora". Allí ofrecían grandes limosnas, llevaban presentes y hacían romerías de todas partes, para lo cual habían hecho cuatro caminos o calzadas, a los cuatro vientos, que llegaban a todos los fines de esta tierra, y pasaban a la de Tabasco, Guatemala y Chiapas...

Asimismo había otra pirámide, o cerro en la parte norte, que hoy es el más alto. Se llamaba Kinich Kakmó, debido a que había sobre él un templo y dentro de él un ídolo que se llamaba así, y cuyo nombre significa en nuestra lengua "sol con rostros cuyos rayos eran de fuego". Bajaba a quemar el sacrificio a medio día, como bajaba volando la guacamaya con sus plumas de varios colores. Y este dios o ídolo era venerado, y decían que cuando tenían mortandad, o pestes, u otros males comunes, todos iban a él, tanto hombres como mujeres, llevando muchos presentes que le ofrecían. Allí a la vista de todos bajaba un fuego a medio día, que quemaba el sacrificio; les decía el sacerdote lo que había de suceder respecto a lo que querían saber sobre la enfermedad, hambre, o mortandad...

Había asimismo otra pirámide [en el oeste], llamada Ppapp hol Chac que significa en castellano "casa de las cabezas y rayos". Allí moraban los sacerdotes de los dioses...

Hay otra pirámide, que era casa y morada de un gran capitán que se llamaba Hun pic tok. Esta pirámide se encuentra entre el medio día y el poniente, y su nombre significa en castellano "el capitán que tiene ejército de ocho mil pedernales". De esto eran las puntas de sus lanzas y flechas, con que los indios peleaban en las guerras. El oficio de este [dios] era el mayor y su gente le servía para sujetar a los vasallos y obligarlos a que sustentasen al rey, o ídolo y a los sacerdotes, y para defensa de todos los sujetos a este reino y guarda de sus templos.

Los cuatro cargadores del cielo

d Entre la muchedumbre de dioses que esta gente adoraba, había cuatro, llamados Bacab cada uno de ellos. Éstos eran cuatro hermanos a los cuales puso dios, cuando creó el mundo, en las cuatro partes de él, sustentando el cielo para que no se cayese. También decían de estos Bacabes, que escaparon cuando el mundo fue destruido por el diluvio. Ponen a cada uno de estos otros nombres señalando con ellos la parte del mundo en donde dios los había puesto.

e   Creían en otros dioses que sustentaban el cielo, que estribaba en ellos. Sus nombres eran: el Bacab blanco, el amarillo, el rojo y el negro. De éstos decían, que eran también dioses de los vientos.

La suerte de los muertos

f Decían que la vida futura se dividía en buena y mala, en penosa y llena de descanso. La mala y penosa, decían era para los viciosos; la buena y deleitable para los que hubiesen actuado bien en su manera de vivir. Los descansos que habían de alcanzar, si eran buenos, eran ir a un lugar muy deleitable donde ninguna cosa les diese pena, donde hubiese abundancia de comidas y bebidas de mucha dulzura y un árbol que allá llaman Yaxché, muy fresco y de gran sombra, el cual es una ceiba, debajo de cuyas ramas y sombras descansaban y holgaban siempre todos.

Las penas de la mala vida que habían de tener los malos [en el más allá], eran ir a un lugar más bajo que cualquier otro, al cual llaman Mitnal, que quiere decir infierno, y ser atormentados en él por los demonios por grandes necesidades de hambre y frío, por el cansancio, y por la tristeza. En este lugar había un demonio, príncipe de todos los otros, al cual obedecían todos; le llaman en su lengua Hun Ahau.

Decían que estas vidas malas y buenas no tenían fin, porque el alma no lo tenía. Decían también, teniéndolo por muy cierto, que iban a esta gloria los que se ahorcaban y por eso había muchos que con pequeñas ocasiones de tristezas, trabajos o enfermedades se ahorcaban, para salir de ellas e ir a descansar a la gloria, donde decían les venía a llevar la diosa de la horca que llamaban Ixtab. No tenían memoria de la resurrección de los cuerpos.

La creación de los hombres

g El primer hombre había sido formado de tierra y zacate, o pajas delgadas. La carne y los huesos se habían hecho de la tierra, y el cabello, barba y vello que hay en el cuerpo, era de las pajas o zacate, con que se había mezclado la tierra.

El fin del mundo

h* "13 ahau" es el día, cuando se reunirán el sol, la luna y la noche. Entonces comenzará la mañana para los trece dioses por medio de los nueve dioses, y sucederá que se capturará al "lagarto de la tierra de la gota", y así se juzgará

al mundo. Nuestro padre, el cielo, caerá sobre la tierra, y los trece dioses llegarán al fin [de sus días], y comenzará entonces el gran fin del mundo. El "lagarto de la tierra de la gota" se levantará, por lo cual llegará a su fin la cuenta de los períodos del tiempo. Ésta es la borrachera general (el fin del mundo), por medio de la cual terminará la cuenta de los períodos de tiempo, aunque no lo quieran los nueve dioses. Entonces se cortará también la cabeza al "lagarto de la tierra de la gota", y Ah Uooh Puc tomará posesión de la tierra, sin decir su nombre... [En el día "trece ahau"] se ennegrecerán las flores perfumadas, el sol y la luna se caerán sobre su cara, bajará el castigo sangriento, se quemarán el cielo y la tierra y comenzará un juicio general sobre los vivos y sobre los muertos.

28. La diosa tribal de los lencas

De la antigüedad de las gentes de Cerquín no se ha podido averiguar más de lo que los viejos decían, que hacía unos doscientos años, llegó hacia ellos una señora a la cual llamaban Comizahual. Esto significa "tigre que vuela", y le aplicaron este nombre porque era muy sabia, y estos indios estimaban mucho al tigre. Decían, que era blanca como castellana, que era muy sabia en el arte mágico y que hizo su asiento en Cealcoquin, la tierra más fértil de la provincia. En este lugar estaban las [figuras de] piedra y caras de leones, a las cuales [las gentes] idolatraban, y una piedra grande de tres puntas, que en cada una tenía tres rostros deformes. Decían algunos, que aquella señora la llevó allí por el aire, y que en virtud de la piedra venció en las batallas y extendió su imperio. Ella tuvo tres hijos, sin ser casada; aunque otros dicen, que eran sus hermanos, y que no conoció varón. Viéndose vieja, repartió la tierra entre ellos y les dio buenos consejos, para el buen tratamiento de

* Traducido directamente de Krickeberg.

LÁMINA 5. Representación del cielo. Parte superior de un relieve maya de Yaxchilán (Chiapas).

LÁMINA 6. El dragón bicéfalo. Entrada al adoratorio de un templo maya en Copán (Honduras).

sus vasallos. Luego mandó sacar su cama de la casa, y vino un gran relámpago con truenos, y vieron un lindísimo pájaro volando. Puesto que nunca más apareció la señora, creían que ella era el pájaro y que se fue al cielo. Desde entonces, hasta que llegaron los españoles, solemnizaron aquel día con una gran fiesta.

29. Los dioses, el diluvio y la suerte de los muertos (Nicaragua)

Los dioses

(3) Tamagastad y Cipattonal crearon el cielo y la tierra, y también las estrellas y todo lo demás. Son hombres (tienen forma de seres humanos) y viven por donde sale el sol. No sabemos si están en el cielo, mas cuando los necesitábamos para la guerra los llamábamos para que nos ayudasen, dándoles voces hasta el cielo.

(2) Tamagastad es hombre y Cipattonal es mujer. Nadie los creó, antes descienden de ellos toda la generación de los hombres y mujeres. A ellos tenemos por los dioses mayores... Los primeros hombres los vieron, pero los de ahora no los ven... Los dioses son de carne, hombres, mujeres y mozos, y todos son de la misma especie, de color moreno como nosotros los indios, andaban por la tierra y comían de lo que los indios comen. Todo era suyo; ahora están en el cielo y siguen comiendo lo que comen los indios; porque de allá, donde están los dioses, vinieron las plantas y todas las otras cosas de comer.

(1) Cuando tenemos guerra es para darles de comer a los dioses la sangre de los indios, que se matan o toman en ella (4: puesto que los dioses viven de la sangre y de los corazones de muchachos y de sahumerios).

(6) El agua nos la envía Quiateot, que es un hombre y tiene padre y madre; el padre se llama Omeyateite, la madre Omeyatecigoat. Estos están al cabo del mundo, donde sale el sol en el cielo. Tuvieron ayuntamiento carnal y la madre parió a aquel hijo que nos envía el agua y, que hace los truenos y relámpagos y que manda llover. Tamagastad y Cipattonal crearon el cielo, la tierra, las estrellas y todo lo demás, pero no crearon a los padres de Quiateot; no sabemos de donde vino.

El diluvio

(2) Antes de que hubiese esta generación que hay ahora, se perdió el mundo por causa del agua y se hizo todo mar. Solamente escaparon Tamagastad y Cipattonal porque estaban en el cielo. Después bajaron a la tierra y reedificaron todas las cosas que hay; de ellos venimos nosotros, pues todos los hombres [que antes había] se ahogaron.

Los muertos

(3) Cuando los indios mueren [en sus casas] van debajo de la tierra (2: a un lugar que se llama Miqtanteot); los que mueren en la guerra y los que han vivido bien, van arriba, donde están Tamagastad y Cipattonal, donde sale el

sol. Los indios que van abajo los entierran y no hay más. De los que van arriba no va más que el corazón [hacia donde están los dioses], el cual les hace a ellos estar vivos, e ido aquél se queda el cuerpo muerto.

(2) Cuando alguien se muere sale por la boca un ser que se dice Yulio ("corazón"). Va allá donde están Tamagastad y Cipattonal. Allá vive como una persona y no muere... (5: No al corazón, sino aquello que acá los tenía vivos y al aire que les sale por la boca llaman Yulio).

(6) Si una persona ha vivido mal se muere y perece el Yulio con el cuerpo y no hay más memoria de él. Cuando uno debe morir ve visiones de personas, culebras, lagartos y otras cosas temerosas, de que se espantan y tienen mucho miedo, y en aquello ven que pronto tienen que morir.

(1) Los niños que mueren antes de que coman maíz, o de que dejen de mamar, han de resucitar y tornar a la casa de sus padres, y sus padres los reconocerán y criarán. Los viejos que mueren nunca han de tornar ni resucitar.

30. EL CIELO, LA TIERRA Y EL INFRAMUNDO. SEGÚN LA CREENCIA DE LOS GUAIMÍES (PANAMÁ)

Estos indios tienen conocimiento de un dios que gobierna a todo el mundo y a quien llaman Noncomala; él creó el cielo y la tierra. Estando [la tierra todavía] en tinieblas y sus habitantes [vivían] melancólicos, se salió Noncomala a pasear a la orilla del río Guaimí. Allá vio una hermosa mujer nombrada Rutve. Se aficionó de ella, la tuvo, y la dejó preñada de dos criaturas. Después de nueve meses parió un varón y una hembra muy bellos. La madre los crió por espacio de doce años, al fin de los cuales, estando ella ausente en un convite [dejando a sus hijos solos en la casa, los raptó] su padre quien los trasladó al cielo; al varón le dio la claridad del sol, y a la niña la de la luna. Desde entonces el uno alumbró de día y la otra de noche.

Aunque Noncomala es el dios universal, se vale de otros en quienes reparte el gobierno de las provincias. A quien le cupo el de Guaimí, es un cerro llamado Nubu que los indios veneran como a su dios. Le tienen tan gran respeto y temor, que yendo a hacerle sus rogativas y plegarias no se atreven a llegar cerca de él. Solamente los viejos de sesenta años y los caciques le adoran y reverencian un cuarto de legua distantes de él, y los demás a media legua. Esto se debía a los embustes del demonio que con el furor de los vientos que braman y se levantan en el cerro, no les dan lugar a que la curiosidad los acerque un paso más.

En su lengua llaman al demonio Tucla, a quien conocen por malo y como tal le temen. A quien se le aparece la primera vez lo deja casi muerto del miedo. Con este desmayo queda hecho el pacto y la persona es tenida por brujo, que de allí en adelante busca al demonio por los montes y soledades más retiradas, en donde le habla. Quien trata con él le temen y aborrecen los demás, por el mal que saben les puede hacer.

Acerca del diluvio afirman que Noncomala, dios universal, enojado con su provincia de Guaimí, la inundó y anegó [todo lo que en ella vivía]. Pero su dios Nubu guardó la simiente de un hombre que éste expelió entre sueños.

[Cuando había pasado el diluvio] y Noncomala ya estaba desenojado, la sembró, [y de la semilla buena] nacieron hombres y mujeres, y de la corrompida, los monos.

Ellos creen que el dios de los españoles es el rayo. Cuando éste cae en alguna parte pública de la tierra de los guaimíes, se juntan en el lugar donde cayó para aplacar al rayo con una gran borrachera, a quien juzgan tener enojo, usando este bárbaro sacrificio [de sacar sangre del miembro viril]...

El más allá tenían ellos como una tierra muy amena y deleitosa, donde el difunto iba con las cosas que sus parientes habían puesto en la sepultura para que le sirviesen. En el camino hacia allá los muertos tenían que pasar por tres grandes ríos: el Hortay, el Hemay y el Olay. No pasaban sino aquellos que iban pintados [de modo propicio], y los que no lo estaban, vagaban por sus riberas hasta que alguno de sus parientes, pintado, llegaba. Con él pasaban los de su parentela, y llegados a la deseada tierra, vivían en ella diez veces tantos años como habían vivido en el mundo; al fin de los cuales se morían sus almas...

Cuando había un temblor de tierra se alteraban los indios, y tomando sus armas, con gritos y escándalo apuntaban con ellas hacia el cielo. Cuando se les preguntó la causa de esta acción, respondieron que Noncomala había querido matar a la tierra, y que ellos habían salido a la defensa de su madre, que hubiera sido destruida muchas veces si no fuera por ellos...

31. UN MITO DE LOS GIGANTES, PROVENIENTE DEL DARIÉN

[En las tierras del Darién] los de la costa de Tolú... decían que su origen había sido de un hombre llamado Mechion y de una mujer llamada Maneca, y que ésta tenía sólo una teta, donde se recogía la leche de ambas y la daba con más fuerza y abundancia a sus hijos, razón bastante por donde salían tan valientes. También tienen por tradición o por saberlo por noticias o por haber descubierto huesos de más de marca, que hubo gigantes en toda aquella provincia, gente que tenía tres cuerpos de los hombres ordinarios, y con el mismo exceso eran sus fuerzas y comidas y aun sus ruines costumbres, pues las tenían de usar el pecado nefando a que se entregaban con tanta bestialidad unos con otros, que aborrecían de muerte a las mujeres, con quien sólo se juntaban para sólo la generación, y cuando nacían hembras, las ahogaban entre las manos (como dicen) de la comadre; pero no quedaron sin castigo estas abominaciones, siéndoles verdugo el cielo con rayos que les arrojó y consumió hasta el último.

MUISCAS (CHIBCHAS)

32. La creación

Según la tradición de Bogotá

a Cuando era noche, —o como ellos [los muiscas] lo interpretan, antes que hubiera nada de este mundo, estaba la luz metida allá en una cosa grande, para significarla la llamaban Chiminigagua de donde después salió; y que aquella cosa o este Chiminigagua en que estaba metida esta luz, y según el modo que tienen de darse a entender en esto quieren decir que es lo que nosotros llamamos Dios, comenzó a amanecer y mostrar la luz que en sí tenía y dando luego principio a crear cosas en aquella primera luz. Las primeras que creó fueron unas aves negras grandes a las cuales mandó al punto que tuvieron ser, fuesen por todo el mundo echando aliento o aire por los picos, el cual aire era todo lúcido y resplandeciente, con que habiendo hecho lo que les mandaron quedó todo el mundo claro e iluminado como está ahora... A este dios reconocen por omnipotente señor universal de todas las cosas y siempre bueno y que creó también todo lo demás que hay en este mundo, con que quedó tan lleno y hermoso; pero como entre las demás criaturas veían la más hermosa al sol, decían que él se debía adorar y a la luna como a su mujer y compañera, de donde les vino que aún en los ídolos que adoran, jamás es uno solo sino macho y hembra. No se persuaden que entre las demás cosas creó Dios hombres y mujeres sino que estando en el mundo las demás, faltaban estas dos, y así se remedió esta falta de esta manera:

En el distrito de la ciudad de Tunja, a cuatro leguas a la parte del norte y una de un pueblo de indios que llaman Iguaque, se hace una coronación de empinadas sierras, tierra muy fría y tan cubierta de páramos y ordinarias neblinas que casi en todo el año no se descubren sus cumbres, si no es al mediodía por el mes de enero. Entre estas sierras y cumbres se hace una muy honda, de donde dicen los indios que a poco de como amaneció o apa-

reció la luz y fueron creadas las demás cosas, salió una mujer que llaman Bachue y por otro nombre acomodado a las buenas obras que les hizo Furachoque
que quiere decir mujer buena [porque fura llaman a la mujer y choque es
cosa buena] sacó consigo de la mano un niño de entre las mismas aguas de
edad de hasta tres años, y bajando ambos juntos de la sierra a lo llano, donde ahora está el pueblo de Iguaque, hicieron una casa donde vivieron hasta

que el muchacho tuvo edad para casarse con ella, porque luego que la tuvo
se casó, y el casamiento tan importante
y la mujer tan prolífera y fecunda que
de cada parto paría cuatro o seis hijos,
con que se vino a llenar toda la tierra
de gente, porque andaban ambos por
muchas partes dejando hijos en todas,
hasta que después de muchos años es-
tando la tierra llena de hombres y los dos ya muy viejos se volvieron al mismo
pueblo y de él llamando a mucha gente que los acompañara a la laguna de
donde salieron, junto a la cual les hizo la Bachue una plática exhortando a
todos a la paz y conservación entre sí, la guarda de los preceptos y leyes que
les había dado que no eran pocos, en especial en orden al culto de los dioses, y concluido se despidió con singulares clamores y llantos de ambas partes y convirtiéndose ella y su marido en dos muy grandes culebras se metieron por las aguas de la laguna, y nunca más aparecieron por entonces, si
bien la Bachue después se apareció muchas veces en otras partes, por haber determinado desde allí los indios contarla entre sus dioses, en pago de
los beneficios que les había hecho...

Según la tradición de Tunja

b Cuando amaneció y había cielo y tierra y todo lo demás de ellos y de ella,
fuera del sol y la luna, y que así todo estaba en oscuridades en las cuales
no había más personas que el cacique de Sogamoso y el de Ramiriquí o Tunja (porque en estos dos pueblos nunca hubo más de un cacique o señor y fue
el que lo era de toda la provincia). Estos dos caciques dicen que hicieron
a todas las personas, a los hombres de tierra amarilla y a las mujeres de una
yerba alta que tiene un tronco hueco. Estaban todavía las tierras en tinieblas
y para darles luz mandó el cacique de Sogamoso al Rimiriquí que era su so-
brino, se subiese al cielo y alumbrase al mundo hecho sol, como lo hizo, pero
viendo que no era bastante para alumbrar la noche, subióse el mismo Sogamoso
al cielo e hízose luna con que quedó la noche clara... Esto, según su cuenta
sucedió por el mes de diciembre y así en recuerdo y memoria de este suceso
hacían los indios de esta provincia, en especial los sogamosos, en este mes,
una fiesta que llamaban huan, en la que después de estar juntos, salían vestidos todos de colorado con guirnaldas y chasines que cada una de ellas se re-
mataba en una cruz y hacia la frente llevaba una pájaro pequeño. En medio
de estos doce de librea estaba otro que la tenía azul y todos estos juntos can-

taban en su lengua como todos ellos eran mortales [y se habían de convertir los cuerpos en ceniza, sin saber el fin que habían de tener sus almas].

33. Dioses y héroes

Nemterequeteba (Bochica)

a Todos los de este reino [de Nueva Granada], dicen que vino a él hace veinte edades, y cuenta cada edad sesenta años, un hombre no conocido de nadie, ya mayor en años y cargado de canas, el cabello y barba larga hasta la cintura, cogida la cabellera con una cinta, de quien ellos tomaron el traer con otra cogidos los cabellos, como los traen, y el dejarlos crecer. Andaba los pies por el suelo, sin ningún calzado, una manta puesta con un nudo hecho de las dos puntas sobre el hombro derecho y por vestido una túnica sin cuello hasta las pantorrillas, a cuya imitación andan también ellos descalzos y con este modo de vestido... si bien ya no se usa en todas partes el traer el nudo dado al hombro con las puntas, y aún traer las camisetas no es hábito de los muiscas, sino de los del Perú de quien estos muiscas lo tomaron, desde los primeros que entraron aquí con los primeros españoles que bajaron del Perú... Dicen que [ese hombre] vino por la parte del este que son los Llanos que llaman, continuados de Venezuela, y entró a este reino por el pueblo de Pasco, al sur de esta ciudad de Santa Fe por donde dijimos había entrado también con su gente Nicolás de Federmann. Desde allí vino al pueblo de Bosa donde se le murió un camello que traía, cuyos huesos procuraron conservar los naturales y aún hallaron algunos de ellos los españoles en aquel pueblo cuando entraron, entre los cuales dicen que fue la costilla que adoraban en la lagunilla llamada Bocacio, los indios de Bosa y Suacha; a éste pusieron dos o tres nombres, según la variedad de las lenguas que había por donde pasaba, porque en este reino pocos eran los pueblos que no tuviesen diferentes lenguas, como hoy las tienen; y así en este Valle de Bogotá comúnmente le llaman Chimizayagua que quiere decir "mensajero del Chiminigagua" que es aquel supremo dios a quien conocían por principio de la luz y de las demás cosas, porque Gagua en su lengua es lo mismo que el sol para la luz que tiene, y así los españoles entendiendo que eran sus hijos, desde el momento que entraron, no supieron darles otro nombre más acomodado que el nombre mismo del sol, llamándoles Gagua, hasta que los desengañaron con sus crueldades y malos tratamientos, y así les mudaron el nombre llamándoles Sueguagua que quiere decir "diablo o demonio con luz"... Otros le llaman a este hombre Nemterequeteba, otros le decían Xue.

Éste les enseñó a hilar algodón y tejer mantas, porque antes de éste sólo se cubrían los indios con unas planchas que hacían de algodón en rama, atadas con unas cordezuelas de fique, unas con otras, todo mal aliñado; y aún como a gente ruda, cuando salía de un pueblo les dejaba los telares pintados en alguna piedra lisa y bruñida como hoy se ven en algunas partes, por si se les olvidaba lo que les enseñaba, como se olvidaron de otras muchas cosas buenas que dicen les predicaba en su misma lengua a cada pueblo, con que quedaban admirados. Enseñóles a hacer cruces y usar de ellas en las pinturas de las mantas con que se cubrían...

Desde Bosa fue al pueblo de Fontibón, al de Bogotá, Serrezuela y Cipacón de donde dio la vuelta a la parte del norte por las faldas de la sierra; yéndose, abriendo los caminos allí y en todo lo demás que anduvo por montañas y arcabucos fue a parar al pueblo de Cota, donde gastó algunos días predicando con gran concurso de gente de todos los pueblos comarcanos, desde un sitio un poco alto a donde hicieron un foso a la redonda de más de dos mil pasos porque el concurso de la gente no le atropellara, y pudiera predicar más libremente. Allí hicieron después, en reverencia suya santuarios y entierros de los más principales indios. Recogíase de noche a una cueva de las faldas de la sierra, todo el tiempo que estuvo en Cota, desde donde fue prosiguiendo su viaje a la parte del noreste hasta llegar a la provincia de Guane donde hay mucha noticia de él, y aún dicen hubo allí indios tan curiosos que lo retrataron, aunque muy a lo tosco, en unas piedras que hoy se ven y unas figuras de unos cálices, dentro de las cuevas donde se recogía a las márgenes del gran río Sogamoso. Desde Guane devolvió hacia el este, y entró a la Provincia de Tunja y Valle de Sogamoso, donde desapareció...

Después que pasó este predicador dijeron todos que había venido una mujer a estas tierras, hermosísima y de grandes resplandores... que predicaba y persuadía contra la doctrina del primero, a la cual llamaron también con varios nombres; unos le decían Chie, y otros Guitaca y otros Xubchasgagua, pero los que más bien dicen a su parecer afirman que fue aquella Bachue, que dicen los engendró a todos y se metió hecha culebra en la laguna [de Iguaque]. Seguían a ésta en sus predicaciones mucho más que al otro, porque les predicaba vida ancha, placeres, juegos y entretenimientos de borracheras, por lo cual el Chimizagagua la convirtió en lechuza, e hizo que no anduviera sino de noche, como ella anda. Comenzó con esto a caer la doctrina que les había enseñado el otro, [Chimizagagua]...

b   —Después de la adoración del sol, veneraban los muiscas otros dioses de diversos nombres a quienes buscaban para necesidades diferentes; los más principales de estos eran Chibchachum y Bochica, el primero era propio de toda esta provincia de Bogotá y así le pusieron el nombre conforme a ella que comúnmente le llaman Chibcha, y la lengua de esta sabana que es la más universal de estas tierras se llamaba la lengua chibcha, como dejamos dicho, y chum quiere decir "báculo" en esta lengua, donde juntando los vocablos y al decir chibchachum, significa "báculo en esta provincia chibcha", porque este nombre le daban a este dios, por lo mucho que les favorecía, no ausentándolo jamás de la provincia por acudirles con más facilidad; el de Bochica era dios universal más y aún casi señor de este otro, pero ambos les daban leyes y modos de vivir, respondían en los oráculos que se les consultaban, aunque nunca los veían los jeques, [sus sacerdotes] ni otros, porque eran unas cosas incorpóreas o como de aire. A estos dos siempre que les ofrecían algo había de ser oro...

Todas las aguas que entran por una parte y otra de sus serranías y no son pocas en este Valle de Bogotá, no tienen más que una salida por lo último de la parte del sudoeste, donde se junta de todas un copioso río, que llaman Funza. Éste halla una estrechura ya al desembocar del valle que llaman de Tequendama, por entre dos piedras tajadas y otra que está en medio de ellas con que hace dos canales tan estrechos que muchas veces no bastando a darle salida a las muchas aguas que por allí van a desembocar (en especial en tiempo de invierno) rebalsan atrás con que se anegan grandes pedazos de la sabana, en especial cerca de los pueblos de Bosa, Fontibón y Bogotá, con que quedan por todo lo más del año grandes anegadizos. De los ríos que dan más

agua a este grande, con uno principalmente que llaman de Sopo [que toma este nombre de un pueblo de indios por donde pasa], y el otro Tivitó [o río Chocontá porque comienza a hacerse en los páramos de un pueblo de indios que se llama así, a la parte del noreste respecto de Santa Fe y términos de su jurisdicción como hemos ya tocado]...

Le murmuraban los indios [a Chibchachum] y ofendían en secreto y en público, con que indignado Chibchachum trató de castigarlos anegándoles sus tierras, por lo cual creó o trajo de otras partes los dos ríos dichos de Sopo y Tivitó, con que crecieron tanto las aguas del valle que no dándose manos, como dicen, la tierra del valle a consumirlas, se venía a anegar gran parte de ella, lo que no hacía antes que entraran en el valle los dos ríos porque el agua de los demás se consumía en las labranzas y sementeras sin tener necesidad de desagüe. Fue tan en lleno y universal este castigo e iba creciendo cada día tantas varas la inundación, que ya no tenía esperanza de remedio, ni de darlo a las necesidades que tenían de comida por no tener donde sembrarla y ser mucha la gente, por lo cual toda se determinó por mejor consejo de ir con la queja y pedir el remedio al dios Bochica ofreciendo en su templo clamores, sacrificios y ayunos; después de lo cual una tarde, reverberando el sol en el aire húmedo contra esta sierra de Bogotá, se hizo como suelen naturalmente, en cuya clave y capital se apareció resplandeciente el demonio en figura de hombre, representando el Bochica con una vara de oro en la mano y dando voces desde allí a los caciques y más principalmente a que acudieran con brevedad con todos sus vasallos, les dijo desde lo alto: "He oído vuestros ruegos y condolido de ellos y de la razón que tenéis en las quejas que dais a Chibchachum, me ha parecido lo mejor venir a socorreros. Me doy por satisfecho de lo bien que me servís, y pues tanto toca a mi providencia, voy a pagarlo remediando la necesidad en que estáis; y así aunque no os quitaré los dos ríos, porque en algún tiempo de sequedad los habréis menester,

abriré una sierra por donde salgan las aguas y queden libres vuestras tierras".
Y haciendo y diciendo arrojó la vara de oro hacia Tequendama y abrió aquellas peñas por donde ahora pasa el río, pero como era la vara delgada no
hizo tanta abertura como era menester para las muchas aguas que se juntan
en los inviernos y así todavía rebalsa, pero al fin quedó la tierra libre para
poder sembrar y tener el sustento, y ellos obligados a adorar y hacer sacrificios como lo hacen en apareciendo el arco, aunque llenos de temores por lo
que después les puso el Chibchachum de que habían de morir muchos en apa-
reciéndose el arco, por el cargo que a él le había dado Bochica por el hecho,
que fue cargar en sus hombros toda la tierra y que la sustentara, la cual antes de esto dicen se sustentaba sobre unos grandes guayacanes, y esta es la
razón por que ahora tiembla la tierra, lo que antes no hacía, porque como
pesa mucho, al mudarla de un hombro a otro le hace se mueva y tiemble
toda ella.

Sadiquia sonoda (Idacanzas)

c Dicen que en tiempo de un cacique de aquel valle, llamado Nompanera, habrá
cuatro edades... vino un hombre del mismo talle y vestido que le pintamos
tratando de él en estas tierras de Bogotá, que les predicó y enseñó muchas
cosas buenas, [de que, aunque han quedado algunos rastros son tan ciegos
que casi no se conocen], traía en la cabeza y brazos hecha la señal de la
cruz y en la misma rematada una macana que traía por bordón en la mano;
llamábanle con tres nombres, el uno Sadiquia sonoda que quiere decir "nuestro pariente y padre", Sugundomoxe "santo que se hace invisible" y Sugun-
zua que quiere decir "hombre que se desaparece". Al primer pueblo que
llegó en este valle de Tunja fue al de Ganza en un sitio que llaman Toyu
donde estuvo tres días en una cueva en los cuales le fueron a visitar el cacique de Ganza [que ahora se dice Gameza, el de Busbanza, Socha, Tasco, Tó-
paga, Monguí, Tutasá, Mongua, Pesca, Yacon, Bombazá, Tota, Guáquira, Sá-
tiva], todos por orden dicho, y como fueron llegando fueron ganando la
antigüedad y por la del Sogamoso superior a las dichas, no salió de su casa
a verlo, hasta que él entró más adentro en el valle, y llegó a un puesto que
llaman Otga, a donde salió el cacique Nompanem con toda su gente y ha-
blándole con grande acatamiento, el predicador comenzó su oficio...
Enseñóles también a hilar algodón y tejer mantas y a otras cosas de vida
política... después... llegó al pueblo de Iza y [habiéndoles predicado y enseñado lo mismo]; desde allí se desapareció, que nunca más lo vieron, dejando allí en una piedra estampado un pie de los suyos, en que tienen hoy
tanta devoción los indios e indias preñadas que van a raspar aquella piedra
y la beben en agua para tener buen parto...
[Cuando estaba en las tierras de Sogamoso acudieron al predicador los
naturales de las tierras de Bogotá] a pedirle remedio en una gran necesidad
que les sobrevino de agua, la cual se remedió a tiempo que pudieron decir
los bogotanos había venido el remedio por la mano del predicador, con que
cobró entre ellos mayor reputación y el cacique de Sogamoso mayor frío
en lo que intentó luego que se desapareció de su pueblo y valle, pues dio en

publicar que cuando se partió le había hecho heredero de toda su santidad y que así tenía la misma facultad para hacer llover cuando quisiese como el otro lo hacía, enviar heladas, escarchas, fríos, calores, secas, enfermedades, como él quisiese; esto fue poco a poco cobrando tanta opinión que la vino a tener no solamente en ambas provincias de los muiscas, sino en muchas convecinas, de donde frecuentaban aquel pueblo [de Sogamoso] y su templo [que era tan grandioso como tenemos dicho, teniendo todos ellos hasta hoy muy averiguado ser aquel territorio tierra santa].

34. EL HIJO DEL SOL

[Se había profesado que la reencarnación del sol] la había de hacer el sol, tomando carne humana de una doncella de las del pueblo de Guachetá y que había de parir lo que concibiese de los rayos del sol, quedando virgen. Sonó por toda la provincia esta nueva y teniendo dos hijas doncellas el cacique del pueblo dicho, deseosas ambas de que sucediese en ellas el milagro, todos los días a la alborada se salían del cercado y casas de sus padres y subiéndose a un cerro de los muchos que tiene el pueblo a la parte de salir el sol, se acostaban de manera que les pudiese herir con los primeros rayos y continuando esto por algunos días fue disponiendo el demonio, [por permisión divina, cuyos juicios son incomprensibles, la cosa para salir con sus intentos], de manera que en pocos días que las doncellas hicieron esto, la una fue apareciendo como preñada que ella decía del sol, y al cabo de los nueve meses parió una guacata que es en su lengua una piedra de esmeralda grande y rica. La mujer la tomó y envolviéndola en unos algodones, púsola entre los pechos donde la trajo algunos días y al fin de ellos la halló convertida en criatura... A este llamaron Goranchacha y lo criaron en la misma casa del cacique con título de hijo del sol, hasta que ya fue de más de veinticuatro años, cuando ya por toda la provincia se sabía de su nacimiento y crianza y le tenían por hijo de el [sol]. Parecióle al mozo que se estimaba por hijo de tal padre que no debía estar ya en una aldea como era Guachetá, sino irse a la corte del Ramiriquí y verlo a él y sus grandezas y puso en efecto sus intentos caminando ya la última jornada de él, sabiendo de su venida el Ramiriquí, le salió a recibir, hospedó y regaló en su casa por algunos días como a hijo del sol. Diole después gana de verse con el Sogamoso, por la fama que se divulgaba de él, que era como acá decimos ir a ver a Roma y al Sumo Pontífice... [Lo] recibió el Sogamoso con gran aplauso como hijo de tal padre, e hizo grandes fiestas y presentes a que no faltó retorno de parte de Goranchacha, de los que le había hecho el Ramiriquí. Estúvose allí algunos días entreteniéndose en regocijos y fiestas... y tratando de volverse a la corte, encontró en el camino, cerca de las Peñas de Paipa un indio de los que había traído y dejado en Ramiriquí, que le contó cómo el cacique había ahorcado a un muchacho que le servía de paje al gran Goranchacha y que había dejado en la corte cuando fue a Sogamoso. Encendiéndole en cólera la nueva, de manera que entrando en Ramiriquí [mató al cacique], asentó su casa y corte allí, señalando los criados que le parecieron más a propósito y entre ellos al pregonero que era un indio con una gran cola que ninguno supo de dónde vino, pero era el más estimado de todos los criados que tenía, ...porque este oficio tan pregonero ha sido siempre tan estimado entre los muiscas que los que lo ejercitaban eran la segunda persona del pueblo, en sangre, nobleza y estimación de todos... Comenzó a gobernar este Goranchacha con tanto señorío y crueldad para con sus vasallos, que no sólo no se dejaba hablar de todos, ni mirar a la cara, porque esa era común costumbre de todos los caci-

ques, pero aún habían de estar delante de él postrados y el rostro pegado al suelo, y así le hablaban a los pocos que él daba licencia. El rigor que tenía para los castigos, aún por cosas leves, era tal que no se atrevían a quebrantar sus mandatos aunque fuesen con riesgos de la vida. Los azotes que mandaba dar eran tan crueles que haciéndolos cargar primero sobre las carnes de pencas de tuna sobre las espaldas, sobre ellas los azotaban fuertemente o apaleaban...

Cerca de las postreras casas del pueblo, a la parte del norte, donde ahora llaman las Cuadras de Porras, hizo edificar un templo a su padre el sol donde lo hacía venerar con frecuentes sacrificios y él hacía sus estaciones en ciertos días del año con tanta procesión para acompañarle y teniéndole por el suelo por todo el camino mantas finas y pintadas, comenzaba a caminar desde su palacio, que era donde está ahora fundado el convento de San Agustín, con tanto espacio y flema que no habiendo de una parte a otra más que hasta tres tiros de escopeta, gastaba tres días enteros en el viaje, otros tres estaba sólo en el oratorio y capilla del templo y en otros tantos volvía a sus reales casas. Quiso sublimar la fábrica de ese templo en honra de su padre y poniéndolo en efecto, mandó que le trajesen de diversas partes gruesos y valientes mármoles; llegaron al sitio con tres de ellos como hoy se ven, aunque dicen nunca vieron la cara de los que los traían por llegar con ellos de noche, de donde coligen que los oficiales eran también demonios. Otros dos se ven en el camino de Ramiriquí y otros dos en Moniquirá que no llegaron al sitio, como ni la fábrica a ponerse en ejecución porque cuando ya estaba en estado de eso era en tiempo que ya los españoles estaban poblados en Santa María; y así conjeturando el Goranchacha que también llegarían a descubrir y conquistar aquella tierra hizo un día juntar toda su gente... les hizo larga plática en que les adivinó había de venir gente fuerte y feroz que los había de maltratar y afligir con sujeciones y trabajos, y despidiéndose de ellos diciendo que se iba por no verlos padecer y que después de muchos años volvería a verlos, se entró en su palacio y nunca más lo vieron...

35. Los hermanos

El primer [cacique] que dicen hubo en Tunja y Ramiriquí se llamaba Hunzahua, que permaneció siempre puesto a la provincia y el de Ramiriquí de menos estimación. Este Hunza se enamoró de una hermana que tenía de buen parecer y no pudiendo conseguir sus sensuales intentos por la vigilancia con que la guardaba la madre, dio traza de hacer viaje a la provincia de los chipataes a comprar algodón de que aquella provincia ha sido abundantísima, con intentos de que lo acompañara su hermana para cumplir con ella los que traía de su afición, como sucedió pues dándole licencia la madre para que fuera con él, a pocos días de como vinieron echó de ver la madre el mal recado, viendo que le crecía el vientre y pechos, con qué encendida de cólera cuando lo adivinó, tomó la sana que es el palo con que se menea la chicha cuando se cuece (porque la estaba haciendo en esta sazón) arremetiendo con la moza para darle con él, para ampararse del golpe se puso detrás de la gacha donde se hacía, que no le fue de poco provecho pues le descargó sobre ella la ira de la madre quedando la moza, y la chicha derramada y la gacha quebrada, en memoria de lo cual se abrió la tierra y recibiendo la chicha quedó hecho un pozo de ella, aunque convertida en agua que ahora llaman el pozo de Donato, por lo que dejamos dicho. Corrióse el Hunzahua tanto de que hubiese su madre acometido delante de él a su hermana con tantos bríos, que con enfados dejó su casa y subiéndose a la luna que estaba sobre el pueblo y ahora sobre la ciudad a la parte del oeste, echó mil maldiciones sobre todo aquel valle con que quedó estéril y de tan mal país como ahora lo es, pues es uno de los malos que hay en las Indias, desabrido por los muchos vientos surestes que lo combaten, esterilísima la tierra y desacomodada en todo para la vida humana. Llamó desde allí a su hermana con un tat que es trompeta de palo, la cual tuvo por mejor dejar a su madre y casa por huir de su cólera que estar sujeta a mil desgracias que le podían suceder con ella así viniéndose con su hermano determinaron ambos dejar del todo aquella tierra y no sabiendo por donde mejor guiarse arrojó el cacique una tiradera al aire y ella rechinando y sonando con un cascabel que llevaba los fue guiando hasta Susa donde le dieron a la señora los dolores del parto; y pariendo un niño y no atreviéndose a llevarlo lo dejaron convertido en piedra en una cueva donde hoy dicen está, y libres ya de esto pasaron adelante con la misma guía de la flecha y llegando por estas tierras de Bogotá, cerca del pueblo de Ciénaga, por bajo del Salto de Tequendama, al pasar el río les pareció ser mucho el cansancio y camino que traían y que hallándose en tierra ajena habían de ser mayores, determinaron convertirse en dos piedras que hoy están en la mitad del río. De este cacique y hecho que cuentan con su hermana, dicen tomaron atrevimiento para andar ellos con las suyas y casarse con ellas como lo hacían [los muiscas]...

36. EL ORIGEN DE LA LEYENDA DEL DORADO

[El fundamento que hubo de donde se han levantado estas polvaredas del Dorado fue de esta suerte]: Recién poblada la ciudad de San Francisco de Quito por el capitán Sebastián de Belalcázar, el año de 1534..., este capitán andando con cuidado inquiriendo por todos los caminos que podía, sin perder ocasión de todas las tierras y provincias de que pudiese tener noticias entre los demás indios de quien se andaba informando, la hubo de que había en la ciudad un forastero y preguntándole por su tierra, dijo que se llamaba Muequetá y su cacique Bogotá [que como hemos dicho este Nuevo Reino de Granada que los españoles llaman Bogotá] y preguntándole si en su tierra había de aquel metal que le mostraban, que era oro, respondió ser mucha la cantidad que había y de esmeraldas que él nombraba en su lenguaje, "piedras verdes", y añadía que había una laguna en la tierra de su cacique, donde él entraba algunas veces al año, [el cacique], en unas balsas bien hechas, al medio de ellas, yendo en cueros pero todo el cuerpo lleno desde la cabeza a los pies y manos de una trementina muy pegajosa y sobre ella echando mucho oro en polvo fino, de suerte que cuajando el oro toda aquella trementina se hacía todo una capa o segundo pellejo de oro, que dándole el sol por la mañana que era cuando se hacía este sacrificio y en día claro daba grandes resplandores y entrando así hasta el medio de la laguna, allí hacía sacrificio y ofrenda arrojando al agua algunas piezas de oro y esmeraldas, [con ciertas palabras que decía] y haciéndose lavar con ciertas yerbas como jaboneras que en todo el cuerpo caía todo el oro que traía a cuestas en el agua, con que se acababa el sacrificio y se salía de la laguna y vestía sus mantas. Fue esta nueva tan a propósito de lo que se deseaba el Belalcázar y sus soldados que estaban cebados para mayores descubrimientos que iban haciendo en el Parú, que se determinaron hacer este de que daba noticia el indio, confiriendo con ellos qué nombre le daría para entenderse y diferenciar aquella región de las demás de sus conquistas, determinaron llamarle la Provincia del Dorado que fue como decir cacique con el cuerpo dorado. Esta es la raíz y tronco de donde han salido por el mundo las extendidas ramas de la fama del Dorado y fuera de esto todo lo demás es pura ficción, sin cosa sobre que caiga...

[Pero para que sepa el lector el fundamento que tuvo el indio para decir lo que dijo de su tierra de Bogotá, ...digo]: Que entre las demás supersticiones que tuvieron los indios de este reino... en ofrecer sus sacrificios a sus ...dioses, entre los cuales ponían en primer lugar al sol, era ofrecerles sacrificios en las aguas... hacían estas ofrendas no en cualesquiera aguas, sino en aquellas que parecía había alguna particular razón por ser extraordinario su sitio, asiento o disposición, [como en partes extraordinarias de ríos, como lo hacían en una parte peñascosa del de Bosa, cuando pasa por cerca de un cerro que llaman del Tabaco..., en lagunas de sitios y puestos peregrinos...], pero entre todas estas partes el más frecuentado y famoso adoratorio fue la laguna que llaman de Guatavita que está a una legua o poco más del pueblo así llamado... Esta laguna tiene mil razones de las que los indios buscaban y el demonio pedía para hacer en ella sus ofrecimientos, porque está en la cumbre de los muy altos cerros a la parte del norte, cáusase de unas fuentezuelas o manantiales que salen de lo alto del cerro que la sobrepuja que manaron por todos como un brazo de agua que es la que de ordinario sale de la laguna o poca más, aunque puede ser tenga otros manantiales dentro del agua, que aún no se ha podido saber por ser tan pro-

LÁMINA 7. La lucha entre el demonio cangrejo y el demonio serpiente. Jarro de barro con asa de Trujillo (Perú).

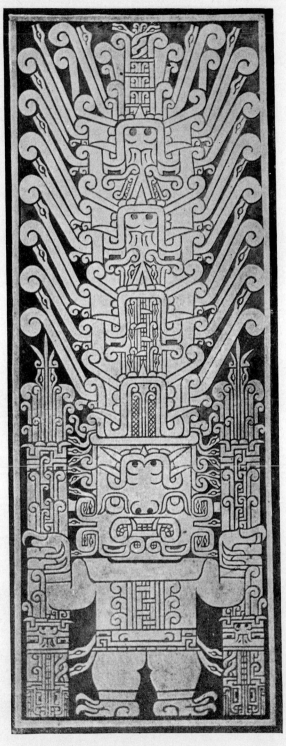

LÁMINA 8. Demonio caracterizado como animal carnicero. Tablero en bajorrelieve de Chavín de Huantar (Perú).

funda. La cual no tiene de ancho en redondeo aunque un poco aovada más de un tiro largo de piedra...

Aquí, pues, como en lugar acomodado de los que el demonio pedía se solían hacer algunos ofrecimientos con el modo que él les tenía ordenado, el cual se solía aparecer en las mismas aguas en figura de un dragoncillo o culebra grande y en apareciendo le habían de ofrecer algún oro o esmeraldas, para lo cual les estaban aguardando con vigilancia los jeques en unas chozuelas a la vera del agua; practicaban estos ofrecimientos ya un tiempo hasta que se aumentaron con lo que sucedió después a la mujer del cacique de Guatavita, el cual el tiempo muy anterior, cuando los caciques gozaban libremente de su señorío, antes que el Bogotá tiránicamente los sujetase, era el más poderoso señor que había en este reino de los muiscas, conociéndole superioridad muchos caciques, sus convecinos, no por modo de tiranía ni servidumbre, como después sucedió con el Bogotá, sino por un respeto y reverencia que le tenían como a mayor señor y de mayor linaje, sangre y prendas. Sucedió pues, que en aquella edad que entre las mujeres que tenía [dicho cacique de Guatavita] estaba una de tan buenas partes en sangre y hermosura que así como en ésta excedía a las demás también las excedía en la estimación que hacía de ella el Guatavita, la cual no advirtiendo la cacica como debiera, hízole traición con un caballero de los de la corte, y no tan en secreto que no llegara a los oídos del marido, el cual puso tan buena diligencia en haber a las manos del adúltero y presto le cayó en ellas y desde ellas en aquel cruel tormento de muerte que usaban en tales casos como era empalarlos, habiéndole primero hecho cortar las partes de puridad, con las cuales quiso castigar a la mujer, sin darle otro castigo que dárselas a comer guisadas, [en los comistrajes que ellos usaban en una fiesta que se hizo por ventura, sólo para el propósito en público por serlo ya tanto el delito, de que] fueron tan grandes los sentimientos de la mujer que no hubieran sido mayores si hubiera pasado por la pena del agresor a que se añadieron otros no menores, cantando los indios el delito en sus borracheras y coros, no sólo en el cercado y casa del cacique, a la vista y oídos de la mujer, sino en los de todos sus vasallos, ordenándolo así el Guatavita por escarmiento de las demás mujeres y castigo de la adúltera.

En la cual fueron creciendo tanto los sentimientos de estas fiestas, amargas para ella, que por huir de ellas trató de huir de esta vida con desesperación [para entrar en mayores tormentos en la otra], y así un día en que halló la ocasión que deseaba se salió del cercado y casas de su marido, a deshora, con el mayor secreto que pudo, sin llevar consigo más que una muchacha que llevaba cargada una hija [de la cacica] que había parido poco había de su marido el cacique, y caminando a la laguna, apenas hubo llegado cuando por no ser sentida de los jeques que estaban a la redonda en sus chozuelas, arrojó a las niñas al agua y ella tras ellas donde se ahogaron y fueron a pique, sin poderlas remediar los mohanes que salieron de sus cabañas al golpe que oyeron en el agua, aunque conocieron luego por ser de día quién era la que se había ahogado, y así viendo no tenía aquello remedio, partió uno de ellos a mayor correr a dar aviso al cacique del desgraciado suceso el cual partiendo al mismo pasó por la laguna con ansias mortales de no haberse persuadido que los sentimientos hubiesen traído a tal estado a su mujer que hiciese aquello, y por la desgracia de su hija; luego que llegó y no las vio por haberse ya sumido los cuerpos (que pretendía sacar si estuviesen sobre-aguados) mandó a uno el mayor hechicero de los jeques que hiciese como sacase a su mujer e hija de aquel lago. El jeque trató luego con sus vanas ceremonias y supersticiones de poner por obra lo que se le ordenaba, para lo cual mandó luego encender lumbre a la lengua del agua y poner en las brazas unos guijarros pelados hasta que quedasen como las demás brazas y estándolo ya, y él desnudo, echólos al agua y él tras ellos zambulléndose sin salir de ella por un buen espacio como lo hace un buen nadador o buzo como él era, hasta que salió solo como entró, diciendo que había hallado a la cacica viva [embuste que el demonio le puso en la imaginación] y que estaba en unas casas y cercado mayor que el que deseaba en Guatavita y tenía el dragoncillo en las faldas, estando allí con tanto gusto que aunque le había dicho de parte de su marido el que tendría en que saliera y que ya no trataría más del caso pasado, no estaba de este parecer, pues ya había hallado descanso de sus trabajos a que no quería volver pues él había sido causa de que le dejasen ella y su hija, a la cual criaría allí donde estaba para que la tuviese compañía.

No se quietó el cacique con el recado del jeque y así diciéndole que le sacase siquiera a su hija, la hizo buscar otra vez con los mismos guijarros hechos ascuas y volviendo a salir traía el cuerpo de la niña muerto y saca-dos los ojos, diciendo se los había sacado el dragoncillo estando todavía en las faldas de la madre, porque no siendo la niña sin ojos, ni alma de pro-vecho entre los hombres, de esta vida, la volviesen a enviar a la otra con su madre que la quedaba aguardando, a que acudió el cacique por entender así lo ordenaba el dragoncillo a quien él reverenciaba tanto, y así volvió a man-dar echar el cuerpezuclo a la laguna donde luego se hundió, quedando el Guatavita sin poder consolarse en nada por lo mucho que quería la hija y madre, no obstante la que había usado de él.

No fue perezosa la fama de divulgar por toda la tierra este supuesto... Luego comenzaron a tener fuerzas los sacrificios que se hacían en la laguna, yendo con ellos allí en todas sus necesidades, pareciéndoles a los vasallos del Guatavita que pues estaba allí viva su cacica se las remediaría y lo mismo hacían los que no lo eran a quien había llegado esta fama que fue por largas tierras, viniendo de todas con sus obligaciones a la laguna y así había mu-chas carreras o caminos anchos que estos indios usaban para ir a sus santua-rios... El demonio viendo lo bien que les había valido la traza, para ase-gurarlos más en aquellas vanas supersticiones, se aparecía de cuando en cuando sobre las aguas de la laguna en figura, gesto y talle de la cacica desnuda de medio para arriba, y de allí para abajo ceñida de una manta de algodón co-lorada, y diciendo algunas cosas que habían de suceder como que habían de haber secas, hambre, enfermedades, muertes de tal o tal cacique que es-taba enfermo. Desaparecíase cuando los miserables persuadidos en que la cacica era la poderosa por enviar o quitar por su mano aquello que había dicho, [y veían que sucedía, con que no perdonaban el buen oro, joyas, esmeraldas, comidas y otras cosas que no ofreciesen]... [Usaban] de esta ceremonia en el ofrecimiento: tomaban dos cuerdas que pudiesen atravesar la laguna por el medio y cruzándolas de una parte a otra, en la cruz que hacían se veía el centro o medio de la laguna, a donde iban en unas balsas que son de hacer de eneas o espadañas secas, juntas y atadas unas con otras, o de palos con que se hace un modo de barca donde pueden ir tres o cuatro o más personas... Con éstas, pues, llegaban al medio de las aguas de la laguna y allí con ciertas palabras y ceremonias, echaban en ella las ofrendas menores o mayores, según la necesidad porque se hacía, viniendo a ser algunas de tanto valor, como hemos dicho ...antes ...hacía el cacique Guatavita, dorándose el cuerpo, por donde vino a decir el indio en la ciudad de Quito, lo que dijo, y los españoles ponerle a esta provincia el nombre del Dorado.

LOS PUEBLOS DEL REINO INCAICO

37. Con

[Dicen que] al principio del mundo vino por la parte septentrional un hombre que se llamó Con, el cual no tenía huesos. Andaba mucho y ligero, acortaba el camino abajando las sierras y alcanzando los valles con la voluntad solamente y la palabra, como hijo del sol que decía ser. Hinchó la tierra de hombres y mujeres que creó y dioles mucha fruta y pan, con lo demás a la vida necesario. Mas empero, por enojo que algunos le hicieron, volvió la buena tierra que les había dado en arenales secos y estériles, como son los de la costa; y les quitó la lluvia, y nunca después llovió allí. Dejóles solamente los ríos de piadoso, para que se mantuviesen con regadío y trabajo. Sobrevino Pachacamac hijo también del sol y de la luna, que significa creador, desterró a Con, y convirtió sus hombres en los gatos, de estos negros que hay; tras lo cual creó él de nuevo los hombres y mujeres como son ahora, y proveyóles de cuantas cosas tienen. Por gratificación a tales mercedes tomáronle por dios, y por tal lo tuvieron y honraron a Pachacamac...

38. Pachacamac y Vichama

No había en el principio del mundo comida para un hombre y una mujer que el dios Pachacamac había creado. Murió de hambre [el hombre] y quedó la mujer sola; que saliendo un día al campo a sacar las raíces de yerbas entre espinas, con que poderse sustentar, alzó los ojos al sol, y entre abundantes lágrimas y quejosos suspiros, le dijo al sol así: "Amado Creador de todas las cosas, ¿para qué me sacaste a la luz del mundo, si había de ser para matarme con pobreza, y consumirme con hambre? ¡Oh, nunca te acordarás de crearme de la nada, o me acabarás al punto que salí a este mundo, yo sola viva en el mundo, sin sucesión de hijos, pobre, afligida y sola; ¿por qué oh sol, si nos creaste, nos consumes? ¿Y cómo, si eres el que repartes luces, muestras ser miserable negándome el sustento? No pareces ser piadoso, pues no te compadeces de los afligidos, y no socorres a los que creaste tan desdichados; permite, o que el cielo me mate con un rayo, o la tierra me trague acabando tan trabajosa vida, o socórreme benigno pues me creaste, Omnipotente". Estas y otras ternuras y desesperaciones decía afligida al sol...

Oyendo sus lástimas, condolido de sus lágrimas, le dijo palabras amorosas [el dios del sol], que depusiese el miedo, que esperase descansos, porque ya no sería causa de sus penas la que hasta allí lo había sido de sus congojas, consuelo que en semejante ocasión repitió Ovidio de sus dioses. Mandóle que continuase en sacar las raíces, y ocupada en esto, le infundió sus rayos el sol, y concibió un hijo que dentro de cuatro días con gozo grande parió, segura ya de ver sobradas sus venturas, y amontonadas las comidas. Pero salió al contrario, porque el dios Pachacamac indignado de que al sol se le diese la adoración debida a él, y naciese aquel hijo en desprecio suyo, cogió al recién nacido semidiós, y sin atender a las defensas y gritos de la madre, que pedía socorros al sol padre de aquel hijo, y también padre del dios Pachacamac, lo mató despedazando en menudas partes a su hermano...

Pero Pachacamac porque nadie otra vez se quejase de la providencia de su padre el sol de que no producía mantenimientos, ni la necesidad obligase a que a otro que él se le diese la suprema adoración, sembró los dientes del difunto y nació el maíz; maíz, semilla que se asemeja a los dientes. Sembró las costillas y huesos, nacieron las yucas, raíz que redonda tiene proporción en lo largo y blanco con los huesos, y las demás frutas de esta tierra que son raíces. De la carne procedieron los pepinos, pacayes y lo restante de sus frutos y árboles, y desde entonces ni conocieron hambre ni lloraron necesidad, debiéndole al dios Pachacamac el sustento y la abundancia, continuando de suerte su fertilidad la tierra, que jamás ha tenido con extremo hambres la posteridad de los yungas.

No se aplacó la madre con estas abundancias, porque en cada fruta tenía un acordador del hijo y un sisal de su agravio; y así su amor y la venganza la obligaban a clamar al sol, y a pedir o el castigo o el remedio de sus desdichas. Bajó el sol no poderoso contra el hijo Pachacamac, sino condolido de la mujer que le lastimaba; y preguntándole, dónde tenía la vid y ombligo del hijo difunto, se lo mostró, y el sol dándole vida creó de él otro hijo, y se lo entregó a la madre, diciéndole, toma y envuelve en mantillas a este hijo que llora, que su nombre es Vichama (otras informaciones dicen es Villama). Se crió al niño que creció hermosísimo, hasta ser bello y gallardo mancebo que a imitación de su padre el sol, quiso andar el mundo, y ver lo en él creado; consultó a su madre y continuó su viaje.

No hubo bien comenzado su ausencia, cuando el dios Pachacamac mató a la que ya era vieja, y la dividió en pequeños trozos, y los hizo comer a los cuervos índicos que llaman gallinazos, y a los buitres peruanos que llaman cóndores. Y los cabellos y huesos guardó escondidos en las orillas del mar; creó hombres y mujeres que poseyesen el mundo y nombró curacas y caciques que lo gobernasen. Volvió el semidiós Vichama a su patria, que se llama Vegueta, valle abundante de arboledas, y hermoso país de flores, conjunto una legua poco más o menos de Guaura. Deseoso de ver a su madre no la halló, supo de una curaca el cruel castigo, y arrojaron sus ojos fuego de furor, y llamas su corazón de sentimiento. Convocó a los que habitaban aquellos valles. Preguntó por los huesos de su madre, supo dónde estaban, fuelos componiendo como solían estar y dando vida a su madre la resucitó a esta vida. Trató de la venganza porque sólo ella aplacara el furor, y fue disponiendo el aniquilar al dios Pachacamac. Pero él, por no matar a este otro hermano, enojado con los hombres, se metió en la mar en el sitio y paraje donde ahora está su templo y hoy el pueblo y valle que se llama Pachacamac de quien vamos hablando.

Viendo el Vichama que le había escapado el Pachacamac, bramando encendía los aires y centellando atemorizaba los campos; volvió el enojo contra los de Vegueta y culpándoles de cómplices, no porque mataron, sino porque permitieron [la muerte de su madre]. Cuando no cooperasen en el castigo, se alegraría de la muerte, llevado de un repentino furor, sin admitir disculpas, ni mitigarle con ruegos, pidió al sol su padre que los convirtiese en piedras, conversión que luego se hizo...

No hubo bien ejecutado el castigo el sol y el Vichama, cuando se arrepintieron de la impiedad. No pudiendo deshacer el castigo, quisieron satisfacer el agravio y determinaron dar honra de divinidad a los curacas y caciques, a los nobles y a los valerosos, y llevándolos a las costas y playas del mar, los dejó a unos para que fuesen adorados por guacas y a otros puso dentro del mar que son los peñoles, escollos o euripos a quienes diesen títulos de deidad, y cada año ofreciesen una hoja de plata, chicha y espinco con que se aplacasen tales convertidos; dando el primer lugar al Curaca Anat, que es un peñón o roca, una legua de tierra rodeada del mar, por ser éste el mayor que entonces era de los hombres, y por esto es hoy el de mayor admiración entre estos indios.

Viendo el Vichama el mundo sin hombres y las guacas y sol sin quien los adorase, rogó a su padre el sol crease nuevos hombres, y él le envió tres huevos, uno de oro, otro de plata y otro de cobre. Del huevo de oro salieron los curacas, los caciques y los nobles y los nobles que llaman segundas personas y principales; del de la plata se engendraron las mujeres de éstos y del huevo de cobre la gente plebeya que hoy llaman mitayos y sus mujeres y familias. Este principio creían como si fuera artículo de fe todos los indios de Gaura, de Cupi, de la Barranca, de Aucayama, de Gaucho, de Vegueta y los que habitan la costa, y los indios desde Caravillo cinco leguas de Lima al norte, y Pachacamac cinco leguas al sur, y los pueblos que corren la costa al mediodía hasta Arica, que veneran sus peñones, rocas o escollos, sólo diferencían este origen, diciendo que los hombres se crearon después para poblar este mundo y adorar con sacrificios a los dioses y guacas; los creó el dios Pachacamac, enviando a la tierra cuatro estrellas, dos varones y dos hembras, de quien se procrearon los reyes nobles y generosos y los plebeyos, pobres y serviciales.

39. Coniraya

Se dice que en tiempos muy antiguos el dios Coniraya Viracocha apareció en forma de un indio sumamente pobre, cubierto de andrajos, de modo que los que no sabían quién era lo despreciaban y le echaban en cara su suciedad. Pero él era, según se dice, el creador de todas las cosas y por su mandato se formaron las terrazas que se cultivaban en las vertientes de los ríos, y crecieron los muros de retención de las mismas. También creó los canales de irrigación, poniendo solamente una caña hueca sobre la tierra. De este modo se fue a diferentes rumbos de la tierra y dio a muchas cosas su forma actual. Su gran sabiduría le permitió idear diferentes trucos y hacerles malas jugadas a los huacas en los pueblos por donde pasaba.

En aquel tiempo vivía una mujer que era una huaca, llamada Cauillaca, una doncella muy bonita, muy deseada por los otros huacas o dioses principales, pero a los cuales ella nunca había complacido. Una vez estaba sentada al pie de un árbol llamado lugma, tejiendo una manta, cuando le fue posible al inteligente Coniraya acercarse a ella de la siguiente manera. Se convirtió en un pájaro muy bonito y voló sobre el árbol lugma. Aquí tomó algo de su semilla transformándola a semejanza de una fruta madura de lugma, que dejó caer cerca de la bonita Cauillaca. Ella la levantó y la comió con mucho gusto; así es como ella quedó embarazada a pesar de que nunca la había tocado un hombre. Después de nueve meses parió un hijo sin haber perdido su virginidad y durante todo un año amamantó al niño en su pecho sin saber de quién era o cómo lo había concebido. Hacia fines del año, cuando el niño comenzó a gatear, pidió Cauillaca que se reunieran los huacas de la tierra para que se aclarara quién era el padre del niño. Esta noticia les complació mucho a todos y cada uno se acicaló lo mejor que pudo, peinándose, lavándose y vistiéndose con los vestidos más ricos, ya que cada uno deseaba aparecer más elegante y más guapo que los demás, ante los ojos de la encantadora Cauillaca, para ser elegido como su esposo y señor. La reunión de los dioses se llevó a cabo en Anchicocha, un lugar frío e inhospitalario situado aproximadamente a la mitad entre los pueblos Chorillo y Huarochiri. Cuando todos se habían sentado según sus rangos, Cauillaca les dirigió las siguientes palabras: "Os he llamado a esta reunión, dignos y respetables señores para que sepáis los sufrimientos y penas que he pasado por el nacimiento de este niño que llevo en mis brazos. Ya ha cumplido un año, pero yo no conozco a su padre y no le puedo encontrar. Todos saben que nunca he conocido a hombre alguno y que nunca perdí mi virginidad. Ahora, que estáis todos reunidos, tiene que aclararse, quién me ha embarazado; puesto que quiero saber quién me ha hecho este mal y de quién es este niño". Todos se quedaron callados, se miraban los unos a los otros y esperaban que alguien reconociera al niño como suyo, pero nadie habló. Se cuenta, que en esta reunión el dios Coniraya Viracocha estaba sentado con sus andrajos en el peor lugar; la hermosa Cauillaca apenas lo había notado al dirigirse a los dioses, puesto que nunca se le hubiera ocurrido que él fuera el padre. Cuando ella vio que todos se quedaban callados dijo: "Puesto que nadie de vosotros quiere hablar, dejaré que el niño camine; sin duda será su padre aquel hacia quien se dirija y a cuyos pies se quede sentado". Así habló y desató a su hijo, que se fue gateando pasando a todos los demás, hasta que llegó donde su padre Coniraya estaba sentado andrajoso y sucio. Cuando había llegado se alegró y se rio, quedándose sentado a sus pies.

El comportamiento del niño le dio mucha vergüenza y tristeza a Cauillaca. Rápidamente lo levantó y dijo: "¡Que vergüenza tengo que sufrir! ¿yo, una señora distinguida he concebido el niño de este hombre pobre y sucio?". Entonces dio la vuelta y huyó hacia la orilla del mar. Pero Coniraya Viracocha deseaba ganarse su amistad y afecto. Por eso se puso ricos vestidos de oro, cuando vio que huía, abandonando a la sorprendida reunión de dioses y le siguió corriendo diciéndole: "¡Cauillaca, mi señora, vuelve tus ojos y mira que bien parecido y agradable soy!", agregando otras palabras llenas de cariño y afecto. Todos vieron, cómo su esplendor llenaba toda la tierra. Pero Cauillaca, llena de orgulloso desprecio, no quiso voltear la cara, sino aligeró aún más su paso y dijo: "No tengo ganas de ver a nadie desde que he sabido que una persona tan miserable y sucia me ha embarazado". Desapareció de sus miradas y llegó al mar cerca de Pachacamac, entrando en él junto con su niño y transformándose luego en una roca. Se dice que las dos rocas, madre e hijo se pueden ver aún hoy en día.

Coniraya continuó persiguiéndola gritando: "¡Detente, detente señora! ¡Mira hacia atrás! ¿En dónde estás que no te puedo ver?". Corriendo encontró un cóndor a quien le preguntó: "Hermano, dime si has encontrado a una mujer de tal y tal aspecto?". El cóndor le contestó: "La vi muy cerca de este lugar; si corres un poco más rápidamente la alcanzarás seguramente". Coniraya, alegre por la buena noticia, bendijo al cóndor y le contestó: "Vivirás eternamente, y te doy el poder de volar hacia donde tú quieras, a través de lugares desiertos y de valles, de penetrar con la vista todas las barrancas y tener tu nido donde nadie pueda estorbarte; te doy la capacidad de alimentarte sobre todo de carne corrompida que encuentres, sea de guanacos, llamas y corderos; y aun cuando estos animales vivan y cuando no estén vigilados por su propietario, los puedes matar y comértelos. Pero aquel que te mate a ti será muerto él mismo".

Coniraya siguió en su camino y se encontró con un zorrillo de aquellos que tienen un olor penetrante y le preguntó por Cauillaca. El zorrillo contestó que no valía la pena de que se apurara para buscar o seguir a la diosa puesto que ya se había alejado mucho y que ya no podría alcanzarla. Entonces Coniraya maldijo al zorrillo y dijo: "En castigo por la mala noticia que me acabas de dar te ordeno que vagues por las noches solamente, que siempre dejes un mal olor y que siempre seas perseguido y odiado por los hombres".

El dios siguió adelante y se encontró con un puma quien le contestó, respondiendo a su pregunta acerca de Cauillaca, que estaba muy cerca de ella y que la pasaría adelante si caminaba un poco más de prisa. Esta buena noticia alegró al dios y bendijo al puma diciéndole: "Tú serás respetado y temido por todos y te doy el oficio de castigar y juzgar a los malhechores. Puedes comerte las llamas de aquellos que han pecado y aun después de tu muerte se te respetará; pues cuando los hombres te maten y te quiten la piel, no quitarán la cabeza de la piel sino que la prepararán con todo y dientes y le pondrán ojos en las cuencas de modo que parezca viva. También tus pies junto con la cola se quedarán colgados de la piel y sobre todo, aquellos que te maten deben llevar tu cabeza sobre la suya y cubrirse con tu piel. Eso lo deben hacer en las fiestas principales para que así seas venerado. Además ordeno, que aquel que se adorne con tu piel sacrifique en dicha ocasión una llama y que cante y baile llevándote sobre sus espaldas".

Después de que había bendecido al puma de esta manera, siguió en su camino y se encontró otra vez con un zorrillo quien le dijo que no valía la pena que corriera puesto que la mujer se había alejado mucho y no la podría alcanzar ya. Como recompensa por esta noticia el sabio Coniraya pronunció la siguiente maldición: "Ordeno que desde lejos seas espantado. Cuando los hombres te vean, aun a gran distancia, irán para espantarte y cuando mueras nadie se preocupará ni nadie tomará la molestia de quitarte la piel o de levantarte siquiera del suelo".

Luego encontró a un halcón quien le dijo que Cauillaca estaba muy cerca. Entonces Coniraya determinó que el halcón sería muy venerado y que en la mañana para su desayuno se comiera el alquenti, un gracioso y bonito pajarito que vive de la miel de las flores; que durante el día el halcón pueda escoger cualquier pájaro para comerlo. Quien le mata debe sacrificar también una llama en su honor y llevar el pellejo del halcón en su cabeza cuando cante y baile en las fiestas.

Después se encontró con un papagayo que otra vez le dio malas noticias. Entonces determinó que en el futuro solamente gritara y chillara; y que se le oyera desde muy lejos. Que cuando quieran comer no pudieran hacerlo con tranquilidad y seguridad, puesto que sus propios gritos los delatarían y todos los hombres los llegarán a odiar.

Así le dio derechos a todos los animales que le informaban según sus deseos y maldijo a todos aquellos cuyas informaciones no le eran agradables.

Cuando por fin había llegado a la costa del mar, encontró, que Cauillaca y su hijo estaban convertidos en piedras. Mientras que seguía caminando a lo largo de la orilla encontró a dos jóvenes y bonitas hijas de Pachamac, las cuales estaban cuidadas por una gran serpiente, puesto que su madre estaba ausente visitando en el mar a Cauillaca que había llegado hacía poco tiempo. Cuando Coniraya encontró a las muchachas solas, no se dejó espantar por la serpiente a la que supo eliminar por medio de sus trucos; él se acostó con la mayor de las dos y quiso hacer lo mismo con la menor cuando ésta se fue volando en forma de una paloma que los indios llaman Urpi; por eso la madre de las muchachas se llamó Urpihuachag, que quiere decir "madre de paloma".

Dicen que en aquel entonces no había peces en el mar; solamente Urpihuachag tenía algunos en un pequeño estanque. Coniraya, que estaba enojado porque Urpihuachag visitaba a Cauillaca en el mar, tiró los peces del estanque al mar, y de éstos vienen todos los peces que hay ahora en el mar. Luego Coniraya siguió su camino a lo largo de la costa. Cuando la madre de las muchachas regresó le contaron lo que había pasado y ella corrió detrás de Coniraya gritando con gran enojo, hasta que éste se detuvo y la esperó. Entonces ella le habló con palabras dulces y amables: "Coniraya, ¿no quisieras que te peinara los cabellos y te quitara los piojos?" Él estuvo conforme y puso su cabeza en el regazo de ella. Pero mientras que Urpihuachag hacía como si le iba a quitar los piojos, trajo por medio de hechicería una roca sobre la cual le quería hacer pedazos tan pronto como se distrajese. Coniraya lo sabía debido a su gran sabiduría y le dijo que tenía que alejarse por un momento. Cuando ella se lo permitió, regresó a la tierra de Huarochiri.

Allí siguió vagando por mucho tiempo, haciéndoles malas jugadas a pueblos enteros o solamente a algunos hombres y mujeres.

40. UALLALLO Y PARIACACA

a Había una muy antigua tradición, que antes de que hubiera sucedido algo de lo cual hubieran noticias, vivían ciertos huacas o dioses que tenían forma

humana, según se debe suponer. Se llamaban Yananamca e Intanamca, que
fueron vencidos y exterminados en una lucha que tuvieron con otro huaca llamado Uallallo Caruincho; Uallallo quedó como señor y dios de la tierra. Él
ordenó que ninguna mujer pudiera parir más que dos niños, de los cuales
siempre se debía ofrecerle uno como alimento y el otro, que podía ser escogido por los padres debía ser criado por ellos. También se dice que en aquel
tiempo todos los que murieron fueron despertados al quinto día, y que todo
lo que se sembraba en la tierra brotaba al quinto día, crecía y llevaba fruto;
que todas las tres provincias eran entonces tierra muy caliente, que los indios llaman Yunga o Ande; y se cuenta además que entonces los frutos del
campo maduraban todavía en desiertos y regiones deshabitadas, como por
ejemplo en [la cordillera de] Pariacaca, y que había en los Andes una gran
cantidad de pájaros bonitos y de todos colores, como lo son los aráras y papagayos. Todo esto junto con la gente que entonces vivía en la tierra llevando
una vida pecaminosa y con el dios Uallallo fueron expulsados más tarde por
el dios Pariaca a otras regiones andinas...

En aquel entonces los indios de cada distrito elegían como cabeza al más
rico y más valiente; este período se llama Purunpacha, que quiere decir el
tiempo cuando todavía no había rey. En aquellos días dicen que aparecieron
cinco huevos grandes en una montaña llamada Condorcoto, situada hacia el
sur entre Huarochiri y Chorrillo; ese era el origen de Pariacaca. Al mismo
tiempo vivía allá un indio pobre y mal vestido llamado Uathiacuri, quien según se dice era un hijo de Pariacaca que había aprendido muchas artes de su
padre. Dicen que se llamaba Uathiacuri porque toda su comida era Uatyasca
que quiere decir no bien cocida sino frita o, como dicen en estas tierras, preparada en barbacoa. Puesto que era pobre, no podía comer nada mejor. También en este tiempo un señor rico y poderoso tenía su casa en Anchicocha,
alrededor de legua y media del lugar donde habían aparecido los cinco huevos. Su casa era rica y adornada de un modo raro, puesto que el techo estaba
formado por plumas de pájaros amarillas y rojas, y las paredes estaban cubiertas con telas semejantes pero aún más raras. Le pertenecían una gran cantidad de llamas, algunas de color rojo, otras azules y amarillas y de todos los
demás colores brillantes que hay, de modo que no tenía necesidad de teñir
la lana al tejerla. También muchas otras clases de riquezas eran suyas. Por
eso las gentes venían de todas direcciones para rendirle pleitesía; también
dijo que era muy sabio y hasta afirmaba que era dios y creador. Pero al fin
le vino una gran desgracia. Le dio una prolongada y asquerosa enfermedad y
todos se asombraban de que un hombre tan sabio y rico, que quería ser dios
y creador, podía enfermarse tanto, siendo al mismo tiempo incapaz de curar-
se; y comenzaron a murmurar muchas cosas malas de él. En todo este tiempo el falso dios trataba de encontrar curación para sus males, probando diferentes tratamientos, consiguiéndose medicinas raras y mandando por todas
las gentes que tenían conocimientos en el arte de curar. Pero todo fue en
vano y no había nadie que hubiera comprendido la enfermedad o que le hubiera podido curar.

En este tiempo Uathiacuri se encontraba en un viaje hacia la costa y había

puesto su campamento en la montaña Latallaco, allá donde el camino de
Lima a Cieneguilla comienza a subir. Mientras él estuvo allá vio un zorro
que quería ir a la costa y otro que venía de allá, para ir a Anchicocha. Éste
le preguntó a aquél si había alguna nueva y el primero de ellos contestó:
"Todo está en orden; solamente un hombre rico se encuentra muy enfermo
y se apura mucho para sanar y para reunir gentes con experiencia que le pudieran decir la causa de su enfermedad; pero hasta ahora ninguno lo ha podido hacer. Pero la razón verdadera es que a su mujer se le cayó un grano de
maíz en su regazo cuando lo estaba tostando, así como sucede todos los días;
ella lo dio a un hombre quien lo comió, cometiendo después adulterio con
él. Por eso está enfermo el hombre rico; una serpiente está suspendida ahora
sobre su preciosa casa para comérselo, y un sapo de dos cabezas está esperando debajo de su piedra de moler con la misma intención. Pero nadie lo
sabe". Así terminó diciendo el zorro...

Cuando Uathiacuri había oído lo que dijeron los zorros se fue al lugar
donde el hombre rico estaba enfermo y preguntó, haciendo como si no su-
piera nada, a una muchacha joven y bonita, la hija menor del dios enfermo
(la hermana mayor ya estaba casada), si alguien estaba enfermo. Ella contestó: "Mi padre está enfermo", diciéndole él: "Si tú estás dispuesta a con-
cederme tus favores y a quererme, estoy dispuesto a curar a tu padre". No
se sabe el nombre de la hija; algunos dicen, que se llamaba Chaupiñaca.
Ella no quiso considerar esta petición, sino se fue hacia donde estaba su padre y le contó que un hombre sucio y andrajoso había ofrecido curarlo. Entonces se rieron todos los hombres sabios que estaban reunidos con el enfermo
y opinaban que puesto que ninguno de ellos había podido hacer la curación,
mucho menos lo podría hacer aquel pobre infeliz. Pero el enfermo, debido al
ardiente deseo de sanar, no se negó a ponerse en manos de aquel extraño
sino que ordenó que lo llamasen, sea quien fuere. Uathiacuri entró y dijo
que con seguridad lo podría curar si el enfermo le daba su joven hija por
mujer, a lo cual el enfermo contestó que lo haría con mucho gusto. Esto lo
tomó a mal el marido de la hija mayor, puesto que le parecía una ofensa
que su cuñada fuese la esposa de un hombre tan pobre, que de esta manera
podía parecer de igual nacimiento que él mismo, el yerno rico y poderoso.

El sabio Uathiacuri comenzó su curación preguntando: "¿Sabes, que tu
mujer ha cometido adulterio y que esta es la verdadera razón de tu enfermedad? ¿Sabes, que hay dos serpientes grandes sobre tu casa que están esperando para comerte? ¿Y que hay un sapo de dos cabezas bajo aquella
piedra de moler? Ante todo hay que matar a estos animales, y entonces ya
recobrarás tu salud poco a poco. Pero cuando ya hayas sanado debes adorar
a mi padre, que llegará dentro de algunos días, y rendirle pleitesía, puesto
que es bien claro que tú no eres ni dios ni creador. Si lo fueras, no estarías
enfermo y no se necesitaría una curación". El enfermo y los que le rodeaban
estaban sorprendidos. La mujer del enfermo gritó que la acusación contra
ella era una mentira infame y daba gritos de cólera, pero el enfermo tenía
tanto deseo de sanar que ordenó una revisión y se encontraron realmente las
dos serpientes en la punta de la casa, y las mataron. Cuando Uathiacuri le

recordó a la mujer que se le había caído un grano en el regazo cuando tostaba maíz, y que se lo había dado a un hombre con quien después cometió adulterio, lo confesó todo. Entonces mandó levantar a la piedra de moler y salió brincando un sapo con dos cabezas. Se fue hacia una fuente que brota cerca de Anchicocha, donde dicen que vive todavía hoy en día haciendo que aquellos que van hacia la fuente pierdan su camino, se vuelvan locos y mueran. Después de que había sucedido todo esto, sanó el enfermo y el sabio Uathiacuri pudo gozar ahora el amor de la muchacha. Se cuenta que por lo

general se iba una vez al día hacia el cerro Condorcoto donde estaban los cinco huevos, alrededor de los cuales soplaba ahora el viento, que antes no había. Cuando quiso irse esta vez, el convaleciente le dio su hija para que lo acompañase, y la pareja se juntó allá en amor, con gran contento de ambos.

El cuñado de la muchacha estaba muy enojado cuando le dijeron que Uathiacuri había logrado lo que quería, diciendo que era un pobre infeliz y no un sabio. Determinó convencer de esto también a los otros y así le dijo un día a Uathiacuri: "Hermano, me molesta que tú siendo mi cuñado, seas tan pobre y andrajoso, mientras que yo soy rico poderoso y honrado por todo el pueblo. Vamos a hacer una competencia entre los dos para que uno venza al otro". Uathiacuri aceptó el reto. Luego dirigió sus pasos hacia Condorcoto y llegó al lugar donde su padre Pariacaca estaba en un huevo. Le contó lo que había sucedido y Pariacaca le contestó que estaba bien que aceptase aquel reto; solamente debería llegar hacia él para contarle de lo que se trataba. Con este consejo del padre regresó Uathiacuri hacia el pueblo.

Un día le dijo su cuñado: "Vamos a ver, quien de los dos puede vencer al otro bebiendo y bailando". Uathiacuri se mostró conforme y se fue hacia donde estaba su padre Pariacaca a quien le mandó ir a un cerro vecino donde se transformaría en un guanaco muerto. A la mañana siguiente llegaría allí un zorro con su zorra, ésta con un jarro de chicha en la espalda y el zorro con una flauta de pan [y un tambor]. Los zorros debían ir realmente hacia Pariacaca, puesto que venían para darle de beber y para tocar y bailarle algo; pero tan pronto como vieran en el camino al guanaco muerto, no dejarían escapar la oportunidad de llenarse la barriga. Por eso dejarían jarro, tambor y flauta de pan, disponiéndose para comerlo. Entonces él debería volver en sí, regresando a su forma antigua y gritando fuertemente, por lo cual los zorros se echarían a correr. Entonces debería tomar solamente aquellas cosas que ellos habían dejado, y que podía estar seguro de que saldría vencedor de la competencia con su cuñado.

Todo sucedió tal como Pariacaca lo había pronosticado, y Uathiacuri se fue al lugar donde su cuñado brindaba con aquellos que estaban alrededor suyo con grandes cantidades de chicha, bailando con muchos de sus amigos. Sus tambores fueron tocados por más de doscientas mujeres. Mientras esto sucedía apareció Uathiacuri con su mujer. Bailó con ella y le llenó la copa y tocó el tambor. Al primer sonido subterráneo del tambor comenzó a temblar la tierra al compás de la música, de modo que aventajaba al cuñado rico por el hecho de que no solamente bailaban los hombres sino también la tierra. Luego se fueron hacia el lugar donde los otros estaban bebiendo, y el cuñado vino con todos sus amigos para vencer a Uathiacuri bebiendo, puesto que consideraba como imposible que él sólo pudiera tomar tanto como el cuñado con todos sus amigos. Pero se equivocaron, ya que bebió todo lo que le dieron sin la menor señal de que ya le bastaba. Entonces se levantó y comenzó a brindar con los presentes, mientras su mujer llenaba las copas con la chicha del jarro del zorro. Los espectadores se rieron, puesto que pensaban que el jarro estaría vacío antes de haberles llenado la copa a otros dos. Pero la chicha no se acababa y cada uno que tomaba de ella se cayó al suelo borracho. Así Uathiacuri salió vencedor de esta competencia.

Cuando su cuñado vio que había salido mal, determinó probar alguna otra cosa. Cada uno debería aparecer en trajes de fiesta con plumas relucientes y de muchos colores. Uathiacuri se mostró conforme con el reto y se fue hacia su padre para pedirle su ayuda. Pariacaca lo cubrió con un poncho de nieve, y así venció a su cuñado por segunda vez.

Entonces el cuñado lo retó por tercera vez: el pueblo debería ver quién de los dos aparecía ataviado para el baile en la plaza pública con la piel de puma más bonita. Otra vez se fue Uathiacuri hacia su padre, quien lo mandó a una fuente, donde encontraría una piel de puma de color rojo, con la cual debería ir a la competencia. Cuando entró a la plaza todos vieron, que un arco iris rodeaba la cabeza del puma. Así Uathiacuri se llevó otra vez la victoria.

Pero el cuñado vencido estaba determinado a hacer una prueba definitiva. Cada uno debería construir una casa en el tiempo más corto y del mejor modo. Uathiacuri consintió en ello. El cuñado rico comenzó inmediatamente a reunir sus numerosos vasallos, y después de un día casi había acabado las paredes, mientras Uathiacuri, a quien sólo ayudaba su mujer, apenas había comenzado el basamento. Pero el trabajo del cuñado quedaba parado durante la noche, no así el de Uathiacuri. Una gran cantidad de pájaros, serpientes y lagartos terminaron la obra silenciosamente, de modo que a la mañana siguiente la casa estaba concluida y el cuñado rico había sido vencido con gran asombro de todos los observadores. Luego al día siguiente vino un gran número de guanacos y vicuñas cargadas con paja para el techo, mientras que venían llamas con cargas semejantes para la casa del cuñado. Pero Uathiacuri ordenó a un animal, llamado oscollo —[un gato salvaje], que emite gritos agudos—, de pararse en un punto determinado. Allá comenzó luego una gritería tal, que las llamas asustadas tiraron sus cargas y se perdió toda la paja.

Al terminar esta competencia Uathiacuri decidió, siguiendo el consejo de su padre Pariacaca, acabar ahora con todo este asunto. Por eso le dijo a su cuñado rico: "Hermano, tú has visto que he consentido en todo lo que has propuesto. Es justo por lo tanto que tú hagas ahora lo mismo. Propongo que veamos ahora quien de los dos baila mejor, ataviados con un poncho de color azul y con un taparrabo blanco de algodón alrededor de la cadera". El cuñado se mostró conforme, y era como de costumbre, el primero que entró a la plaza pública con los atavíos convenidos. Luego apareció también Uathiacuri y entró corriendo y gritando a la plaza, donde el otro bailaba. Éste, espantado por el grito y la brusca entrada de Uathiacuri comenzó a huir, y de tal manera que se convirtió en un venado o fue convertido en tal por Uathiacuri, para alcanzar una rapidez aun mayor. En esta forma llegó a Anchicocha, donde su mujer cuando lo vio, se levantó también y dijo: "¿Qué me quedo haciendo aquí? Debo seguir a mi marido y morir con él". Entonces comenzó a correr detrás de él y Uathiacuri seguía detrás de los dos. Luego Uathiacuri alcanzó a la mujer en Anchicocha y dijo: "¡Traidora! Siguiendo tu consejo tu marido me ha retado a tantas competencias y muchas veces ha puesto a prueba mi paciencia. Ahora te pagaré convirtiéndote en piedra, con la cabeza sobre el suelo y los pies en el aire". Así sucedió y la piedra se encuentra allá hasta hoy en día; los indios la veneran, le ofrecen coca y practican otras costumbres superticiosas delante de ella. La mujer fue detenida de esta manera; pero el venado seguía corriendo y desapareció, y se alimentó durante algún tiempo comiendo gentes; solamente después los venados fueron comidos por los hombres, y no los hombres por los venados.

Se dice que ahora se abrieron los cinco huevos en el Condorcoto, de los cuales uno contenía a Pariacaca, saliendo cinco halcones, que se convirtieron luego en cinco hombres que caminaban y hacían cosas maravillosas. Una consistía en que acabaron con el indio rico, que se consideraba como dios, provocando Pariacaca y sus compañeros una gran tormenta y trayendo grandes cantidades de agua que arrastraron al mar a él, a su casa, a su mujer y a sus hijos. El lugar donde estaba la casa del hombre rico se encuentra entre dos montañas muy altas; una llamada Vicocha, situada cerca de la parroquia de Chorrillo, el otro, Llantapa en la parroquia de San Damián; entre ambos corre el río Pachacamac...

Pariacaca trataba además de realizar grandes cosas en todo el mundo, a pesar de que el espacio que recorría no medía más que veinte leguas de circunferencia. Sobre todo hizo el plan de retar a una lucha al poderoso Uallallo Caruincho, a quien le sacrificaban niños. Así se fue a buscar a Uallallo; pero se debe contar lo que le sucedió en el camino.

En el camino de Condorcoto al lugar donde vivía Uallallo vino a un lugar donde se encuentra hoy en día el pueblo de Santa María de Jesús de Huarochiri... Entonces también había allá un pueblo llamado Huagaihusa, en el cual se celebraba en esos momentos una gran fiesta... Pariacaca entró a la plaza donde se celebraba la fiesta y en la cual todos los habitantes estaban bebiendo, vestidos con ropas humildes y se sentó con los otros pero muy al final de los bebedores, como es costumbre cuando alguien no ha sido invitado. Durante todo el día nadie brindó con él o le sirvió que beber. Una mujer joven, que lo vio, le tuvo lástima y le dijo: "¿Cómo es posible que nadie le da que beber a este pobre, y que nadie lo tome en cuenta?" Entonces virtió un gran trago de chicha en una gran calabaza blanca que los indios llaman putu y la llevó a Pariacaca que recibió la bebida dando las gracias y diciendo que había hecho una buena acción y se había ganado su amistad. "Y esto", siguió diciendo, "significa tanto para ti como para tu vida, ya que después de transcurridos cinco días ocurrirán cosas maravillosas en este lugar y ninguno de los habitantes quedará con vida; su desprecio ha despertado mi ira. En aquel día debes ponerte en seguridad a ti y a tus hijos para que no corras la misma suerte que los otros. Pero si le cuentas el secreto a cualquier habitante del pueblo tu muerte será también inevitable". La mujer le dio las gracias cuando recibió esta advertencia, y cuidó de alejarse del pueblo al quinto día junto con sus hijos, hermanos y parientes. Los demás habitantes se quedaron bebiendo y comiendo sin darse cuenta de la desgracia que se acercaba. Mientras tanto Pariacaca, que estaba enojado, se había subido a un alto cerro, llamado Matrocoto, que está junto al pueblo Huarochiri... Entonces comenzó a caer una gran cantidad de lluvia junto con granizo y piedras amarillas y verdes que arrastraron el pueblo hacia el mar, de modo que nadie quedó con vida. El recuerdo de este diluvio vive aún hoy en día entre los habitantes de Huarochiri...

Luego Pariacaca pasó el río y caminó por los campos que pertenecen ahora a los Ayllu Copara, los cuales sufrían entonces mucho por la falta de agua para la irrigación. Los habitantes no conseguían entonces el agua del río, sino de una fuente en la montaña Sienacaca, junto al pueblo que hoy se llama San Lorenzo. A través de la fuente se había construido un gran dique, otros atravesaban el riachuelo más abajo; de este modo irrigaban sus campos. Entonces vivía una muchacha muy bonita que pertenecía a los Ayllu Copara. Cuando vio un día que las plantas de maíz se secaban debido a la falta del agua y que solamente corría muy poca agua de uno de los diques más pequeños que había abierto, comenzó a llorar. Cuando pasó Pariacaca la vio y se quedó impresionada de su belleza. Se fue al dique, se quitó su poncho y tapó con él el canal que la muchacha había hecho. Entonces bajó allí donde se intentaba irrigar los campos, ahora aún más triste que antes puesto que vio que ya no corría nada de agua. Pariacaca le preguntó con palabras amables por qué lloraba, y ella contestó, sin saber quién era él: "Padre mío, lloro porque se destruyen las plantas de maíz, ya que se secan debido a la falta de agua". Le pidió que se consolara y que ya no pensara más en aquello puesto que se había ganado su cariño; él logrará que el dique dé más agua que la necesaria para irrigar su campo de maíz. Choquesuso [así se llamaba la muchacha] le mandó traer primero agua en cantidades para complacerle después sus deseos. Entonces él subió al dique, abrió el canal y salió tal cantidad de agua, que era suficiente para irrigar los campos sedientos. Choquesuso se alegró mucho por esto; cuando Pariacaca le pidió que cumpliera su palabra le contestó, que tenía que pensarlo algún tiempo. Por su gran amor ardiente le prometió muchas cosas, entre ellas que haría un canal desde el río que sería suficiente para irrigar todas las haciendas. Ella aceptó su promesa pero le dijo que primero tenía que ver correr el agua antes de complacerle en lo que quería.

Pariacaca revisó las tierras... y vio que podía abrir un dique en la barranca de Cocachalla y llevar el agua hasta que llegara a las haciendas de Ayllu Copara, donde estaban también los campos de su amada. Así ordenó a todos los pájaros en las colinas y en los árboles y a todas las serpientes, lagartijas, osos, pumas y otros animales, para que viniesen y quitasen el estorbo del camino. Cuando lo habían hecho mandó ensanchar el canal y excavar otros nuevos hasta que el agua había llegado hasta las haciendas. Entonces se originó un pleito entre los animales acerca de quién abriría la brecha del canal, y muchos exigían este oficio porque querían mostrar su habilidad y para quedar bien con su maestro. El zorro logró por su viveza que le dieran el puesto de ingeniero; y él hizo el surco del canal hasta aquel lugar arriba de la plaza donde está ahora la iglesia de San Lorenzo. Pero entonces vino volando una codorniz que lanzó un grito, el cual sonaba como "pichpich", y de repente el zorro dejó bajar el agua por la montaña. Los otros trabajadores estaban muy enojados y ordenaron a la culebra ocupar el lugar del zorro y seguir adelante con lo que había comenzado. Pero ella no lo pudo hacer tan bien como el zorro, y los habitantes se quejan hasta hoy en día de que el zorro haya sido sustituido por la serpiente; si eso no hubiera sucedido, el canal estaría más arriba y mejor colocado...

Cuando Pariacaca había traido el agua para que irrigara las haciendas como lo hace hoy en día, presionó a la doncella otra vez para que cumpliera su promesa. Ella consintió con mucha vergüenza pero propuso que ambos se fueran para eso a la cima de la roca Yanacaca. Así sucedió y a Pariacaca se le cumplieron allá sus deseos; el amor de ella fue ricamente compensado cuando supo quién era él. Ahora ya no le quería dejar ir solo a ninguna parte, sino que lo quería acompañar por todos lados. Él la llevó consigo hacia las obras del canal de irrigación situado en la fuente que había hecho por el amor de ella. Puesto que la doncella tenía ganas de quedarse allá, le cumplió su deseo convirtiéndola en piedra, mientras que él subía a la montaña.

b   Los yungas, vecinos [de los yaugos] del valle de Lima, entraron por esta provincia haciendo guerra y poblaron un pueblo que hoy se llama Lima... en el lago que está al pie de esta alta sierra de nieve de Pariacaca, tenían un ídolo que llamaban Uallallo, al cual sacrificaban algunos tiempos del año niños y mujeres; y les apareció donde está este alto pico de nieve, un ídolo que se llamaba Pariacaca [o Yaro] y les dijo a los indios que hacían este sacrificio al ídolo Uallallo, que ellos adoraban: "No hagáis eso de sacrificar vuestros hijos y mujeres, sacrificadme a mí, que no quiero sangre humana, sino que me sacrifiquéis sangre de ovejas de la tierra, esos que llaman llamas, y corderos, que con esto me contentaré". Y que ellos le habían respondido "Matarnos ha a todos, si tal hacemos, el Uallallo", y que el Pariacaca había replicado: "Yo pelearé con él y lo echaré de aquí". Y así, tres días con sus noches peleó el Pariacaca con el Uallallo y lo venció, echándolo a los Andes, que son unas montañas en la provincia de Xauxa, haciéndose el Pariacaca la sierra y alto pico de nieve que hoy es, y el Uallallo otra sierra de fuego. Y así pelearon; y el Pariacaca echaba tanta agua y granizo, que no lo pudo sufrir el Uallallo, y así, lo venció y echó a donde dicho es; y de la mucha agua que le echó encima, que quedó aquel lago que hoy es, que llaman Pariacaca, y que es el camino real que va al Cuzco, desde los Reyes. Y lo tienen hoy creído los indios, y suben a lo más alto de dicho cerro de nieve a ofrecer sus sacrificios al Pariacaca y por otro nombre Yaro, que así dicen que quedó, hecho sierra de nieve, después de la dicha batalla, y le hacen estos ofrecimientos...

41. Apocatequil

Ataguju es el creador de todas las cosas. Dicen que está en cielo y que no se mueve de allí, sino que desde allí gobierna todas las cosas y las crea. Dicen que él hizo el cielo y la tierra, y viéndose solo, creó otros dos ayudantes y todos estos tres tuvieron una voluntad y un parecer, no tenían mujeres, y estaban de acuerdo en todas las cosas. De estos dos dioses que hizo Ataguju, el uno se llamaba Sagadzabra y el otro Vaungrabrad...

Ataguju tenía dos criados que le servían: el uno se llamaba Uvigaicho y el otro Vustiqui... Los indios consideraban a éstos como intercesores del pueblo y acudían a ellos como nosotros a los santos. Cuando Ataguju creó a estos dos, creó a otro que se llamaba Guamansuri...

Ataguju mandó a Guamansuri al mundo desde el cielo y éste llegó a la provincia de Guamachuco, que desde entonces comenzó a existir. Halló en ella hombres, que en lengua de Guamachuco se llaman guachemines y él andaba muy pobre entre ellos. Los guachemines le hacían trabajar y cultivar sus campos. Ellos tenían una hermana, que llamaban Cautaguan, la cual tenían muy encerrada para que no la viera nadie. Cuando los hermanos estuvieron fuera un día, Guamansuri fue hacia ella y con halagos y engaños la tuvo y la empreñó. Y como los hermanos guachemines la vieron preñada y supieron del negocio, y que Guamansuri había sido el estuprador y agresor, lo prendieron y lo quemaron y lo hicieron polvo. Dicen los indios que el polvo se subió al cielo y que Guamansuri se quedó allá con Ataguju...

Al cabo de pocos días Cautaguan parió dos huevos y murió del parto. Entonces tomaron los huevos y los echaron a un muladar, y de allí salieron dos muchachos dando gritos, a los cuales tomó una señora y los crio. El uno se llama Apocatequil; él es el principio de muchos males y el dios más temido y honrado que había en todo el Perú, siendo adorado y reverenciado desde Quito hasta Cuzco. El otro hermano se llamaba Piguerao. Apocatequil fue al lugar donde se murió su madre y la resucitó. Entonces la madre le dio dos hondas que su padre Guamansuri había dejado para que las diese al que iba a parir, porque con aquellas había de matar a los guachemines. Entonces el fuerte mancebo mató a los guachemines, y a algunos que quedaron los echó de la tierra. Entonces se subió al cielo y le dijo a Ataguju: "Ya la tierra está libre, los guachemines muertos y echados de la tierra. Ahora te ruego que se críen indios que la habiten y la labren". Ataguju respondió que puesto que había actuado tan valientemente y había matado a los guachemines, se fuese al cerro que ellos llamaban Ipuna y que ahora se llama Guacat, situado encima de Santa Cruz, en el lugar donde ahora está fundada la villa de la Parrilla entre Trujillo y Lima. Que fuese a dicho cerro y cavase con taquillas o azadas de plata y oro y de allí sacaría a los indios que después se multiplicarían. Así se hizo, y de allí salieron los actuales indios.

De aquí que es grande el acatamiento que tienen a Apocatequil y el temor que le guardan, porque dicen que es el que hace los rayos, truenos y relámpagos, los cuales hace tirando con su honda... Apocatequil fue adorado [sobre todo] en Porcón, cuatro leguas de Guamachuco... Allí, en lo alto de un cerro, están tres peñas muy grandes; a la primera llaman los indios Apocatequil, a la segunda Mamacatequil (ésta es su madre Cautaguan) y a la tercera Piguerao. Los indios hicieron de una piedra una estatua de hombre lo mejor que ellos pudieron, y la pusieron encima de la primera peña, y ésta representaba al gran Apocatequil, el ídolo más reverenciado y más general de toda la tierra.

42. VIRACOCHA

a Habiendo el dios que los peruanos llaman Pachayachachic, que quiere decir maestro y creador del mundo, y el dios invisible, creado el mundo y en el mundo los hombres, le fueron menospreciando, porque unos adoraban ríos, otros fuentes, montes y peñascos, y los hacían iguales a él en divinidad; sentía mucho el dios Pachayachachic semejante delito y les castigaba con rayos esta injuria. El castigo no enfrenaba su iniquidad, y así irritado del todo les arrojó tan gran aguacero y tan inmensa cantidad de agua que ahogó todos los hombres y de los cuales se escaparon algunos (no culpados) permitiéndoles este dios que se subiesen en altísimos árboles, a las cimas de los encumbrados montes y se escondiesen en cuevas y grutas de la tierra, de donde los sacó cuando el llover había cesado y les dio orden que poblasen la tierra y fuesen dueños de ella, y viviesen alegres y dichosos. Ellos agradecidos a las cuevas, montes, árboles y escondrijos los tenían en gran veneración y les comenzaron sus hijos a adorar, haciendo a cada uno ídolo y huaca. He aquí el origen de tanta multitud de adoratorios y huacas; que fue el decir que cada familia que a su progenitor amparó tal monte, árbol o cueva enterrándose donde estaba enterrado su primogenitor. Volvióse su dios a enojar e indignar y convirtió a todos los iniciadores de estas adoraciones en piedras duras porque eran tan necios, que ni rayos de fuego, ni grandes diluvios de agua podían enfrenarlos. Hasta entonces no había el Pachayachachic creado al sol, la luna y las estrellas, y fuelas a crear al pueblo de Tiahuanaco, a la laguna Titicaca [de la provincia] de Chucuito.

b   Dicen los naturales de esta tierra que en el principio o antes que el mundo fuese creado, hubo uno que llamaban Viracocha. El cual creó el mundo oscuro y sin sol ni luna ni estrellas; y por esta creación le llamaron Viracocha Pachayachachic, que quiere decir "Creador de todas las cosas". Y después de creado el mundo formó un género de gigantes deformes en grandeza, pintados o esculpidos, para ver si sería bueno hacer los hombres de aquel tamaño. Y como le pareciesen de muy mayor proporción que la suya, dijo: "No es bien que las gentes sean tan crecidas; mejor será que sean de mi tamaño". Y así creó los hombres a su semejanza como los que ahora son. Y vivieron en oscuridad.

A éstos mandó el Viracocha que viviesen sin desavenir y que le conociesen y sirviesen. Y les puso cierto precepto que guardasen so pena que, si lo quebrantasen, los confundiría. Guardaron este precepto, que no se dice que fue, algún tiempo. Mas como entre ellos naciesen vicios y codicia, traspasaron el precepto de Viracocha Pachayachachic, y cayendo por esta transgresión en la indignación suya, los confundió y maldijo. Y luego fueron unos convertidos en piedras y en otras formas, a otros tragó la tierra y a otros el mar, y sobre todo les envió un diluvio general, al cual llaman pachacuti, que quiere decir "agua que trastornó la tierra". Y dicen que llovió sesenta días y sesenta noches, y que se anegó todo lo creado, y que sólo quedaron algunas señales de los que se convirtieron en piedras para memoria del hecho y para ejemplo a los venideros en los edificios de Pucara, a sesenta leguas del Cuzco. . .

Viracocha Pachayachachic, cuando destruyó esta tierra, como se ha contado, guardó consigo tres hombres, el uno de los cuales se llamó Taguapacac, para que le sirviesen y ayudasen a crear las nuevas gentes que había de hacer en la segunda edad después del diluvio. Lo cual hizo de esta manera. Pasando el diluvio y seca la tierra, determinó el Viracocha de poblarla por segunda vez, y para hacerlo con más perfección, determinó crear luminarias que diesen claridad. Y para lo hacer, fuese con sus criados a una gran laguna, que está en el Callao, y en la laguna está una isla llamada Titicaca, que quiere decir "monte de plomo". . . a la cual isla se fue Viracocha y mandó que luego saliese el sol, luna y estrellas [de ella] y se fuesen al cielo para dar luz al mundo. Y así fue hecho. Y dicen que creó a la luna con más claridad que el sol, y que por eso el sol envidioso al tiempo que iban a subir al cielo le dio con un puñado de ceniza en la cara, y que de allí quedó oscurecida del color que ahora parece. Y esta laguna está frente a Chucuyto, pueblo del Collao, cincuenta y siete leguas al sur del Cuzco. Y como Viracocha mandase algunas cosas a sus criados, el Taguapaca fue desobediente a los mandamientos de Viracocha, el cual, por esto indignado contra Taguapaca, mandó a los otros dos que lo tomasen; y atado de pies y manos, lo echaron en una balsa en la laguna; y así fue hecho. Y siendo Taguapaca blasfemado del Viracocha por lo que en él hacía, y amenazando que él volvería a tomar venganza de él, fue llevado del agua por el desaguadero de la misma laguna, adonde no fue visto más por muchos tiempos. Y esto hecho, Viracocha fabricó en aquel lugar una solemne huaca como adoratorio en señal de lo que allí había hecho y creado.

Y dejando la isla, pasó por la laguna a la tierra firme, y llevando en su compañía a los dos criados que había conservado, fuese a un asiento, que ahora llaman Tiahuanaco, que es de la provincia de Collasuyo, y en este lugar esculpió y dibujó en unas losas grandes todas las naciones que pensaba crear. Lo cual hecho, mandó a sus dos criados que encomendasen a la memoria los nombres que él les decía que aquellas gentes que allí había pintado, y de los valles y provincias y lugares de donde los tales habían de salir, que eran los de toda la tierra. Y a cada uno de ellos mandó ir por diferente camino, llamando las tales gentes, y mandándolas salir, procrear y henchir la tierra. Y los dichos criados suyos, obedeciendo el mandamiento de Viracocha, dispusiéronse al camino y obra, y el uno fue por la sierra o cordillera que llaman de las cabezadas de los llamaos, sobre el Mar del Sur, y el otro por la sierra que cae sobre las espantables montañas, que decimos de los Andes, situada al levante de dicho mar. Por estas sierras iban caminando y a voces altas diciendo: "¡O vosotros gentes y naciones! ¡Oíd y obedeced el mandado del Ticci Viracocha Pachaychachic, el cual os manda salir, multiplicaros y henchir la tierra!". Y el mismo Viracocha iba haciendo lo mismo por las tierras intermedias de sus dos criados, nombrando todas las naciones y provincias por donde pasaban. Y a las voces que daban todo lugar obedeció, y así salieron unos de lagos, otros de fuentes, valles, cuevas, árboles, cavernas, peñas y montes, y henchieron las tierras y multiplicaron las naciones que son hoy en el Perú.

Otros afirman que esta creación el Viracocha la hizo desde el sitio de Tiahuanaco... [que las gentes, una vez dotadas de espíritu] de allí partieron a poblar las tierras. Y cómo, antes de partirse fueron de una legua, e hicieron en Tiahuanaco los edificios, cuyas ruinas ahora se ven, para morada del Viracocha su hacedor, [en partiéndose variaron las lenguas, notando las frases de fieras, tanto que tornándose a topar después, no se entendían los que antes eran parientes y vecinos]...

La creación de estas gentes la hizo el Viracocha, el cual tienen noticia que fue un hombre de mediana estatura, blanco y vestido de una ropa blanca a manera de alba ceñida por el cuerpo y traía un báculo y un libro en las manos.

Y tras esto cuentan un extraño caso que como después que el Viracocha creó todas las gentes, viniese caminando, llegó a un asiento, donde se habían congregado muchos hombres de los creados por él. Este lugar se llama ahora el pueblo de Cacha. Y como Viracocha llegó allí, y los habitantes lo extrañasen en el hábito y trato, murmuraron de él y propusieron de matarlo desde un cerro que allí estaba. Y tomadas las armas para ello, fue entendida su mala intención por el Viracocha. Éste se hincó de rodillas en la tierra en un llano, levantó las manos cruzadas y el rostro al cielo, y bajó fuego de lo alto sobre los que estaban en el monte y abrasó todo aquel lugar; y ardía la tierra y piedras como paja. Y como aquellos malos hombres temiesen aquel espantable fuego, bajaron del monte y echáronse a los pies de Viracocha, pidiéndole perdón de su pecado. Y movido el Viracocha a compasión, fue al fuego y con el bordón lo mató. Mas el cerro quedó abrasado de manera que las piedras quedaron tan leves por la quemazón, que una piedra muy grande que un carro no la meneara, la levanta fácilmente un hombre. Esto se ve hoy, y es cosa maravillosa de ver aquel lugar y monte, que tendrá un cuarto de legua, abrasado todo: está en el Collao.

Después de lo cual Viracocha prosiguiendo su camino llegó al pueblo de los Urcos, seis leguas al sur de Cuzco. Y estando allí algunos días, fue servido bien de los naturales de aquel asiento. Y como de allí se partió, le hicieron una célebre huaca o estatua para adorarle y ofrecerle dones, a la cual estatua en los tiempos futuros los incas ofrecían muchas cosas ricas de oro y otros metales y sobre todo un escaño de oro, el cual después, cuando los españoles entraron en el Cuzco hallaron y partieron entre sí, que valió diecisiete mil pesos; tomólo para sí por joya del general, el marqués don Francisco Pizarro...

Viracocha prosiguió su camino, haciendo sus obras e instruyendo las gentes creadas. Y de esta manera llegó a las comarcas, donde es ahora Puerto Viejo y Manta en la línea equinoccial, adonde se juntó con sus criados. Y queriendo dejar la tierra del Perú, hizo una habla a los que había creado, avisándoles de cosas que les habían de suceder. Les dijo que vendrían gentes algunas que dijesen que ellos eran el Viracocha su creador, y que no los creyesen, y que él en los tiempos venideros les enviaría sus mensajeros, para que los amparasen y enseñasen. Y esto dicho, se metió con sus dos criados por la mar, e iban caminando sobre las aguas como por tierra, sin hundirse. Porque iban caminando sobre las aguas, como espuma, le llamaron Viracocha, que es lo mismo que decir "grasa o espuma del mar". Y al cabo de algunos años, que el Viracocha se fue, dicen que vino el Taguapacac, que Viracocha mandó

echar en la laguna de Titicaca del Collao, como se dijo arriba, y que empezó con otros a predicar que él era el Viracocha. Mas aunque al principio tuvieron sospechas las gentes, fueron conocidos al fin por falsos y se burlaron de ellos.

c   Afirmaban que tuvo [Viracocha] un hijo muy malo, . . .que tenía por nombre Taguapica Viracocha, y éste contradecía al padre en todas las cosas, porque el padre hacía los hombres buenos y él los hacía malos en los cuerpos y en las ánimas; el padre hacía montes y él los hacía llanos, y los llanos [del padre] convertía en montes; las fuentes que el padre hacía, él las secaba, y, finalmente, en todo era contrario al padre; por lo cual, el padre, muy enojado, lo lanzó en la mar para que mala muerte muriese, pero nunca murió.

43. Mitos del diluvio

a   Los de Quito conservan aún la memoria de un antiquísimo naufragio general, del cual se salvaron sólo sus progenitores en una casa de palos sobre la cumbre de Pichincha... Provino aquel naufragio [de] que los tres hijos del primer hombre o dios, llamado Pacha, no teniendo con quienes hacer la guerra, la mantuvieron con una gran serpiente: que herida ésta con muchas flechas, se vengó vomitando tanta agua que anegó toda la tierra: que se salvó Pacha con sus tres hijos y mujeres, fabricando una casa sobre la cumbre de Pichincha, donde metió muchos animales y víveres; pasados muchos días largó al ulluhuanga (aves semejantes al cuervo) y no volvió por comer los cadáveres de los animales muertos: que echando otro pájaro, volvió con hojas verdes: que bajó entonces Pacha con su familia hasta el plan, donde es la ciudad de Quito, y que al tiempo de hacer allí la casa para vivir todos juntos ninguno pudo entender lo que hablaba el otro; separados por eso, los tres hermanos y el viejo con sus mujeres, se fueron a establecer a diversas partes de la comarca, donde todavía [hoy en día] viven sus descendientes.

b   En la provincia de Quito había una región llamada Cañaribamba y así llaman a los indios cañaris por el apellido de la provincia. Éstos dicen que al tiempo del diluvio, a un cerro muy alto llamado Huaca yñan, que está en aquella provincia, se escaparon dos hermanos. Dicen en la fábula que como iban creciendo las aguas, iba creciendo el cerro, de manera que no les pudieron alcanzar las aguas. Después de que se les acabó la comida que allí habían recogido, salieron por los cerros y valles para buscar que comer. Se hicieron una casa muy pequeñita en la cual se metieron y en donde se sustentaban con raíces y hierbas pasando grandes trabajos y hambre.

Habiendo ido un día a buscar que comer y cuando volvieron a su casilla hallaron hecho que comer y chicha para beber, sin saber de dónde ni quién lo hubiese hecho o traído allí. Esto les acaeció durante diez días, al cabo de los cuales se pusieron de acuerdo entre sí para ver y saber quién les hacía tanto bien en tiempo de tanta necesidad. El mayor de ellos acordó quedarse escondido. [Después de poco tiempo] vio que venían dos aves que [los cañaris] llaman agua o torito, y en nuestra lengua las llaman guacamayas. Venían vestidas como los cañaris, con los cabellos de la cabeza atados sobre la frente, como ahora andan. El indio escondido vio que llegadas a la choza, la mayor de ellas se quitó la lliglla, que es el manto que usan [las indias] y que empezó a hacer que comer de lo que traían. Como el hombre vio que eran tan hermosas y que tenían rostros de mujeres, salió del escondite y arremetió contra ellas. Cuando vieron al indio se salieron con gran enojo y se fueron volando, sin hacer ni dejar este día que comer.

Cuando vino el hermano menor del campo, donde había ido a buscar que comer, y como no hayase cosa aderezada tal como había sucedido los demás días, preguntó a su hermano la causa de ello, el cual se la dijo. Ambos tuvieron gran enojo por esto y el hermano menor determinó quedarse escondido para ver si volvían. Al cabo de dos días regresaron las dos guacamayas y empezaron a hacer de comer. Tan pronto como el indio viese el tiempo oportuno para cogerlas, entró en el momento en que vio que ya habían hecho de comer, corrió hacia la puerta la cerró, y las cogió adentro. Las guacamayas mostraron gran enojo y solamente pudo detener a la menor porque la mayor se fue mientras detenía a aquélla. Dicen que tuvo acceso y cópula carnal con la menor de la cual, en el transcurso del tiempo, tuvo seis hijos e hijas, con las cuales vivió en aquel cerro mucho tiempo, sustentándose de las semillas que dicen trajo la guacamaya, y las cuales sembraron.

Dicen que de estos hermanos y hermanas, hijos de la guacamaya, se repartieron por la provincia de Cañaribamba y que de ellos proceden todos los cañaris. Por eso tienen por huaca al cerro llamado Huaca yñan, y a las guacamayas en gran veneración; aprecian mucho las plumas de ellas para sus fiestas.

c Un indio ató una vez una llama en un lugar de buen pasto, pero el animal no quería comer, se quedaba mirando tristemente y se quejaba a su manera, gritando siempre "yu, yu". El pastor que comía un choclo (mazorca tierna de maíz) lo notó, le tiró a la llama el carozo que se llama coronta y dijo: "Imbécil, ¿por qué te quejas y no saboreas la comida? ¿acaso no te he llevado a un buen pasto?" La llama contestó: "¡Estúpido, que sabes tú! ¿Por ventura sospechas siquiera lo que va a suceder? Sabe que mi tristeza tiene sus buenas razones. Durante cinco días subirá el mar y cubrirá toda la tierra, y todo lo que vive en ella perecerá". El hombre, sorprendido de que la llama podía hablar de repente, preguntó si no había ningún medio y ninguna forma para salvarse. Entonces le dijo la llama que tenía que subirse rápidamente a la cima de un gran cerro que se llama Uillcacoto, y que está situado entre San Damián y San Jerónimo de Surco; que debía llevar comida para cinco días y así se salvaría.

El hombre hizo lo que le habían dicho, tomó su carga en sus espaldas y guió a la llama, llegando así a la cima del cerro, donde encontró reunidos muchas diferentes clases de pájaros y de cuadrúpedos. Tan pronto como él y la llama habían alcanzado la cima comenzó a subir el mar y las aguas llenaban los valles y cubrían aún las cimas de las colinas, menos la cima del Uillcacoto. Pero los animales tenían que juntarse mucho unos contra otros, ya que el agua subió tan alto, que algunos de ellos apenas tenían lugar donde pararse. Entre éstos estaban también un zorro cuya cola fue mojada por las olas; esta es la razón por la cual la punta de la cola del zorro es negra. Al cabo de los cinco días las aguas comenzaron otra vez a bajar, y el mar regresó a sus antiguos límites. Pero toda la tierra estaba sin habitantes con excepción de un hombre solitario del cual, según dice, descienden todos los hombres que existen hoy en día.

d   ...Llovió tanto un tiempo, que anegó todas las tierras bajas y todos los hombres se ahogaron, sino los que cupieron en ciertas cuevas de unas muy altas montañas cuyas puertas chiquitas taparon de manera que el agua no les entrase; metieron dentro muchos bastimentos y animales. Cuando no sintieron llover, echaron fuera dos perros; y como tornaron limpios, aunque mojados, conocieron no haber menguado las aguas. Echaron después más perros, y tornando enlodados y enjutos, entendieron que habían cesado y salieron a poblar la tierra; y el mayor trabajo y estorbo que para ello tuvieron, fueron las muchas y grandes culebras que de la humedad y cieno del diluvio se criaron, y ahora las hay tales; mas al fin las mataron y pudieron vivir seguros.

44. LA GRAN OSCURIDAD

Hace mucho tiempo desapareció el sol, y el mundo estuvo oscuro durante cinco días. Entonces las piedras se golpeaban unas contra otras y los morteros y las manos de los mismos se levantaron contra sus señores, que también fueron atacados por sus llamas tanto en los establos como en los campos...

45. LA LUNA Y LAS ESTRELLAS

Adoraban lo indios de Pacasmayo y los más de los llanos por principal y superior dios a la Luna, porque predomina sobre los elementos, crea las co-

midas y causa alborotos del mar, rayos y truenos. En una huaca era su adoratorio que llamaban Sian, que en lengua yunga quiere decir casa de la Luna. Teníanla por más poderosa que al Sol, porque él no aparecía de noche y la Luna sí se dejaba ver de noche y de día; ...y también porque la

Luna eclipsa [al Sol] y el sol jamás a ella... En los eclipses del Sol hacían festines a la Luna, festejando su victoria. En los de la Luna, lloraban en él bailes lúgubres, mientras duraba su eclipse... Creían los indios de los llanos [de la costa] que cuando la Luna no aparecía aquellos dos días, iba al otro mundo a castigar a los ladrones que habían muerto...

Tenían por deidad dos estrellas que llamaban Pata, que son las que llamamos las [tres] Marías y muchos de estos indios cuentan hoy (y muchos quizá lo creen) que la estrella de enmedio es un ladrón y malhechor que la Luna quiso castigar y envió las dos estrellas que lo llevasen asido (que eso quiere decir Pata) y lo entregaron a que se lo comiesen buitres; éstos son [representados] figurados en cuatro estrellas que están más abajo de las [tres] Marías y que en memoria de este castigo ejemplar citan aquellas siete estrellas en el cielo, acordando la culpa y el castigo.

46. EL TRUENO Y EL RAYO

a Y después del sol veneraban [los peruanos] y adoraban al trueno, fingiendo que era hombre que está en el cielo, con una honda y una porra, y que estaba en su mano el llover, granizar y tronar, y todo lo demás perteneciente a la región del aire, y le ofrecían diversos sacrificios, y entre ellos algunos niños, lo mismo que al sol.

b

> Hermosa doncella de sangre real,
> Este tu hermano
> Te está quebrando
> Tu cantarillo;
> Es esta la causa
> Que hay truenos y rayos,
> Y que éstos caen.
> Pero tú, doncella,
> Viertes tus aguas
> Sobre la tierra
> En forma de lluvia,
> También a veces
> Como granizo
> O como nieve.
> El hacedor del mundo,
> El dios que anima,
> El gran Viracocha
> Te ha escogido
> Para este oficio,
> Y te dio tu alma.

47. EL "MÁS ALLÁ"

a* Los pueblos de la sierra creen que todas las ánimas de los que mueren van a una tierra que llaman Upamarca, la tierra muda. Antes tienen que pasar un

* Traducido directamente de Krickeberg.

río y el puente de cabellos es muy estrecho. A las ánimas las pasan unos perros negros y por eso los crían los indios. Los del pueblo de Huacho y los otros de la costa dicen que las ánimas van a la isla de Guano, y que las llevan los lobos marinos que ellos llaman tumi.

b   Lo que comúnmente todos los peruanos creían y tenían por fe es, que el que era bueno, cuando moría volvía hacia el lugar de donde había venido, el cual era debajo de la tierra; allí vivían los hombres y tenían todo descanso. Pero el que era muerto por justicia, hurtaba, o hacía otros pecados, cuando se moría iba al cielo donde hay fuego, y allí pagaba por ellos. Tenían y creían también que los muertos han de resucitar con sus cuerpos y volver a poseer lo que dejaron; por eso lo mandaban echar consigo en las sepulturas, y les ponían a los muertos todo lo mejor que tenían, porque creían que como salían de acá así habían de aparecer sus ánimas allá donde iban...

c   Los peruanos tenían por entendido que había un infierno para los malos donde los atormentaban los demonios, y que llamaban Zupay. Decían, que los que iban al infierno, padecían mucha hambre y sed; que las comidas que comían y bebían eran carbón, culebras, sapos, y otras cosas parecidas. Los indios que iban al cielo comían y bebían espléndidamente muy buenas comidas que el hacedor les tenía preparadas, y que también recibían las comidas y bebidas que se les quemaban en la tierra.

48. Del tiempo del origen de las tribus

Los gigantes en la costa del Ecuador

a   Los naturales cuentan según la relación que oyeron de sus padres, la cual ellos tuvieron y tenían de muy atrás, que vinieron por el mar en unas balsas de juncos a manera de grandes barcos unos hombres tan grandes, que cada uno de ellos medía tanto de la rodilla para abajo, como un hombre de los comunes en todo el cuerpo, aunque fuese de buena estatura. Sus miembros conformaban con la grandeza de sus cuerpos, tan deformes, que era cosa monstruosa ver las cabezas, por ser tan grandes, y los cabellos, que les llegaban a las espaldas. Señalan que los ojos eran tan grandes como pequeños platos.

Afirman que no tenían barbas, y que algunos de ellos estaban vestidos con pieles de animales y otros con la ropa que les dio la naturaleza, y que no trajeron mujeres consigo.

Cuando los gigantes llegaron a la punta de Santa Elena, después de haber hecho su asiento en ella a manera de pueblo (aún en estos tiempos hay memoria de los sitios en donde tuvieron sus casas), como no hallasen agua, y para remediar la falta que sentían de ella, hicieron unos pozos hondísimos; obra por cierto digna de memoria, hecha por tan fortísimos hombres como se presume que serían aquellos, pues era tanta su grandeza. Cavaron estos pozos en la roca viva hasta que hallaron el agua, y después los labraron desde ella hasta arriba de piedra, de tal manera, que durará muchos tiempos y edades. En estos pozos hay muy buena y sabrosa agua, y siempre tan fría, que es gran contento beberla. Habiendo hecho sus asientos estos crecidos hombres o gigantes, y teniendo estos pozos o cisternas, de donde bebían, todo el mantenimiento que podían hallar en la comarca de la tierra lo destruían y comían; tanto, que dicen que uno de ellos comía más vianda que cincuenta hombres de los naturales de aquella tierra. Y como no bastase la comida que hallaban para sustentarse, mataban mucho pescado en el mar con sus redes y aparejos que tenían.

Vivieron en gran aborrecimiento de los naturales, puesto que por usar a sus mujeres [como alimento] las mataban y a ellos hacían lo mismo por otras causas. Los indios no eran bastantes para matar a esta nueva gente que había venido a ocuparles su tierra y señorío, aunque se hicieron grandes juntas para platicar sobre ellos, no se atrevieron a acometerles. Pasados algunos años, estando todavía los gigantes en esta parte, y como les faltasen mujeres, y como las naturales no les gustaban por su pequeñez, o porque sería vicio usado entre ellos por consejo e inducimiento del maldito demonio, usaban unos con otros en el pecado nefando de la sodomía, tan gravísimo y horrendo. Lo usaban y cometían pública y descubiertamente, sin temor de dios y poca vergüenza de sí mismos. Afirman todos los naturales que Dios Nuestro Señor no estando dispuesto a disimular pecado tan malo, les envió el castigo conforme a la fealdad del pecado. Dicen que, estando todos juntos envueltos en su maldita sodomía, vino fuego del cielo temeroso y muy espantable, haciendo gran ruido. En medio de él salió un ángel resplandeciente, con una espada tajante y muy refulgente, con la cual de un solo golpe los mató a todos y los consumió el fuego. No quedaron más que algunos huesos y calaveras, que para memoria del castigo quiso Dios que quedasen sin ser consumidos por el fuego.

Esto dicen de los gigantes; lo cual creemos, porque en esta parte que dicen se han hallado y se hallan huesos grandísimos...

La inmigración de los caras

b Fueron los quitus conquistados por una nación extranjera, la cual (según la tradición de ellos mismos) arribó a la América [por el mar] por la parte del poniente, navegando en balsas, no de juncos, como se dice de los gigantes, sino de grandes maderos, unidos unos con otros. Lo cierto es que esta especie de embarcaciones simple, sencilla y fácil sobre la cual se fabrica una casa entera, si se quiere, se usó en aquella costa desde tiempo inmemorial, y se usa hasta ahora, siendo segura y capaz de gobierno de velas y remos. Es fama constante que se apoderó aquella nación de la costa del mar, y que por ella fue denominada Cara. Su principal cabeza o soberano se llamaba Scyri, que en su idioma quería decir, el "Señor de todos". Fabricaron éstos sobre la bahía, que por esto se dice de Caráquez, la ciudad llamada también Cara, como quieren los más, o Cora, como quieren algunos. [Sobre los antiquísimos vestigios de ella, de piedra toda labrada, fundaron los españoles una pequeña ciudad con el mismo nombre, la cual subsistió poco tiempo, por motivos del sitio malsano.]

Sobre el motivo por qué los caraquez o scyris se internaron hasta apoderarse del Reino de Quito, no convienen las tradiciones. Unos indianos decían que por huir de los gigantes, que vivían cercanos en Manta, y en la Punta de Santa Elena, los cuales mataban a sus mujeres queriendo usar de ellas [como alimento]. Motivo a la verdad increíble, porque la época de los gigantes fue ciertamente anterior a la de éstos, según los cómputos más comunes. Y el reinado del Scyri en Quito no comenzó sino cerca del año mil de la era cristiana. Otros indianos decían que habiendo experimentado los Caras malsana aquella provincia, se habían establecido hacia el norte, sobre la misma costa del mar, en la parte que hoy se conoce con el nombre de Ata-

cames y Esmeraldas; y que con esa ocasión se fueron internando por el mismo río de Esmeraldas, navegando en sus balsas hasta las cercanías de Quito. Esto es lo que parece más natural. Mas sea lo que fuere el motivo, lo cierto es que aquella nación extranjera fue ciertamente menos bárbara y menos inculta que la primitiva de los quitus. Éstos fueron dominados por aquéllos, y unos y otros se llamaron después indistintamente los quitus.

El mito del origen de la población de Lambayeque

c* Los habitantes de Lambayeque y de los alrededores afirman, que en una época muy antigua llegó de la parte septentrional del Perú una gran flota de balsas. El jefe de estos extranjeros era un hombre de gran talento y de gran valentía; se llamaba Naymlap y su mujer se llamaba Ceterni. Además de ella tenía un gran número de concubinas. Los principales oficiales de su casa eran Pitazofi, que es el que tocaba la concha marina, instrumento muy estimado entre los indios; Ninacolla que se ocupaba de su litera y de su trono; Nina-

* Traducido directamente de Krickeberg.

gentue, que era el encargado de suministrar las bebidas, Fongasigde que estaba encargado de extender polvo de conchas en los lugares por donde debía pasar; Ochocalo, su cocinero; Xam, que se ocupaba de las grasas y colores con los cuales él adornaba su cara; finalmente Ollopcopoc que preparaba sus baños, y Llapchilulli que hacía sus túnicas y sus vestidos de plumas muy estimadas en aquella época.

Naymlap desembarcó con todo su séquito en la desembocadura de un río que se llama hoy Faquisllanga. Allí abandonaron sus balsas y se asentaron en el país y construyeron a media legua de dicho lugar un templo que nombraron Chot. Allá pusieron un ídolo que habían traído consigo y que representaba la imagen de su jefe. Estaba hecho de una piedra verde que se llama Llampallec, que quiere decir: figura o estatua de Naymlap.

Este príncipe murió después de un largo régimen y dejó un gran número de hijos. Para hacer creer al pueblo que era inmortal se extendió el rumor de que, por su poder mágico, se había dado alas y se había elevado al cielo. Sus compañeros estaban tan afligidos por su ida que, aunque casi todos ellos tenían una familia numerosa y se había ligado fuertemente a su nueva patria, cuyo territorio era muy fértil, casi todos la abandonaron yéndose por todos lados para buscar a su jefe. Sus hijos nacidos en el país fueron los únicos que se quedaron allí.

Cium, sucesor de Naymlap, casado con una mujer joven llamada Zolzdoñi, tuvo de ella y de algunas concubinas doce hijos, cada uno de los cuales llegó a ser el jefe de una numerosa descendencia. Después de un largo régimen se encerró en un subterráneo donde él se dejó morir de hambre, a fin de ocultar su muerte al pueblo y de conservar la opinión que su raza era inmortal...

Tempellec era el último príncipe de esta dinastía. Quería cambiar el lugar del ídolo de Naymlap, que se había puesto en el templo de Chot. Este proyecto le trajo mucha desgracia. El demonio le apareció bajo la forma de una muchacha bonita y le sedujo. Pero apenas había consumado el crimen, cuando comenzó a llover, cosa que nunca se había visto en esta planicie. Este diluvio duró treinta días y fue seguido por un año de esterilidad y de hambres. Los sacerdotes y los jefes que habían tenido conocimiento del pecado de Tempellec, lo consideraban como la causa del desastre. Se apoderaron de su persona y lo tiraron al mar, con pies y manos ligados.

Su muerte significaba el fin de la dinastía de los soberanos naturales del valle de Lambayeque... Esta región se gobernó durante mucho tiempo como república, y fue finalmente sujetada por el poderoso Chimu Capac.

Los hermanos Ayar y el origen de los incas

d Conviene sumamente notar, que todo lo que pasó desde la segunda creación que Viracocha hizo hasta los tiempos de los incas, no saben los indios... dar más razón. Pero averíguase que, aunque la tierra estaba poblada y llena de habitadores antes de los incas, no se gobernaba con policía, ni tenían señores naturales elegidos por común consentimiento, que los gobernase y rigiese y a quien los comunes respetasen, obedeciesen y contribuyesen según pecho. An-

tes bien, todos vivían en las poblaciones que eran incultas y estaban des-
gregadas en general libertad, siendo cada uno señor de su casa y sementa-
ra... Y como entre ellos naciesen disensiones, procuraron cierto modo de
milicia para su defensa desta manera. Cuando los de algún pueblo sabían que
algunos de otras partes venían a hacerles guerra, procuraban uno de los naturales y a un extranjero de su patria que fuese valiente hombre de guerra.
Y muchas veces el tal hombre se ofrecía de su voluntad a ampararlos y militar por ellos contra sus enemigos. Y a éste tal seguían y obedecían y cumplían sus mandamientos durante la guerra. La cual acabada, quedaba privado
como antes y como los demás del pueblo; ni antes, ni después le daban tributo, ni manera de pecho alguno. A éste [jefe de guerra] llamaron los de
aquel tiempo y aun los de ahora cinche, que es lo mismo que "valiente"...

En el Valle de Cuzco, por ser fértil para sementeras, poblaron antiquísima-
mente tres naciones o parcialidades llamadas la una Sauaseras, la segunda
Antasayas, la tercera Guallas... Estos naturales de este dicho valle vivieron
aquí en quietud cultivando sus labranzas muchos siglos... Seis leguas de
Cuzco al sur-suroeste por el camino que los incas hicieron, está un asiento
llamado Paccarí Tampu que quiere decir "casa de producción", en el cual
hay un cerro llamado Tampu Tocco que significa "casa de ventanas". Y esto
es cierto, en este cerro hay tres ventanas, la una llamada Maras-tocco y la
otra Sutic-tocco, y la que está en medio de estas dos se llama Capac-tocco
que quiere decir "ventana rica" porque dicen, que estaba guarnecida de oro
y otras riquezas. De la ventana Maras-tocco salieron sin generación de padres
una nación de indios llamados maras y ahora hay de ellos en el Cuzco. De
la ventana Sutic-tocco salieron unos indios llamados tambos que poblaron
a la redonda del mismo cerro y en el Cuzco ahora hay de este linaje. De la
ventana mayor, Capac-tocco, salieron cuatro hermanos hombres y cuatro mujeres. A éstos no se les conoció padre ni madre, mas [de ellos]... dicen que
salieron y fueron producidos de la misma ventana que mandado de Ticci
Viracocha y ellos mismos decían de sí que el Viracocha los había creado para
ser señores. Y así tomaron por esta causa este nombre inca, que es lo mismo
que decir señor. Y porque salieron de la ventana Capac-tocco, tomaron por
sobrenombre Capac que quiere decir "rico"; aunque después usaron este término para denotar con él al señor príncipe de muchos.

Los nombres de los ocho hermanos son éstos: El mayor de los hombres
y de más autoridad se llamó Manco Capac, el segundo Ayar Auca, el tercero
Ayar Cachi, el cuarto Ayar Uchu. De las mujeres la más anciana se llamó
Mama Ocllo, la segunda Mama Huaco, la tercera Mama Ipacura, o como
otros dicen Mama Cora, la cuarta Mama Raua.

Estos ocho hermanos llamados incas dijeron: "Pues somos nacidos fuertes y sabios y con las gentes que aquí juntaremos, seremos poderosos, salga-
mos de este asiento y vamos a buscar tierras fértiles y donde las hallemos,
sujetemos a las gentes que allí estuviesen y tomémosles las tierras y hagamos
guerra a todos los que no nos recibieren por señores". Esto dicen que dijo
Mama Huaco, una de las mujeres, la cual era feroz y cruel y también Manco
Capac su hermano, asimismo cruel y atroz. Y concertado esto entre los ocho,

empezaron a mover las gentes que en aquellas comarcas del cerro había, poniéndoles por premio que los harían ricos y les darían las tierras y haciendas de los que conquistaren y sujetasen... Así se movieron [los diferentes ayllus] con Manco Capac y demás hermanos a buscar tierras y tiranizar a los que mal no les hacían, ni les daban ocasión de guerra... llevando consigo sus haciendas, servicios y armas, en cantidad [que hacían buen escuadrón], llevando por caudillo a los dichos Mama Huaco y Manco Capac. Y Manco Capac traía consigo un pájaro como halcón llamado inti, al cual veneraban todos y le tenían como a cosa sagrada, o como otros dicen, encantada, y pensaban que aquél haría a Manco Capac señor y que las gentes le siguiesen. Y así se lo daba Manco Capac a entender y los traía en váhido guardándolo siempre en una petaquilla de paja a manera de cajón con mucho cuidado. El cual dejó por mayorazgo después a su hijo y lo poseyeron los incas hasta Inca Yupanqui. Y [Manco Capac] trajo consigo [además] en la mano una estaca de oro, para experimentar las tierras donde llegase.

Y caminando todos juntos llegaron a un asiento llamado Guanacancha, cuatro leguas del valle del Cuzco, donde estuvieron algún tiempo sembrando y buscando tierra fértil. En este pueblo Manco Capac hubo ayuntamiento con su hermana Mama Ocllo, la cual quedó preñada de Manco Capac. Y no pareciéndoles este sitio para sustentarse, por ser estéril, pasaron a otro pueblo llamado Tamboquiro, adonde Mama Ocllo parió un hijo que llamaron Sinchi Roca...

Y no contentándose de la tierra, vinieron a otro pueblo llamado Haysquisrro, [un cuarto de legua del pueblo pasado]. Aquí entraron en acuerdo sobre lo que debían hacer para su viaje y para apartar de sí uno de los cuatro hermanos incas llamado Ayar Cache. El cual, como era feroz y fuerte y diestrísimo de la honda, venía haciendo grandes travesuras y crueldades así en los pueblos, por donde pasaban, como entre los compañeros. Y temían los otros hermanos que por la mala compañía y travesuras de Ayar Cache se les deshiciesen las compañías de gentes que llevaban, y quedasen solos. Y como Manco Capac era prudente, acordó con el parecer de los demás de apartar de sí con engaño a su hermano Ayar Cache. Y para esto llamaron a Ayar Cache y le dijeron: "Hermano, sabed que en Capac-tocco se nos olvidaron los vasos de oro, llamados topacusi, y ciertas semillas y el napa que es nuestra principal insignia de señores... conviene al bien de todos que volváis allá y lo traigáis". Y como Ayar Cache rehusase la vuelta, levantóse de pie su hermana Mama Huaco y con feroces palabras reprendiéndole dijo: "¡Cómo tal cobardía ha de parecer en un tan fuerte mozo como tú! ¡Disponte a la jornada y no dudes ir a Tampu Tocco y hacer lo que se te manda!". Ayar Cache corrido de estas palabras obedeció y partió a hacerlo. Diéronle por compañero a uno de los que con ellos venían, llamado Tambochacay, al cual encargaron secreto, que como pudiese allá en Tampu Tocco diese orden, como muriese Ayar Cache y no tornase en su compañía. Y con este despacho llegaron ambos a Tampu Tocco. Y apenas fueron allá, cuando Ayar Cache entró en la venta o cueva Capac-tocco a sacar las cosas por que le habían enviado. Y estando dentro, Tambochacay con suma presteza puso una peña a la puerta de la ventana y sentóse encima, para que Ayar Cache quedase dentro y muriese. Y cuando Ayar Cache tornó a la puerta y la halló cerrada, entendió la traición que el traidor Tambochocay le había hecho, y determinó salir si pudiera, para vengarse de él. Y por abrir puso tanta fuerza y dio tantas voces que hizo temblar el monte, mas no pudiendo abrir y teniendo por cierto su muerte, dijo a voces altas contra Tambochacay: "¡Tú traidor, que tanto mal me has hecho, piensas llevar las nuevas de mi mortal carcelería, pues no te sucederá, así que por tu traición quedarás ahí fuera hecho piedra!" Y así fue hecho, y hasta hoy la muestran a un lado de la ventana Capac-tocco. Volviendo pues los siete hermanos que habían quedado en Haysquisrro, sabida la muerte de Ayar Cache, pesóles mucho lo que habían hecho, porque, como era valiente, sentían mucho verse sin él para cuando tuviesen guerra con algunos. Y así hicieron llanto por él. Era tan diestro este Ayar Cache de la honda y tan fuerte que de cada pedrada derribaba un monte y hacía una quebrada. Y así dicen que las quebradas que ahora hay por las partes que anduvieron, las hizo Ayar Cache a pedradas.

Partieron de este pueblo los siete incas con sus compañías y llegaron a un pueblo llamado Quirirmanta, al pie de un cerro que después llamaron Guanacauri. Y en este pueblo consultaron cómo dividirían entre sí los oficios de su viaje, para que entre ellos hubiese distinción. Y acordaron que Manco Capac, pues tenía generación de su hermana, que se casase con ella y engendrase para conservación de su linaje, y que éste fuese cabeza de todos, y que Ayar Uchu quedase por huaca para su religión, y que Ayar Auca, desde donde le mandasen, fuese a tomar posesión de la tierra, donde hubiese de poblar.

Y partieron de aquí, llegaron al cerro que está dos leguas poco más o menos del asiento del Cuzco, y subidos a la cumbre, vieron en ella el arco iris del cielo, al cual los naturales llaman guanacauri. Y teniéndolo por buena señal, dijo Manco Capac: "¡Tened aquello por señal que no será el mundo más destruido por agua! ¡Lleguemos allá y desde allí escogeremos donde habremos de fundar nuestro pueblo!". Y echando antes suertes, vieron que les señalaba buen suceso hacerlo así y desde allí explorar la tierra que de allí se señorease. Antes que llegasen a lo alto, donde al arco estaba, vieron una huaca, que es oratorio de bulto de persona, junto al arco. Y determinando entre ellos ir a prenderla y quitarla de allí ofrecióse a ello Ayar Uchu, porque decían que les convenía mucho. Llegado Ayar Uchu a la estatua o huaca, con grande ánimo se asentó sobre ella, preguntándose qué hacía ahí. A las cuales palabras la huaca volvió la cabeza por ver quien le hablaba, mas como lo tenía oprimido con el peso no le pudo ver. Ayar Uchu luego queriéndose desviar, no pudo, porque se halló pegadas las plantas de los pies a las espaldas de la huaca. Y los seis hermanos entendiendo que estaba preso, acudieron a él por favorecerle. Mas Ayar Uchu, viéndose así transformado, y que los hermanos no iban a librarle, les dijo: "¡Hermanos, mala obra me habéis hecho, que por vosotros vine a donde quedaré para siempre apartado de vuestra compañía! ¡id! ¡id! ¡hermanos felices! que yo os anuncio que seréis grandes señores. Por tanto, hermanos, yo os ruego que en pago de mi voluntad que de agradaros siempre tuve, que en todas vuestras fiestas y ceremonias os acordéis de honrarme y venerarme, y que sea yo el primero a quien ofrendéis, pues quedo aquí por vosotros..." Y Manco Capac respondió, que así harían, pues aquélla era su voluntad y se los mandaba. Y Ayar Uchu les prometió por aquello que les daría dones y valor de nobleza y caballería y con estas últimas palabras quedó convertido en piedra. Y constituyéronlo por huaca de los incas y pusiéronle nombre Ayar Ucho Guanacauri. Y así siempre fue, hasta los tiempos de los españoles, la más solmne huaca y de más ofrendas de todas las del reino [y allí se iban armar caballeros los incas]...

Tristes los seis hermanos por la dejada de Ayar Uchu y también por la muerte de Ayar Cache ...bajaron al pie del cerro, adonde comenzaron a entrar en el valle del Cuzco y llegaron a un sitio llamado Matagua, adonde asentaron e hicieron chozas para estar algún tiempo. Aquí armaron caballero al hijo de Manco Capac y de Mama Ocllo llamado Sinchi Roca y le horadaron las orejas, al cual acto llaman guarachico...

Estuvieron en Matagua dos años, intentando pasar el valle arriba a buscar buena y fértil tierra, Mama Huaco, que era fortísima y diestra, tomó dos varas de oro y tirólas hacia el norte. La una llegó como dos tiros de arcabuz a un barbecho llamado Colcabamba y no hincó bien, porque era tierra suelta y no bancal; y por esto conocieron que la tierra no era fértil. Y la otra llegó más adelante cerca del Cuzco e hincó bien en el territorio que llaman Guanaypata, de donde conocieron ser tierra fértil. Otros dicen, que esta prueba hizo Manco Capac con la estaca de oro que traía consigo, y que así conocieron la fertilidad de la tierra, cuando hincándola una vez en un territorio llamado Guanaypata, dos tiros de arcabuz de Cuzco, por ser el migajón de la tierra graso y denso, aferró de manera que con mucha fuerza no la podía arrancar... determinaron usurpar para sí aquellas tierras y comarca por fuerza a pesar de sus dueños y naturales de aquel asiento; y para tratar el cómo lo harían, tornáronse a Matagua.

Desde el cual asiento Manco Capac vio un mojón de piedra que estaba cerca del sitio donde ahora está el monasterio de Santo Domingo del Cuzco, y mostrándoselo a su hermano Ayar Auca, le dijo: "¡Hermano! ya te acuerdas cómo está entre nosotros concertado que tú vayas a tomar posesión de la tierra donde habemos de poblar? ¡y pues ahora, mira aquella piedra!". Y mostrábale el mojón dicho: "¡Ve allá volando (porque dicen le habían nacido alas) y sentándote allí, toma posesión en el mismo asiento, donde parece aquel mojón, porque nosotros iremos luego a poblar y vivir!". Ayar Auca, oídas las palabras de su hermano, levantóse sobre sus alas y fue al dicho lugar que Manco Capac le mandaba, y sentándose allí luego se convirtió en piedra y quedó hecho mojón de posesión que en lengua antigua de este valle se llama cozco, de donde le quedó el nombre Cuzco a tal sitio hasta hoy...

Quedando pues ya de los cuatro hermanos incas sólo Manco Capac y las cuatro mujeres, determináronse luego de partir a Guanaypata y a donde había ido Ayar Auca a tomar posesión...

Y llegando a las tierras de Guanaypata [que es cerca de donde ahora es el Arco de la plata, camino de las Charcas], halló allí poblados una nación de indios naturales llamados guallas, que arriba se dijo; y Manco Capac y Mama

Huaco comenzaron a poblar y tomarles las tierras y aguas contra su voluntad de los guallas. Y sobre esto les hacían muchos males y fuerzas, y como
los guallos por esto se pusiesen en defensa por sus vidas y tierras, Manco
Capac y Mama Huaco hicieron en ellos muchas crueldades. Y cuentan que
Mama Huaco era tan feroz que matando un indio gualla, le hizo pedazos y
le sacó la asadura y tomó el corazón y bofes en la boca y con un haybinto
—que es una piedra atada en una soga, con que ella peleaba—, en las manos,
se fue contra los guallas con diabólica determinación. Y como los guallas viesen aquel horrendo e inhumano espectáculo, temiendo que de ellos hiciesen
lo mismo, huyeron, pues siempre simples y tímidos eran, y así desampararon
su natural. Vista la crueldad que había hecho Mama Huaco, y temiendo que
por ello fuesen infamados de tiranos [los incas], parecióles no dejar ninguno
de los guallas, creyendo que así se encubriría. Y así mataron a cuantos pudieron haber a las manos, y a las mujeres preñadas sacaban las criaturas de
los vientres, porque no quedase memoria de aquellos miserables guallas.

Hecho esto, pasó Manco Capac adelante y llegando como una milla del
Cuzco al sureste, salióles al encuentro un cinchi llamado Copalimayta ...que,
aunque advenedizo se había hecho natural por consentimiento de los naturales
del valle y se había incorporado en la nación del Sauaseray Panaca, [natura-
les del sitio de Santo Domingo del Cuzco]. Y como éstos vieron que estos
extranjeros entraban tiranizándoles sus tierras y habían visto las crueldades
hechas en los guallas, habían tomado por su cinchi a Copalimayta... Y fue
esta resistencia que hizo a Manco Capac y a sus compañías, tal que forzó
volver las espaldas. Y así se volvieron a Guanaypata... Y después de algunos meses tornaron a insistir y entrar en las poblaciones de los naturales y
tiranizarles sus tierras. Y así acometieron el pueblo de los sauaseras y tuvieron tanta presteza en el acometimiento que prendieron a Copalimayta, matando muchos de los sauaseras con grandes crueldades. Copalimayta, viéndose
preso, y temiendo la muerte, se fue de desesperado y dejó sus haciendas,
porque le soltasen. El cual nunca más pareció, y Mama Huaco y Manco
Capac usurparon sus casas, haciendas y gentes.

Y desta manera Manco Capac y Mama Huaco y Sinchi Roca y Mama Sa-
paca [esposa de Sinchi Roca] poblaron aquel sitio de dentro de dos ríos, y
haciendo la Casa del Sol, a que llamaron Indicancha, ...y así poblaron la
ciudad, que por el mojón de Ayar Auca se llamó Cuzco.

49. Inca Yupanqui y el dios del sol

Dicen que fue Inca Yupanqui quien con suntuosidad edificó la casa del sol
en Cuzco, porque antes era muy pequeña y pobre. La causa de ello fue la
fábula siguiente.

Dicen que antes que fuese señor, yendo a visitar a su padre, el inca Viracocha, que estaba en Sacsahuamán, a cinco leguas de Cuzco. Cuando llegó
a una fuente llamada Susur-puquio, vio caer una tabla de cristal en la misma
fuente, dentro de la cual vio una figura de indio en la forma siguiente: En
el colodrillo de la cabeza le salían tres rayos hacia arriba, muy resplande-

cientes a manera de rayos de sol. En las axilas llevaba unas culebras enroscadas y en la
cabeza tenía un llautu, como el del inca. Las
orejas estaban horadadas y en ellas se encontraban puestas unas orejeras; también los trajes y vestidos eran como los del inca. Por
entre las piernas le salía la cabeza de un león,
y en las espaldas había otro león, cuyos brazos parecían abrazar uno y otro hombro,
además de una especie de culebra le colgaba
de lo alto de las espaldas hacia abajo. Visto
el dicho bulto y figura por el inca Yupanqui, se echó a huir, y el bulto de la estatua
le llamó por su nombre desde dentro de la
fuente, diciéndole: "Venid acá, hijo, no tengáis temor que yo soy el sol, vuestro padre,
y sé que habéis de sujetar muchas naciones.
Por eso tenedme muy en cuenta y reverenciad-
me y acordaos en vuestros sacrificios de mí".

Después desapareció el bulto y solamente se quedó el espejo en la fuente.
El inca lo tomó y lo guardó, y se cuenta que después veía en él todas las
cosas que quería. Siendo señor, mandó a hacer una estatua del dios del sol,
ni más ni menos como la que había visto en el espejo.

50. El pastor y la doncella hija del sol

En la cordillera y sierra nevada que está encima del valle del Yucay, llamada Pitusiray guardaba el ganado blanco del sacrificio [llamas] que ofrecían
los incas al sol, un indio natural de los lares llamado Acoyanapa, el cual era
mozo bien dispuesto y muy gentil hombre; andaba tras su ganado y mientras
paseaba tocaba una flauta que tenía, muy suave y dulcemente, no sintiendo
pena ninguna de los accidentes amorosos que la mocedad sentir le hacía, ni
tampoco sentía placer en tenerlos.

Le sucedió un día que cuando más descuidado estaba tocando la flauta,
llegaron a él las dos hijas del sol que en toda la tierra tenían moradas a donde acojerse y guardas en todas ellas. Podían estas dos hijas del sol espasearse
de día por toda la tierra y ver sus verdes prados, mas no podían faltar de
noche de sus casas, y a tiempo de entrar en ellas, las guardas y los pastores
las cataban y miraban, si llevaban alguna cosa que las pudiese dañar; y como
habemos dicho, llegaron a donde estaba el pastor, muy descuidado de verlas
y ellas le preguntaron por el ganado y pasto que tenían.

El pastor que hasta entonces no las había visto, aunque turbado hincó las
rodillas en el suelo, entendiendo que eran algunas de las cuatro fuentes cris-
talinas, en toda la sierra muy alabadas, que en aquel ser se habían convertido o manifestado, y así no respondió palabra, mas ellas tornaron a preguntar
por el ganado y le dijeron que no temiese, que ellas eran las hijas del sol,

señoras de toda la tierra, y por más asegurarle le tomaron por el brazo y le
dijeron otra vez que no temiese; al fin el pastor se levantó y besó las manos
a cada una de ellas, quedando muy espantado de la gran hermosura que tenían, y al cabo de haber estado un buen rato en buena conversación dijo el
pastor que era ya tiempo de recoger su ganado y que le diesen licencia para
ello, y la mayor de ellas, llamada Chuquillanto, se había pagado mucho de
la gracia y buena disposición del pastor, y por entretenerle en razones le preguntó, que cómo se llamaba y de qué tierra era, y el pastor respondió que era
natural de los Lares y que su propio nombre era Acoyanapa; en esto puso
ella los ojos en un tirado de plata que traía [el pastor] encima de la frente,
llamado entre los indios ampu, el cual resplandecía y ondeaba con mucha
gracia; y vio que al pie estaba un arador muy sutil y mirándolo de lo más
cerca vio que los aradores estaban comiendo un corazón, y preguntóle Chuquillanto que cómo se llamaba aquel tirado de plata, respondió el pastor diciendo que se llamaba utusi, [que hasta ahora no hemos sabido que significación tenga este vocablo y es de espantar que lo que llaman ampu, dijese
que se llamaba utusi; y algunos quieren decir que significa el miembro genital, vocablo que enamorados antiguamente inventaron. Finalmente, significa lo que quisiere]. La ñusta le volvió su utusi y se despidió del pastor, llevando muy en la memoria el nombre del plumaje y el de los aradores; e iba
pensando cuán delicadamente estaban dibujados, y al parecer de ella vivos
y comiendo el corazón, que habemos dicho. En el discurso del camino, iba
hablando con su hermana acerca del pastor, hasta que llegaron a sus palacios
y al tiempo de entrar en ellos los pongos-camayos o porteros las cataron y
miraron si llevaban alguna cosa que dañar las pudiese, porque según ellos,
en muchas partes hallaron haber llevado muchas mujeres a sus queridos y
amados metidos dentro de los sunlis que en nuestra lengua se dice fajas,
y otras en las cuentas de las gargantillas que llevaban puestas en las gargan-
tas. Y cerciorados de esto los dichos porteros las cataron y miraron y al fin
las dejaron entrar dentro de los dichos sus palacios, donde hallaron a las mujeres del sol que las estaban aguardando con sus ollas de oro muy fino, guisadas todas las cosas que en la tierra se daban de mucho regalo; Chuquillanto se metió en su aposento que no quiso cenar y el achaque que es dicho fue
decir que estaba muy molida y cansada de andar, todas las demás cenaron
con la hermana, que dado caso de algún pensamiento tenía de Acoyanapa,
no era tal que inquietarla podía, aunque todavía daba algunos suspiros por
disimulado. Mas, la dicha Chuquillanto estaba que a un solo punto ni un
momento no podía sosegar, por el gran amor que al pastor Acoyanapa había
cobrado, y tenía mal al fin por no dar muestra de lo que dentro de su pecho
tenía, como mujer tan entendida y discreta que era en todo género de extremos; se echó a dormir y quedó dormida.

Había en esta morada, que eran palacios grandes y suntuosos del sol, muchos aposentos ricamente labrados y vivían en ellos todas las vírgenes del sol
que eran muchas, traídas de todas las cuatro provincias que eran sujetas al
inca, como fueron Anti-suyo, Chincha-suyo, Conde-suyo y Colla-suyo, para
las cuales había por dentro cuatro fuentes de agua dulce y cristalina que

salían y corrían hacia las cuatro provincias en las cuales se bañaban, en la fuente que corría hacia la provincia de donde eran naturales...

Estaba la hermosísima Chuquillanto, hija del sol, metida en un profundo sueño y soñaba que veía un ruiseñor mudar y volarse de un árbol a otro y que así en uno como en el otro cantaba muy suave y dulcemente, y que después de haber cantado un buen rato con mucha armonía y regocijo, se le puso en sus faldas y regazo, el cual le dijo que no tuviese pena ni imaginase cosa alguna que no se le pudiese dar; y que ella había dicho que sin remedio perecería, si no la diese algún remedio; a lo cual respondió el ruiseñor, que él la remediaría y que le contase su pena, y al fin ella le dijo el grandísimo amor que había cobrado a la guarda del ganado blanco, que se llamaba Acoyanapa, y que sin ninguna duda veía ya su muerte, porque para remediarse no había otro remedio que huir con el que tanto quería; porque de otra manera sería sentida de alguna de las mujeres de su padre el sol, y así la mandaría matar el dicho su padre; a lo cual le respondió el ruiseñor: que se levantase y asentase en medio de las cuatro fuentes arriba dichas y allí cantase lo que más en la memoria tenía y que si las fuentes concordasen y dijesen lo mismo que ella cantase y dijese, que seguramente podía hacer lo que quisiese; y diciendo esto, se fue; y despertó la ñusta como espantada y a gran prisa comenzase a vestir, y como toda la gente estuviese durmiendo a sueño suelto, tuvo lugar de levantarse sin ser sentida, y así se fue y se puso en medio de las cuatro fuentes y empezó a decir, acordándose de los aradores y tirado de plata, en el cual estaban los dos aradores comiendo el corazón sobredicho, y decía: Micuc usuntu-cuyuc, utusi cusim, que significa: arador que está comiendo el utusi que se menea digno es; y luego comenzaron todas las cuatro fuentes unas a otras a decirse lo mismo a gran prisa, en cuadro; [y para ver si era verdad lo que acerca de esto cuentan estos indios, quise poner aquí a las espaldas las cuatro fuentes y los nombres y el canto triste de Chuquillanto para ver por la figura si se comunicaban unas a otras, y vi ser una cosa maravillosa como la figura de la ñusta]. Y viendo la ñusta que le eran muy favorables las fuentes se fue a reposar el poco que de la noche quedaba, dejando las dichas fuentes con el entretenimiento ya dicho.

El pastor después que se fue a su chozuela trajo a la memoria la gran hermosura de Chuquillanto y estando metido en este cuidado empezó a entristecerse y el nuevo amor que se iba arraigando en su deseo y no atrevido pecho, le hacía sentir y querer gozar de los últimos fines del amor, y con este pensamiento tomó su flauta y empezó a tocar tan tristemente que a las duras piedras enternecía; y en acabando de tocarla fue tan grande el sentimiento que hizo, que cayó en el suelo amortecido, y cuando volvió en sí, dijo vertiendo infinitas lágrimas, lamentando: "¡Ay, ay, ay!, de ti, desventurado, triste pastor desdichado y sin contento, y cómo se te acerca ya el día de tu muerte, pues la esperanza te niega lo que tu deseo pide, ¿cómo puedes, pobre pastor, remediarte, pues el remedio es imposible de alcanzar, siquiera de verlo?", y diciendo esto se tornó a su chozuela, y con el grandísimo trabajo que había pasado se le adormecieron los miembros y así se quedó dormido.

Tenía este pastor en los Lares a su madre, la que supo por orden de los adivinos el extremo en que su hijo estaba, y de que sin remedio acabaría la vida si no diese orden en remediarlo; sabida la causa de sus desventuras tomó un bordón muy galano y de gran virtud para tales cosas, y sin detenerse tomó camino de la sierra y dióse tan buena maña, que llegó a la choza al tiempo que el sol salía, y entró y vio a su hijo que estaba amortecido, y todo el rostro bañado en lágrimas vivas y se llegó a él y le despertó, y el pastor que abrió los ojos y vio a su madre, empezó a hacer gran sentimiento; la madre lo consoló lo mejor que pudo, diciéndole que no tuviese pena, que ella la vencería antes que pasasen muchos días, y diciendo esto se fue; y de unas peñas empezó a coger unas ortigas, comida apropiada según estos indios para la tristeza, y cogiendo gran cantidad de ellas hizo un guisado, y no estaba bien cocido, cuando las dos hermanas hijas del sol estaban ya en los umbrales de la chozuela, porque Chuquillanto así como amaneció se vistió y cuando le pareció hora de irse a pasear por los llanos verdes de la sierra, salió y enderezó hacia la chozuela de Acoyanapa, porque tu tierno corazón no le daba lugar a otros entretenimientos; y luego que hubieron llegado a la choza se asentaron a la puerta de ella fatigadas del camino, y como viesen a la buena vieja la saludaron y dijeron si tenía que darles de comer. La vieja hincó la rodilla en el suelo y les dijo, que no tenía más que un guisado de ortigas, y aliñándolas les dio de ellas y ellas empezaron a comer con grandísimo gusto.

Chuquillanto empezó a rodear la dicha choza, con sus lagrimosos ojos, sin dar muestra de lo que deseaba ver, y no vio al pastor porque en aquel instante que ellas se manifestaron, se metió por orden de la madre dentro del bordón que había traído, y así entendía ella que debía de haberse ido con el ganado, y no curó de preguntar por él; y como hubiese visto el bordón, dijo a la vieja que era muy lindo el bordón. La vieja contó que antiguamente era de una de las mujeres y queridas de Pachacamac, huaca muy celebrada en los llanos, y por herencia le venía a ella; como lo supo pedíaselo con mucho encarecimiento que hizo al fin la vieja se lo diera. Tomólo en las manos y parecióle mucho mejor que antes, y al cabo de estar un rato en la choza, se despidió de la vieja y se fue por el prado adelante mirando a una parte y a otra, por ver si parecía el pastor que tanto quería...

Triste y muy pensativa, [Chuquillanto] viendo que en el todo camino no parecía, se fue así hacia su palacio con grandísimo dolor de no haberlo visto; y al tiempo de entrar en los palacios los guardas las cataron y miraron, como lo suelen hacer todas las veces que de fuera dentro entraban, y como no viesen cosa de nuevo más del bordón que claramente traía, cerraron sus puertas y se fueron de todo fraude engañados; ellas entraron en sus recámaras y allí les dieron de cenar larga y espléndidamente; después de haber pasado parte de la noche, todas se fueron a acostar, y Chuquillanto tomó su bordón y lo puso junto a la cama, porque le parecía muy bien, y así se acostó y pareciéndole que estaba sola, empezó a llorar, acordándose del pastor y del sueño que había soñado; mas no estuvo con este cuidado mucho tiempo, porque el bordón se había convertido en el ser que era de antes, y así empezó a llamar a Chuquillanto por su propio nombre, y ella cuando se oyó nombrar, tomó en sí grandísimo espanto, y levantándose de su cama fuese por lumbre

y la encendió sin hacer ruido, y como se acercase a su cama, vio al pastor
que estaba hincado de rodillas delante de ella, vertiendo muchas lágrimas y
ella que lo vio fue turbadamente y satisfaciéndose de que era su pastor, le
dijo y preguntó cómo había entrado dentro, y él respondió que el bordón que
había traído dio orden en ella; entonces Chuquillanto le abrazó y cobijó con
sus mantas de lipi, muy labradas y de cumbi muy finísimas, y allí durmió con
ella; y cuando quiso amanecer se entró otra vez al bordón, y viéndole entrar
dentro su ñusta y señora, la cual después que el sol había ya bañado toda la
sierra, se tornó a salir de los palacios de su padre y se fue por el prado adelante, tan solamente con su bordón, y en una quebrada que hay en la sierra
estuvo con su amado y querido pastor, que en su ser ya se había convertido.
Sucedió que una de las guardas había ido tras ella, al fin, aunque en lugar
escondido, dio con ellos; y como viese lo que pasaba dio grandes voces y
ellos que lo sintieron fuéronse huyendo hacia la sierra que está junto al pueblo de Calca y cansados de caminar se sentaron encima de una peña y se
adormecieron y como oyesen gran ruido entre sueños se levantaron, tomando
ella en una mano una ushuta, que la otra la tenía calzada en el pie, y mirando a la parte del dicho pueblo de Calca el uno y el otro fueron convertidos en piedra, y el día de hoy se aparecen las dos estatuas desde Guallabam-
ba y desde Calca y de otras muchas partes... llamáronse aquellas sierras
Pitu-siray, y así se llaman hoy en día.

NOTAS

AZTECAS

En el momento de la conquista española los aztecas dominaban grandes regiones de México. Como tribu propiamente dicha estaban limitados, sin embargo, casi exclusivamente a su asiento original, la ciudad de Tenochtitlan, en medio de la laguna salada de la altiplanicie de México. En este libro se ha utilizado el nombre en un sentido más amplio para todas las tribus nahuas de habla azteca (véase p. 73), que habitaban la altiplanicie de México y la de Puebla. En la mayoría de los casos las fuentes no indican las regiones, en las cuales se recogieron las leyendas (excepciones son: 4 *b*, *c*, 8 *c*), pero las fuertes desviaciones dejan reconocer en las variantes, que se trata frecuentemente de diferentes tradiciones locales o conceptos de diversas escuelas sacerdotales.

La creación del mundo

1. EL TIEMPO MÁS ANTIGUO. *a)* Ms. de Sahagún (nahua), según Seler (6) I, p. 84, *Quetzalcóatl:* "Serpiente [con plumas] de quetzal". Una de las deidades más importantes de México y Centroamérica. El dios aparece bajo numerosos aspectos diferentes, los cuales son, aparentemente, el resultado de la fusión de varias formas originalmente distintas. La serpiente emplumada, bajo cuyo aspecto aparece a veces el dios, es, por un lado, la representación del océano celeste durante la noche, y por el otro del océano terrestre, que rodea a la tierra, así como de las aguas subterráneas (Preuss [1] p. XXXII, LXX). En 1 *a* y 11 *b* (p. 47). Quetzalcóatl sustituye como dios creador a la pareja divina suprema (1 *b*). "Deidad de la tierra" (en el texto: Tlaltecuhtli): véase 1*c*.

b) *Hist. Mex. Pint.* p. 228-231. La ortografía de los nombres es muy defectuosa y ha sido corregida. "Señor de nuestra carne" y "Señora de nuestra carne": estos nombres tienen doble sentido, puesto que "nuestra carne" es también el maíz, del cual se creó el cuerpo del hombre (p. 95, 97). Es la pareja divina con los rasgos típicos del ser supremo, como es venerado frecuentemente entre los pueblos primitivos. A ellos se atribuye generalmente la creación del mundo, están asentados en el cielo, pero solamente pocas veces se les relaciona con determinados fenómenos naturales, y no se les ofrece culto (Preuss [2] p. 199 *ss*). *Xochiquétzal:* la joven diosa lunar cuya equiparación con el aspecto femenino de la deidad suprema es aparentemente secundaria. "Treceno cielo": véase 7. "Cuatro hijos": mientras que la deidad suprema se atribuye generalmente sólo la creación en su conjunto, los detalles de ésta se deben a héroes culturales o a determinados dioses de la naturaleza, que forman el centro del culto vivo. Los seres nombrados aquí pertenecen a esta última categoría, a pesar de que Quetzalcóatl aparece también como héroe cultural. La cuaternidad de estos dioses corresponde a la costumbre tan frecuente en México y Centroamérica, de cuadruplicar a todas las potencias divinas de acuerdo con las cuatro direcciones del mundo (pp. 23-24, 26, 29, 32, 39, 44, 45, 48, 95, 98, 143). Éstos al mismo tiempo se agrupan aquí en dos parejas, de las cuales una (Tezcatlipoca rojo y negro), representan a la estrella de la mañana y a la de la tarde, mientras que la otra (Huitzilopochtli y Quetzalcóatl) debe ser interpretada aquí como sol y luna. Tezcatlipoca es por lo general el compañero y contrincante de Quetzalcóatl (pp. 22, 24 *ss.*, 48 *ss.*). Aquél se desdobla aquí en dos formas, cuyo contraste de colores, rojo-negro, se repite frecuentemente en la mitología mexicana (pp. 26 *ss.*, 48, 58) y que simboliza el contraste entre el cielo diurno y nocturno o entre el cielo y el inframundo. *Tezcatlipoca rojo* se identifica por lo general con el dios Xipe tótec (p. 29); *Camaxtli*, el dios tribal de Huexotzinco y Tlaxcala en la altiplanicie de Puebla, es idéntico a Mixcóatl (10 *b*, *c*), un dios estelar, bajo cuyo aspecto aparece a veces el Tezcatlipoca (negro) (p. 24). El hecho de que el *Tezcatlipoca negro* "nació en medio de todos los seres y cosas", lo liga con el antiguo dios del fuego, que vive en el ombligo de la tierra, según el concepto mexicano. *Moyocoya* "el que actúa según su voluntad" y *Titlacahuan* "cuyos esclavos somos" son sobrenombres característicos de Tezcatlipoca que era muy temido entre los mexicanos por ser el dios que juzga y castiga, el que da y quita poder y riqueza caprichosa y arbitrariamente. Estas caracterís-

Los números sin "p" no solamente se refieren al texto de las leyendas, sino frecuentemente también a las anotaciones.

ticas se pueden relacionar tal vez con la naturaleza de la luna, el cuerpo celeste que se modifica continuamente, puesto que el dios azteca tiene relaciones ambiguas con la luna. "Noche y viento": sobrenombre que se aplica frecuentemente no sólo a Quetzal-cóatl, sino también a Tezcatlipoca, del viejo dios del fuego y de la deidad en general (pp. 71, 73, 82, 115), para caracterizar lo invisible y lo incorpóreo de ellos. *Huitzilo-pochtli*: dios tribal de los aztecas, es una típica deidad solar (14). El hecho de que después de su nacimiento es únicamente hueso durante seiscientos años, significa pro-bablemente, que el sol permanecía en los primeros tiempos en el inframundo. También Quetzalcóatl era hueso durante cuatro días, antes de que apareciera como estrella del alba (p. 9), y los hombres son hueso antes de ser creados (p. 25 s.). En el arte an-tiguo de México (véase Lámina 5), la serpiente con dos cabezas (nahua Maquizcóatl) es una representación de la bóveda celeste, sobre la cual está sentado el dios solar. El "fuego" siempre se crea primero, ya existe antes de que él ilumine (p. 99), por eso el dios del fuego es según la mitología mexicana la más antigua de las deidades. *Oxo-moco* y *Cipactónal*: primera pareja humana a la cual se atribuye toda la alta cultura, la hechicería (p. 26), el sistema calendárico (p. 71 s.), el arte de aprovechar las hierbas medicinales (p. 45 s.); ella es de gran importancia en la mitología mexicana. Junto con otras deidades mexicanas ha sido incorporada a la mitología de los mayas de Guatemala (pp. 93, 105) y ocupa entre las tribus nahuas de Nicaragua el lugar de la pareja divina (p. 145 s.). Referente a las adivinanzas con granos de maíz véase Seler (7) II, pp. 78 ss. *Cipactli*: ser mítico en forma de lagarto y menos frecuente-mente de pez (fig. p. 21). Es el primero de los veinte signos mexicanos de los días (por eso Cipactónal: "signo del día cipactli"). También para los zapotecas del centro de México el lagarto era el "animal de la tierra", y aun entre los mayas de Yucatán nos encontramos con el mismo concepto (27 h). *Tláloc*: véase 9.

c) *Hist. Mech.* pp. 30-31. *Quetzalcóatl*: el texto francés en el cual todos los nombres propios se encuentran alterados, escribe Calcoatl (léase: [Que] Çalcoatl). "Diosa de la tierra": el concepto de que la tierra es un monstruo en forma de sapo, que devora todo, domina también el arte mexicano. Por lo general se adorna el lado inferior (él dirigido hacia la tierra) de las figuras, vasijas y cajas hechas de piedra con la repre-sentación de este ser (véase Lámina 3), el cual no solamente presenta unas fauces abiertas y repletas de dientes, sino que posee también en las articulaciones de los brazos y de las piernas bocas abiertas y llenas de dientes, como nos dice la descripción. La tierra es el monstruo insaciable que no solamente devora a los muertos sino también al sol y a los demás cuerpos celestes cuando éstos se ocultan en el horizonte. El hecho de que la tierra haya sido bajada del cielo se explica por medio del paralelismo cielo-tierra (que forma la base de todo el concepto del mundo de los mexicanos): el cielo nocturno es un reflejo de la tierra; por eso los dioses nocturnos del cielo son al mismo tiempo deidades terrestres, las estrellas son flores o mazorcas de maíz del cielo etc. (Preuss [1] p. LI). También el concepto según el cual Quetzalcóatl y Tezcatlipoca ba-jan a la tierra desde el cielo, está relacionado con el significado básico de ambos (dio-ses de la estrella matutina y vespertina, respectivamente), que ha sido puesto en claro mediante la mitología moderna de los coras (Preuss [1] pp. LXII ss.). "Plantas ali-menticias" se originan de las partes del cuerpo de los dioses: este concepto aparece también en 4 c y 4 d, y en la región peruana (38). "Sangre y corazones": el culto de los mexicanos que se relacionaba con el cultivo, sobre todo las fiestas de la siembra y de la cosecha, se acompañaban con numerosos sacrificios humanos.

2. LOS DIFERENTES SOLES. a) *An. Cuauht.* pp. 9-10. El concepto de varios períodos incompletos del mundo (soles) predomina en México y Centroamérica (véase 18 a y b), y aparece también en Perú. El hecho de que siempre sean cuatro los soles mexi-canos, es solamente una consecuencia del agrupamiento de todas las cosas celestes y terrestres, según los cuatro puntos cardinales (1 b). El orden según el cual están enu-merados en las fuentes es algo diferente; la norma de la secuencia parece haberse se-guido en 2 b, puesto que aparece también en el arte azteca. Como Seler ha hecho no-tar, los cuatro soles coinciden hasta cierto punto con el concepto de los cuatro ele-mentos del Viejo Mundo, en nuestra versión el orden es: agua, tierra, fuego, aire —pues-

to que el segundo sol no se llama en otras fuentes "sol de jaguar", sino "sol de tierra" (Ixtlilxóchitl [1] pp. 14 y 19). "1 conejo": el calendario mexicano se basa en una constante combinación de 13 cifras y 20 signos (habiendo entre éstos nombres de animales). De estos veinte signos solamente cuatro caen en el principio del año, siendo éstos: "caña", "pedernal", "casa" y "conejo". El año de nacimiento del sol actual corresponde, según la cronología de los *An. Cuauht.*, al año 726 de la era cristiana, lo cual es un ejemplo de la poca profundidad en cuanto al tiempo, que poseían las tradiciones históricas de los mexicanos. "Cuatro creaciones de hombres", literalmente, "cuatro especies de seres vivos". *Quetzalcóatl* como creador de los hombres: la "ceniza" de la cual se crearon los hombres según este y otros relatos (véase Seler [7] III, pp. 46, 131), corresponde al hueso molido en el 4 *a*, y al maíz molido en el 18 *a* y *b*. "Período del mundo", literalmente "sol". "Sol de jaguar": para los mexicanos el jaguar era el animal que devoraba al sol cuando había un eclipse solar; era un demonio de la oscuridad nocturna —las manchas de su piel tal vez inducían a una comparación con las estrellas del cielo— y por eso era también, según el paralelismo entre el cielo y la tierra, un demonio de la tierra. Por eso el segundo sol se llama también "sol de tierra" (véase *supra*) o "sol de noche" (*Hist. Mech.* p. 26), y por eso aparecen también en forma de jaguar los dioses de la oscuridad nocturna, tales como Tezcatlipoca (2 *b*, 12 *a*) y el dios de las cuevas (25). "Gigantes": el concepto de una época en la cual vivían gigantes está muy extendido entre los pueblos de alta cultura de América (pp. 71, 147, 183, 190). Generalmente se les atribuían los grandes huesos fósiles, pertenecientes a animales extinguidos (Mendieta p. 96). "Sol de lluvia": según la *Hist. Mech.* p. 25 y el *Cod. Vatic. 3738,* folio 6 (reverso) los hombres de este período son convertidos en pájaros, mariposas y perros, es decir en animales que se relacionaban generalmente con el fuego celeste y terrestre. "Sol de viento": en las leyendas de los primeros períodos, que se conservaron en Centroamérica, los monos también se consideran como restos de una antigua o imperfecta creación de hombres, pero basándose en argumentos diferentes (pp. 95, 147). "Movimiento rodante": en nahua *ollin,* una palabra cuya raíz *oll* designa a todo lo redondo y rodante, como por ejemplo la pelota de hule, con la cual jugaban los antiguos mexicanos. Por eso el signo del día ollin se parece a la representación mexicana del juego de pelota, que representa en el simbolismo religioso al cielo diurno y nocturno, en el cual los dioses juegan a la pelota con los cuerpos celestes, o también el cielo y el inframundo. Del concepto de lo redondo y rodante parece haberse derivado secundariamente la noción de los temblores de tierra. En el día "4 ollin" los aztecas de los tiempos históricos temían año tras año que el sol no apareciera y que acabase el mundo, lo cual esperaban evitar por medio de grandes ayunos, sacrificios, etc... Por eso la cara del sol actual forma el centro del signo "4 ollin" en la gran Piedra del Sol o Calendario Azteca del Museo Nacional de México.

b) *Hist. Mex. Pint.* pp. 231-234. Este relato sigue inmediatamente después de 1 *b*. Con excepción del orden de los diferentes soles, concuerda bastante bien con la *Hist. Mech.* (pp. 25-26) y con el *Cod. Vatic. 3738.* En lugar de los "soles", concebidos de modo poco definido, que aparecen en el relato anterior, aparecen aquí dioses que por su carácter están íntimamente ligados con las criaturas, catástrofes, etc., de las cuatro épocas del mundo. Sobre la relación entre *Tezcatlipoca* y los jaguares véase 1 *a*. *Quetzalcóatl* es, entre otras cosas, también el dios del viento de los mexicanos (probablemente por su relación con el agua y la lluvia que fue llevada a los pueblos de la altiplanicie mexicana por el viento del este y desde el Golfo de México). *Tláloc,* el dios de la lluvia, también tiene bajo su poder el rayo, que es el fuego celeste (p. 39). *Chalchiutlicue* es la diosa mexicana del agua (p. 22). Las "cifras" dadas para las diferentes épocas del mundo son, naturalmente, sólo míticas. 52 años formaban el ciclo máximo del calendario mexicano, puesto que después de recorrido este tiempo, el año llevaba otra vez el signo y el número del primer año. En la cifra total (2628 años) están comprendidos los seiscientos años del tiempo antiguo, en el cual todavía no existía el sol (p. 22). El *Cod. Vatic. 3738* cuenta con un total de años (18018) aún mayor. Las "plantas alimenticias" que se atribuyen a las cuatro épocas del mundo son las mismas que los pueblos recolectores de Norteamérica recogen (bellotas, piñones, arroz del agua, a los cuales la *Hist. Mech.* agrega los frutos del mezquite). Esta tradición mexicana se basa aparentemente en el concepto, completamente correcto desde el punto de vista de la historia de la cultura, según el cual hubo un paso lento de la economía de recolección a la de la cultura del maíz, el cual de hecho deben haber experimentado los pueblos nahuas durante su migración desde el norte hasta México. "Constelación de la Osa Mayor": Tezcatlipoca, el dios de la estrella vespertina, se confunde frecuentemente con otras deidades estelares (véase 3). El pie arrancado, que es una de sus características principales en las representaciones pictográficas, está relacionado, tal vez, con la forma de la Osa Mayor, que se puede concebir como una figura con un solo pie. *Tláloc,* el dios del paraíso terrestre: en el texto "dios del infierno". Con esto se da a entender uno de los tres reinos de los muertos cuyo regente es Tláloc (p. 37 s.). "Los hombres que vivían entonces": en el texto maceguales, que es en nahua macehualli (hombre en sentido general, el pueblo común). *Acecentli* y *cencocopi:* la ortografía del nombre de estas plantas es errónea en el texto original; la corrección se debe al editor de la *Hist. Mech.* Se trata aparentemente de hierbas acuáticas cuyas semillas eran comestibles, semejantes al arroz del agua *(Zizania aquatica)* de Norteamérica.

3. EL LEVANTAMIENTO DEL CIELO. *Hist. Mex. Pint.* p. 234. El texto sigue inmediatamente después de lo anterior, la misma leyenda, con algunas variantes de importancia, se encuentra en *Hist. Mech.* pp. 27-28. "1 conejo": véase p. 23. "Cuatro caminos hacia el centro de la tierra": Según la *Hist. Mech.* Tezcatlipoca llega por la boca, el dios del viento (= Quetzalcóatl) por el ombligo de la diosa de la tierra hacia su corazón. El mito recuerda extraordinariamente a la leyenda de Nueva Zelandia, referente a la separación del cielo y de la tierra por medio de los dioses y bajo la dirección del dios del árbol Tane. "Cuatro hombres": llamados cargadores del cielo en la *Hist. Mech.* El concepto de que el cielo es cargado por cuatro dioses situados en los puntos cardinales, estaba muy extendido en México y Centroamérica (p. 143); sus figuras se encontraban en el templo principal de la ciudad de México, rodeando a la estatua de Huitzilopochtli (el dios solar). Tales figuras, en la posición de cariátides, han sido encontradas repetidas veces y también se encuentran frecuentemente tanto en códices como en relieves (figs., p. 31 y p. 91). Por su naturaleza se trata aparentemente de dioses estelares, siendo designados frecuentemente también como dioses de la lluvia y de la tormenta (por eso uno de ellos se llama Tzontémoc "El que cae de cabeza", es decir, el rayo), entre los mayas son considerados como dioses de los vientos (p. 143). "Camino que aparece en el cielo": vía láctea. Esto significa que ambos dioses dividen el cielo en dos mitades por medio de la vía láctea, siendo cada uno regente de una de estas mitades, Quetzalcóatl (como estrella de la mañana) sobre la del este, y Tezcatlipoca (como estrella de la tarde) sobre la del oeste (Seler [7] IV, p. 41). *Mixcóatl:* "Serpiente de nubes" (en el texto: "Serpiente de nieve"); dios estelar, que representa a todas las estrellas de la parte septentrional del cielo (pp. 29, 32 s., 41 ss., 75) y localizado como tal en determinadas estrellas (estrella polar) y constelaciones pertenecientes a la parte septentrional del cielo. Puesto que se comparaba al polo celeste, alrededor del cual todo el firmamento se mueve en círculo, con el agujero en el cual se insertaba el palo rotatorio para obtener el fuego, Mixcóatl es siempre el dios de la obtención del fuego, que se convierte en la caña de la flecha (= el palo rotatorio) (Seler [7] III, p. 301), y Tezcatlipoca tiene que transformarse consecuentemente para obtener el fuego. Hasta la fecha "2 caña" en la cual sucede esto y acontecía también en tiempos históricos, al principiar cada uno de los nuevos períodos de 52 años, contiene una insinuación mítica referente al instrumento que consistía de dos maderas y no de pedernal, como dice el texto español erróneamente en este pasaje. En Mixcóatl se expresan de modo extraordinariamente claro las estrechas relaciones entre los dioses estelares y del fuego del México antiguo; el fuego y las estrellas existían, según la creencia mexicana, antes de que hubiera nacido el sol. "Grandes fuegos" se prendían en la fiesta del dios del fuego de los aztecas.

4. EL ORIGEN DE LOS HOMBRES Y DE LAS PLANTAS ALIMENTICIAS. *a) Hist. Colh. Mex.* pp. 248-257 (nahua). La primera parte de este cuento se relata también en la *Hist.*

Mech. pp. 28-29 y en Mendieta p. 78. Una explicación amplia se encuentra en Seler
(7), IV, pp. 54-57; V, pp. 184-87. Es característico para el concepto mexicano del mundo, que no solamente se habían creado las estrellas y el fuego, sino también los hombres y las plantas alimenticias antes de que los cuerpos celestes caminaran por sus ór-
bitas. Pero los hombres y las plantas alimenticias no son creados de la nada, sino ya
existen aunque en forma distinta y en lugares difícilmente accesibles. "Dioses": el texto
nombra aquí cuatro parejas de dioses, entre ellas "Faldellín de estrellas" y "Sol de
estrellas" (pp. 34, 48), una forma secundaria de la suprema pareja divina, y Quetzalcóatl y Tezcatlipoca. "Hueso precioso": es decir, hueso de un sacrificado. Puesto que
en parte consiste de huesos de hombres y en parte de huesos de mujeres (p. 26), es
el conjunto de todos los hombres muertos que viven en el inframundo. En las leyendas
americanas frecuentemente es el reino de los muertos el lugar de origen de los hombres.
"Caracol": gran caracol marino, que fue usado por los sacerdotes de México para llamar a sus compañeros a los ejercicios del culto nocturno. Los mexicanos consideraban
a Quetzalcóatl como el descubridor de todos los ejercicios relacionados con el culto
(p. 43). El dios de los muertos tiene la esperanza de que Quetzalcóatl no pueda
tocar su caracol dejando de cumplir así la condición puesta por él; pero Quetzalcóatl
transforma el hueso en flauta con la ayuda de los animales. "Nagual" (en azteca na-
hualli "disfraz"): espíritu personal de protección, el álter ego, en el cual creen todavía los indios mexicanos de hoy día. Según la *Hist. Mech.* y Mendieta la poca estatura de los hombres actuales, en comparación con los gigantes de los tiempos anteriores, se debe al hecho de que el hueso se rompió. *Tamoanchan:* "la casa de la cual se
baja", el asiento de los dioses primarios, lugar de donde viene el maíz y la patria mítica de las tribus (pp. 70 ss.). Por lo general se sitúa en el oeste, pero es, según el concepto original el cielo nocturno (y su equivalente, el inframundo) del cual descienden tanto los primeros hombres, como las plantas de maíz, puesto que ambos se equi-
paran con las estrellas (Preuss [1] pp. XXXVIII-XLII). *Cihuacóatl-Quilaztli:* una de
las muchas formas de la diosa de la luna y de la tierra de México, que se veneraba
como deidad principal en la ciudad de Colhuacan en el Valle de México. Puesto que
también era una diosa del parto, se comprende su papel en la primera creación de los
hombres. "Vasija preciosa": con este nombre se designa en un códice mexicano el lugar de origen de los hombres "creados de ceniza". (Seler [7] III, pp. 42-44). "Auto-
sacrificio en los órganos genitales": forma de sacrificio sanguíneo que se consideraba
especialmente efectivo (5 *a*) y que se practicaba en muchas regiones de México durante
las grandes fiestas. "Hormigas": también en la tradición maya son los animales que
saben y conocen el lugar donde se encuentra el maíz y conducen hacia él a los dioses
(pp. 95 s., 97 ss.); entre los coras se considera a la hormiga como la propietaria del
maíz (Preuss [1] p. LXI). *Oxomoco* y *Cipactónal:* véase 1 *b*. Nanáhuatl no se entienda
aquí en su forma propia (p. 28 ss.), sino en su transformación de Xólotl, el dios en
forma de perro, que representa el rayo (como también entre los mayas, figura, p. 124, y
entre los zapotecas). "Dioses de la lluvia": el dios de la lluvia Tláloc aparece, al igual
que otros dioses, bajo cuatro formas o tiene cuatro casas (p. 39); de otras informaciones se deduce que los cuatro colores coinciden de hecho con los cuatro puntos cardinales (p. 45). El reino del dios de la luvia es considerado siempre como una tierra
de abundancia de alimentos (p. 37). Por eso todos los hombres tienen que dirigirse
con sacrificios a los dioses de la lluvia, cuando necesitan alimento (p. 60 s.). "Bledos"
(*Atriplex;* nahua huautli) *Chian (Salvia chia)* y *argemone (Argemone mexicana)* proporcionaban en su semilla el material para la masa de la cual se hacían representaciones del dios de la lluvia para determinadas fiestas, pero que servía también como
alimento.

    b) Hist. Mech. pp. 8-9. Semejante en Mendieta pp. 81-82, que habla explícitamente
del dios del sol, mientras que la *Hist. Mech.* solamente deja caer la flecha "del cielo".
El dios del sol era para los mexicanos aquel que tiraba las flechas o el dardo (Lámina 1), semejante al dios de la estrella matutina (p. 30 s.) y a otros dioses estelares (p.
32 s.). Aquí aparentemente se quiere hacer entender la fecundación de la tierra por
medio del sol, que se realiza también en las leyendas de los návajos (Krickeberg p. 333)
de Colombia (*infra* p. 157 s.) y de Perú (*infra* p. 168) directamente, es decir, por medio

de los rayos solares. *Tetzcalco: "Cerca de la roca"*, un nombre tal vez relacionado con el de Texcoco. *Texcoco* está situado en la ribera del este del lago de México y formaba en tiempos históricos, junto con Tenochtitlan y Tlacopan (Tacuba, en la ribera del oeste), la confederación que gobernaba al imperio azteca. "Cabello de hierba": en el texto tzompachtli; con el nombre de esta planta (pachtli) se designa aquí a una bromeliácea *(Tillandsia)*, con la cual están cubiertos los árboles taxodium del Valle de México. La tradición describe como habitantes primarios de la región de Texcoco a los "chichimecas" es decir tribus nómadas de cazadores, que no conocían el fuego, el cultivo, el tejido, etc. La idea de la existencia de tal estado primitivo se encuentra en muchas leyendas tribales de México y Centroamérica (véase pp. 76, 99). *Chichimeca* era aun en tiempos históricos el título honorífico de los reyes de Texcoco.

c) Hist. Mech. pp. 31-32. *Chalco:* ciudad situada en la ribera del sur del lago de agua dulce en la altiplanicie de México. "Cueva": se da a entender el oeste mítico, la patria de las subsistencias y la tierra de los nacimientos, que se concibe frecuentemente como cueva (cincalli "casa del maíz"). Se identifica con Tamoanchan (4), al cual la *Hist. Mech.* (p. 27) se refiere también llamándolo "una cueva", lugar donde nació el dios del maíz según un antiguo himno mexicano (Seler [7] II, pp. 1059 ss.). *Piltzintecuhtli* ("Señor de los príncipes") y *Xochiquétzal* ("Flor preciosa"): el joven dios solar y la joven diosa lunar que son los padres del dios del maíz, según la *Hist. Mex. Pint.* p. 235. Puesto que Tamoanchan, donde se lleva a cabo el nacimiento del dios del maíz, es realmente el cielo nocturno, se debe equiparar a dicho dios con la estrella matutina o con la vespertina. También en la mitología cora el dios de la estrella vespertina es el dios del maíz, que es bajado del cielo (Preuss [1] pp. XLIII *ss.*). "Una muy buena semilla": en el texto está la palabra ininteligible Sanctlhqez. *Chian:* véase 4 *a.* "Camote": *Convolvulus Batatas.* Un mito que no se conserva más relataba al fin de esta leyenda, cómo Xochiquétzal le fue robada a Piltzintecuhtli y cómo éste la buscaba en el inframundo (Seler [7] II, pp. 1032 *ss.*).

d) Hist. Mech. 27-28. Este mito está íntimamente relacionado con el anterior; así como el maíz, la principal planta alimenticia de los mexicanos, también el pulque, su bebida principal preparada de la savia fermentada del agave, proviene del cielo (nocturno). *Mayahuel* es la diosa del agave; (fig. p. 27; véase también p. 72), que según el mito vive en el cielo, se describe en el *Cod. Vatic.* 3738 (folio 20) como una mujer con cuatrocientos senos y se representa, a veces, como una diosa que amamanta a un pescado, es decir, ella representa al cielo nocturno con las "cuatrocientas" (es decir innumerables) estrellas, que nadan semejantes a peces en el océano celeste, puesto que el cielo nocturno (Tamoanchan) es "la tierra de los peces preciosos". También los otros dioses del pulque están íntimamente ligados con las estrellas o con la luna (Preuss [1] pp. XXXII, XXXVII, XLI, LXIX). *Tzitzímitl:* demonios de la oscuridad, que bajan del cielo, viven en los cruces de los caminos, hacen toda clase de espantos y de males y acaban con los hombres al terminarse el mundo (pp. 31, 34). También son deidades estelares (realmente las estrellas que son visibles en el cielo durante un eclipse solar); por eso se llaman Tzitzímitl a los cargadores del cielo (véase 3) en Tezozomoc (pp. 358, 451, 486).

5. DOS DIOSES SE CONVIERTEN EN EL SOL Y LA LUNA. *a)* Sahagún, HGCNE, II, pp. 256-260. Los relatos de la *Historia de lo reynos de Colhuacan y de México* (pp. 257-261) son más breves e incompletos, igual en Mendieta (1) p. 79, en *Hist. Mex. Pint.* (1) p. 235 y en *Hist. Mech.* (1) p. 31-32. Explicaciones en Seler (7), IV, p. 57. La noción de que dos dioses se tienen que quemar para poder ser astros es bastante obvia en un pueblo que usaba con tanta frecuencia la magia análoga en sus cultos y fiestas. Las relaciones de los dos dioses *Nanahuatzin* ("el buboso") y *Tecuciztécatl* "el del caracol" con el sol y la luna no son fáciles de entender. Seler ha supuesto que originalmente no se pensaba en Nanahuatzin como buba o sifiloma, sino en general en algo redondo y esférico, como con Olin (2 *a*), es decir el disco solar. Hasta más tarde se interpretó el nombre como el buboso porque Nanahuatzin, quien según la *Hist. Colh. Méx.*, todavía está en Tamoanchan (en el cielo nocturno o en el inframundo), aparece como el dios enfermo, desmedrado físicamente e insignificante (pues todavía no se con-

vertía en sol) cuando los dioses se reúnen en Teotihuacan. Con frecuencia aparece el dios del sol como figura insignificante en muchos mitos (véase 39). El caracol a su vez es un símbolo de la luna porque también ella se oculta, en luna nueva, para volver a salir con su claridad. *Teotihuacan:* conocido sitio arqueológico al norte de la ciudad de México, centro de una cultura anterior a la de los aztecas, que los mexicanos relacionaban de preferencia con los sucesos importantes del pasado, como hacían los peruanos con Tiahuanaco (p. 128). *Teotexcalli:* (en sí Teotexcalco "en el brasero divino") también los dioses de la luz de la leyenda quiché son quemados en una "piedra caliente" (p. 128). "Ramos": los mexicanos solían ofrecer ramas verdes de pino para adorno de los altares. "Plumas de quetzal": las plumas preciosas de la cola del quetzal *(Pharomacrus mocinno)* que son de un hermoso verde metálico los mexicanos las usaban para hacer adornos muy valiosos. "Pelotas de heno y espinas de maguey": en la penitencia en honor de los dioses se perforaban las orejas, los brazos y los muslos con un puñal de hueso, se ponía la sangre en las espinas de maguey y se encajaban éstas en las bolas de heno. "Copal": recina de buen olor que se usaba para humear. "Pirámides": se refiere a las dos grandes pirámides, del sol y de la luna, cuya edificación todavía se relata en la leyenda de la tribu (p. 71). Las pirámides escalonadas de los mexicanos son representaciones de la bóveda celeste por la que ascienden los astros (Preuss [1], p. XXXII), igual que los símbolos de las plataformas escalonadas de los indios *pueblo.* "Tan pronto como las cuatro noches de penitencia..." esta fase está mutilada en la ed. de Sahagún de Bustamante, mientras que Kingsborough la reproduce correctamente (Sahagún [1 *b*] p. 185). "Plumaje y tocado de papel": dos tocados en forma de corona o peluca. Los mexicanos hacían el papel de la capa interna de la corteza de árboles de higos; los muertos o aquellos que se llevaban al sacrificio los vestían con adornos o vestidos de papel blanco. En sí le corresponden al dios de la luna prendas blancas. "Águila y tigre": aquí los dos animales no son únicamente símbolos de guerra. El águila es como entre los coras modernos el cielo del día y el jaguar o tigre es cielo nocturno lleno de estrellas (2 *a*). *Hist. Colh. Méx.* agrega al gavilán y oso *(Cercoleptes caudivolvulus),* es decir, repeticiones pálidas de los dos animales más grandes y fuertes. *Xipe Tótec:* Dios de la primavera y de la estrella matutina, cuyo culto seguramente proviene de los pueblos del sur de la altiplanicie mexicana y de la costa del Pacífico (zapotecas, véase pp. 59-60). En las leyendas de Tollan aparece como heraldo de Quetzalcóatl. Tezcatlipoca rojo: véase 1 *b.* "Serpientes de nubes": los dioses de las estrellas del cielo septentrional (3). Aquí se oponen a las cuatro formas de la diosa de la luna, Tlazoltéotl, a las que Sahagún llama únicamente con los nombres aztecas para hermana mayor, menor, del medio y más joven. "Conejo": los mexicanos veían a ese animal en las manchas lunares y por eso lo representan generalmente en las pinturas de la luna (figura, p. 42). En la *Hist. Mex. Pint.* (1) y en *Hist. Colh. Méx.* se explica la luz pálida de la luna por el hecho de que brincó al fuego cuando ya era ceniza. "Muerte (o sacrificio) de todos los dioses": a través de toda la cosmovisión y la concepción del mundo de los aztecas se puede seguir esa idea de que tiene que alimentar al sol con sangre y con corazones, para que obtenga fuerza para recorrer el cielo. El dios del viento se encarga de llevar a cabo el sacrificio, pues es el primer sacerdote y creador del culto. *Xólotl:* (véase 4 *a*). Xólotl significa "doble", pues el dios aparece en dos formas: primero como Nanahuatzin, que sube como sol al cielo, y segundo como Xólotl (en forma de perro), quien carga al sol durante la noche en el inframundo. (figura, p. 38). La observación que tiene los ojos hinchados se refiere al aspecto de Nanahuatzin (véase figura, p. 28), mientras que las formas dobles de la naturaleza señalan la dualidad de Xólotl. *Axólotl:* "agua-xólotl": es la larva *Amblystoma mexicanum* que vive en el agua, y que es un anfibio, que en tierra tiene una forma diferente, por lo tanto también es un ser dual.

b) Parecido lo relata Mendieta p. 79. Véase Seler (7), IV, p. 62. "Señor y Señora de nuestra carne". (Véase 1 *b*). Plumas rojas de quechol y lienzo con banda roja: es decir, el sol sale en el cielo de mañana. *Nahui ollin:* "4 movimiento", véase 2 *a.* Con frecuencia los dioses tienen el nombre de una fecha con la que tienen alguna relación. "Gavilán": también para los quichés el gavilán es el mensajero de los dioses (p. 105). "Dios de la estrella matutina": dios del crepúsculo (figura, p. 31) era considerado por los aztecas el dios que dispara, como todavía lo es entre los coras modernos. El mito del disparo al sol también lo encontramos entre los norteamericanos (Krickeberg p. 130). "Nueve ríos": aquí se refiere al mar del occidente, sobre el que van los muertos y en el que se sumerje el sol (véase 8 a). El sentido es el siguiente: el sol expulsa a la estrella matutina la que entonces aparece como estrella vespertina en el cielo de occidente. También se designa como "dios del frío" al dios del maíz (porque el maíz es traído por el cielo de la noche). Una prueba más para relacionar la identidad que se supone del dios de la estrella matutina y vespertina con el dios del maíz (4 c). "Plumas rojas de arára": estos animales personificaban el color rojo de la aurora (p. 38). Son importantes como dioses que se sacrifican los dos dioses guerreros Tezcatlipoca (en el texto azteca dice Titlacauan, véase 1 b) y Huitzilopochtli; se tiene que crear la guerra para que el sol se pueda poner en movimiento (p. 32). Las diosas "falda verde" y "falda roja" que de otro modo no se mencionan, sustituyen aquí otra vez el contraste de colores negro-rojo (1 b), pues en el texto azteca "verde" es descrito como "de color de la hierba de incienso", es decir verde oscuro. Según Seler (7) V, p. 189 con los dos nombres se designa una misma diosa, Tlazoltéotl. Es decir junto a los dos dioses guerreros están dos diosas guerreras también, una joven, Xochiquétzal y la diosa vieja de la luna, Tlazoltéotl. *Papaztac:* uno de los dioses del pulque (vino del maguey p. 72). "Taza": (figs., p. 27), otra explicación de las manchas de la luna. "Duendes y ciertos demonios": originalmente tzitzímitl, véase 4 d.

c) Mendieta I pp. 85-86. Igualmente en la *Hist. Mech.* (1) pp. 34-35 (en lugar de un cultor anónimo manda aquí Tezcatlipoca al dios del viento Quetzalcóatl). *Tlaquimilolli:* paquetes o envoltorios sagrados como fetiches personales o del pueblo se mencionan con frecuencia también en otras partes (pp. 40, 71, 75, 79, 98, 101). Recuerdan los envoltorios sagrados de los indígenas norteamericanos. Además se encuentran con frecuencia en las figuras mexicanas cavidades en el pecho en las que antes había estado incrustado un "corazón" (principio vital), es decir una piedra verde. Véase p. 146. "Casa del sol": en el este, está pensada del otro lado del mar. Ahí viven las almas de los guerreros, las que alagan al sol con cantos, música y bailes p. 37. También los sabios van hacia el este y se llevan consigo la música y los cantos (p. 71). "Sirena": en la *Hist. Mech.* está descrita como mujer "mitad mujer mitad pescado". "Tortuga": según los códices mexicanos vienen los pueblos de origen del este sobre las conchas de las tortugas (Seler (7), III p. 47). *Teponaztli:* Tambor de madera de los mexicanos, de un cilindro hueco que se pegaba con mazos de caucho.

6. LOS DIOSES ESTELARES Y EL ORIGEN DE LA GUERRA. a) G. Icazbalceta, *Hist. Méx. Pint.* III, p. 235. El concepto básico de la concepción del mundo de los aztecas, que no pierde su fuerza en los pueblos nahuas del sur (p. 145) ya se trató en 5 a. Los mexicanos para los que todas las cosas de la tierra no eran sino imagen de las del cielo, veían también en el cielo la lucha constante y sangrienta. Las estrellas que corresponden a los hombres de la tierra existen para servir de alimento al sol, son la condición previa para su existencia. Sin embargo, antes tienen que ser vencidos, y esto sucede en una guerra entre las estrellas y la luna.

b) En parte concuerda con *Hist. Mex. Pint.*, donde esta leyenda se relata hasta en dos versiones diferentes. Los relatos de *An. Cuauht.* (p. 7) y en Camargo (pp. 39 s.) están incompletos. Véase además, Seler [7], IV p. 86, V p. 191. El mito se divide en dos partes claramente diferentes. La primera parte va hasta "luego bajaron dos venados"... En esta parte se nos cuenta cómo la luna logra sobreponerse a las estrellas. Las "cuatrocientas serpientes de las nubes" (Mimixcoua) son las innumerables estrellas del cielo nocturno del norte (véase 3) y que aquí representan todas las estrellas; las "cinco serpientes de nubes" (cuatro hombres y una mujer, en *Hist. Pint. Mex.* cinco mujeres), de las que ya hemos hablado junto con las cuatrocientas serpientes de nubes (5 a), representan las cuatro o cinco formas de la deidad de la luna. Para entender la segunda parte hay que saber que según la *Hits. Mex. Pint.* Xiuhnel y Mimich representan (junto con Camaxtli-Mixcoualt) a los únicos sobrevivientes de las cuatrocientas serpientes de nubes y que entonces pueden identificarse con las estrellas matutina y vespertina. Éstas a su vez atacan a la luna, la que aparece en la forma del venado bicéfalo o de la mariposa de obsidiana, y en la *Hist. Mex. Pint.* como Xochi-quétzal (la joven diosa de la luna). Matan y queman a la luna, y los *An. Cuauht.* aña-den que las serpientes de nubes se pintan la cara con pintura de cielo de estrellas con la ceniza y que no es sino hasta entonces que llegan a ser estrellas completas. El sen-tido de todo, según Preuss [1], p. XXXV, es que la luna creciente va devorando a las estrellas y que por eso crece y que la menguante es matada por las estrellas. "Blanca diosa del agua": representación del cielo nocturno cubierto con nubecillas plateadas. "Las cinco serpientes de nubes": los cuatro hombres corresponden a los cuatro puntos cardinales, la quinta, mujer, corresponde al centro o la dirección arriba-abajo, por eso aparece más tarde (pp. 32, 33) en el juego de pelota que es símbolo de esa dirección (véase 2 *a*). *Mecitli:* una forma diferente de Mayahuel (véase 4 *d*) que es tanto diosa del cielo como de la tierra. Seguramente debe entenderse esta parte de tal forma, que la luna todavía invisible por encontrarse en el océano del cielo, se alimenta del "agua del cielo o de la vida" como llaman los coras modernos al pulque (Preuss [1], p. XXXVII). "Quetzal": véase 5 *a*. "Trupial": *Icterus galbula,* con plumas negras y do-radas. "Quechol": *Platalea ajaja.* "Cotinga": *Cotinga cincta* o *coerulea,* con plumas de color azul turquesa. Son pájaros tropicales cuyas plumas se usaban entre los mexi-canos para hacer valiosos adornos. "Caza del tigre y su emplumada": seguramente el sentido de esto es que en una caza feliz no debe haber contacto sexual y que con la indumentaria sagrada no se puede asistir a fiestas y borracheras. *Tzihuactli:* planta es-pinosa, una especie de nopal que proporcionaba a los chichimecas (considerados por los mexicanos como representantes terrestres de las serpientes de nubes), los pueblos cazadores del norte, tanto alimento, como una bebida embrigante. "Flechas de tzihuac-tli": así las usaban los pueblos cazadores del norte. Se reunieron sobre un mezquite: "bajar" o "caerse" generalmente significa en los mitos mexicanos "nacer", "aparecer" (p. 47). El cielo es un desierto con magueyes, nopales y árboles de espinas (p. 37), por lo tanto el sentido es: la luna joven aparece ahora en el cielo y se prepara para la lucha contra las estrellas. El árbol, la tierra, la montaña y el agua corresponden según Seler a las direcciones este, norte, oeste y sur. *Chicomóztoc:* "Lugar de las siete cuevas", una tierra de origen mítico y que aparece con frecuencia. Se sitúa en los de-siertos del norte (p. 73). Igualmente según un himno mexicano Chicomóztoc es consi-derado la patria de las serpientes de nubes. (Seler [7], II p. 1017). "Venado de dos cabezas": idéntico con Quaxólotl-Chantico, la diosa local de Xochimilco (población si-tuada en la orilla del oeste del lago de agua dulce del altiplano de México, cerca de la ciudad de México), muy parecida a la diosa local de Colhuacan, Cihuacóatl-Quilaztli (4 *a*) y como ésta, una de las muchas formas de la diosa de la tierra y de la luna que se veneraba en el altiplano de México. Por su forma de venado o de mariposa estaban relacionadas con el dios del fuego, que era tanto dios de la tierra como del cielo. El hecho de que esta diosa de Xochimilco sea aquí al mismo tiempo una tzitzí-mitl, es decir una deidad femenina de las estrellas, caracteriza la diversidad de las dei-dades mexicanas y su colorido. Los tzitzímitl eran considerados espíritus o fantasmas nocturnos que incitaban a los hombres al indecoro y al pecado y los encantaban. Las dos cosas se relatan aquí ("comió el corazón" quiere decir muerte por magia). "Caza del venado": cansar al venado por una persecución constante es una forma muy soco-rrida hasta la fecha por los pueblos mexicanos del norte "Mimich hizo el fuego": las serpientes de nubes y su jefe Mixcouatl son los primeros que taladran el fuego (3). Esconderse en el fuego seguramente tiene el mismo sentido como la incineración de Quetzalcóatl (p. 58): la luna y las estrellas se apagan a la luz del sol que aparece. "Dioses del fuego": frecuentemente en estrecha relación con los dioses de las estrellas. (3). "Mariposa de obsidiana" (en nahua Itzpapálotl): otra forma de la diosa mexicana de la tierra, luna y del fuego, se consideraba como una mariposa con incrustaciones de puntas de piedras (véase Lámina 3). Según los *An. Cuauht.* representa ya desde la pri-mera parte del relato a las "cinco serpientes de nubes", es decir, ella vence y devora a las "cuatrocientas serpientes de nubes".

El cielo y el reino de los muertos

7. Los NUEVE CIELOS. G. Icazbalceta, *Hist. Mex. Pint.* p. 256-257. Acerca de esto Seler (7), IV p. 26 (con nombres corregidos). Los mexicanos suponían la existencia de
trece o nueve cielos diferentes sobre la tierra. Los trece cielos se mencionan con frecuencia (pp. 21, 22, 47) y están reproducidos en el *Cod. Vatic. 3738* (folio 1). Esta concepción parece haber existido sobre todo entre las escuelas de los sacerdotes del altiplano de México. Sin embargo la tradición de Tlaxcala, etc., en el estado de Puebla
solamente conoce nueve cielos sobrepuestos o un cielo "nueve veces encadenado"
(p 48). Este texto menciona sólo ocho cielos, que se cuentan de abajo hacia arriba,
pero seguramente considera arriba del octavo más cielos hasta llegar al último, en el
que está el par de dioses supremos (véase 1 *b*). "Faldellín de estrellas" y "sol de estrellas": generalmente son sobrenombres del par de dioses supremos (p. 48), aquí hay
que considerarlos dioses especiales. El "faldellín de estrellas" pertenece al traje de las
diosas mexicanas de la tierra y de la luna (6 *b*). Según el *Cod. Vatic. 3738* es el primer
cielo de la esfera de la luna. *Tzitzímitl:* véase 4 *d*. *Tezcatlipoca:* aquí como el jaguar
que devora al sol (2 *a*). "Cuatrocientos hombres": se refiere a las 400 "serpientes de
nubes", es decir las estrellas (6 *b*). Los colores se refieren aquí a los cuatro puntos
cardinales, como en los dioses de la lluvia (p. 26). El cuarto y el quinto cielo es según
Seler la esfera del fuego, pues también los pájaros son animales del dios del fuego
(véase 2 *a*). Otra concepción de la "serpiente de fuego" (Lámina 2), que era la principal insignia del dios del fuego existe en 14. El séptimo cielo es el escenario de la
lucha del cielo (6 *a*). "Lleno de polvo" en nahua "levantar polvo", significa que hay
guerra (Seler). "Todos los dioses": también según otras tradiciones los dioses vivían
juntos en Tamoanchan (el cielo nocturno) de donde fueron expulsados cuando "cortaron las flores y las ramas". "Sol": generalmente se cargaba al sol en el cielo del poniente ya sea por mujeres divinas o por el dios con cabeza de perro, Xólotl (véase
la figura p. 38).

8. Los TRES REINOS DE LOS MUERTOS. *a)* Sahagún H.G.C.N.E., I, pp. 283-286. Igual
que otras culturas americanas los mexicanos tenían la creencia en varios reinos de los
muertos. (pp. 143, 145-46, 189-90). Generalmente la manera de morir determina a dónde
va el muerto (diferente en 8 *c*). *Mictlan:* "lugar de los muertos". *Tzontémoc:* "El que
bajó de cabeza", otras veces el nombre del dios del cielo (véase 3). Aquí el *tertium
comparationis* es el perro que representa tanto el fuego que cae del cielo (el rayo, véase 4 *a*) como también el acompañante de los muertos al inframundo (pp. 35, 36). "Te has
cansado del camino": fórmula de saludo habitual entre los mexicanos (pp. 38, 49, 56).
"Escabel y trono" véase "palio y trono" (p. 102). "Hacia lo desconocido", etc..., en
nahua: "Tierra del acaso". "Donde las puertas están a la izquierda" significa el inframundo cerrado hacia todas partes, de donde no hay escape posible (Seler). "Vestidos
de papel": indumentaria de los muertos o destinados a morir (5 *a*). Aquí sirven de
talismán para pasar sin daño por las diferentes partes del inframundo. Igual que se
creía en 9 o 13 cielos, se creía en 9 inframundos sobrepuestos. (figura, p. 35). Aquí
sólo se cuenta de siete, cuyos tormentos se parecen en parte a las pruebas que en los
cuentos tiene que pasar el héroe que visita al inframundo. (Véase 20 *a, h-k*). "Dos
sierras que se encuentran": en muchos cuentos están a la entrada al infierno, por la cual
tiene que pasar el sol en la noche. "Lagartija verde": la lagartija era considerada por
los aztecas como el animal de la lujuria y del pecado sexual. "Lugar del viento de navaja": lugar de frío cortante, que también en otros relatos es mencionado como esta-
ción del infierno. *Chiconahuapan:* "Nueve-río", generalmente no es el infierno más
profundo, sino está trasladado a la entrada del inframundo (como el río de inframundo pp. 106, 123, 147, 189-90), lo que sin duda es la versión original; pues ese río es el
agua que según la concepción mexica rodeaba la tierra, sobre la que vinieron de oriente
u occidente los pueblos en los tiempos antiguos (pp. 70, 75, 96) y la que había que cru-
zar para llegar a la tierra del sol (pp. 31-2, 103). A veces se identifica el "nueve-río"
con el mar de occidente (véase 5 *b* y nota 18 *b*). "Perrito": como el dios con cabeza
de perro, Xólotl, es el que lleva al sol al inframundo (5 *a*), también el perro es el

acompañante de los muertos. Los peruanos tenían la misma concepción (p. 190). Se enterraba junto con el muerto, después de haber matado al perro con una flecha clavada en el cuello. La idea de una muerte definitiva en el inframundo después de cierto tiempo, véase p. 147. "Guisado de chile": chilmolli. *Atolli:* sopa de maíz. *Tamalli:* pastelillo indio de maíz, tamal. Todos son platillos importantes de la cocina mexicana; en lugar de jícara para tomar el dios de los muertos toma de una calavera, Tzontecómatl "calabaza de pelos". *Ayocomolli:* no se puede explicar. "Bledos": *Argemone mexicana.* *Xochitlapan:* seguramente se refiere al cielo nocturno cuyas estrellas se comparan con frecuencia con flores (Xóchitl); la deidad que representa al cielo nocturno, la diosa Mayahuel aparece con 400 pechos (4 *d*). También Tamoanchan (4 *a*) se representa con frecuencia con la imagen de un árbol (pp. 58, 75). La concepción de un árbol celeste también existía entre los mayas (p. 143). *Tlalocan:* pensaban que el reino del dios de la lluvia estaba en las cimas de las montañas al este de la ciudad de México, que continuamente están cubiertas de nubes y neblina y por eso están siempre húmedas y son tan fértiles. Una de las montañas se llama Tláloc. "Flores amarillas del verano", *tagetes* sp. Cómo toman posesión de los alimentos los dioses de la lluvia se relata en 4 *a*. "Los muertos por los rayos": Tláloc es el dios del rayo (9), además atrae a los hombres hacia su otra morada que es el fondo del lago de México y origina todas las enfermedades mencionadas en el texto, por lo que le pertenecen los hombres muertos de esta manera. Bledos: véase 4 *a*. "Color azul, etc., son todas las insignias de Tláloc en las representaciones de él en los códices. El muerto es vestido como Tláloc. "Verdura y verano": el nombre de Tláloc significa: "el que mueve la tierra" o "el que está en la tierra". "Donde vive el sol": el cielo oriental (p. 37). Las almas de los guerreros muertos viven al mismo tiempo en el cielo del norte, que es descrito por los mitos generalmente como una pradera de espinas; (6 *b*); igualmente se encuentran las almas de las mujeres que mueren durante el parto tanto en el cielo del oeste como en el del sur. (Seler [7], IV p. 80 *ss*.). Por eso las almas de los guerreros muertos como de las mujeres muertas no son solamente apariciones terrenales (pájaros, fantasmas) sino también aparecen en las estrellas (6 *b*, 14). "Sacrificios de guerra": es una forma especial del sacrificio humano en la que se tenía que defender el prisionero que estaba amarrado a una gran piedra cilíndrica contra los guerreros antes de ser matado por un corte en el pecho. También había en las fiestas aztecas sacrificios de fuego y de flecha. El prisionero sacrificado tenía exactamente el mismo valor para los aztecas que un guerrero muerto en el combate. "Concha de caracol": es el atavío guerrero (Oyoualli), a que se hace mención en p. 169. "Pájaros con anillos negros alrededor de los ojos": se trata del tatuaje negro como máscara que llevan alrededor de los ojos Mixóatl (3) y otros dioses estelares. (Tatuaje del cielo estelar, véase 6 *b*). "Plumones blancos" y "creta blanca, (gis)" son el traje de los que se destinan al sacrificio, por lo tanto no se trata aquí de animales verdaderos, sino míticos que traen a la hora del mediodía el calor solar a la tierra; sobre todo los zinzones (colibríes) eran considerados por los aztecas, igual que por los coras modernos, demonios que originan el calor solar. (Preuss [1], p. XLVII, LV, LVI). "Flores": el texto azteca es más completo y las describe más a fondo.

b) Sahagún, HGCNE, II pp. 183-185. *Mocihuaquetzque:* las mujeres que mueren en el parto eran consideradas igual que los guerreros porque habían muerto igualmente en la lucha por un prisionero (el niño). "Águilas y jaguares" (véase 5 *a*) dice en el texto en lugar de "todos los demás soldados". "Diablo": se identifican las almas de las mujeres con Tzitzímitl (véase 4 *d*). Su aparición provocaba calambres; por eso los cabellos, dedos, etc., de las mujeres que morían en el parto eran considerados como talismanes muy preciados en el México antiguo. *Cihuacóatl-Quilaxtli:* véase 4 *a*. Como diosa del nacimiento, de la guerra y de la luna es el guía preciso para las mujeres divinas como eran consideradas por los aztecas esas mujeres que morían de parto. "Arára": el pájaro del sol, que personifica la luz de la aurora (véase 5 *b*).

c) Mendieta p. 97. *Tlaxcala:* véase 1 *b*.

9. TLALOCAN. G. Icazbalceta, III, p. 230 *(Hist. Mex. Pint.).* "Cuatro tinajas de agua": una foja del *Códice Borgia* muestra cuatro figuras de dios de la lluvia que vacían

agua de tinajas sobre la tierra que hace crecer plantas de maíz muy sanas, por una parte, y por otra diferentes clases de maíz mal crecido (Seler, [6] I p. 341 s.). Estas cuatro figuras del dios de la lluvia corresponden a los cuatro puntos cardinales (o cinco con el centro) en el *Códice Borgia* y están diferenciados por diferentes coloraciones (véase 4). También los zapotecas y los mayas de Yucatán conocían cuatro dioses de la lluvia (Cocijo o Chaac): "Ministros pequeños de cuerpos": en el antiguo México se creía que los dioses de la lluvia eran enanos, por eso se les daba como sacrificio niños pequeños (véase pp. 59, 60 s.). "Cuando truena y cuando cae el rayo": en otras concepciones míticas del rayo aparece éste en forma del dios mexicano Xólotl o en formas parecidas a éste con los zapotecas y los mayas (4 a). La antigua concepción de los peruanos (46 b) es idéntica a la que aquí se relata.

Leyendas de Tollan

10. La historia de la juventud de Quetzalcóatl. En este mito Quetzalcóatl todavía no aparece como el soberano pacífico de Tollan, tal como lo encontramos en 11 y 12, sino como el dios belicoso de la estrella de la mañana (véase 1 c, 3, 4 d), cuyas hazañas y destino se parecen a los del joven dios solar Huitzilopochtli (14).

a) *An. Cuaht.* p. 7. "1 caña" esta fecha calendárica es el nombre común de la estrella de la mañana y por eso también de Quetzalcóatl (pp. 41, 48, 56). Quetzalcóatl se llama "sacerdote" en su calidad de inventor del culto (véase 11). *Chimalman:* una forma de la diosa de la tierra, que por eso se concebía también como escudo. En diversas fuentes se nombra también como madre de Quetzalcóatl a Coatlicue "la de la falda de serpientes" (p. 58; Camargo [p. 40; según el *Cod. Vatic. 3738* folio 7 Coatlicue es la hermana de Chimalman), la madre de Huitzilopochtli, que igual que Chimalman concibe al hijo inmaculadamente, y la cual es también una forma de la diosa de la tierra fecundada (por el dios solar). *Chalchihuitl* (piedra preciosa de color verde); el principio que da vida (véase 5 c; también a los muertos se les colocaba una piedra verde en la boca antes de inhumarlos). "5 casa": según el cálculo de los *An. Cuauht.* el año 873 d.c.

b) *Hist. Colh. Méx.* pp. 275-284 (nahua). Véase Seler (7) IV, pp. 154 ss., V, pp. 194 ss. Esta narración sigue inmediatamente después de 6 b. Fragmentos de la misma tradición se encuentran en *An. Cuauht.* p. 14, *Hist. Mex. Pint.* p. 237, y en Camargo p. 40. "Serpiente de nubes", es una de las sobrevivientes de las "Cuatrocientas serpientes de nubes", que mataron a la diosa "mariposa de obsidiana" (la luna). Aparentemente ocupa el lugar de la estrella matutina y vespertina, puesto que es muerta después por sus hermanos, "las cuatrocientas serpientes de nubes", a las cuales había revivido antes (como dicen los *An. Cuauht.* expresamente), y es vengada por su hijo "1 caña", es decir, otra vez por la estrella matutina. Preuss interpreta así el mito que encontró todavía entre los coras modernos en el cual se narra la lucha de la estrella matutina contra el ejército de las demás estrellas (Preuss [1] pp. XXXV ss., LXXV ss.). "Pedernal blanco" es la representación de la diosa lunar: los dibujos de la luna que se encuentran en los códices mexicanos muestran frecuentemente un pedernal en lugar del conejo (5 a) en su interior. Entre los quichés el pedernal blanco es la antorcha del inframundo (p. 107), puesto que la luna es "el sol de los muertos". "Lío": véase 5 c. Según la *Hist. Mex. Pint.* Camaxtli (= Mixcóatl) toma al venado de dos cabezas como "divisa" sobre sus espaldas. *Comallan,* etc.: lugares míticos que son mencionados también por Camargo (con algunas diferencias en cuanto a los nombres). Otra vez corresponden, como ocurre tan frecuentemente con el número cuatro, a los puntos cardinales, según Seler en el siguiente orden: este (Comallan), norte (Tecanman), oeste (Colhuacan), sur (Huitznáhuac); Colhuacan es una frecuente designación del oeste en el mito (pp. 74, 84 ss.), y Huitznahua son las estrellas de la parte sur del cielo (14). "Planta espinosa": véase 6 b. "Serpiente de nubes" es en su calidad de dios de la estrella matutina el dios que tira flechas (5 b). Escenas semejantes de lucha existen en una leyenda návajo (Krickeberg p. 344), en la cual los tiradores de flechas son igualmente las estrellas matutina y vespertina. "La dejó pasar por entre las piernas": literalmente dice aquí "la sacó fuera de sí". Aquí no se debe concebir a Chimalman como diosa de la tierra, como en 10 *a,* sino como diosa de la luna (por eso se esconde en una caverna; acerca del tema del ocultamiento véase 11, introducción), que es fecundada por la estrella vespertina y otra vez da a luz a la estrella matutina. "Cuatro días": según pp. 58 y 59 Quetzalcóatl se queda invisible durante cuatro o dos veces cuatro días respectivamente, antes de convertirse en la estrella matutina. *Cihuacóatl-Quilaztli:* véase 4 *a.* Como diosa de los nacimientos Cihuacóatl es representada frecuentemente con un niño sobre el brazo, siendo éste caracterizado siempre como un dios determinado (Seler [7] II, p. 308). Xiuhacan "lugar del agua de color turquesa". Aparentemente no se trata de un lugar terrestre, sino del océano celeste (véase 1 *a*). Por eso el que encabeza a las tres "Serpientes de nubes" enemigas se llama *Apanécatl* "el que vive sobre (o en) el agua". "Águila de cabeza bermeja": *Sarcorhamphue papa.* Acerca del tema referente al animal que da informes véase pp. 120, 122-23, 172 ss. "Cerro de las serpientes de nubes": el cielo (véase 5 *a*). Corresponde al cerro de las serpientes en el mito referente a Huitzilopochtli (14). Acerca de la dedicación de pirámides de templos por sacrificios, véase pp. 77 ss. "Tigre, águila y oso": nombres mexicanos dados a los guerreros valientes (5 *a*). Quetzalcóatl desea sacrificar animales, lo que va de acuerdo con sus demás características (véase pp. 47, 48, 55), pero los enemigos proponen sacrificios humanos, puesto que creen que Quetzalcóatl no los puede proporcionar (p. 43). Se ataba con una cuerda a los prisioneros durante el sacrificio gladiatorio (p. 37). "Sacar el fuego": las "Serpientes de nubes" son las primeras que han sacado el fuego (3, 6 *b*). "Serpiente de espejo": en el mito acerca de Huitzilopochtli (14) corresponde a la Serpiente de fuego. El fin describe cómo se preparaba la carne de los sacrificios con la salsa de chile, tal como se hacía en los banquetes canibalísticos después de los sacrificios entre los aztecas. "Las conquistas de Quetzalcóatl", enumeradas por el texto, están situadas en el golfo de México en dirección a Tlapallan, hacia donde se dirige el dios según otras fuentes (pp. 55, 58, 68).

c) Hist. Mech. pp. 34-35. Es una variante de 10 *b* con algunos complementos de importancia. *Camaxtli:* forma tlaxcalteca de Mixcóatl, la "Serpiente de nubes" (1 *b*). "Barranca del pescado": es otra vez una designación del cielo nocturno. Las estrellas son consideradas como peces del océano celeste (4 *d*). "Roca en la cual se convierte Camaxtli": es una perífrasis del nombre "Cerro de las serpientes de nubes". *Tollantzinco:* véase pp. 44, 73.

11. EL TIEMPO DE LA ABUNDANCIA. Las leyendas de Tollan, formadas alrededor de los toltecas y su rey-sacerdote Quetzalcóatl, eran el mito más importante de los pueblos mexicanos, que inclusive dejó huellas entre los mayas de Guatemala. *Tollan* "lugar de las espadañas" es trasladado con frecuencia hacia el occidente y por eso en *Hist. Tolt. Chich.* (Seler [7] IV, p. 99) se le identifica con Colhuacan (10 *b*); aunque a veces también hacia el este (p. 101), hacia el norte como el lugar de las siete cuevas (p. 98) o se relaciona con el centro del mundo (p. 76) y con los cuatro puntos cardinales. Las tradiciones mayas que parecen haber conservado la forma más antigua, sitúan a Tollan siempre en la región al otro lado del mar. Por lo tanto es una región del cielo y específicamente del cielo de la noche, como Tamoanchan (4 *a*), según lo reconoció Preuss ([1] p. XXXI, LXX); por eso es en todos los relatos la región de la abundancia de los alimentos y de las riquezas, cuyos habitantes son los primeros hombres (p. 44), pues del cielo de la noche se originaron todos los alimentos (4 *a-d*) y las estrellas son los primeros hombres que tienen que existir para que pueda vivir el sol (6 *a*). El *Quezalcóatl* de Tollan tiene muy poco en común con el Quetzalcóatl que es tan importante en la creación (1, 3, 4), y como dios guerrero que lucha contra el sol (10). Este Quetzalcóatl es, como lo señaló Seler ([7] IV, pp. 138 *s.*), la luna que primero resplandece con gran brillo, luego lo va perdiendo, se dirige hacia el este y finalmente va muriendo en los rayos del sol, pues el mito habla siempre de su ida al este, hacia la costa del mar y de su inhumación o su desaparición en Tlapallan "la tierra del rojo" (pp. 54, 55) o en Tlillan Tlapallan "tierra del negro y rojo" (p. 58), con lo que en este caso sólo se puede referir al cielo nocturno, en el que se separan el día y la noche. En realidad muchos elementos de la leyenda no se pueden sino interpretar como lunares: la fealdad de Quetzalcóatl (pp. 43, 56) o su enfermedad (p. 49) que se cubre con una más-

cara, la que se quita antes de ser inhumado (pp. 56, 58), pues en muchas leyendas la luna es el astro que tiene lepra o sifilomas (manchas); el que se cubra u oculte en el interior del palacio (p. 43) o de una caja de piedra (p. 58) se explica con la luna nueva que hace desaparecer a la luna. Las cuatro casas de ayuno (pp. 43, 44-5, 48) y los cuatro cerros de penitencia (p. 48) indican las cuatro fases de la luna (cuatro formas de la deidad lunar) véase 5 a y la profecía del retorno de Quetzalcóatl como niño (p. 52) indican la reaparición de la luna como pequeña hoz. También los toltecas tienen rasgos lunares: su rapidez (pp. 43, 47, 53), sus vestidos azules, escudos de color turquesa (pp. 47, 51) indumentaria para la cabeza en forma de concha de caracol (Durán [2] II, pp. 76-77; véase Tecuciztécatl en 5 a). Seguramente no fue sino hasta más tarde cuando se añadieron a la leyenda "hechos históricos y geográficos". Se identificó Tollan con el lugar histórico de ese nombre (pp, 44, 45, 48) en el que había florecido una cultura nahua anterior a la azteca, y finalmente se relacionaron más o menos todos los centros culturales de épocas anteriores con los toltecas que eran vistos como los antepasados de los nahuas (p. 47). Así por ejemplo Texcoco, el Colhuacan histórico (p. 68), Cholula (pp. 49, 63), Mitla (p. 63) hacia donde habían emigrado pueblos con las regiones de la costa del Golfo (p. 63) hacia donde habían emigrado pueblos nahuas ya en épocas anteriores de los aztecas, así como cuenta el mito de los toltecas, así se llamó Tlapallan = Tabasco (p. 63). De este modo los toltecas fueron los creadores de toda cultura, de las artes técnicas y de la música, del sacerdocio y del culto y su rey-sacerdote fue el dios-héroe y benefactor que deja recuerdos en muchas poblaciones (pp. 54, 55). El hecho de que la última parte de la leyenda ocurra en el altiplano de México (véase la mención de Xochimilco, Chapultepec y Pantitlan en 12 b-d) y de que el relato de la destrucción de Tollan (12 d) esté tan apegado a los hechos históricos que sucedieron antes de la fundación de Tenochtitlan (16 a), revela cómo se acercó el reino de los toltecas a un presente histórico. Según esto Tollan es el Colhuacan histórico, cuyos gobernantes en realidad eran descendientes directos de los toltecas según Torquemada (1) p. 254. Los enemigos de Tollan (según 12 b Tezcatlipoca y Huitzilopochtli) son en cambio representantes de los pueblos más jóvenes de los nahuas, pues en época histórica era Tezcatlipoca dios del pueblo de Texcoco y Huitzilopochtli del de Tenochtitlan.

a) Sahagún, H.G.C.N.E., I p. 267-268. "Templo": los templos mexicanos están construidos sobre pirámides escalonadas con unas escaleras muy pendientes de un lado. (5 a). "Barbudo": tanto Quetzalcóatl como el dios de la luna se representan siempre con barbas señalando que son dioses viejos. "Casas": se refieren a las casas de ayuno que eran de color verde-amarillo-rojo-blanco según los cuatro puntos cardinales (p. 45). Las incrustaciones de turquesa y de plumas de quetzal (verde y azul eran para los mexicanos colores idénticos) corresponden a las direcciones quinta y sexta (arriba y abajo). "Pregonero": Según el Cod. Vatic. 3738 folio 7, este pregonero era el dios Xipe Tótec, que también aparece en otras ocasiones junto con Quetzalcóatl (5 a) y a veces opuesto a él, como el Tezcatlipoca rojo ante el negro (1 b). Figuras de barro de Quetzalcóatl tienen a veces las insignias de Xipe (Seler [7] IV, pp. 113 s.). "Pregonaba": véase 4 a. "Ave de pluma rica": véase 6 b. "Baños": (Temazcalli) construcciones de piedra en forma de horno que usaban los aztecas tanto para usos higiénicos como medicinales. "Cultos": Quetzalcóatl es en todas las tradiciones mexicanas el primer sacerdote (4 a, 5 a). Esto se debe quizá a que Quetzalcóatl representa también la deidad mayor (1 a) que generalmente es quien da a los hombres los cultos y ceremonias (Preuss [2] p. 200). "Penitencia": véase 5 a. Xipacaya: (Xippacoyan) aquí se equivoca el que informó a Sahagún; en otro lugar se especifica correctamente que se refiere al río en el que se lavaba la turquesa. El lugar de baño se llamaba "agua de piedra preciosa" (p. 45). Lavados rituales eran de gran importancia en el culto mexicano. "Sacerdotes": en el texto azteca dice: "sacerdotes que humean y [otros] sacerdotes".

b) Sahagún H.G.C.N.E., III, p. 109-115. "Primeros pobladores": los toltecas eran considerados los primeros hombres. También en An. Cuauht. (2) dice que en el año "uno pedernal", un año después del nacimiento del sol actual (2 a) se inició el reino tolteca. En cambio el Cod. Vatic. 3738, folio 7 traslada el reino tolteca a la última época prehistórica (la cuarta). Tollantzinco "Tollan pequeño", es el actual Tulancingo en el estado de Hidalgo al noroeste de la ciudad de México. Según otros relatos también es más antiguo que Tollan (pp. 43, 73). *Tollan:* el actual Tula en el Edo. de Hidalgo al norte de la ciudad de México. Las ruinas encontradas ahí por Charnay y otros tienen rasgos de un estilo arcaico lo que prueba que en realidad fue el centro cultural de un pueblo nahua en una época anterior a la de los aztecas, resultado al que se llega también comparando las construcciones y esculturas encontradas, con el arte azteca. En las ruinas también se encontraron los pilares en forma de culebra, como se describen en el texto (véase 1 *a*). "Esmeraldas y turquesas finas": en el texto Chalchihuitl "piedra verde" con lo que designaban los mexicanos diferentes piedras (cuarzos, serpentinas, saussuritas y jadeitas). Turquesa es una variedad americana, verde clara de la piedra (Calaita). Por jade dicen los mexicanos con frecuencia "obsidiana verde". *Chichimecas:* una designación general para pueblos nómadas y cazadores del norte. Como todos los pueblos nahuas creían haber vivido en tiempos antiguos en un "estado chichimeca", también los toltecas, como nahuas, tienen que ser chichimecas. Además se llamaban Chichimecas a un pueblo gobernante de Texcoco (4 *b*) que con frecuencia es relacionado con los toltecas (pp. 62, 68). *Toltecas:* significa "artífice" o "constructor", por eso toltecáyotl significa obra de arte. "Cuatro aposentos": se refiere a las cuatro casas de ayuno (p. 48). "Casa de esmeralda y turquesa": verde y azul son para los mexinos el mismo color. Los mexicanos sabían cubrir objetos de madera, hueso o piedra con mosaicos de pequeñas planchas de turquesa, jade y concha con gran artificio, como lo muestran los objetos encontrados. "Piedra colorada y jaspes": caracoles así como conchas de mar se trabajaban, tanto del Océano Pacífico como del Atlántico. "Tezontle", piedra porosa, volcánica, que se emplea como material de construcción. *Coatlan:* ("Lugar de las serpientes") está seguramente en lugar de "cerro de serpientes" (pp. 69, 73, 76, 80, 84), un cerro cerca de Tula a cuyo rededor corre un pequeño río y sobre el que había templos antiguamente. (Seler [7], II, p. 108). "Lavatorio": baño, véase 11 *a*. "Figurillas de barro", que en realidad hasta la fecha se encuentran mucho en el Altiplano mexicano y que son de épocas anteriores a los aztecas, seguramente de la cultura teotihuacana (véase 5 *a*). Dispersión de los toltecas: véase pp. 60, 63, 68. "Amantecas": así se llamaba todavía en tiempos históricos el gremio de los artesanos de las plumas que tenían una colonia en la ciudad de Tenochtitlan. Se consideraban los pobladores más antiguos del altiplano y puede ser que en efecto se remonten a un elemento extraño, no azteca del pueblo. Se han conservado unos pocos ejemplos de la técnica de plumas entre los que hay también un Quetzalapanecáyotl "adorno de plumas de la gente de la costa" que está en el museo de Viena. Como este adorno tiene seguramente su origen en la región de la costa del Golfo (Tabasco, etc.), hacia donde dicen haber emigrado los toltecas, fue fácil para los aztecas declararlo el adorno especial de los toltecas. *Oxomoco* y *Cipactónal:* véase 1 *b*. *Tlaltetecuin* "el que golpea el suelo (con su pie)" y *Xochicauaca* son seguramente dioses de fiesta y del baile. "Calaita": en el texto "turquesa fina". *Tepotzotlan:* población al sur de Tula. Está al pie de una montaña. *Xiuhtzone:* "el de la corona de turquesa" y *Amantlan* lugar de los amantecas. Cada artesanía estaba destinada entre los aztecas a gremios específicos. "Metal lunar": una aleación natural que contenía oro y plata (electrón) o piedra especular (Seler). "Astrología natural", etc., el calendario divino contaba menos con el año solar que con un período de 13 por 20 = 260 días (véase 2 *a*), los que estaban escritos en el "libro de los días" (Tonalámatl) y que nos ha sido conservado en muchos códices. Ahí estaba especificado todo, las horas, días y los períodos de tiempo más largos, por signos de día, de dioses, de símbolos, etc., como de suerte o de desgracia. "Signo-jaguar": cuando un caminante oía el aullido de un jaguar en las montañas, lo consideraba como una premonición de desgracia. "Doce cielos": también en el *Cod. Vatic. 3738,* folio 1 reverso, se agrega la superficie de la tierra al número, de tal manera que son 13 (véase 7). "Dos veces señor y dos veces señora": sobrenombres del par de dioses mayores (1 *b*) que expresan que cada una de las dos partes posee en sí misma, sola, la facultad de reproducción (Preuss [2] p. 200). Por eso el cielo mayor se llama "lugar de la dualidad" (p. 48). La concepción de que en tiempos antiguos ya existía entre el pueblo original una creencia en un solo dios (en contraste al politeísmo posterior) tiene un fondo verídico como lo revela hoy en día el monoteísmo original de los pueblos más primitivos. "Señor hermano mayor": en el texto nahua: "Dios mi hermano mayor" "Eran altos": en algunas fuentes se identificaba a los toltecas con los gigantes originarios (2 *a*). *Quetzalcóatl:* al mismo tiempo el dios supremo y rey-sacerdote, véase 11 *a*. Quetzalcóatl como título o rango: véase pp. 59 *ss*. "Culebras y mariposas" como sacrificio: un rasgo que no se modifica en ninguna de las leyendas toltecas. *Nahua:* dice en el texto original, en lugar de "latinos", en lugar de "bárbaros" dice *Popoloca,* que significa el que habla una lengua extranjera, igualmente dice *Nonoulca,* que significa lo mismo pero referido a los pueblos de la costa del Golfo (mayas, etc.).

c) Anales de Cuauhtitlán, p. 8. Partes aisladas en Seler (3) p. 38, (5) pp. 20 y 21, (6) I p. 80, (7) IV p. 103. "Dos caña": 883 d.c. "Uno caña": *Ce Ácatl:* aquí lleva Quetzalcóatl el nombre que en realidad le pertenece como dios de la estrella matutina (10 *a*). "Cuatro aposentos": casas de ayuno, véase 11 *a* y *b*. Para ayunar se encerraba uno en una de esas casitas, lo que se pinta simbólicamente con un cordón entrelazado en los códices y, que está colocado alrededor del penitente (véase figura, p. 48). Bañarse, mortificarse, las ramas de pino y humear: véase 5 *a* y 11 *a*. Esta parte recuerda 5 *a*, donde es también el dios de la luna el que presume con tantas riquezas. *Xicólotl:* son todos nombres que vuelven a aparecer en las leyendas toltecas. Recuerdan las montañas sagradas de los návajos (Krickeberg, p. 342) y de los zuñi de Nuevo México. *Tzíncoc:* todavía se llama así una montaña al sur de Tula. *Nonoualca...:* véase 11 *b*. Diosa "falda de estrellas", etc.: cuatro pares de sobrenombres del par de dioses mayores. Para el primer par véase 7. En el tercer par (donde el texto azteca dice "el que se viste con carbón o con sangre") vuelve a aparecer otra vez el contraste rojo-negro (1 *b*). El último par se refiere, según Seler, a ciertas constelaciones. "Lugar de dos" (o de la dualidad) véase 11 *b*. "Nueve cielos": véase 7. *Tzinizcan* y *ayoquan* son aves de hermosos plumajes, que no se pueden definir más detalladamente. Para las otras: véase 6 *b*. "Columnas en forma de culebra": véase 11 *b*.

12. El pecado de Quetzalcóatl y la destrucción de Tollan (Tula). En todos los relatos aparece Tezcatlipoca como el adversario principal de Quetzalcóatl, como el que ocasiona la destrucción del reino tolteca y como el compañero de Quetzalcóatl en las leyendas de la creación. También los coras modernos conocen el mito de la lucha y competencia de la estrella matutina con la vespertina, lucha que gana el hermano menor (estrella vespertina) porque el mayor tiene que ceder a la supremacía por haber actuado en contra de la prohibición de beber vino y del contacto sexual. (Preuss [1] p. LXII, LXIII, LXX, *s*.). En el mito de la luna de Tollan, Tezcatlipoca representa en oposición a Quetzalcóatl a la luna nueva, oscura que aparece en el cielo nocturno. (Seler [7] IV, p. 131 *s*.).

a) Mendieta I, p. 88. En una hoja del Códice Borgia descienden los tzitzímitl como "arañas" del cielo (Seler [6] I, p. 286). Entonces Tezcatlipoca toma la forma de estos fantasmas de noche (véase 4 *d*). Para el tigre (o jaguar) véase 2 *a;* el jaguar es el animal que se podía convertir en un mago feroz. "Jugando a la pelota": con frecuencia veían los mexicanos y los centroamericanos la lucha entre las fuerzas de la luz contra las de la oscuridad como un juego de pelota (véase 20, 21). "Barranca": véase p. 52. *Cholula:* centro cultural muy antiguo del altiplano de Puebla con una pirámide-templo muy famosa (p. 71) que en tiempos históricos fue el centro cultural más importante del culto a Quetzalcóatl.

b) Sahagún, H.G.C.N.E., I pp. 268-279. "Nigrománticos": en el texto azteca tlacatecólotl "buho-hombre". *Titlacauan:* véase 1 *b*. Tlacahuepan: según Sahagún un sobrenombre o una forma de Huitzilopochtli. Éste aparece también en otras ocasiones junto a Tezcatlipoca (5 *b*). *Tollan-Tlapallan:* es la región a la que debe ir Quetzalcóatl, por lo tanto se identifica con Tollan. Por eso vienen los toltecas, según las leyendas posteriores de Tlapallan (pp. 62, 63), con frecuencia el más allá y la patria original son la misma cosa (véase 4 *a*). "Borrachera de Quetzalcóatl": estaba mal visto en el antiguo México que se tomara pulque (bebida alcohólica del maguey) cuando no era día de fiesta de los dioses, y sólo se les permitía a los viejos mayores de 70 años. Entonces el tomar el pulque aquí representa un enorme pecado. "Indio huaxteco": los huaxtecos son una rama de los mayas que viven en la costa norte del golfo de México. Por su desnudez eran considerados bárbaros por los aztecas que los despreciaban además porque tenían fama de hechiceros (véase 15). En el texto nahua dice en lugar de huaxteco, Toueyo "nuestro vecino". *Huémac:* en la mayoría de las fuentes es el gobernante de los toltecas bajo cuyo gobierno cae el reino y quien por lo tanto gobernó mucho después de Quetzalcóatl (p. 59). Representa el elemento mundano, pecaminoso y guerrero frente a Quetzalcóatl que era piadoso, y seguramente es una forma especial del dios Xipe quien también en otras leyendas de los toltecas aparece como compañero de Quetzalcóatl (11 *a*), (Seler [2] p. 85). "El pecado sexual": pertenece a los rasgos típicos de las leyendas toltecas. Lo cometen o Quetzalcóatl o Huémac, aquí se habla de la hija de Huémac. "Cerro del grito": véase p. 43. *Maxtli:* taparrabo que los aztecas usaban y que era una tela que pasaban entre las piernas y con la que siempre vestían. *Zacatepec* y *Coatepec:* "Monte de plantas": véase p. 53, "Monte de serpiente" véase 11 *b.* "Pajes enanos y cojos": los gobernantes mexicanos solían tener, igual que los gobernantes europeos de la Edad Media, bufones con defectos físicos en su corte. "Adornos de plumas de los pueblos costeños": véase 11 *b.* "Rodelas de piedras verdes": Escudo con mosaicos de turquesa. Buenos ejemplos de esas armas de lujo de los mexicanos hay en los museos de Viena, Londres y Nueva York. "Se convertían en piedras": tema que aparece rara vez en las leyendas de Centroamérica y México, pero que es muy frecuente en las de Colombia y Perú. "Huerta de flores": en azteca Xochitla, es una alusión al Xochimilco histórico "plantío de flores" en el lago de agua dulce del altiplano mexicano donde hasta la fecha florecen las chinampas como en tiempos antiguos. "Arrastrad nuestro madero": un juego de palabras, pues Tlacauepan significa "madero que es un hombre". "Cadáver de muy mal hedor": este episodio no falta en casi ninguna fuente tolteca (véase p. 67), además *Hist. Colh. Mex.* (2) p. 286, *Cod. Vatic.* 3738 folio 8, reverso, Torquemada 1, p. 38, etc.). "Arrastrando al muerto", etc.: en la *Hist. Colh. Mex.* el muerto se eleva al aire y arrastra consigo a los toltecas que lo agarraban. "Vaticinios": muy parecidos son los milagros que anunciaron la conquista de los españoles; véase Sahagún, (2), p. 453. "Piedra de sacrificio": piedra baja sobre la que se aventaba a los hombres a los que el sacerdote sacrificaba con el usual corte en el pecho. "Banderillas de sacrificio": los destinados al sacrificio llevaban generalmente unas banderas de papel en la mano además su indumentaria blanca (5 *a*). En los *An. Cuauht.* se cuenta este episodio con más detalle y se explica cómo se implantó el sacrificio humano entre los toltecas (quienes hasta entonces sólo sacrificaban serpientes, mariposas y pájaros, véase p. 48), por lo tanto, un nuevo pecado de los toltecas. *Chapultepec:* "Cerro del chapulín (langosta)", roca en la orilla oeste de la laguna de agua salada del Valle de México, que también es importante en otras leyendas aztecas (pp. 60, 68, 81 97). "Mantenimientos acedos", etc.: alusión a un episodio que se cuenta con frecuencia en las leyendas toltecas y en otras fuentes: una gran carestía que sufrieron los toltecas (pp. 59, 61, 66). "Casas de concha": (véase pp. 43, 45). "Enterrar cosas preciosas": esto puede explicar el hallazgo de antigüedades "toltecas" en tiempos de los aztecas. "Mezquites y aves de pluma rica": en la altiplanicie mexicana, hacia donde son trasladados los acontecimientos de las leyendas toltecas, no existen claro está, plantas ni animales de regiones tropicales. *Cuauhtitlan:* "En, junto, entre los árboles". Vieja población al sur de Tula, cerca de la orilla norte del lago de México. Puede referirse a unos de los árboles de la familia de los *Taxodium* que los mexicanos llamaban "Ahuéhuetl" (viejo del agua). "Señales de su mano": véase 26, 33 *c.* En las leyendas de todos los pueblos se atribuyen las marcas de la naturaleza a héroes de tiempos anteriores: "Puente de piedra": es un milagro de la naturaleza que también en otras partes se atribuye a origen sobrenatural. Seguramente intenta la leyenda explicar también el nombre de la región de los tepanecas, un pueblo que vivía "sobre las piedras" (tepan), es decir en un campo de lava. *Popocatépetl:* "el monte que humea" e *Iztactépetl* "el monte blanco": son los dos volcanes que limitan el valle de México en el oriente. Hoy en día se llama al Iztactépetl Iztaccíhuatl ("mujer blanca"). *Poyauhtécatl:* el Pico de Orizaba. Según el *Cod. Vatic.* 3738, folio 9, no sucumben los seguidores de Quetzalcóatl por el frío sino son encerrados en una cueva y petrificados. Juego de Pelota: (en nahua tlachtli) el lugar profundo, cercado por paredes y dividido generalmente sólo por color en dos partes con una línea en el centro, donde jugaban dos partidos con una pelota de caucho. Seguramente también se trata de una formación natural, puede ser por la población de Tlachciauco ("en el juego de pelota del dios de la lluvia", hoy es una población mixteca, Tlaxiaco, en el Estado de Oaxaca). *Póchotl* (ceiba): *Bombax Ceiba*. El ahuehuete y la ceiba eran árboles reales y símbolos de gobierno, por lo que se relacionan con Quetzalcóatl el gobernante más antiguo de la tierra. Una población llamada Pochotla existe también en la región mixteca. Puede ser que las relaciones más recientes sobre las cruces que dejó Quetzalcóatl en el país tengan su origen en este milagro relatado aquí. Mictlancalco: *Mictlan* "ciudad de los muertos". Hoy Mitla en la frontera entre el territorio zapoteca y el mixteca en el Estado de Oaxaca. Es una famosa ciudad en ruinas con frescos y relieves que según su estilo provienen de un pueblo más antiguo que los nahuas del altiplano (fig., p. 32). En efecto existen en Mitla varias construcciones subterráneas como lo relata el texto. "Piedra grande", etc.: *Tepóltetl* en nahua, se han encontrado muchas, sobre todo en Yucatán (Seler [9] p. 154). "Nombres": también el dios-héroe peruano, Viracocha le da nombres a todos los lugares y a las poblaciones (p. 184). "Balsa de culebras": véase la figura, p. 44. La desaparición de Quetzalcóatl en el mar está unido a la noción del océano celeste de la noche que inunda a las estrellas. (Preuss [1], p. XXVII *s.*). En Chiapas se llamaba a Quetzalcóatl "la culebra que está en el agua" y en Guatemala "Corazón (o principio vital) del mar". Los dos nombres señalan la estrecha relación que existía entre la deidad lunar con el océano de la tierra y el del cielo.

c) Anales de Cuauhtitlan, pp. 8-15, Seler (2) p. 86, (3) pp. 47 y 93, (5) pp. 118 y 138, (6) I p. 172, II pp. 3, 7, 14 y 16, (7) I p. 625, II pp. 42 y 62, III pp. 49, 331 *s.*, IV p. 105 *s.* En este relato los tiempos de la abundancia de los toltecas (11 *c*) sólo son un episodio cuyo fin coincide con la salida de Quetzalcóatl pero no con la destrucción de los toltecas. Quetzalcóatl tiene como gobernante de Tollan tres antecesores y cinco sucesores que juntos gobiernan de 726 (752) hasta 1064 d.c. Existe pues un intento de ordenar el mito en los sucesos históricos. "Cordón de plumas": con cordones adornados con plumas se amarraba a los prisioneros para la lucha del sacrificio (8 *a*). "El tolteca": nombre del dios del pulque (4 *d*). "Espejo": en el México antiguo servían piedras de obsidiana con forma semiesférica y con una superficie ligeramente convexa como espejos. "Avisar": véase pregonero, p. 48. *Nonohualcatépetl*: p. 48. "Máscara de coyote": en nahua Coyotlinaual: un dios de los amantecas (11 *b*) que aparece en forma de coyote *(canis latrans)*. "Máscara o piedra verde" y "adornos de plumas", etc.: en un cuadro del dios está representado todo, Durán (figura, p. 44). La máscara tenía la cara cubierta con culebras así como la tiene una antigua máscara mexicana en el Museo Británico. Éstas y los adornos de pluma de la costa en Viena seguramente pertenecieron a los regalos que Moctezuma el Joven hizo a Cortés como al Quetzalcóatl que regresaba (13 *b*). "Barba": véase 11 *a*. "Cerro de los toltecas": véase p. 44. "Pulque": se vuelve a contar el invento del pulque en p. 72. "Cuatro raciones": cuatro es el número sagrado (1 *b*) y lo que pasa de cuatro es pecaminoso y trae mala suerte. "Casa mía": alusión a las casas de penitencia (1 *a-c*). *Quetzalpétlatl* (petate de plumas) puede ser que además de la borrachera de Quetzalcóatl haya seducción, pero el relato no lo dice con claridad. Véase además Durán (2), I p. 78 (donde los demonios llevan a Quetzalcóatl con una prostituta llamada Xochiquétzal) y 13 *a* y *c*. "Acequia y púas de maguey": indica los baños y las penitencias (autosacrificios) necesarias, véase p. 48. "Diosa con el faldellín de culebra": Couatlicue, otras veces Chimalman la madre de Quetzalcóatl (10 *a*). "El árbol está truncado": la patria mítica de Tamoanchan (4 *a*) se representa en los códices con frecuencia simbolizado por un árbol truncado (como el paraíso perdido que los dioses tuvieron que abandonar, véase 7). Entonces aquí se identifica Tollan directamente con Tamoanchan. "Caja de piedras": servían en el México antiguo para guardar la ceniza y los huesos de los gobernantes después de la cremación. *Tlillan Tlapallan*: región del negro y del rojo. "Uno caña": es el año en que nació Quetzalcóatl (10 *a*). Según la cronología de los *Anales de Cuauhtitlan* corresponde al año de 895 d.c. Se esperaba en el mismo año el retorno de Quetzalcóatl y dio la coincidencia que el año 1519, cuando desembarcó Cortés en las costas de Veracruz, fue un año "uno caña". *Tzinizcan* y demás, véase p. 48. "Señor del alba": el dios de la estrella matutina (5 *b*). Con esta conversión en esa estrella seguramente intenta la leyenda relacionar al dios pacífico de la luna de Tollan, con el dios guerrero uno caña (10). También el *Cod. Vatic. 3738*, folio 9, reverso, la *Hist. Mech.* p. 40, Motolinía p. 56 y Mendieta (2) p. 82 hablan de la conversión en el planeta Venus. Los 4 + 4 días de invisibilidad de Quetzalcóatl, pueden referirse a los ocho días aproximadamente que Venus no aparece, durante su conjunción inferior "Era hueso": véase 1 *b*. "Diez conejo", etc.: los datos corresponden a los años 930, 945, 973, 994 de nuestra era. Estos episodios relatan el pecado sexual de los toltecas (véase 12 *b*). Algo parecido cuenta también la *Hist. Tolt. Chich.* de Huémac. Se origina el pecado por Tzitzímitl un demonio femenino que era considerado como seductor de hombres (6 *b*). *Xicócoc*: en sí Xicócotl, véase 11 *c*. De dos gobernantes de Tollan también cuenta 13 *a*. En efecto había entre los zapotecas un sumo sacerdote junto con el gobernante civil en tiempos históricos; aquí era considerado el rey-sacerdote como encarnación de Quetzalcóatl, pues como éste, vivía retirado y en castidad y residía en Mitla, la ciudad de Quetzalcóatl (12 *b*). *Quetzalcóatl* aquí es título, véase p. 60. "Enemigo" (o también "guerrero", en azteca Yáotl) es en realidad el sobrenombre corriente de Tezcatlipoca como dios joven y guerrero. Aquí se le pasa a Xipe, el Tezcatlipoca rojo (1 *b*, 5 *a*). "Sacrificio de niños": véase 9. Las partes que siguen describen la implantación de los cuatro sacrificios humanos que eran usuales en tiempos históricos. Puede ser que se haya incluido la carestía y el hambre a la leyenda tolteca teniendo como ejemplos las carestías históricas (en 1454 y en 1506); éstas también sucedieron en años "conejo". *Xochiquétzal*: véase 1 *b*. *Huítzcoc* y *Xicócoc*: véase 11 *c*. *Ixcuinanme*: las cuatro formas de la diosa de la luna y de la tierra, Tlazoltéotl (5 *a*). El sacrificio por flechamiento que se hacía a los prisioneros amarrados a un poste y que simbolizaba la cópula de la tierra, tenía lugar en la fiesta de Tlazoltéotl, dios emparentado con Xipe (dios de la tierra) en la primavera. El relato parece indicar que este rito de sacrificio fue importado de la Huasteca (véase 12 *a*). En efecto se vestían los sacerdotes de la diosa Tlazoltéotl con indumentaria huasteca durante la fiesta a la diosa en el otoño. *Izcalli*: "crecimiento", era la última de las 18 fiestas mexicanas del año (en enero). "Matanza": aunque no se especifica seguramente se relata la introducción del sacrificio humano regular que se efectuaba matando a los prisioneros con un corte en el pecho. "Desollamientos": modo de sacrificio que se usaba en México durante las fiestas de Xipe y de Tlazoltéotl. Los sacerdotes se ponían encima las pieles de los hombres y andaban en ellas durante varios días. Río del despeñadero: "Río del abismo rocoso": véase p. 52. *Otomí*: población primitiva del altiplano mexicano con una lengua completamente diferente al nahua (p. 73). "Uno pedernal": 1064 d.c. *Tzíncoc*: p. 48. Esta población y las que siguen están todas cerca de Cuauhtitlan (véase 12 *b*). *Cholula*: véase 12 *a*. Las poblaciones de *Tehuacan* hasta *Tamazula* se encuentran hasta la fecha y están al sur de Cholula en el camino hacia Oaxaca. Copilco está en Tabasco en la costa del Atlántico, mientras en la del Pacífico están *Ayotlan* y *Mazatlan* (Seler [7], III p. 49). En efecto emigraron pueblos nahoas desde épocas remotas a esos lugares. "Siete conejo": 1070 d.c. "Casa de maíz": en nahua Cincalli, nombre de la patria original de los alimentos. En épocas históricas los aztecas la mudaron a Chapultepec (12 *a*) lo que prueban los relatos de Durán y Tezozómoc, en donde dice que Moctezuma el Joven mandó a emisarios a pedir consejo a Huémac, a quien todavía suponían con vida, ya que estaba preocupado por los nefastos presagios poco antes de la llegada de los españoles. (Seler [2], p. 86).

d) Hist. Colh. Mex. pp. 126-7. Véase Seler [7], II p. 990. Aquí se especifica el mito tolteca más históricamente que en 12 *c*. Los mexicanos (aztecas) aparecen como súbditos de Tollan que sin duda sustituye al Colhuacan histórico, una ciudad que tuvo la hegemonía sobre el valle de México cuando los aztecas entraron a él (16 *a*). *Huémac* sustituye a Coxcoxtli; *Tozcuecuex*, el jefe de los mexicanos es en otras fuentes el predecesor de Huitzilíuitl (p. 76). "Dioses de la lluvia": como poseedores de los alimentos, véase 4 *a*, 9. "Cuatro años de hambre": véase p. 66. Aquí el texto está incompleto y necesita ser completado. Seguramente se tiene como ejemplo otra vez un hambre en épocas históricas (1506 d.c.), pues de esa vez cuentan que se vendían los niños como esclavos para poder obtener maíz. *Chapultepec*: véase 12 *b*. Con el "agua" se re-

fiere el relato a un manantial que en épocas históricas surtía de agua a la ciudad de
Tenochtitlan que estaba en medio de un lago de agua salada. Los dioses de la lluvia
no sólo viven en las cimas de las montañas (9), sino también en los manantiales, en
el fondo del mar, etc. El que los dioses de la lluvia aparezcan como sacerdotes (véase p. 37) recuerda un episodio de 16 a. Tampoco falta la profecía de la grandeza de
los mexicanos. *Pantitlan* ("entre las banderas"): un remolino que surgía de un hoyo
en medio de la laguna de México, en el que se hacían sacrificios de niños en la fiesta
anual del dios de la lluvia en tiempos de los aztecas (véase 9, 12 c). "Remolino de
piedras preciosas" quiere decir "remolino de sacrificio". *Xicócoc:* véase 11 c. "Flor
de quetzal": todavía en tiempos históricos se llamaba así una joven que los aztecas
sacrificaron en dicha fiesta al dios de la lluvia. "Calabaza para el tabaco": es la señal
de sacerdote. En la calabaza traía las píldoras de tabaco que se masticaban para caer
en estado visionario. "Los mexicanos sembraron": en el texto nahua dice equivocada-
mente los "toltecas". "2 caña" año en que comenzaba un nuevo período de 52 años
(3) "1 técpatl": véase 12 c. Es entonces que ocurre la destrucción o el fin de los toltecas, al mismo tiempo que la muerte de Huémac, "Casa de maíz": véase 12 c.

13. LA HISTORIA TOLTECA SEGÚN UN RELATO POSTERIOR. *a)* Torquemada I, pp. 254-
256. En este relato se oponen los toltecas míticos a los históricos y el jefe de éstos últimos, Huémac que es guerrero y se identifica con Tezcatlipoca (p. 63) es el adversario
de Quetzalcóatl quien es muy pacífico (la misma concepción la encontramos en la
Hist Tolt. Chich.). En la descripción de los toltecas míticos ya aparecen algunas influencias cristianas. *Nauhyotzin:* según 12 c un antecesor de Huémac, cuyo corregente se
llamaba "Águila". *Chichimecas:* véase 11 b. Torquemada coloca a Nauhyotzin como
ancestro de la casa reinante de Colhuacan. *Pánuco:* en la región de los huastecas una
población en la costa del norte del Golfo (12 b). Según 15 todos los pueblos de los
tiempos inmemoriales llegan aquí. *Cholula:* véase 12 a. "Le hicieron traición": en otros
lados "le cometieron adulterio", seguramente quiere decir que lo indujeron a pecados
sexuales, o bien al incesto (véase 12 c). *Oaxaca,* etc.: las mismas regiones que se nombran en p. 60; la Mixteca Alta es la región montañosa en el oeste y sur del valle de
Oaxaca y la Mixteca Baja, la costa que sigue por el Pacífico. Mitla: p. 55. "Tierras
de Nonoualco: véase 11 b. *Cuauhquechula:* todas estas poblaciones están al sur y sureste de Cholula. En efecto el culto de "Tezcatlipoca rojo" tuvo su origen en estas regiones (= Xipe Totec, pp. 29, 60).

b) Mendieta I, pp. 99-100. Como Quetzalcóatl se había ido hacia el este para morir
ahí tenía que venir del este y (12 b) los mexicanos lo esperaban de oriente. Esta creencia estaba muy difundida entre los pueblos mexicanos y esto aligeró mucho la penetra-
ción de los españoles en México, sobre todo por ser 1519 un año "uno caña" (12 c) y
los "cara de cal", los españoles con sus barbas recordaban muchos aspectos de cómo
se imaginaban a los toltecas y a Quetzalcóatl. Por eso Moctezuma II le mandó a Cortés la indumentaria de Quetzalcóatl como regalo de hospitalidad (véase 12 c). *Coatzacoalco:* río y región de la costa sureña del Golfo, es decir, en "Tlapallan".

c) Ixtlilxóchitl (I), pp. 43-59. Aquí el mito tolteca está disuelto en una forma completamente novelesca. Ixtlilxóchitl hace de Huémac (o Hueman, pp. 64, 65) un sabio
viejo bajo cuyo reinado inmigran los toltecas y el que da el consejo de tomar como rey
a un chichimeca (véase p. 62); entre los descendientes de éste, Tecpancaltzin y su hijo
Topiltzin tienen rasgos del Quetzalcóatl mítico así como de Huémac. La confusión
aumenta por el hecho de que Ixtlilxóchitl supone además de Huémac y Topiltzin a un
Quetzalcóatl mítico que vivió en el tercer sol. "Inventó la miel del maguey": Papantzin parecer haber ocupado el lugar de uno de los dioses del pulque (véase p. 72).
Xóchitl: el pecado sexual del gobernante tolteca después del gozo del vino (p. 57)
aquí se ha vuelto una historia de amor romántica. Xóchitl recuerda Xochiquétzal la
prostituta que los demonios mandan al piadoso Quetzalcóatl (según Durán). *Ce Ácatl:*
uno caña, año del nacimiento de Quetzalcóatl (10 a). "Gobierno de cincuenta y dos
años": 52 años forman un gran período del calendario mexicano (2 b). También el
Quetzalcóatl mitológico vive 52 años exactamente. *Topiltzin:* el sobrenombre común
de Quetzalcóatl (10 a, 11 c). *Xalixco:* el Estado mexicano de Jalisco. *Cuauhtli* y *Max-*

tlatzin: los nombres provienen originalmente de la tradición tolteca (p. 56 Maxtlaton
= Maxtlatzin). La triple alianza de los reyes toltecas recuerda la Triple Alianza histórica entre Tenochtitlan, Texcoco y Tlacopan en el valle de México. "Tezcatlipoca negro
y rojo": véase 1 *b*. "Prodigios y señales": véase p. 53. "Castigos": son los que manda
Tláloc (véase 9). "Niño... se le comenzó a podrir la cabeza": véase el episodio con
el cuerpo que olía mal (12 *b*). "Juego de pelota": el juego de pelota no sólo se dividía en dos a lo ancho sino también a lo largo, quedando cuatro campos. Puede ser que
aquí el juego de pelota sea el símbolo de la tierra que está dividida en las cuatro regiones según los cuatro puntos cardinales. También en las leyendas toltecas originales
se relaciona con Quetzalcóatl un juego de pelota (p. 55). *Toltitlan:* "entre los juncos",
población cerca de Cuauhtitlan (12 *b*). *Toluca:* el altiplano de Toluca colinda en el
este con el altiplano de México. "Uno pedernal" véase pp. 60, 62. "Pequeña velación": en
nahua Tozoztontli, el tercer "mes" de veinte días del año azteca. "Cueva de Xico":
Xicco "en el ombligo", así se llamaba una isla en el lago de Chalco (4 *c*) Tlalmanalco
es una población en la región de Chalco. Mientras según otros relatos Huémac desaparece en el oeste mítico, aquí Topiltzin desaparece en el centro de la tierra ("ombligo"). También se creía de Huémac que todavía vivía en la "casa del maíz" en épocas
aztecas (véase 12 *c*). *Colhuacan:* véase 12 *d*, 13 *a*. *Nezahualcóyotl:* ("coyote que ayuna"): famoso rey de Texcoco, contemporáneo de Moctezuma el viejo; muy conocido
por su sabiduría y justicia. La dinastía de Texcoco se derivaba, como aquí Topiltzin,
de los chichimecas (véase 4 *b*). *Coatzacoalco:* véase 13 *b*; *Tecolotlan:* hay que leer:
Tezulutlan; nombre antiguo de la región de Vera Paz en Guatemala del norte. *Chapultepec:* véase 12 *b*.

El origen de los aztecas

14. EL NACIMIENTO DE HUITZILOPOCHTLI. Sahagún HGCNE, I pp. 259-261. Éste es
un mito típico del nacimiento del sol y de su lucha con la luna y las estrellas, parecido a las leyendas de 10 *b* y *c*. El joven dios guerrero del sol tiene la forma del dios
azteca de la guerra Huitzilopochtli, quien aparece disfrazado de colibrí (Huitzitzilin,
véase 8 *a*) y quien gobierna sobre el punto cardinal de la izquierda (opochtli) es decir
el sur. Como tantos otros héroes solares su madre Coatlicue, la diosa de la tierra (10 *a*)
lo engendra quedando ella virgen, y le da luz en el Coatépetl (monte de serpiente),
es decir en el cielo. Completamente armado sale Huitzilopochtli del vientre de su
madre, mata a los Huitznahua, las estrellas del cielo del sur (10 *b*) que arremetían
contra él y destruye y despedaza a la hermana mayor de ellos, a Coyolxauhqui la luna,
con su arma la serpiente de fuego (el rayo de luz). Entonces toma los adornos de los
Huitznahua (es decir toma de ellos su brillo). Véase Seler (7) II p. 1004 y IV p. 157.
Coatepec (monte de la serpiente), que era la morada de Quetzalcóatl en Tollan (véase
11 *b*, además p. 73, 76, 84) se llamó a la pirámide principal, sobre la que estaba el
templo mayor de Huitzilopochtli en la ciudad de México. Aquí el narrador tiene en
mente la pirámide y no el cerro, lo que prueba que hable de Tzompantitlan (construcción de calaveras), Coaxalpa (arenal de serpiente) y Apétlac (Petate de Agua)
(p. 69-70): un montículo de calaveras estaba ante las pirámides escalonadas de México
y como "petate de agua" se designaba una terraza enfrente de las pirámides. *Coyolxauhqui:* la cabeza de piedra de Coyolxauhqui que pertenecía a los ornamentos de esculturas del templo mayor de la ciudad de México tiene de cada lado en la mejilla el
dibujo de un cascabel de oro. "Barriendo": barrer el suelo del templo era acto del
culto de los mexicanos. "Cabellos como hombres valientes": los jefes tenían el peinado
de la pilastra de piedra, en el que se colocaba en alto el pelo en la raya, formando un
peinado alto (p. 33). *Quauitlícac:* "árbol erguido", en tiempos históricos era venerado
como dios y su máscara aparecía en la fiesta de Huitzilopochtli. "Pelmazo de pluma pegado": en nahua *Anecúyotl. Teueuelli:* el relato describe la indumentaria del dios igual
como aparece en los códices (véase la figura, p. 70). El teueuelli es el escudo o rodela
adornado con bolas de pluma su superficie. "Pierna emplumada": pata de pájaro,
pues sin duda se alude al disfraz del dios de colibrí. "Serpiente de fuego": véase 7 y
lámina 2. En la fiesta de Huitzilopochtli en la ciudad de México bajaba de la plata-

forma del Templo Mayor una imitación de una culebra de fuego para encender los papeles del sacrificio. "Decapitar" y "hacer pedazos": son temas lunares que en las leyendas de muchos pueblos se refieren a la luna menguante. *Huitzlampa:* de Huitztlan, "lugar de las espinas", el sur; originalmente el cielo del sur que igual que el del norte se consideraba una pradera de espinas (véase 6 *b*, 8 *a*). Huitznahua: "los de las espinas".

15. LA MIGRACIÓN DE LOS PUEBLOS. Sahagún, HGCNE, III pp. 136-143. La leyenda de la migración sobre el mar está en relación con la cosmovisión de los mexicanos, para los que la tierra estaba rodeada de agua y más allá de la cual estaba la tierra de origen de la humanidad y el reino de los muertos (véase 8 *a*). Parece que el relato intenta ligar las leyendas que corrían sobre la patria original entre los diferentes pueblos mexicanos. Por eso los pueblos van llegando unos después de otros a Tamoanchan, Chicomóztoc y Colhuacan. *Pantla, Panutlan:* el actual Pánuco (13 *a*). "Sierras nevadas y volcanes": aquí el texto azteca usa el plural de los nombres Popocatépetl e Iztactépetl (p. 55), parece que en sentido general; pues el P. y el I. no se pueden ver desde la costa. "Guatemala": en nahua *Quauahtemallan Tamoanchan;* véase 4 *a*. Aquí sólo se puede pensar en la patria original en el oeste. Seguro que la etimología de Sahagún o sobre todo de su informador no está correcta; la palabra significa más bien "casa del descender" es decir del nacimiento. Véase Seler (7) II p. 1033. "Sabios": en nahua, según Sahagún amochoaque, según Krickeberg tlamatinime. Se refiere a los toltecas míticos, los que poseen toda cultura superior. Este relato los diferencia, así como lo hacen 13 *a*, la *Hist. Tolt. Chich.* entre otras fuentes, los toltecas míticos de los históricos (p. 73). Igual que Quetzalcóatl, se llevan consigo a su migración hacia el este toda la alta cultura, y entre otras cosas el "color negro y rojo", es decir el arte de escribir. "Manda nuestro señor dios": en el texto nahua dice "señor que está cerca y junto", *Tloque nahuaque* y lo que dicen está en verso. Era un sobrenombre del viejo dios del fuego, pero que también se usaba para el dios supremo, en este caso Quetzalcóatl. "Noche y viento", véase 1 *b*. "El mismo vuelve de donde vino..." pero va a voler: clara referencia a Quetzalcóatl (véase 13 *b* y p. 68). "Envoltorio": véase 5 *c*. *Oxomoco,* etc.: también en 11 *b* de los toltecas (véase 1 *b*). "Haya luz": es decir todavía no se ha creado el sol (véase 19 *a*). "Astrología": *tonalámatl*, véase 11 *b*. "Gobernaban los señores a los toltecas", etc.: la supremacía de los toltecas (con lo que se refieren otra vez a los habitantes de Colhuacan, véase 12 *d*) seguía a la de los tepanecas en el valle de México (12 *b*, nota a Tepanouayan), supremacía que apenas pudo vencer el cuarto de los reyes aztecas, Itzcóatl ("serpiente de obsidiana", 1427-1440). Independientemente de estos pequeños señoríos existía el reino chichimeca de Texcoco (4 *b*). "Desde *Tamoanchan*...": este párrafo es el relato de algo posterior (p. 73). *Teotihuacan:* véase 5 *a*. Además de las dos grandes pirámides hay en Teotihuacan una avenida de innumerables montículos pero que no son tumbas como dice el texto, sino ruinas de casas, como lo han demostrado las excavaciones recientes. "Gigantes": véase 2 *a*. También los toltecas míticos eran considerados gigantes (p. 47). La construcción de la enorme pirámide de Cholula, que los mexicanos llamaban Tlachiualtépetl ("el monte artificial") y que tiene una altura de 51 metros y una circunferencia de 2 km en la base, también es atribuida en el *Cod. Vatic. 3738* a los gigantes. "Allí se enterraban": Teotihuacan significa "donde se convierten en dioses". *Olmeca Huixtotin:* nombre de la población de la costa media del Golfo (al sur de Veracruz) que en tiempos históricos se había mexicanizado. Hasta la fecha existe en esa región una llamada Mistequilla, "pequeña Mixteca". "Vino del maguey": pulque, véase 4 *d*, 12 *c* y 13 *c*. Mayahuel: véase 4 *d*, Papatztac véase 5 *b*. Los otros nombres también son de dioses del pulque. "Arte de saber hacer vino": en el texto azteca dice Tlachiquiliztli "perforar"; pues cuando florece el maguey se perfora de tal modo que ahí se junta el jugo. "Cuatro tazas": véase 1 *b*, el número cuatro es sagrado mientras que el cinco significa exceso, véase 12 *c*. *Huaxteca:* véase 12 *b*. "Embaimientos": en su capítulo de hechiceros y trampistas Sahagún lo relata más detalladamente (véase también 20 *k*). "Beleño y estramonio": narcóticos. Coatepec: "monte de la serpiente", véase 14. En tiempos históricos había en la región de Tula otomíes. Toltecas, mexicanos y nahuas:

en efecto estaban emparentados, pues los toltecas eran un pueblo nahua (p. 47), mientras los aztecas siempre son considerados dialécticamente diferentes de estos últimos. "Siete cuevas": en azteca Chicomóztoc, véase 6 *b*. En algunas fuentes es considerado ese lugar como la patria original del pueblo azteca (Mendieta [2] p. 145, *Cod. Vatic. 3738*) y los quichés lo identifican con Tollan (p. 98). Puede ser que una oscura noticia de las ciudades de cuevas (en la región Pueblo) en el norte haya tenido influencia en la creación de esta leyenda. *Tollantzinco* y *Tollan:* véase pp. 43-4. Las tribus de cazadores del norte que hablan en parte una lengua emparentada con la azteca. *Michoaques:* habitantes de la región de Michoacán al oeste del valle de Toluca. Seguramente no se refieren aquí a los tarascos que hablaban otro idioma (tarascos, véase 16 *d*) sino a un elemento del pueblo que hablaba parecido a los mexicanos y que vivía entre los tarascos (Seler [7] III p. 41). Desde la salida de los otomíes sólo se habla de pueblos nahuas. *Amímitl:* dios de la pesca y de la caza (Michoacán significa "región de los pescadores"). "Tepanecas", etc.: para tepanecas véase 12 *b* (Tepanouayan), para chalcas 4 *c*, para huexotzincas (Huexotzingo) véase 1 *b*, igual que para tlaxcaltecas. Acolhuaques son los habitantes de Texcoco (4 *b*). "Mexicanos": aquí hay que atenderlo en sentido más estricto como los pobladores posteriores de la ciudad de México (aztecas). *Colhuacan México:* el México de los tiempos de origen, que se describe en 17 y que es idéntico al Aztlan mítico y al Colhuacan mítico también (16 *a*). "Su dios": Huitzilopochtli. Véase para lo que sigue 16 *a-f*.

16. La tradición de la migración azteca. *a*) *Hist. Mex.*, Aubin, pp. 4-47. Las fuentes del *Códice Boturini* y Torquemada (I) p. 77 concuerdan bastante con el contenido de este relato. Solamente que en Torquemada están todos los episodios más extensos. *Aztlan:* (Seler [7] II p. 31) ha comprobado que la patria original de los aztecas, es decir Aztlan ("región del blanco o del alba") no es sino un cuadro reflejado, glorificado y traducido a lo mítico de la habitación histórica de los aztecas, la ciudad-isla de Tenochtitlan en medio del lago de México. Esto lo vemos con claridad sobre todo en 17. La peregrinación de los aztecas hasta su llegada a Tollan debe entenderse también sólo míticamente: pues *Colhuacan* (y *Quauitl itzintlan*) "serpientes de nubes", *Cuextécatl ichocayan* y *Cóuatl icamac* son únicamente designaciones de las cuatro regiones del mundo, que corresponden respectivamente al oeste, norte, este, sur y como quinta región (en este caso el centro) aparece Tollan (véase 10 *b*). Huitzilopochtli aparece en esta leyenda más bien como un jefe deificado del pueblo que como un dios; por eso también especifica Sahagún que fue hombre. "Ramas de pinos": véase 5 *a*. "Cueva del origen": seguramente se refiere a Chicomóztoc (15). "Ocho tribus": dos de ellas, los malinalcas (al sur de Toluca) y los matlatzincas (parientes de los otomíes en el valle de Toluca) no son nahuas. Los demás ya se han mencionado con frecuencia con excepción de los cuitlahuacas que son los habitantes de Cuitláhuac entre los lagos de Chalco y de Xochimilco. Es de suponerse que bajo chichimecas hay que entender aquí acolhuas (15). Los nombres de tres de los cuatro guías-jefes de los aztecas también aparecen en las otras leyendas aztecas: *Chimalman* (10 *a-c*), *Apanécatl* (10 *b*), *Quauhcóuatl* ("águila serpiente") p. 77. Tezcacouácatl ("el del templo de la serpiente-espejo" [véase p. 41]), era en tiempos históricos el rango o título de un gran funcionario militar entre los aztecas. "Uno pedernal": el año de la destrucción de los toltecas (pp. 60, 62, 68). "El bulto": véase 5 *c*. "El árbol se partió": en los códices mexicanos el árbol partido es el símbolo y jeroglífico para Tamoanchan, el "paraíso perdido", o sea la patria original mítica del oeste (4 *a*, 15) que ya se había llamado Colhuacan. "Serpientes de las nubes": véase 6 *b*. Aquí también se nombran Xiuhnel y Mimich. En los mitos las serpientes de nubes son siempre los primeros seres que se sacrifican, igual aquí ("os darán tributo" = ser sacrificados). Los aztecas suponen que tomaron las armas de las serpientes de nubes que son las de los pueblos cazadores del norte (chichimecas), 6 *b*, y que son el arco, la flecha y la bolsa de red (para las untas de flecha de piedra) y además la indumentaria de su dios Huitzilopochtli (emplumarse, véase p. 70). "Huaxteca": véase 12 *b* y *c*. Aquí son los huaxtecas los representantes del este según su morada. "Se ligaron los años sobre ellos": Xiuhmolpilli "haz de años", o período de 52 años. Transcurrido éste, se apagaban todos los fuegos y no vol-

vían a encenderse sino a la aurora del día siguiente. Esto se repetía cada año "2 caña" (véase 3). "Cerro de las serpientes": Coatépetl, véase 11 *b* y 14. "Lanzadardos": hasta ahora habían estado armados como "chichimecas" con arco y flecha y ahora toman las armas de los pueblos sedentarios del altiplano; sin embargo, parece que esta tradición sólo surgió de una mala comprensión del nombre; Atlacuiuayan significa más bien "donde se saca (o toma) el agua" (es el actual Tacubaya, colonia de la ciudad de México). Desde Tollan hasta aquí se puede seguir la peregrinación exactamente en el mapa. *Chapultepec:* véase pp. 53, 60, 68. Lugar muy importante en tiempos históricos como residencia de los reyes aztecas. *Colhuacan:* en oposición al Colhuacan de la p. 75 aquí se refiere la leyenda al lugar histórico que entonces estaba en una península entre el lago de agua de sal y el de agua dulce del valle de México. Sobre las relaciones de Colhuacan con las leyendas toltecas véase la introducción a 11. *Huitzilihuitl:* ("Pluma de colibrí"): el mayor, que no hay que confundir con el segundo rey de México. *Coxcoxtli:* nombre de una ave de bosque, penélope de las regiones tropicales; el dios Macuilxóchitl aparece disfrazado de dicho animal (Lám. 1, contraportada). "Tres pedernal": 1347 d.c. *Xochimilco:* véase 12 *b*. "Bulto": en azteca Xiquipilli, este su dibujo representaba en los códices mexicanos el número 8000. Los granos de cacao servían como dinero en el México antiguo. "Jefe de guerreros": en el texto azteca dice Tlacateuhctli, más tarde Tlacatéccatl; título de un alto funcionario militar en el estado azteca. "Distintivo de rango": en azteca Tlauiztli; con el rango militar estaba ligado el derecho a cierta indumentaria y a ciertos adornos. "Cuatro bultos": es decir los mexicanos entregan los trofeos de 32 000 prisioneros. "Santifiquen nuestra pirámide": véase 10 *b*. "Ramas de espinas y de pinos": puntas de maguey y ramas de pino eran símbolo de penitencia y ofrenda (5 *a*, 11 *c*). "Adorno de plumas de la gente de la costa", es decir los prisioneros tienen los preciosos adornos de los toltecas (pp. 51-2); las banderas de quetzal están supliendo a las común y corrientes de papel (p. 53). "Sacaron fuego": también en tiempos históricos aztecas, se perforaba el cuerpo de un prisionero sacrificado para sacar de nuevo el fuego, siempre que comenzaba un nuevo período. Esto se hacía en el cerro de Huixachtécatl (hoy cerro de la Estrella que está entre Colhuacan y Contitlan). *Mexicatzinco:* al norte de Colhuacan en el canal de comunicación entre el lago de agua salada y el de dulce. "Balsas de juncos": el texto azteca habla de "redes de junco". Hay que añadir lo que no dice el texto claramente, que los mexicanos huyeron de sus perseguidores hacia una de las múltiples islillas que más tarde formaron la ciudad de Tenochtitlan. "Piedra, nopal y águila" hasta la fecha existen en el emblema nacional de México. El nombre Tenochtitlan significa "entre los nopales que crecen sobre piedras" o bien "junto al nopal salvaje". Etimología discutida. *Tláloc:* el dios de la lluvia. Véase para este episodio 12 *c*. En la pirámide principal de Tenochtitlan estaban en tiempos aztecas los templos de Tláloc y de Huitzilopochtli. *Chichilquahuitl:* parece que se trata de una "víctima de construcción". En lugar de "santificaron" dice el texto azteca "lo hicieron el corazón de la pirámide". (Seler [7] V p. 424). "Dos pedernal": 1359 d.c.

b) Torquemada, I p. 78. "Pájaro": aquí hay que entender colibrí, pues Huitzilopochtli aparece disfrazado de colibrí (14). *Huitziton:* más correcto es Huitzilton: "pequeño colibrí". *Tecpatzin:* "pequeño puñal".

c) Torquemada, I pp. 79-80. El relato tiene como objeto fundamentar míticamente el hecho de taladrar el primer fuego los aztecas (que sólo se menciona brevemente en 16 *a*) y al mismo tiempo explicar la rivalidad histórica entre las ciudades vecinas de Tenochtitlan y de Tlatelolco, rivalidad que existe hasta que Tenochtitlan vence bajo el sexto rey, Axayácatl. *Cóhuatl icámac:* en las fauces de la serpiente, véase p. 76. "Esmeralda": aquí en lugar de Chalchíhuitl (véase 11 *b*). Los mexicanos no conocían la esmeralda. *Tlatelolcas:* los habitantes de Tlatelolco, al noroeste de Tenochtitlan; fue originalmente una ciudad independiente con su propio rey; seguramente fue fundada por los tepanecas (12 *b*).

d) Durán, I pp. 21-22 (igualmente Tezozomoc p. 225). Mito explicativo que tiene como finalidad, igual que el 15, dar la razón de la costumbre de los tarascos de Michoacán de no llevar taparrabo sino camisas largas como vestido. *Pátzcuaro:* población a orillas del lago del mismo nombre en el centro de la región de Michoacán.

e) Durán, I pp. 24-26. Esta leyenda se encuentra en Tezozomoc en forma más auténtica (Tez. pp. 227-229), sin embargo no se presta a su reproducción por grandes lagunas y confusiones. Para el todo véase Seler (7), III p. 324 y Preuss (1), pp. XXX, XXXVI. El relato está íntimamente relacionado con el mito de la lucha de la estrella matutina, o respectivamente del sol con la luna y las estrellas (10 *b*, 14), sin embargo en cuanto se cuenta de la expansión del agua que vuelve a desaparecer después de la aparición del sol, representa una aportación y aumento a la leyenda. En el mito de la peregrinación azteca se incluyó este relato solamente porque se comparaban el "cerro Coatepec" (cerro de la serpiente) que es el escenario del relato con la pirámide o templo principal de Tenochtitlan (que también se llamaba Coatepec), así como también se comparaban las aguas que rodeaban el cerro (es decir el cielo) con el lago de México. "Gran laguna": según Tezozomoc se forma porque los mexicanos llenaron de agua un hoyo que se encontraba en el centro de un juego de pelota construido por ellos. Aquí otra vez el juego de pelota es un símbolo del cielo (véase, 2 *a*) y el hoyo oscuro lleno de agua un símbolo del disco lunar. *Huitznahua* y *Coyolxauhqui:* véase 14. *Teotlachco* y *Tzompanco:* "juego de pelota de los dioses" y "edificación de calaveras", se comprende porque al identificar el "monte" con el templo mayor de México también relatan de esos "lugares sagrados" que estaban al frente de la escalinata de dicho templo. "Sacados los corazones": según Tezozomoc, Huitzilopochtli decapita a Coyolxauhqui (como en 14), mientras a los Huitznahuas se les roba el corazón (= muerte por magia, véase p. 33).

f) Durán, pp. 28-30. El relato tiene lugar en la época en la que los aztecas vivían en Chapultepec rodeados de sus enemigos. *Azcapotzalco, Tacuba* (en azteca Tlacopan) y *Coyouacan,* eran las ciudades de los tepanecas en la orilla occidental del lago de México. *Xochimilco,* véase 12 *b,* Chalco 4 *c. Tetepetzinco:* también Tepetzinco, es una roca volcánica que salía del lago y que hoy en día es tierra firme. Actualmente se llama Peñón de los Baños. *Tlalcocomolco:* "donde la tierra tiene una cavidad". "Tunal": véase 16 *a* (p. 83).

17. Cómo el rey Moctezuma el Viejo envió a buscar Aztlan. Durán I, pp. 218-227. Moctezuma el Viejo: quinto de los reyes aztecas que gobernó de 1440-1464. "Siete cuevas": (en azteca Chicomóztoc) véase p. 73 *s.* "Canciller": (consejero) en nahua Cihuacóatl "mujer serpiente", en sí es el nombre de la vieja deidad de la tierra y de la luna (véase 11, 32, 38), fue entre los aztecas el título del más alto funcionario y sustituto del rey. "Dios del día y de la noche": es un error pues debe ser del día y del viento. "Dios de la creación, por el que vivimos" es la traducción del nombre azteca Tlachiuale Ipalnemouani, que también significa (por ejemplo en Ixtlilxóchitl [2] p. 21) el dios supremo, así como también noche y viento (p. 71, 73). "La madre de Huitzilopochtli": Coatlicue, véase 14. *Cuauhcóatl:* "Águila serpiente", véase 16 *a. Aztlan:* aquí se identifica con el *Colhuacan* (16 *a*) mítico que se trasladaba al oeste y con *Chicomóztoc* (15) la tierra de origen del norte. También en los códices y en los monumentos se representa como montaña con la punta retorcida (véase la figura, p. 83). La descripción de Aztlan corresponde al paisaje del valle de México en los tiempos aztecas, con la enorme laguna, y no faltan las chinampas (véase 12 *b*) de lago de agua dulce de Xochimilco. *Mexitin:* Mexica, mexicano. *Teonacaztli:* flor de un árbol que se añadía al cacao. "Vainilla": en nahua Tlilxóchitl "flor negra". *Coatepec:* aquí tienen lugar las "invocaciones al demonio", pues era considerado este cerro el lugar de nacimiento de Huitzilopochtli (véase 14). "Leones, tigres, adibes": debe ser pumas, jaguares y coyote. El tigre o jaguar era el animal en el que se podían convertir los sacerdotes (véase 12 *a*). *Tezacátetl,* etc.: son todos los jefes de los aztecas en la época de su peregrinación (Torquemada, I, p. 83); Xomímitl: véase p. 78. "Padre y ayo": sacerdotes de Huitzilopochtli. "Gentes extrañas", etc., se refiere a los españoles y los pueblos que se aliaron con ellos, como los tlaxcaltecas. "Cuatro pares": el texto castellano no dice de qué. Pueden ser sandalias, o abrigos o cinturones.

QUICHÉS Y CAKCHIQUELES

Los quichés y los cakchiqueles pertenecen a la gran familia de los mayas. Habitan en las montañas guatemaltecas, en la altiplanicie al oeste y este del lago de Atitlán. Mientras se conocen solamente fragmentos de los mitos y de las leyendas de los mayas de Yucatán (véase 27), tenemos de los quichés y cakchiqueles textos más extensos, pero éstos ya presentan influencia mexicana que se debe en parte, a una expansión más antigua de los pueblos nahuas hacia el sur, en parte a una que puede haber sido en tiempos más recientes, ya que había relaciones políticas con el altiplano de Guatemala bajo los dos últimos emperadores mexicanos.

18. LA CREACIÓN DEL MUNDO. Igual que los mexicanos, los quichés y cakchiqueles suponían varias creaciones de hombres incompletas, a las que seguía la creación definitiva (véase 2-4). En los autores de la creación y en la forma de la obra de la creación se nota la influencia mexicana, más que en la leyenda misma que puede haber sido bien cultural común de todos los pueblos mexicanos y de Centroamérica.

a) *Popol Vuh*, pp. 167-183; 297-305. "Nada que estuviera en conjunto", etc.: es decir ni cuerpos, ni planos, ni líneas. *Tepeu Gucumatz:* también Kucumatz, Quetzalcóatl como dios creador (véase 1-4), junto del cual se mencionan tres otros dioses (es decir cuatro dioses creadores como en 1). Tepeu en nahua To-topeuh es "nuestro señor" (sobrenombre del dios del sol). Gucumatz es una traducción directa del nombre Quetzalcóatl. Los demás pares de nombres se refieren todos a Gucumatz, quien, igual que el dios supremo de los mexicanos (véase 11 b, "dos señor") encarnaba al mismo tiempo el principio femenino y masculino. Cada nombre es usado de manera curiosa en plural. "Agua deslumbrante" (en otras partes se llama Gucumatz "corazón del mar") señala hacia las relaciones de Quetzalcóatl con el océano terrestre y el del cielo (véase 12 b, fin). "Cubiertos con un manto de plumas verdes y azules" dice lo mismo, pues la serpiente emplumada representa a los dos océanos (1 a). *Huracán:* "una pierna": Tezcatlipoca, que con frecuencia aparece en los códices mexicanos representado con un solo pie (2 b). "Corazón del cielo (y de la tierra)" (p. 92): Corazón significa en los idiomas mexicanos y de Centroamérica con frecuencia "principio vivo" (5 c, 16 a, 25, 29). Los sobrenombres Caculhá (¿"Fuego-agua"?), Chipi (= nahua Xipe, ¿el dios de la tierra?), Raxa (verde azul) parecen relacionar a Huracán con el fuego, la tierra y el agua, es decir con el cielo, la tierra y el infierno, a lo que también señalan otros lugares (p. 105). Quetzalcóatl y Tezcatlipoca se reúnen en las leyendas aztecas de la creación para crear juntos al mundo (1c, 3). Se pueden suprimir en estas leyendas quichés los nombres "padre y madre" para colocar únicamente "creador". "Hacer brotar la claridad": siempre se ha de entender metafóricamente. Brotar, semillas, simiente humana, humanidad; Claridad: Cultura (Seler [8], p. 383). A los dioses preocupa cómo van a crear a la humanidad y cómo les van a dar una cultura, puesto que la condición previa para la existencia de los dioses es la existencia de hombres que tienen culto a los dioses, les ofrecen sacrificios, etc. (por eso "quienes alimentarían a los dioses"). Sobre la misma concepción azteca véase 4 a, 5 a y 6 a. "Se vacía el agua": Concepto de un mar original del que surge la tierra. "Montes, costas y valles": así corresponde al carácter geográfico de la región de los quichés y cakchiqueles. "Barro húmedo": aquí no hay préstamo de ideas bíblicas de la creación. Los ídolos de los indios eran de barro y madera (p. 93). De ahí que el narrador tenga a ésos en mente cuando relata una creación incompleta. *Ixpíyacoc e Ixmucané:* seguramente desfiguraciones de los nombres mexicanos Cipactónal y Oxomoco, con los que son idénticos como los sabios viejos, hechiceros y adivinos (véase pp. 22, 26). Aquí reciben los mismos sobrenombres que en otras partes recibe el propio creador (Gucumatz): tlacuache y coyote son símbolos del principio femenino y del masculino (maternal y paternal). Con "dios solar" dice aquí el nombre Hunahpú (véase 20). Todos los demás sobrenombres describen a Ixpiyacoc e Ixmucané como poseedores de las riquezas toltecas (esmeraldas y conchas rojas: véase pp. 45, 48), como autores de la habilidad artística de los toltecas (agujas de hueso y tabla de madera que servían para la fabricación de los trabajos de pluma, véase p. 45) y como tenedores de la sabiduría tolteca (los signos del calendario y los nacimientos = Profecía del calendario, véase p. 46). Los olmecas ("señor del caucho" en el texto), son el pueblo que siguió a los toltecas y que en muchos aspectos se relacionaba con los toltecas como pueblo de cultura antiguo y mítico del mismo nivel que los toltecas. Granos de maíz y semillas de palo de pito *(Erythrina corallodendron)* servían a los adivinadores del antiguo México y de Centroamérica para echar la suerte. Para todo, véase Seler [8], p. 384 s. "Palo de Pito": = *Erythrina corallodendron;* Zibanque, seguramente sasafrás. Y llegó el llamado "águila...", etc.: para esto véase Seler (4), p. 197, (5) p. 114, (6) II p. 69, (7) III p. 652. Los cuatro animales destructores también están representados en los códices aztecas y aquí según Seler deben considerarse como los destructores de la luna (es decir los que originan las fases de la luna). Corresponden, como con frecuencia el número cuatro (1 *b*), a los cuatro puntos cardinales. Para el murciélago véase pp. 126 s; Cotz y Tucum no se pueden explicar. Puede ser que los animales debían suplir aquí los cuatro soles de la tradición mexicana, de los cuales también uno es destruido por el jaguar (2 *a* y *b)*. "Maltratados por los hombres": por hombres, dice el texto "[figuras] de madera y piedra", es decir ídolos. "Piedras de moler": servían en México y Centroamérica para moler los granos del maíz. *"Holi, holi..."* son descripción de los ruidos que producen. "Piedra del hogar": la olla está sobre tres piedras sobre la lumbre. "Micos": véase 2 *a. Paxil Cayalá:* también Pan Paxil y Pan Cayalá: "Región del romper y partir" (Seler [7], IV p. 129), es decir Tamoanchan, la patria de todos los alimentos, que en los códices mexicanos está simbolizado por un árbol que se está rompiendo (7 *a,* 16 *a).* "Zorra, coyote (guacamaya; arára), cotorra y cuervo": son los pillos astutos entre los animales que roban las milpas. Entre los aztecas entran en su lugar las hormigas como recolectores de alimentos (4 *a). Pataxte:* cacao silvestre *(Theobroma bicolor).* "Zapotales", etc.: frutas dulces y agrias que se comen mucho en Centroamérica, como por ejemplo el zapote *(Achras sapota),* mamey *(Lucuma mammosa),* jocote *(Spondias dulcis),* anona *(Anona squamosa).* "Maíz": como "nuestra carne" véase 1 *b.* "Nueve bebidas hechiceras", en Yucatán se llama el dios del agua y de la fertilidad "señor de las nueve bebidas hechiceras" (Ah Bolon Dzacab). *Balam Quitzé:* los quichés se dividieron en tres secciones cuyos ancestros se suponía eran los tres padres originales. Por lo tanto el cuarto es sólo construcción para lograr el sagrado número cuatro. *Balam:* Jaguar.

b) Ann. Cakch. pp. 67-71. Brasseur de Bourbourg I p. 428. *Tulán:* el Tollan de las leyendas aztecas, aquí en un sentido más amplio como patria original de todos los hombres y multiplicado por cuatro (véase la introducción a 11). Un Tulán está situado en... véase Seler (4), p. 198, (5) p. 118 y 126, (7), III p. 573. Venimos del situado en donde se pone el sol: se refiere a los cakchiqueles. También las tradiciones mayas de Yucatán sitúan su lugar de origen en el poniente (Seler [7], IV p. 109), en cambio los quichés en el oriente (p. 98). "La piedra de obsidiana": (en el texto: Chay Abah): un espejo de obsidiana, el ídolo más importante de los cakchiqueles todavía en los tiempos de la conquista de Guatemala. También según este relato el hombre existe para alimentar y sostener a los dioses (por su sacrificio). "Penas y miseria", es decir en la época del surgimiento de la cultura. *Paxil,* "coyote y cuervo": véase 18 *a.* "Serpiente de tapir": Seler (7), IV p. 56, entiende esta parte como una descripción simbólica de una laceración de las partes genitales, que los dioses hacen en 4 *a.* El colibrí con su agudo pico sustituye el puñal de hueso con el que se automortificaban. "Trece hombres": los ancestros de las trece divisiones de los ahlabales p. 101. "Murciélago": con frecuencia aparece un demonio murciélago en estos mitos (p. 100). Puede ser una representación de una forma del dios de la montaña y cueva de los pueblos del Istmo (25) como personificación de la oscuridad nocturna. "Bulto": total de todas las peculiaridades de pueblo o tribu (p. 101 s.). *Gagavitz* ("monte de fuego") y *Zactecauh:* en los *Ann. Cakch.* son al mismo tiempo los dioses creadores (Gagavitz es un dios de volcán).

19. EL ORIGEN DE LA CULTURA. *a) Popol Vuh,* pp. 307-333. La derivación del culto de los dioses de Tollan, la existencia de los chichimecas en los tiempos antiguos (véase 4 *b* y 16 *a)* y la obtención del fuego por perforación antes de que aparezcan los

astros son elementos característicos de las leyendas mexicanas. El rezo del pueblo suena como un himno antiguo (véase pp. 100, 101) y como el rezo de los cuatro sabios, p. 71. "Edificador y manifestador" = Gucumatz, "corazón del cielo y de la tierra" = Huracán (18 a). También se llama a Huracán, Nanáhuatl (5 a), y a Gucumatz, "Gavilán". "Amanece": "hacer brotar claridad", véase 18 a. "Una gran estrella": en el texto llamada *Icoquih* ("la que busca al sol"). Véase Seler (8), p. 385. *Balam-Quitzé*, etc.: 18 a. "Esculpir figuras": ídolos. *Yaqui*: nombre de los pueblos nahuas en las leyendas quichés. Se deriva del nahua "yaque", "los que se fueron", es decir los toltecas que también según las tradiciones aztecas emigraron a la región maya. (pp. 60, 63, 68). Por eso se les llama los "sacrificadores y adoradores", pues los toltecas fueron los inventores de ese culto. *Tulán-Ziguán*: Ziguán = Zuivá (una palabra que no se puede traducir) se relaciona en general con Tollan aunque también aparece sola. Aquí está identificado con el norte, la región de "las siete barrancas..." (= Chicomóztoc, véase 15), aunque según pp. 101, 102, debe quedar en el este, y en los relatos de Yucatán está conectado con el oeste (con los "nueve ríos", véase 5 b), Seler [7], IV p. 109. Entonces es, como el Tulán de los cackchiqueles (18 b), un "más allá", un otro mundo en general del otro lado del mar. *Tohil*: según su nombre es dios de la lluvia y de los rayos, parecido al Tláloc mexicano; sin embargo también es el dios del fuego terrestre (p. 99). *Hacavitz*: también Jacagüitze, aparece también como nombre de montaña. *Nicajtakaj*: también Nicah Tacah, significa "en el centro de la tierra"; véase el sobrenombre del dios mexicano del fuego (1 b). "Armazón": especie de litera (en nahua cacaxtli) sobre la que se cargaban los ídolos (véase p. 82). "Hubo quienes se fueron para donde se levanta el sol": como los "sabios" (toltecas míticos) en 15. "Pieles para cubrirse": aquí se relata el "estado chichimeca" como nivel cultural. "Una gente agorera" enviado del reino de los muertos: en el texto azteca dice nahual; en lugar de reino de los muertos dice Xibalba (véase 20 a). "Murciélago": véase 18 b. "¿Querrán sus corazones adorarme?". ¿Querrán dar su pecho y su sobaco? El corazón se compara aquí con una flor, igual que entre los aztecas con una tuna o piedra preciosa. *Zotzil Chamalcán*: también Zotzilahá Chamalcán: la primera palabra significa "casa del murciélago" (= cueva, interior de la tierra; 18 b), la segunda no es traducible. "Sacrificios de las tribus": tiene que haber sacrificios humanos antes de que pueda aparecer el sol (6 a). *Tohil* guía al pueblo como Huitzilopochtli a los aztecas (16 a-f). "Penitencia" (5 a), "el ayuno" (11 c) y el ofrecimiento de incienso eran los tres principales ejercicios del culto junto con el sacrificio humano, y que entonces también debían de preceder a la aparición del sol. *Chi-Pixab*: después se llama al monte Hacavitz (véase supra). *Camucú*: "nosotros vemos (al sol)". Para lo que sigue véase Lehmann (2), p. 298 y Seler (7), III p. 576. *Yolcuat-Quitzalcuat*: Yolcuat puede ser o el sobrenombre de Quetzalcóatl Yoaulli ehécatl "noche y viento" en nahua, o también, lo que parece más probable, Youal-cuatl "serpiente de noche", es decir la luna en el océano nocturno del cielo, pues es como "serpiente que va en el agua" (12 b). Yaqui está utilizado aquí en dos sentidos: como el pueblo de Quetzalcóatl que se fue hacia el este y como los ancestros de los aztecas en la altiplanicie. "Los que tuvieron acceso a la cultura": en el texto "para quienes se hizo la luz". "Jugadores de pelota y gente guardadora de pescado" (Seler): los olmecas (véase 15, 18 a) vivían a orillas del mar, su nombre está emparentado con olli, "pelota de caucho". *Tepeu Olimán*: véase Tapcu Oloman en 19 b. En otra parte relata el *Popol Vuh* que los quichés mandan más tarde otra vez una embajada sobre el mar a la mítica región del este (Tulán Zuivá) para traer las insignias reales, los rangos y los títulos de Nacxit (otro sobrenombre de Quetzalcóatl).

b) *Ann. Cakch.*, pp. 71-82. Ver Brasseur de Bourbourg, I, p. 172, II p. 91. "Creador": en el texto "nuestras madres y nuestros padres". *Vukamag*: ("Siete tribus") son las tribus o los pueblos al sur del lago de Atitlán hasta la costa del Pacífico; también cuentan entre ellos los *Ann. Cakch.* a los tzutuhiles (un pueblo maya) y los pueblos nahuas fronterizos, a los que juntos consideraban descendientes de los toltecas. *Ahlabal* ("guerrero"): los quichés y cakchiqueles. "Bulto": total de las particularidades del pueblo o de la tribu. "Jade, oro", etc.: para esto véase Seler (3) p. 43, (5) p. 329 notas, (7) III p. 333. Lo que se enumera son elementos de la cultura tolteca (11 b).

Mientras que los ahlabales solamente reciben armas *(Kiomah* no se puede traducir); es decir un contraste de los pueblos guerreros del altiplano con los pacíficos de la costa, igual que en México. "Cacao silvestre": véase 18 *a.* "La puerta de Tulán": hasta ahí cerrada por un murciélago (p. 97). "Palio y trono": es decir los ahlabales van a regir en el futuro sobre los débiles pueblos costeños. "Plumones blancos y tierra blanca de la guerra (gis)": con los mexicanos son los adornos para los destinados a ser sacrificados (8 *a*); por eso eran símbolo de lo que les esperaba a los enemigos, y se les enviaba como seña de declaración de guerra. "Ventaja": en el texto dice primacía. "Tus dioses": en el texto dice "los que tú alimentaste" (18 *a*). "Nueve agua": también en México se llamaban algunos dioses con nombres de fechas (5 *b*, 10 *a*). "Plumones de algodón": el objeto y el nombre son mexicanos, cuyos guerreros tenían unos chalecos de algodón como coraza (Ichcauipilli). "Escarabajos amarillos", etc.: para esto Seler (7), IV p. 733. Parece ser un medio mágico que usaban los cakchiqueles en la guerra. *Zuivá:* 19 *b.* Aquí parece ser una personificación, pero más abajo vuelve a ser nombre de un lugar (Ah Zuivá: "gente de Zuivá"). Entonces aquí Tulán está en el poniente mientras que Zuivá está en el oriente. "Guardián de la barranca": un pájaro pequeño. "Dioses": en el texto "imágenes de madera y piedra" (19 *a*). "Árbol rojo": en el texto Caka chee. La explicación que aquí se da de la etimología del nombre cakchiquel es claramente la etimología popular. La separación del mar con el bastón es un tema bíblico. *Teozacuancu:* los nombres parecen ser de origen nahua. Deozacuancu = Teozaquanco "en el lugar del trupial" (6 *b*); Tapcu Oloman = Tlapco Olman "el país de los olmecas en el este" (seguramente se puede explicar así también el Tepeu Olimán, p. 101). Dado a que el "país" mencionado sólo estaba en el este para los pueblos del altiplano mexicano, y que aquí se considere también como región oriental, se puede concluir que toda la leyenda tiene que provenir de una fuente azteca. "Los guerreros, los marineros" (en sí los señores de la obsidiana, señores del remo): así lo traduce Brasseur, II p. 91. *Ah Nonovalcat y Ah Xulpiti:* para esto Seler (7), III p. 574 Nonovalcat = Nonoualca (11 *b*); Xulpiti no se puede explicar. El relato señala un pueblo en la región que bañan muchos ríos secundarios en Tabasco. Nonoualca "los mudos" (es decir "de habla extranjera") solamente se puede entender desde el punto de vista mexicano. *Ah Zuivá:* aquí se describe como un lugar de magos o hechiceros como eran considerados también los olmecas (p. 72).

20. HUNAHPÚ E IXBALANQUÉ. Este gran mito muestra mucho menor influencia mexicana que 18 y 19 (en sí, sólo se manifiesta en algunos nombres). Este mito parece haber pertenecido más a la tradición popular (véase Introducción) aunque Fuentes y Guzmán (I, pp. 37 y 366) relata que Ixbalanqué era adorado por todos los pueblos de Guatemala como dios supremo y principal, al que iban los muertos. El mito del par de hermanos divinos tiene difusión mundial. Generalmente es bastante transparente el fondo mítico-natural. En este caso van el sol y la luna (Hun-Hunahpú y Vucub-Hunahpú) al reino de los muertos donde sucumben a los poderes de las tinieblas, pero en una nueva configuración rejuvenecida logran vencer al infierno y vuelven a subir al cielo. El comportamiento del sol ante la luna por un lado, y por otro de los poderes de la luz ante los de la oscuridad se concibe también, al igual que en México, como un juego de pelota (12 *a*, 21).

a) Popol Vuh, pp. 211-223 y Seler (3) p. 98, (5) p. 158, (7) III p. 308, (8) p. 387. "Tiempo de la oscuridad": la acción tiene lugar antes de la creación del sol, como se dice expresamente en 20 *d. Hun-Hunahpú y Vucub-Hunahpú:* los dos son nombres del calendario (véase, 19 *b*). Hun-ahpú, es decir "1 Ahpú (= Ahau 'rey')", corresponde en el calendario maya a la fecha azteca "1 flor", que es un sobrenombre del dios del sol (Seler [7], I p. 500). Además aquí se antepuso otra vez el número uno (hun), es decir siete (Vucub). Entonces "7 (Hun) ahpu" que debería corresponder entre los mayas al dios de la luna. Mientras con los mexicanos es también un sobrenombre del dios del sol joven. *Ixpiyacoc* e *Ixmucané:* también Xpiyacoc y Xmucané véase 18 *a.* Aquí Ixmucané es femenina. *Hunbatz* y *Hunchouén:* otra vez son nombres de calendario que corresponden los dos al "1 mono" de los aztecas. Batz y Chouén son dos clases diferentes de monos (araguato y tití) en los que se convierten más tarde (20 *c*). El mono es con los mexicanos el animal del dios Xochipilli o Macuilxóchitl, el patrón de los bailarines y músicos, de los bufones y de los artesanos; natural-mitológicamente deben ser concebidos Hunbatz y Hunchouén como la estrella matutina y la vespertina, seguramente (como Xochipilli). "Jugar ...a la pelota": en el texto dice literalmente: "únicamente con claridad (Zak) brillante, sólo con jugar a la pelota se engalanaban". "Solamente dos se enfrentaron": en el juego antiguo mexicano generalmente se enfrentaban dos pares. "Cuervo": (otras veces gavilán) es mensajero divino también entre los aztecas (5 b) y al mismo tiempo el animal de Tezcatlipoca, que es idéntico a Huracán (18 a). *Hun-Camé* y *Vucub-Camé:* nuevamente son nombres del calendario, que corresponden a las fechas aztecas "1 muerte" y "7 muerte", véase la pareja de los dioses de la muerte en 8 a. "Bandas para la cara", etc.: era el equipo de los jugadores de pelota (Seler). La dureza de la pelota de caucho requería una protección especial para la cara (Vachzot "corona de la cara", Vach = "cara"); como el jugador tenía que lanzar la pelota con la cadera o con el lomo y entonces con frecuencia se apoyaba con la mano en el suelo, necesitaba también una protección para las caderas (en el texto se designa Bate) y unos guantes de cuero (Pach g'ab). "Buho": también entre los mexicanos los buhos eran considerados como pájaros de la muerte y como animales demoniacos (12 b). *Nim Xob Carchach:* tal vez una referencia a la población S. Pedro Carchah en la región de Verapaz (al norte de Guatemala). *Ahalpuh* y *Ahalganá:* "los señores que llaman las supuraciones". *Chamiabac* y *Chamiaholom:* "bastón de hueso" y "bastón de calavera"; *Cuchumaquic:* "el que hace que la sangre coagule". *Ahalmez* y *Aḻaltogob:* "los señores que producen la suciedad y la miseria" (los otros nombres no son traducibles). Por lo tanto demonios de las enfermedades, de la muerte y de la pobreza. "Hueco arriba de sus casas": se refieren al agujero en las casas para el humo. En esta parte vuelve a tomar el hilo 20 f. *Xibalba:* el relato del infierno se parece en muchos aspectos a las concepciones mexicanas (8 a): *1, Nu zivan cul* y *Cuzivan* "¿desfiladero sinuoso y angosto?" (Seler). 2, "El río trae en el texto arbustos de calabaza con espinas" (Zimah), *(Crescentia cujete).* 3, "Río de agua" y "río de sangre". Aquí corresponde seguramente *1* a las montañas próximas, *2* a la población del viento del cuchillo de obsidiana, *3* a los nueve ríos. "Cuatro diferentes caminos": es decir un cruce, que era también para los mexicanos un lugar siniestro y de temor (p. 31). Los cuatro colores se vuelven a referir a los cuatro puntos cardinales (véase p. 45). "Pruebas": pruebas parecidas aparecen en muchos cuentos que relatan visitas al infierno o al cielo, como por ejemplo en los cuentos de los návajos, indios de Norteamérica (Krickeberg, pp. 337-342). "Bancos de piedras calientes" es un motivo que suple el del asiento de espinas; la "casa de la oscuridad" es como las casas de susto que aparecen sobre todo en los cuentos japoneses (Ehrenreich, p. 78). "Entonces se rieron los de Xibalba... hasta los huesos se les movían de tanto reirse, a todos los señores de Xibalba", etc... "Cigarro": aquí aparece la palabra por primera vez, que se difunde en todo el mundo, de Zi'car, en sí "lo que es aromático" o "lo que huele bien". "El pedernal blanco", véase 10 b. "Los cinco lugares de prueba": también se refieren a los cuatro puntos cardinales (el quinto es el "centro"), así como las casas de Tláloc en 9 y las casas de ayuno en 11 b. La "casa de los pedernales" es una paralela al viento del cuchillo de obsidiana. Aquí la traducción es difícil y bastante dudosa. "Árbol que da las calabazas": *Crescentia cujete.* De sus frutos se hacían vasijas para comer y para beber.

    b) *Popol Vuh*, pp. 223-235. "Doncella": su nombre *Ixquic* está relacionado con Qui'c ("sangre" o "pelota de caucho"). Cuchumaquic: véase 20 a. "Saliva": tema de la concepción mágica (parecido en 39), que es típico para los mitos de los héroes gemelos. Las raras palabras que la calavera dirige a la doncella tienen el siguiente sentido: no la quiere asustar y por eso sólo le manda señas. Pero esto basta para ganar herederos del cuerpo. "Calaveras de *Hun-Hunapú* y *Vucub-Hunapú*": en 20 a sólo se relata de la calavera del primero. *Huracán:* véase 18 a. "Buhos": véase p. 105. "Sangre de dragón": *Croton sanguifluus.* Su savia es como la sangre. "Madre mía": Lal o La, que más o menos significa señora o ama. "Diosa de la lluvia", etc., en el texto Ixtoh, Ixcanil, Ixcacau (Ix es el prefijo femenino).

    c) *Popol Vuh*, pp. 235-243. *Hunahpú* e *Ixbalanqué:* acerca de Hunahpú véase 20 a.

Ixbalanqué: "el jaguar femenino" o "señora de los jaguares". El jaguar está relacionado con el cielo oscuro de la noche entre los aztecas (2 *a*). De ahí que Ixbalanqué represente aquí junto al sol también a la luna y al mismo tiempo sea el lado femenino como el masculino, pues la luna es la esposa del dios del sol (4 *c*). "En el monte fueron dados a luz": es decir el alumbramiento se efectúa fuera de la casa como en muchos pueblos. *Canté:* "árbol de las serpientes"; seguramente es más correcto "árbol amarillo", es decir, Palo moral (*Chlorophora tinctoria*). "Transformados en monos": en el texto *Hunahpú-Qoy;* q'oy significa lo mismo que chouén (20 *a*). Según Brasseur de Bourbourg existe todavía un baile que lleva ese mismo nombre entre los indios de Guatemala.

d) Popol Vuh, pp. 185-193. Además Seler (7), II p. 82. Este cuento no está en unión con las demás narraciones de Hunahpú, sino relata de la época inmediata a la segunda destrucción (de los "muñecos de madera"). Estaba originalmente aislado, lo que muestra la aparición de los dos viejos magos "Gran Jabalí del Alba" y "Gran Tapir del Alba" (p. 114) que son idénticos con Ixpiyacoc e Ixmucané; pues según la p. 106, ya no vive Ixpiyacoc y los jóvenes viven con Ixmucané, su abuela. Sin embargo pertenecen 20 *d* y *e* a la continuidad del todo. *Vucub-Caquix* es el antiguo dios del fuego, pues significa "siete guacamayo" y este animal no sólo era el representante del fuego celestial, de la aurora (5 *b*, 8 *b*) y del rayo solar disecador sino también del fuego terrenal. Existía el fuego antes del sol y de la luna (véase 19 *a*). Por eso se vanagloria Vucub-Caquix de ser el sol y la luna, y tiene que ser vencido por Hunahpú e Ixbalanqué quienes le quitan su poder, para que puedan aparecer el sol y la luna. Su esposa es *Chimalmat,* lo que en nahua es Chimalman, la tierra (10 *a*), pues el dios del fuego tiene en el centro de la tierra su asiento (1 *b*). Sus hijos *Zipacná* y *Cabracán* son los dioses de los volcanes y de los sismos, así que también dioses de la tierra. Zipacná hizo la tierra, la carga sobre sus espaldas y se convierte en piedra después de haber sido desterrado al interior de la tierra (igual que Cabracán), donde desde entonces tiene su campo de acción. Ya los nombres de los dos tienen relación con la tierra: Zipacná "madre" (o "casa") Zipactli (el animal del que se hace la tierra en 1 *b*), Cabracán "la tierra es su pie". "Ojos": en el texto dice "huesos de la cara". En lugar de "oro" también se puede traducir "plata", en lugar de "azul", "verde" (las dos palabras significan en quiché lo mismo). El oro cubre con una membrana delgada los ojos y los dientes están incrustados con turquesas. Dientes adornados de tal manera se encuentran realmente con frecuencia en la región maya. También el dios del fuego azteca se caracteriza por sus adornos de turquesa, por lo que se llama Xiuhtecutli, "señor de la turquesa". *Vucub-Caquix:* parece tener la configuración de un ave en este cuento. "Niños del ocaso": en sí "niños de lo blanco". El color blanco significa la época del origen (véase Aztlan 16 *a*). "Nances": véase 18 *a. Chigag* ("en el fuego"), etc.: conocidos volcanes de las tierras altas de Guatemala, que hoy llevan los nombres de Fuego, Agua, Atitlán, Sta. María Tajumulco y Tacaná (Seler). "Le arrancó el brazo": es un tema muy socorrido en los cuentos, sobre todo cuando tratan del robo del fuego. "Sacar gusanos de las muelas": también los mexicanos consideraban a Oxomoco y Cipactónal (= Ixmucané e Ixpiyacoc) como sus primeros médicos. "Gusano de diente": en sí "animal del diente". El mito utiliza el famoso tema de la curación engañosa (Ehrenreich, p. 75). "Cerca de la casa": más bien "debajo", pues se refiere al nido del guacamayo.

e) Popol Vuh, pp. 195-203. Los "cuatrocientos muchachos" sin duda son idénticos a las cuatrocientas serpientes de nubes (Huitznáhua) de los mitos mexicanos, pues más tarde se convierten en estrellas (p. 131), más exacto en la Pléyade (p. 117). Otra leyenda que se originó en El Salvador (Preuss [II] p. XXVIII) también habla de los 400 muchachos. De ahí que en este mito represente Zipacná la deidad lunar que según los mexicas es igual a la de la tierra. Por lo tanto se trata de la famosa leyenda de la lucha de la luna con las estrellas, lo que nos señalan los frecuentes motivos lunares de la cueva que cava Zipacná y del derrumbe. Primero vence la luna, para ser superada luego por las estrellas matutina y vespertina, que deben ser concebidas como Hunahpú e Ixbalanqué, igual que en 6 *b*. "Morir bajo la viga": (o árbol) como víctima de construcción, como también se relata en 16 *a* e igualmente como era usual entre los muiscas. "Bebidas fermentadas": en el texto bebidas embriagantes, sobre todo pulque (4 *d*). "El montón": con frecuencia el nombre de la Pléyade (Seler [8], p. 382). "Cangrejo": en el texto dice una vez "tortuga". Puede ser que se refiera a la constelación (cáncer), creada por los jóvenes y colocada en el fondo de una cueva oscura (es decir el cielo nocturno). *Ec:* planta de bosque con grandes hojas. *Pahac:* puede ser una especie de anona (Brasseur). No es muy segura la traducción de esa parte. *Meaván:* montaña en la región de Verapaz al pie de ella corre el río Sacapulas (Chixoy). "Cueva": a veces dice el texto Pek, "cueva", otras Ziván, "esfiladero". Zipacná entra en la cueva que se derrumba sobre él: con frecuencia la luna en un ser que en los cuentos aparece encerrada en cualquier claustro (durante la luna nueva). Véase introducción a 11. Por otro lado son considerados los dioses del sismo y de los volcanes a menudo como prisioneros en cuevas y cavernas (48 *d*).

f) Popol Vuh, pp. 245-253. "Abrir un claro en el monte": así comienzan los trabajos agrícolas en las regiones tropicales de México. "No estéis tristes": el relato prosigue directamente de 20 *c*. La abuela está triste de la pérdida de Hunbatz y de Hunchouén. "Hachas", etc., el hacha sirve para calar los árboles, las azadas (mixquina o coa) para aflojar la tierra. La palabra Xokem (¿macana?) no es traducible. "Pumas, jaguares", etc.: los cuatro pares de animales corresponden a los cuatro puntos cardinales (Seler [7], IV p. 493). Jabalí y pisote (tapir): véase 18 *a*. Es muy frecuente en los cuentos de los dioses-héroes que los animales reciban caracteres corporales, o ciertas costumbres o alimentos como castigo o premio, así como aquí el venado, el conejo y la rata. (Véase pp. 119, 122, 125). "Cueros de las caderas", etc.: véase 20 *a*. "Amarras de la casa": los indios no clavaban los techos, sino los amarraban. "Salsa de chile": alimento muy estimado en México y en Centroamérica. Les sirve a los hermanos para utilizarla como espejo y observar a la rata que andaba por el techo.

g) Popol Vuh, pp. 253-259. "Barrer": aquí en el sentido de un acto del culto, como en 14. *Tamazul:* palabra nahua para sapo (Tamazolin). "Tengo un mensaje": en el texto "tengo palabras en mi vientre, es decir, tengo algo que decir. Más tarde se debe entender literalmente la frase. "Gavilán": véase 20 *a*. Por su grito, los quichés llaman al gavilán Vac. *Lotzquic:* según Brasseur una oxalidea que es medicinal. Los jóvenes mascan la planta, la amasan con caucho y la colocan sobre el ojo lesionado (?). "Caña de maíz": compárese con el tema muy frecuente en las leyendas alemanas del palo seco que reverdece más tarde.

h) Popol Vuh, pp. 259-265; 267; 271-273. Véase 20 *a. Molay:* seguramente de la raíz mol ("juntarse", "reunirse"). Las bandadas de pájaros representan los "ríos con plantas con espinas" de la primera visita al inframundo. Como aves del Estix. "Caminos": aquí están dados diferentes los colores que en 20 *a. Hun-Camé,* etc.: aquí los nombres algo diferentes que en 20 *a*. Quic en los últimos nombres significa "sangre". "Pluma de guacamaya": véase 20 *d*. "De dónde vienen esas gentes", etc.: entre los aztecas, Coxcoxtli habla de manera semejante p. 77. "Casa del frío": corresponde a la del frío o del viento de 20 *a*. "Casa de fuego": en el texto Chigag (nombre del volcán Fuego, véase 20 *d*). Falta en 20 *a*. "Murciélago que corta cabezas": véase 18 *a*. Tabique nasal o lo que "sobresale arriba de la nariz"; aquí se compara, igual que en los códices con un cuchillo de piedra. Seguramente fueron entonces los animales que chupan sangre, los *Phyllostoma,* los que sirvieron como modelo para esos animales míticos (Seler [17], IV p. 465). Véase la figura, p. 92 y la figura de la p. 127. Generalmente el arrancar la cabeza es un tema lunar en las leyendas (véase 14), igualmente con la tortuga, que entra como suplente de la cabeza en 20 *i*, es un animal lunar (Seler [7], IV p. 659). A pesar de eso aquí se relaciona con Hunahpú, el héroe o dios del sol (20 *a*).

i) Popol Vuh, pp. 275-283. "Tortuga": véase 20 *h*. La formación de esa cabeza falsa significa entonces el aparecer del sol; por eso se forman primero los ojos y luego los cabellos (rayos). "El tlacuache abrió las piernas": el tlacuache es el símbolo para la fertilidad de la madre (18 *a*); es el animal que da luz al día (al sol). *Huracán:* véase 18 *a*. "Juego de pelota": estaba situado bajo (por eso "dentro del hueco" = Hom, en quiché, y por eso "bajaron"). "Conejo": animal en la luna (5 *a*). Por lo tanto, mientras los príncipes del inframundo persiguen a la luna, el sol tiene tiempo de recuperar y tomar su vieja forma. "Horno": el nacimiento del sol se relata en nuevos términos y con otras imágenes en este mito. Igual que con Nanahuatzin (5 *a*) también aquí es a través de la incineración por el fuego, como es posible que los astros suban al cielo, donde permanecen por algún tiempo en el agua, es decir, en el océano del cielo nocturno, igual que las "cinco serpientes de nubes" en 6 *b*. Que tomen figura de "personas con cuerpo de peces" (Vinak-car) seguramente es otro indicio de las estrellas que como peces están en el océano celestial (4 *d*, 10 *c*. También los 400 jóvenes del Salvador se convierten en peces). Para los cuatro días de desaparición véase pp. 30, 32, 40, 58, 59.

k) *Popol Vuh*, pp. 283-295. "Pobres": con frecuencia el dios del sol aparece al principio en forma pobre y de aspecto insignificante (5 *a*, 39). "Danzas de los pájaros nocturnos", etc.: bailes de máscaras; bailes en zancos se usaban en la región maya de Yucatán. "Milagros y cosas asombrosas": compárese con aquello que se relata de los magos de la Huasteca (15). "Despedazar": en general se sacrificaba haciendo un corte en el pecho para sacar el corazón, de ahí también "con los pechos abiertos". "No tenían tanta adoración como antiguamente": en tiempos paganos los poderes del inframundo eran temidos como demonios. "Cañas de maíz": véase 20 *g*. "Centro de la casa" y "tierra tendida" recuerdan el nombre de las diosas mexicanas de la tierra, Chantico "en la casa" y Chimalman "escudo yaciente", véase 6 *b* y 10 *a*. "Hijos del alba": véase 20 *d*. En una parte suprimida se relata cómo Hunahpú e Ixbalanqué resucitan a sus padres enterrados en la basura (20 *a*) para dejarlos subir al cielo. Así reciben, el inframundo, la tierra y el cielo a los dioses que eran venerados en tiempos históricos.

LOS TARASCOS, LOS PUEBLOS DEL ISTMO Y LOS MAYAS DE YUCATÁN

EL SUR DE MESOAMÉRICA

Los tarascos son la antigua cultura de la región de Michoacán (véase 15, 16 *d*). Bajo "pueblos del Istmo", aquí se entienden un número de pueblos de los dos lados del Istmo de Tehuantepec: los mixtecas al oeste de la carretera que comunica Puebla con Oaxaca hasta el Océano Pacífico, los zapotecas en el valle de Oaxaca y los mixes en el mismo Istmo y los tzentales al este del Istmo en el estado de Chiapas. Todos estos pueblos hablan lenguas diferentes; los tzentales pertenecen al gran grupo de los mayas. Los lencas, un pueblo con un idioma especial viven al este de los mayas de Honduras. En las tierras entre el lago de Nicaragua y la costa del Pacífico vivía el pueblo nahua que había avanzado más hacia el sur, los nicaraos de quienes trata 29. Ya casi tenía contacto con los pueblos de origen suramericano, que tienen parentezco lingüístico con los muiscas, a los que pertenecen los guaimíes de Panamá (30). La leyenda 31 pertenece a un pueblo de origen desconocido que vive en la costa del norte de Colombia al oeste de Cartagena.

21. UNA LEYENDA SOLAR DE LOS TARASCOS. *Rel. de Mich.* p. 84. Para esto Seler (7), III p. 132. Una leyenda que trata el mismo tema de 20 (véase también 10 *b*). El padre es derrotado en un juego de pelota por un dios del inframundo quien se llama *Ahchuri hirepe*, es decir, "soberano de la noche" o "noche que guarda (al sol) en su casa"; el nombre del hijo *Sirahtatahperi* designa a éste como el "primer hombre", con el que se relacionaba frecuentemente el dios-héroe de un pueblo. *Xacona*: hoy Jacona, cerca de la frontera del noroeste de Michoacán. "Iguana": tema del animal que aconseja como en 10 *b* y 20 *f*. "Se lo echó a cuestas": véase pp. 31-2, 40, 71, 75. "Venado": aquí se vuelve el relato la leyenda de un culto que explica la costumbre de hacer venados de masa en la fiesta de primavera (del rejuvenecimiento del sol) de los tarascos. Como los caballos de los españoles en general eran comparados con los venados, al final entran todavía los españoles. "Hacia la mano derecha": el norte, como entre los mexicanos.

22. EL CASTIGO DE UN SACRILEGIO. *Rel. de Mich.* pp. 144-146. También Seler (7), III

p. 149. *Xaratanga:* Diosa de la tierra y de los frutos del campo; al mismo tiempo es, igual que las diosas mexicanas de la tierra, una deidad de la luna (véase Cihuacóatl, 4 *a;* Tlazoltéotl, 5 *a;* Chantico, 6 *b*). Los sacerdotes se ponen los adornos que solamente corresponden a la diosa en el día de su fiesta. "Vino": pulque (véase 4 *d*). *Nucutzepo:* población a orillas del lago de Pátzcuaro. "Lagos": el lago de Pátzcuaro; Vayameo está también a orillas del lago frente a Tzintzuntzan donde Xaratanga tenía su templo. Era éste el principal centro del culto del dios del sol Curicaveri, el esposo de Xaratanga. *Chichimecas:* también los reyes de Tzintzuntzan presumen de su descendencia "chichimeca" como lo hacen los de Tezcoco (4 *b*, 15, 16 *a*). *Tariakaherio:* "casa del gran viento".

23. LA REUNIÓN DE LOS DIOSES. *Rel. de Mich.* pp. 72-76. Seler (7), III p. 138 (con corrección de nombres). *Cueravahperi:* "la creadora": una forma de la suprema deidad que por ejemplo también es femenina entre los kagaba de Colombia (Preuss [2], p. 167). Tiene asiento en el este de la región de Michoacán y por eso es considerada como la deidad que trajo al país a los españoles (p. 137). *Araro:* población en la orilla del este del lago de Cuitzeo, en la carretera México-Morelia. Los corazones de los sacrificados eran llevados a Araro para aventarlos a las fuentes de aguas termales en la fiesta de la diosa. *Tsiuangua:* uno de los últimos reyes tarascos que todavía vivía en los tiempos de la conquista española. *Curicaveri:* el dios del sol (véase 22). También los aztecas llamaban a su dios del sol "águila que sube". *Xanuuata huacahtzio:* (¿"en el techo de granizo"?): isla en el lago de Pátzcuaro (Seler [7], III p. 73). "Dioses menores": los dioses de la mano izquierda (es decir del sur) y dioses de la mano derecha (del norte); los últimos también se llaman dioses primogénitos, p. 137. Según Seler corresponden a los Huitznáhua (10 *b*, 14, 16 *e*) y Mimixcoua o "serpientes de nubes" de los aztecas (6 *b*, 10 *b*); por lo tanto son dioses de las estrellas del cielo del sur y del norte; los últimos también eran considerados por los aztecas como los primeros seres creados. Los adornos de la cabeza y los cráneos rapados son característicos de los tarascos. *Curita kaheri:* "el gran encendedor del fuego" es decir el sacerdote; por eso también su título "abuelo" y su indumentaria que lo caracteriza como sacerdote. "Tenazuelas": pequeña pinza de cobre u oro para sacar las vellosidades del cuerpo. *Curicaveri* y *Xaratanga:* véase 22. *Urendequa vecara:* "el que va adelante", es decir el dios de la estrella matutina. *Querenda angapeti:* "la roca que sobresale", puede ser otra forma del dios del sol. Los cuatro dioses eran originalmente dioses locales de ciertas poblaciones tarascas. "Determinación al principio", etc.: el sentido de esta parte no está claro. "Dos dioses juntos" parece referirse al sol y a la luna, que son separados (5 *b*); lo demás parece referirse a un mito de la sucesión de varias edades del mundo (Seler [7], III p. 131). "Fogones": prender el fuego de los fogones pertenecía a uno de los cultos más importantes de los tarascos.

24. MITOS MIXTECOS DE LA CREACIÓN. *a*) García, pp. 327-328, Seler (1) p. 31, (4) p. 162 *s.* "Agua": concepción de un mar original como en 18 *a.* "Diosa y Dios un ciervo": una forma del par de dioses originario (véase 1 *b*) que recuerda al dios "Serpiente de nube blanca", el cual según la *Hist. Mex. Pint.* carga un ciervo con dos cabezas como emblema de guerra (10 *b*). "Serpiente de nubes" (o Mixcóatl), es un antiguo dios del cielo, de las estrellas y del fuego (véase 3). *Apoala:* en mixteca Yutatnoho ("río del origen"; Reyes p. 1); véase 24 *b* y 25 *a.* Hoy una población pequeña en el distrito de Nochiztlan. "Viento de nueve Culebras", etc., seguramente el dios del viento Quetzalcóatl (2 *b*), quien como señor tolteca fue al mismo tiempo el primer sacerdote y el iniciador del culto; aquí aparece en dos formas concordando con el par de dioses originarios. "Diluvio": véase 2 *b.*

b) Burgoa, *Geográfica descripción...*, I p. 274. "Dos árboles": compárense los ahuehuetes y las ceibas que eran símbolos de reyes entre los aztecas (12). Aquí se describe perfectamente bien la situación de Apoala.

25. EL DIOS DE LAS MONTAÑAS Y DE LAS CUEVAS ENTRE LOS PUEBLOS DEL ISTMO. Los aztecas conocían un dios Tepeyollotli ("corazón de los montes" que aparecía con la

figura de un jaguar o en el disfraz del mismo (véase fig. p. 140). Era el dios de los bosques oscuros de las montañas, de las cuevas y del interior de la tierra; el eco era considerado como su voz. Esta extraña figura del panteón mexicano tenía su patria con los pueblos del sur que parecen haber venerado todos a un dios como él.

a) Burgoa, *Geográfica descripción...*, I p. 332. Apoala: véase 24 a. La mayor elevación cerca de Apoala es la Peña colorada (2900 m de altura). "Corazón del pueblo": otra vez "corazón" como principio vital (véase 18 a). "Esmeralda": se refiere a una piedra verde semipreciosa (Chalchihuitl, véase 11 b) que también reemplazaba al corazón entre los mexicanos (5 c, 10 a). "Desde el fondo": por lo tanto se trata de un templo subterráneo.

b) Burgoa, *Geográfica descripción...*, II p. 399. "Atlante": la misma concepción en 20 e (Zipacná) y en 33 b (Chibchachum).

c) Núñez de la Vega, p. 9, Seler (1) p. 33 y (7) I p. 458. *Votan:* el nombre seguramente significa "el corazón de más adentro" y sustituye en el calendario tzendal el signo del día "noche" de los otros pueblos o tribus mayas; entonces hay una identificación del cielo nocturno con el inframundo como entre los mexicanos (véase 1 c, 4 a). Fuentes tardías hicieron de Votan un dios-héroe del estilo de Quetzalcóatl (Brinton, p. 212). *Teopisca:* población en el estado mexicano de Chiapas cerca de San Cristóbal de las Casas. "Palo hueco", tambor: en el texto Tepanguaste = Teponaztli (véase 5 c). *Huehuetan:* población en la costa del Pacífico cerca de la frontera con Guatemala. "Casa oscura": en el texto "casa lúgubre". El texto explica que se trata de una cueva. "Cuidadores": en el texto Tapianes (nahua Tlapiani).

26. LAS SAGRADAS SEÑALES DE MANOS Y PIES. Véase pp. 54, 156. Rasgos cristianos como en 13 a, 33 a y 42 b. a) Cervantes en Orozco y Berra, II, 183. *Amoltepec:* población cerca de Tlaxiaco en la Mixteca Alta (véase 12 b).

b) Burgoa, II p. 201. *Cempoaltépec:* montaña de 4000 m de altura cerca de Villa Alta en el estado mexicano de Oaxaca.

27. DEIDADES Y CONCEPTO DEL MUNDO DE LOS MAYAS DE YUCATÁN. a) Cogolludo, p. 345. *Hunab kú:* Ku significa entre los mayas todo lo sagrado o divino (dioses, templos, sacerdotes, etc.), parecido a las huacas de los peruanos. *Hun Itzamná:* "Casa (original) del Gotear o Brotar"; I. pertenece entonces tanto al cielo como a la tierra y significa la forma más común a los mayas del dios supremo, que habita en el cielo y al mismo tiempo tiene las insignias de un dios del fuego (del dios viejo, véase 1 b, 3, 20 d) Seler [7], I p. 379. *Yax Coc Ah Mut:* si no es otro dios que aparece enmascarado como gallina (silvestre) del bosque.

b) Cogolludo, p. 352. *Kinich Ahau:* "Señor cara de sol", el dios del sol que con frecuencia se identifica con el dios supremo.

c) Lizana, pp. 4-6. *Itzmal:* el actual Izamal en el norte de Yucatán cuyas antiguas construcciones han desaparecido con excepción de algunos restos. *Itzmat ul:* seguramente idéntico con Itzamná, véase 27 a. Es pues, como Quetzalcóatl al mismo tiempo el sabio sacerdote-rey de los primeros tiempos *Kab ul:* véase la huella de la mano de Quetzalcóatl (p. 54). También se le atribuyen efectos mágicos a las huellas del pie (p 156). *Kinich kakmó:* en sí "guacamaya-de-fuego-de-rostro-solar", el dios del sol en figuras de pájaro. Guacamaya: véase, arará 5 a, 8 b, 20 d. Pues el nombre de los quichés para guacamaya (caquix) significa parecidamente: "cara de fuego". *Ppapp hol Chaac:* Ppapp (se dice P'a'p) significa "relampaguear", hol "cabeza"; Chaac es el dios de la lluvia y del rayo entre los mayas. También el dios mexicano Tláloc es el dios de los sacerdotes (p. 37). *Hun pic tok:* la pirámide de este dios está en el centro de las otras cuatro, esto es lo que nos dice la referencia "entre el medio día y el poniente" (= en la diagonal).

d) Landa, p. 64. "Sustentando el cielo": véase 3.

e) Cogolludo, p. 352. "Colores": véase 4 a (dioses de la lluvia).

f) Landa, pp. 61-62. "Los buenos y malos": seguramente hay que entender bajo "buenos" y "malos" a los guerreros que van al cielo y a los muertos comunes que desaparecen en la tierra (véase 8). El más allá de los ahorcados correspondería al Tlalocan como tercer reino de los muertos. *Yaxché:* ("árbol verde") el árbol del cielo. Véase Tomoanchan y Xochitlapan (8 *a*). *Mitnal:* véase Mictlan (8 *a*). *Ixtab:* también Cogolludo habla de una diosa de los ahorcados.

g) Cogolludo, p. 342, véase 32 *b.*

h) *Chilam Balam,* Seler (6), II p. 156. Un mito parecido en el *Chilam Balam* de Chumayel, p. 164. "13 ahau": corresponde al "13 flor" del calendario azteca. Es el último día del ciclo periódico de Venus con el que los mexicanos y centroamericanos asociaban temores parecidos a los del día "4 movimiento" (2 *a*). "Sol, luna y noche": aquí dice noche en lugar de "cielo de estrellas". "Trece dioses" y "nueve dioses": los dioses de los trece cielos y de los nueve inframundos (7, 8 *a*). "Comenzará la mañana" = principia la destrucción. "Lagarto de la tierra de la gota" (véase 27 *a*): Cipactli, el animal del que se hizo la tierra (1 *b*). "El cielo caerá sobre la tierra": véase 2 *b.* "Mundo": en el texto dice Petén "isla" porque la tierra es como una isla que flota en el mar original. "Períodos del tiempo": en el texto Katún, es decir período de 20 × 360 días con los que hacían sus cuentas los mayas. *Ah Uooh Puc:* demonio de la destrucción que también aparece en otras partes (Seler [7], I p. 669). "Juicio general": una concepción parecida tenían también los mexicanos (p. 71).

28. La diosa tribal de los lencas. Torquemada, p. 336. Ver Lehmann (1), II p. 636. *Cerquín:* población cerca del río Lempa alto en Honduras. "Veneración del tigre": en efecto muchos nombres de poblaciones lencas están compuestos con el nombre de tigre. También entre los mexicanos se consideraba al tigre o jaguar el animal del mago o hechicero (12 *a*).

29. Los dioses, el diluvio y la suerte de los muertos (Nicaragua). Oviedo, IV, pp. 39-56. Es el protocolo de un interrogatorio que hizo el fraile Francisco de Bobadilla por orden del alcalde Pedrarias Dávila en el año de 1538 en la población de Teoca sobre los modos de ver la vida de los paganos nicaraos. Los interrogados eran cinco personas y un grupo de trece personas que aquí se designan con los números 1-6. De sus respuestas que suenan muy parecidas se agruparon las partes religiosas según su unidad en el contenido. Muestran cómo se mantuvieron vivas las ideas religiosas de los aztecas en este pueblo, el más sureño de los nahuas que desde siglos se encontraba separado de la gran masa de sus compañeros. *Tamagastad* y *Cipattonal:* en nahua Tlamacázcatl (sacerdote) y Cipactónal, es decir Oxomoco y Cipactónal (1 *b*), que aquí aparecen en lugar del par de dioses de origen. En una respuesta aparece junto a los dos también el nombre "Oxomogo" aparte. El dios de origen se llama "sacerdote" porque fue el que, según concepciones muy difundidas, inició las ceremonias y los cultos. "De allá, donde están los dioses, vinieron las plantas y las cosas de comer": véase Tamoanchan en 4 *a.* "Guerra": véase 6 *a. Quiateot:* en nahua Cuiahtéotl "el dios de la lluvia" = Tláloc. *Omeyateite* y *Omeyatecigoat:* en nahua Omeyoteu(c)tli y Omeyocíhuatl: "Señor y señora de la dualidad", véase 11 *b* y *c;* el par de dioses originarios, que fueron suprimidos por venerarse sus imágenes más humanizadas. "Los muertos": la misma concepción como en 8 y 28. *Miqtanteot* no significa el reino de los muertos sino el dios de los reinos de los muertos (en nahua Mictlantéotl). *Yulio:* en nahua Yolyo, Yollo, "corazón de alguien", es decir principio vital (véase 5 *c*). "Visiones": seguramente se refiere a los Tzitzímitl (4 *d*). "Niños": aquí se puede presuponer una concepción parecida a 8 *a* (Xochitlapan).

30. El cielo, la tierra y el inframundo, según la creencia de los guaimíes (Panamá). Salcedo, VIII, pp. 87-93 y 99-100. Salvo unas variantes, Meléndez es idéntico. "Criaturas, varón y hembra": Meléndez habla de dos varones; esto estaría de acuerdo con la concepción quiché de los dos hermanos (p. 78). *Nubu:* según Meléndez el mismo que Tucla. Nubu es un dios del viento y de la creación como el dios azteca Quetzalcóatl. Seguramente surgió Tucla de la concepción cristiana del diablo. El hecho que el sacerdote-mago busque la soledad para poder llegar a un estado visionario aparece en la mayoría de los pueblos naturales de América. "Monos": véase 2 *a* y *b.* "Rayo": los españoles tenían armas de fuego que eran comparadas con el rayo. "Sacar sangre

del miembro viril": véase 4 *a*. Esta penitencia se describe ulteriormente con más detalle. *Hortay,* etc.: véase el "nueve río" de los mexicanos (8 *a*). El acompañante de los muertos que tenía que llevar ciertas pinturas, recuerda al perro acompañante del mexicano, que solamente podía tener pelaje amarillo. También la concepción de una muerte definitiva después de cierto tiempo es común de los guaimíes y los mexicanos, en contraste y oposición a la concepción de los mayas (p. 143) y de los nicaros (p. 146).

31. Mito de los gigantes provenientes del Darién. Simón (I), p. 33. *Tolú:* todavía hoy en día se conserva el nombre de una población en la costa de Colombia entre el río Magdalena y el río Senu. "Gigantes": véase 2 *a*. La motivación de su destrucción como en 48 *a*.

MUISCAS (CHIBCHAS)

Muiscas ("hombres") se llamaba el pueblo civilizado del altiplano colombiano al este del río Magdalena, que fue descubierto en 1539 por los españoles de tres lados casi simultáneamente. Los muiscas formaban dos pequeños estados, cuyas poblaciones tenían diferentes dialectos; el estado del sur, los chibchas en sentido estricto, tenían su centro político en Bogotá, el del norte en Tunja. Los mitos y las tradiciones que los españoles recopilaron en los dos estados, tienen diferencias esenciales.

32. La creación. *a)* Simón (II), pp. 227-229. *Chiminigagua:* (Gagua = sol, véase 33 *a*): Según Simón publicado por Lord Kingsborough, no es una "cosa" indefinida, sino una casa. La luz es aquí algo independiente de los astros. "Sol y luna" como esposos: véase 4 *c*. Según Piedrahita p. 12 se llamaban entre los muiscas Zuhe (Sue, véase p. 153) y Chia (Chie, p. 154). *Iguaque:* hay leyendas de diosas parecidas, en las que las diosas salen de un lago y desaparecen luego en él convertidas en culebras. Estas leyendas parecen relacionarse en Colombia a muchos lugares. Seguramente también está en relación con esto la leyenda relatada en 36, pues también en el lago de Guatavita vive un demonio-culebra. *Furachoque:* Según Krickeberg debe ser Fuzachogue, siendo un error de imprenta de Simón, ya que la z se pronuncia, como con frecuencia en las palabras muiscas, como una j francesa: en el dialecto de Bogotá Fucha quiere decir "mujer". Entre las figuras de barro de la región muisca se encuentra con frecuencia la figura de una diosa con un niño pequeño sobre las espaldas.

b) Simón (II), pp. 282-283. "Cielo y tierra": aquí falta toda la leyenda de la creación del mundo, que en 32 *a* apenas se menciona. *Sogamoso:* en sí el título Suamox; los españoles llamaron con frecuencia las poblaciones de Colombia según el título o rango de sus señores. (También Bogotá y Tunja son en sí títulos). En este caso se llamaba la población Iraca y era la ciudad sagrada del reino de Tunja (véase 33 *c*). *Ramiriquí* era la capital más antigua de este reino (véase 34). Para la creación del género humano véase 27 *g*. A causa de esta leyenda todavía en época colonial los caciques de Tunja y Sogamoso eran considerados encarnación del sol y de la luna. *Huan:* los bailarines representan seguramente los 12 + 1 meses lunares.

33. Dioses y héroes. *a)* Simón (II), pp. 235-238. "Nueva Granada": es el antiguo nombre español para Colombia. "Veinte edades": se trata claro de pura especulación de números basado en el sistema vigesimal (también usado en América Central). Las noticias de que los héroes venían del oriente y estaban cubiertos de pelos hablan en favor del mito solar (pelos = rayos solares). Otros rasgos a su vez indican acontecimientos históricos, es decir, un contacto anterior con la cultura peruana ("Túnica" = poncho, prenda de vestir típicamente peruana; "camello" = llama). Nicolás de Fedreman o Nikolaus Federmann: alemán, al mando de lansquenetes, al servicio de los Welser. Fue uno de los tres descubridores y conquistadores del reino de los muiscas. "Huesos del animal": huesos fósiles, que también en otras ocasiones dieron origen a leyendas (véase 31, 48 *a*). Cerca de Suacha queda el famoso lugar llamado "campo de los gigantes", donde se encontraron huesos fósiles, que Humboldt examinó. *Lago Bocacio:* así escrito por Simón, también se escribe Bochachio. Uno de los muchos la-

gos sagrados en Colombia. *Chiminigagua:* véase 32 *a.* En las ediciones de Simón dice aquí Chimizapagua en lugar de —gagua. *Nemterequeteba:* según Lehmann (1) I p. 51, tiene relación con Nimi, "gato montés". Este último aparece en el Perú como el que trae los alimentos, pero ahí se debe tomar como lunar (véase Seler [7], IV p. 174). *Xue:* seguramente una forma paralela a Sue "sol" (32 *a*). "Cruces": aquí no se necesitan suponer añadiduras cristianas, ya que las cruces eran símbolos de ciertos conceptos míticos que no eran desconocidos a los pueblos civilizados de América (para Colombia véase Piedrahita, p. 12). *Bosa, Fontibón,* etc., todos son poblaciones en el altiplano de Bogotá. "Yéndose, abriendo los caminos", etc.: véase, las caminatas de los dioses-héroes, Quetzalcóatl y Viracocha. "Predicar": (tema cristiano): véase 26 *a* y *b,* 33 *c.* "Después que pasó, desapareció": según Piedrahita (p. 17) la mujer aparece en compañía del héroe. Con seguridad ella es la luna, pues *Chie* significa "luna", *Guitaca* "en casa" (así como Chantico, la diosa mexicana de la luna, véase 6 *b*), pues la luna es el astro encerrado en casa (introducción a 11). "La lechuza nocturna" en la que es convertida es el animal de la luna. Del par de hermanos o esposos sol-luna ya se habló en 32 *a. Bachue:* véase 32 *a.* Y así se puede considerar también lunar. También Quetzalcóatl es como dios de la luna por una parte "Culebra que va en el agua" (12 *a,* final) y por otra parte es la "culebra de la noche" (19 *a*). "Placeres": la joven diosa de la luna es con frecuencia la diosa de la belleza y del amor (en México por ejemplo Xochiquétzal, véase 4 *c*).

b) Simón (II), pp. 241-245. Según la versión de Piedrahita (p. 17) de esta leyenda (véase Koch-Grünberg, p. 167), no aparece Chibchachum como adversaria del héroe, sino Chia-uitaca, la diosa de la luna de 33 *a.* Mientras Bochica es identificada por Piedrahita con "Nemquerequeteba-Xue". *Chum:* en otras ediciones dice chun o chim. "Dios universal": como dios del sol también en el Perú. "Oráculos": véase 27 *c,* 36. *Tequendama:* el Bunza o Funza o río de Bogotá, se precipita en la orilla occidental del altiplano por una hoz angosta de erosión desde 146 m. de altura, formando el famoso "Salto de Tequendama". En efecto formaba anteriormente todo el altiplano un gran lago. "Reverberando el sol", etc.: esta frase está incompleta en algunas ediciones de Simón. Arco (arco iris): también en Ecuador y en Perú trae mala suerte el arco iris. Véase Verneau-Rivet, p. 27, Tschudi, p. 59. *"Chibchachum* carga la tierra": véase 20 *e,* 25 *b.* "Guayacanes": Palo santo *(Guayacum sanctum).*

c) Simón (II), pp. 285-290. (Tradición de Sogamoso-Tunja). *Ganza:* hoy Gameza en el noreste de Sogamoso. "Estuvo tres días en una cueva": también en México y en Centroamérica permanecen ocultos los astros antes de aparecer (pp. 30, 32, 41, 58, 128). "Estampado un pie": véase pp. 54, 141; para Ecuador: Verneau-Rivet, pp. 23, 38. "Gran necesidad que les sobrevino de agua": esto se refiere al acontecimiento relatado en 33 *b.* Piedrahita atribuye (p. 37), esto y la facultad de cambiar el tiempo por medio de la magia a un "viejo cacique" de Idacanza, "aquél, que es llamado Bochica por los de Bogotá". Igualmente él lega sus facultades al Sogamoso. Provincias de los muiscas: Bogotá y Tunja.

34. EL HIJO DEL SOL. Simón (II), pp. 295-300. *Guachetá:* castillo de rocas al oeste de Tunja, era una fortificación fronteriza de los de Bogotá contra sus rivales de Tunja. "Cercado y casas": inclusive los palacios de los muiscas eran sólo chozas de bambú y paja que estaban protegidas contra ataques por varios círculos de empalizadas. "Preñada del sol": aquí está relacionada de un modo particular la concepción directa por el rayo del sol (véase 38) con el tema de la piedra preciosa tragada (10). "Esmeralda": son verdaderas esmeraldas. Había minas de esmeraldas en Sumundoco, afluente del río Meta. *Rimiriquí* y *Sogamoso:* los dos nombres en su verdadero significado (como títulos) véase 32 *b.* "Pregonero": Una cola de animal era el símbolo de los heraldos muiscas. Debido a la cola Simón compara al pregonero con el diablo. "Procesión": seguramente la lentitud debe simbolizar el ascenso lento del sol. "Gruesos y valientes mármoles": hasta la fecha hay en la parte del noroeste de Tunja varias pilastras cilíndricas de piedra que estaban destinadas para la construcción del enorme templo del sol". "Los españoles estaban poblados en Santa María": esto sucedió en 1520 bajo Rodrigo de Bastidas. "Que después de muchos años volvería": véase Quetzalcóatl, Viracocha.

35. Los HERMANOS. Simón (II), pp. 284-285. *Tunja* y *Ramiriquí:* véase 32 *b*. La forma original de la palabra Tunja, Hunza, se remonta al nombre Hunzahua. *Chipata:* está situada ya en tierras tropicales y bajas. "Chicha": bebida alcohólica de maíz de los pueblos de los Andes. "Todo aquel valle": el altiplano de Tunja. Véase la maldición de Con (37). "Convertirse en piedras": es un tema muy frecuente en las leyendas de los pueblos de los Andes. Según Piedrahita p. 10 los lajes (vecinos de los muiscas) veneraban todas las piedras, pues creían que todos los muertos se volvían piedras. *Tequendama:* véase 33 *b*.

36. ORIGEN DE LA LEYENDA DEL DORADO. Simón (II), pp. 163-173. Sebastián de Belalcázar: uno de los tres descubridores y conquistadores del reino de los muiscas. *Muequeta:* "Pradera con campos cultivados", es originalmente el nombre de la ciudad de Bogotá, mientras que Bogotá es un título del soberano (32 *b*). "Esmeralda": véase 34. "El Dorado": Los españoles buscaron el Dorado como suma de riquezas infinitas en muchas otras regiones de América del Sur, después de que se había conquistado y destruido el reino de los muiscas. *Guatavita:* en la región del reino de Bogotá. La ciudad y el lago forman, parecido como Sogamoso en el reino de Tunja, el centro religioso. Humboldt hizo una famosa descripción del pequeño lago, en el que se han encontrado en tiempos más recientes cierta cantidad de objetos de oro. De otra laguna es un grupo de figuras doradas que representa la ceremonia del Dorado; rodeado de su comitiva el cacique está parado en una balsa redonda. "Culebra grande": véase 32 *a*. "Cercado y casas": véase 34. "Ceremonias y supersticiones": seguramente quiere el jeque hacer hervir el agua por medio de brasas para que los ahogados suban a la superficie.

LOS PUEBLOS DEL REINO INCAICO

El Imperio Inca abarcaba en la época de su mayor extensión bajo Uaina Capac (el penúltimo inca) toda la región de los Andes, desde el Cerro de Pasto al sur de Colombia y de la costa tropical de Esmeraldas hasta el río Maule en Chile. Por lo tanto comprendía todos los pueblos de los que son las leyendas y los mitos de la siguiente sección. Entre estos pueblos, los quechuas, el pueblo de la dinastía inca, y sus antecesores en el poder sobre el altiplano, los aimaras que son el pueblo de la cultura de Tiahuanaco, anterior a los incas, están representados solamente por pocas leyendas. De sus súbditos contribuyeron algo los dos pueblos civilizados del alto Ecuador, los caras de Quito y los cañaris de Azogues y Cuenca, y los viejos pueblos de la costa peruana, sobre todo los chimúes, procedentes de la parte norte de la costa de Lambayeque hasta Trujillo. En proporción el material más rico proviene de Huarochiri, una Provincia de la cordillera de la costa en la región del fondo de Lima (39, 40, 43 *c*, 44).

37. CON. Gómara, p. 233. Muy parecido en Simón, Zárate, Velasco y otros. *Con:* También se escribe Conn, seguramente está relacionado con la palabra quechua para calor solar (K'oñi). Según Ehrenreich (pp. 15, 29, 44) es un viento que hizo los arenales, sopló sobre los valles y constantemente sopla con su aliento seco sobre la tierra disecando la costa peruana que nunca recibe lluvia. *Pachacamac:* ("Creador del Mundo") a pesar de su nombre quechua es originalmente un dios de la costa peruana del medio, cuyo principal santuario estaba en una población que llevaba su nombre, cerca de Lima (véase p. 169). Esta población estaba en el valle de Irma, nombre que quizá designaba originalmente al mismo dios (Tschudi, p. 127). Los incas los incorporaron después de su conquista de la costa al panteón quechua y lo identificaron con Viracocha (véase 46 *b*), quien ya tenía el nombre secundario y parecido de Pachayachachic (42). La sucesión de diferentes dioses creadores que son enemigos unos de otros, es característica para la mitología peruana y comparable con los "soles" mexicanos (véase 2). Aquí seguramente se debe entender como mitología de la naturaleza, es decir como la secuencia de día y noche; pues Con no es únicamente un viento, sino como "calor de mediodía", también el dios del sol que era para los pueblos de la costa peruana una deidad sin misericordia, por lo que también se opusieron mucho contra la introducción del culto al sol por los incas. En oposición a ese dios, Pachacamac repre-

sentaba al dios de la luna, que traía el fresco de la noche, mandando sobre la lluvia y el rocío. Un culto a ese dios de la luna existía efectivamente en la costa (45), pues en otras fuentes (Santillán, p. 32), dice que era el hermano del sol y el más fuerte. Además él trae los alimentos (38), como también los dioses de la luna en la mitología mexicana son al mismo tiempo los dioses de la tierra que dan el maíz. Su imagen estaba en Pachacamac en un cuarto oscuro en el templo más interno e inaccesible, pues la luna es (como luna oscura) el astro encerrado en la casa (véase 11, introducción). Su esposa es la señora del mar que tiene a los pescados en su poder (por eso se veneraban también a los pescados en el templo de Pachacamac), ya que la luna manda sobre las mareas, y mar y cielo nocturno son uno (véase 1 *a*). Y, finalmente pertenecía su cuadro en Moche (cerca de Trujillo) y Pachacamac a uno de los cuatro cuadros de dioses (entre ellos la zorra, el animal de la luna entre los peruanos, y Mamacocha, la diosa del mar), los que como en México(5 *a*, 6 *b*, 11 introd., 12 *c*) representan las cuatro formas o fases de la deidad lunar. (Véase Lehmann-Doering, p. 11, 17, 18, 24). "Gatos": Quiere decir gatos monteses, éstos aparecen en las pinturas de las cerámicas de Nazca (costa del sur de Perú) teniendo un papel importante como demonios que dan las plantas alimenticias. El mito dice entonces lo mismo que 38, donde Pachacamac deja surgir alimentos de partes del cuerpo de su medio hermano. Según otros relatos Pachacamac convierte a los hombres de Con en monos.

38. PACHACAMAC Y VICHAMA. Calancha, pp. 412-414. Véase Tschudi, p. 121 y Tello, p. 151. Una de las pocas leyendas que entre los pueblos americanos alude y trata el tema de los "hermanos enemigos" (que en los pueblos primitivos fue elaborado en grandes cuentos; véase Krickeberg, p. 92), por lo que seguramente pertenece a una estructura cultural más antigua, que en México y Perú fue reemplazada por la religión sacerdotal y estatal del pueblo dominante. "No había comida": es sumamente característico para la religión de los pueblos costeros, arriba caracterizada (37) que el dios del sol sólo ejerza un poder limitado y no pueda emprender nada contra la imperfección del mundo ni contra su hijo Pachacamac (según otras fuentes su hermano). En la tierra Pachacamac reina sin limitaciones, reino del sol es únicamente el cielo. (Santillán). "Fecundación por rayos": véase 34. Cuatro días: en las antiguas leyendas americanas con frecuencia es el plazo antes de la aparición de los astros (sol, luna, estrella matutina), véase pp. 30, 32, 41, 58, 128. Despedazar así como en general decapitar es un tema lunar general (Ehrenreich, p. 43). Sin embargo aquí debe referirse más bien a las estrellas, las que son derrotadas por la luna (Pachacamac) (véase 6 *b* y 20 *e*), antes de que ella misma ceda al sol que se acerca (Vichama). Aparición de alimentos por pedacería, de los miembros véase 1 *c*, 4 *c* y *d*. "Yucas": *Yatropha manihot;* "Pacayes": fruta de un árbol, *Inga reticulata,* véase Middendorf (2), I p. 582. "Matar a la madre": en las leyendas mexicanas se mata al padre del héroe solar y de la estrella matutina, es enterrado, desenterrado y resucitado por el héroe mismo. (Véase pp. 41, 130-31, 135). *Vichama* está caracterizado claramente como héroe solar: viaja por la tierra, como su padre (p. 168), arroja fuego al aire y quema la tierra (p. 169) como el sol lo hace sobre la costa peruana. Por lo tanto tampoco se considera aquí al dios solar como deidad benévola y dulce. *Curaca:* los antiguos jefes tribales, que todavía existían en épocas incaicas en toda la región, aunque con poder muy delimitado. *Guaura* o Huaura: población en la costa, al norte de Lima, en la entrada de uno de los valles más preciosos de la costa occidental sudamericana (Tschudi). "Templo" de Pachamac: es el santuario más famoso de los pueblos de la costa (37), recientemente excavado por Uhle, quien descubrió su enorme antigüedad. También entre los incas Pachacamac gozaba de gran fama como dios de oráculo. La tesis de Garcilaso entre otros, que Pachacamac haya tenido una veneración sin imagen surgió por alusión al relato de su desaparición pero otras fuentes la contradicen. "Convertirse en piedra": tema sumamente frecuente en las leyendas tanto peruanas como colombianas (véase 35). Generalmente se le atribuye al dios del sol, también en otros pueblos (Ehrenreich, p. 42). Se puede suponer con los pueblos de los Andes que tuvieron en tiempos ancestrales un culto a la piedra, con el que ligan más tarde sus leyendas cosmogónicas. *Huaca:* con esta expresión designaban los peruanos todo lo "sagrado", es decir todo,

de lo que se suponía que irradiaba fuerza extraña o extraordinaria; tanto objetos naturales, lugares y animales, como también hombres con marcas o cualidades extraordinarias, muertos, demonios, dioses, imágenes de dioses, templos y tumbas. Entonces "huaca" corresponde prácticamente al "Mana" de los pueblos de oceanía y al "Manitú", "Orenda" o "Wakonda" de los indios norteamericanos (Tschudi, p. 149; Preuss [3], p. 29). "Chicha": véase 35. "Huevos": el mismo tema en 40 y 41. La leyenda de los huevos en la forma relatada aquí parece haber estado difundida en general en la costa peruana. Recuerda imágenes hindúes. Además es característica para la severa y cortante estructuración social del pueblo peruano; el contraste entre las esferas sociales altas y bajas falta por completo en las leyendas y tradiciones mexicanas, con unas pocas excepciones (8 c). *Mitayos:* en quechua "Mit'ayoj", "trabajador" (Middendorf [1], II p. 593). *Guaura,* etc. Poblaciones costeras al norte de Lima. Arica: población en la costa norte de Chile. La costa al sur de Lima formaba en épocas antiguas una región cultural aparte, con Ica y Nazca como principales centros. "Estrellas": también los mexicanos veían en las estrellas los primeros hombres (véase 6 a).

39. CONIRAYA. Ávila, pp. 124-130. Véase Ehrenreich, quien señala una rara concordancia con una leyenda siamesa. *Coniraya:* este dios, cuyo nombre está relacionado con K'oñi "calor solar" (Markham lo traduce "con calor"; este sobrenombre de Viracocha proviene de tiempos incaicos) es el sol que primero aparece en forma insignificante, todavía cubierto de las nubes (véase 5 a, 20 k), pero que después aparece con todo su esplendor de rayos y principia su camino en el cielo. De ahí que Coniraya bendiga a los animales solares (cóndor, puma y halcón) y maldiga a los lunares (zorra y zorrillo) y además sea perseguido, cuando llega al mar del oeste, por la mujer del dios de la luna (véase 39). También aquí se considera el sol más una deidad maléfica que causa daños, que una deidad buena. La leyenda contiene una forma interesante de "concepción mágica" que recuerda a 20 b, además, la "elección del padre" y dos veces aunque incompleto el tema de la huida. "Terrazas": los peruanos intentaban ganar más tierra de cultivo, pues la de los valles angostos de la costa, era poco fértil y escasa, por medio de terrazas que hacían en las pendientes de las montañas. Igualmente extendían los cultivos por un sistema de canalización muy grande. *Huacas:* véase 38. Aquí tiene el sentido de "dioses antiguos", es decir ancestros de los hombres actuales, los que se hicieron "huacas" de piedra (37). *Lugma:* (debe ser Rucma): fruta del tamaño de una naranja de la familia de los zapotes *(Lucuma abovata).* Véase Middendorf (2), I p. 582. "Cóndor y puma" tienen aparentemente la misma importancia para los huarochoris como el águila y el jaguar, símbolos del guerrero, en México (5 a); también para los de la cultura de Tiahuanaco en el altiplano eran animales sagrados (animales del dios del sol, véase 49). Con frecuencia se encuentran bailarines con un adorno en la cabeza que representa una piel de puma en las pinturas de la cerámica peruna. El baile con la piel de puma se describe en la p. 177. "Zorrillo": (Skunk). La "zorra" era muy odiada por los peruanos del altiplano por los daños que causaba robándose los corderos de los rebaños de llamas. En cambio en la costa lo apreciaban mucho, sobre todo en Huamachuco (región atrás de Trujillo) y en Pachacamac. Esto está relacionado con el culto a la luna de los pueblos costeños, pues la zorra es el animal que según la leyenda ocasiona las manchas de la luna y por eso se representa como "animal en la luna" en la pintura cerámica de la región del Chimú (véase las figuras p. 185 y p. 203). Véase Tschudi, p. 61 y Lehmann-Doering, pp. 19, 24. "Halcón": también un animal del sol, pues éste aparece en forma de halcón (p. 195). Huamán, "halcón", era un nombre socorrido en la familia inca; también una ciudad que los incas conquistaron tenía un nombre formado con esa partícula (Huamanca). *Alquenti:* en quechua quindi; especie de colibrí. *Urpihuachag:* la diosa del mar como esposa de Pachacamac, véase 37. "Siguió su camino": aquí falta mencionar que el que huía tiraba cosas para detener así a sus perseguidores, elemento que con mucha frecuencia encontramos en los cuentos de huidas; el tema del despiojar está malentendido aquí, pues en sí era la perseguidora la que debía de colocar sin dudas la cabeza en el regazo de él y entonces él la asesinaba.

40. Uallallo y Pariacaca. Como Tschudi, p. 120 ha recalcado, el mito se liga primero a un gran acontecimiento elemental (la erupción y extinción de un volcán, acompañados de tormentas) en la región de la cordillera de la costa de Yauyos y Jauja, pues los dos adversarios Uallallo y Pariacaca se identifican con determinados volcanes y sierras nevadas de esa cordillera (p. 180-1); también en otras ocasiones se cuenta de dioses de montaña que son dioses de tormentas, como aquí Pariacaca quien vive con cuatro compañeros como halcones en una montaña donde brama el viento (véase 30, Nubu). Además se hicieron de los dos adversarios representantes de dos épocas, igual que como se hizo de Con y Pachacamac (37), representantes que se van sucediendo. Con el tercer representante que es anterior a los Yananamca e Intanamca (p. 174) recuerdan los soles mexicanos. Con esta leyenda local está relacionado un episodio que originalmente no tenía nada que ver con ella y que es de procedencia extranjera, pues tiene numerosos puntos comunes con la leyenda del florecimiento y la destrucción de Tollan (11-12), como lo especifico en un ensayo. Se ve todavía que se intercaló, puesto que Uallallo y Pariacaca tienen sus dobles. Uallallo, que hizo surgir una edad de oro que se pinta con colores parecidos a los que se usan en la descripción del reino de Tollan, corresponde a Quetzalcóatl; él (o, el hombre rico que no tiene nombre y que es su doble) se enferma como castigo a un pecado sexual, y es librado de la enfermedad por un demonio que aparece en pobres ropas (= Tezcatlipoca) y que se dice es el hijo de Pariacaca y que originalmente sin duda era el mismo Pariacaca. Éste logra vencer a Uallallo en muchas competencias con la ayuda de la magia (que corresponden a las plagas toltecas) y finalmente lo destruye. Estas coincidencias solamente se pueden explicar por las influencias culturales de México (véase 48 c). Finalmente el mito revela una serie de temas y motivos que según Ehrenreich (p. 94), no tienen paralelos en las tradiciones americanas sino en las del Viejo Mundo (sobre todo en las hindúes): la plática de las zorras (p. 175), los animales escondidos en la casa como demonios de enfermedades (pp. 175 s.), la construcción de la casa y del canal con ayuda de animales (p. 180).

a) Ávila, pp. 123, 135-146. *Huacas:* véase 39. "Tres provincias": Huarochiri, Mama y Chaclla. Las dos últimas en el distrito de Huarochiri (véase 39). "Tierra muy caliente", etc.: igualmente habitan en el altiplano mexicano pájaros del trópico y crece el cacao y el algodón, en los tiempos de Quetzalcóatl. "Cordillera de Pariacaca": una de las cordilleras más salvajes de la cordillera costeña, tiene 5000 m. de altura y está cubierta con nieves eternas; forma la frontera entre las provincias Yauyos y Jauja (Tschudi, p. 119). *Purunpacha:* "época salvaje y sin cultura". Elección del más valiente (Cinchi): véase p. 94. "Huevos": véase 38. *Huatyasca:* palabra quechua igual que las demás expresiones típicas de la región que se mencionan en el relato. Antes de la conquista inca se hablaba una de las lenguas de la costa en la provincia. "Barbacoa": carne asada en un hoyo en la tierra, véase p. 171. *Anchicocha:* véase p. 171. "Casa": la descripción recuerda las casas de ayuno de Quetzalcóatl (p. 45-6). "Llamas": véase el algodón entre los toltecas (p. 43). "Dios y creador": también los toltecas igualan a Quetzalcóatl con el dios creador (p. 47). "Enfermedad": véase la enfermedad de Quetzalcóatl (p. 49). Puede ser que en las tradiciones originales sea consecuencia de un pecado sexual; éste también aparece en las leyendas de Tollan, aunque independientemente de ellas (véase pp. 50, 59, 64). *Cieneguilla:* población en el río de Pachacamac. "Zorra": véase 39. "Serpiente": más tarde son dos serpientes. Seguramente se refiere a una serpiente de dos cabezas que es una figura mitológica frecuente entre los pueblos del Perú (véase la figura, p. 199). *Chaupiñaca:* la manera como Uathiacuri logra llegar al enfermo recuerda la entrada de Tezcatlipoca pp. 49 s. y 55 s., véase también el episodio con la hija de Huémac p. 50. "Sapo": también la Sisiutl con dos cabezas del este de Norteamérica tiene esas terribles propiedades; aquellos que la miran mueren. "Chicha": véase 35. Los antiguos autores con frecuencia relatan este festín (p. 176). Era costumbre brindar; tomar sólo se consideraba impropio. Véase Tschudi, p. 22. "Trajes de fiesta con plumas": en las tumbas de la costa peruana se han encontrado fabulosos ejemplares de esta técnica. "Poncho": capote sin mangas hecho de una sola pieza. "Guanacos, vicuñas y llamas": de estas tres especies sólo las llamas eran criadas para servir como animales de carga. Las otras dos quedaron silvestres y eran cazadas. Como mago o hechicero Uathiacuri puede usar la ayuda de animales salvajes, mientras su cuñado utiliza el animal de carga común y corriente. *Oscollo:* acerca del gato salvaje véase 37. "Venado": animal de caza más importante de los peruanos (véase la figura, p. 176). En muchas leyendas hay la noticia que los animales inofensivos se habían comido a los primeros hombres (por ejemplo en los cuentos norteamericanos en Krikkeberg, p. 174). "Coca": *(Erythroxylon coca)* las hojas de este arbusto se masticaban junto con cal. La ofrenda de un bolo de coca masticado era una de las más comunes en el Perú antiguo. "Cinco halcones": los cuatro compañeros de Pariacaca corresponden según Ehrenreich (p. 44) a los cuatro vientos de los cuatro puntos cardinales (véase 27 *d, e*). La destrucción del hombre rico seguramente es un anticipo a la destrucción de Uallallo (p. 180). *Ayllu:* clan. *Sienacaca, San Lorenzo (de Quinti):* como todas las demás poblaciones está en la provincia de Huarochiri.

b) Brizeño, p. 161. (La batalla final de Uallallo contra Pariacaca falta en el relato de Ávila, pues se interrumpe repentinamente). *Lima:* un pueblo pequeño en la región de las montañas que fue destruido en época española; no debe confundirse con la capital del Perú, la que se llamaba en épocas anteriores *Ciudad de los Reyes* según el día de su fundación en el año de 1535. "Sierra de nieve *Pariacaca*": véase 40 *a*. *Xauxa* hoy Jauja, al sureste de la provincia Huarochiri. Según Pachacuti también se veneraba Uallallo y Pariacaca como dioses en la provincia Villcas Huaman (al sur de Xauxa). El culto de los volcanes y de las altas sierras nevadas estaba difundido en todo Perú y Ecuador. (Verneau-Rivet, p. 26). La lucha relatada entre los dioses recuerda las frecuentes representaciones de luchas de demonios sobre vasijas del antiguo Perú (véase fig. p. 181 y Lámina 6).

41. APOCATEQUIL. *Relación de religión y ritos.* Col. doc. inéditos... del Real Archivo de Indias, Vol. II pp. 13-14, 16, 22-25. Los nombres que aparecen en este relato están corrompidos pues su ortografía varía muchísimo. Mito de héroes gemelos con rasgos típicos. (Muerte del padre, que se venga más tarde, véase 20; la muerte de la madre por el nacimiento de los mellizos; su vuelta a la vida más tarde como en 38); uno de los gemelos queda, como con frecuencia, sin mucho colorido. *Ataguju:* véase lo que se dice en 1 *b* sobre los seres supremos. Uvigaicho y Vustiqui parecen ser idénticos en una parte posterior a Sagadzabra y Vaugrabrad. *Guamansuri:* su aparición en forma insignificante y su incineración indican un ser solar (vése 5 *a*, 20 *i* y *k*, 39). *Guamachuco:* queda al sur de Cajamarca (norte del Perú) en las montañas e, igual que esa región estaba relacionado política y culturalmente con los Chimúes de la costa, antes de la conquista inca. "Huevos": véase 38, 40. "Salieron de un muladar": véase 42. La petición de Apocatequil de que haya nuevos hombres recuerda la misma actitud de Vichama (p. 169). "Rayos, truenos y relámpagos": véase 46 *a*. Para la interpretación de todo véase también Tello, p. 144.

42. VIRACOCHA. Viracocha era la mayor deidad de las tribus del altiplano (quechuas y aimaraes). Aparecía en un antiguo himno (Markham, p. 100) como masculina y femenina al mismo tiempo, creadora del mundo y omnipotente dios que está en todo lugar. Al mismo tiempo era, como en este mito, un héroe cultural que le da a los objetos del mundo su aspecto actual, que crea los astros y los hombres y que se dirije hacia el mar y desaparece. Es decir, tiene parentezco con el Quetzalcóatl mexicano, que también encarna esos dos aspectos (véase 1 *a* y 11-12), así como en general el héroe de las culturas en América tiene con frecuencia rasgos humanizados del supremo dios de la tribu (Preuss [2]). No se puede ligar a Viracocha con un fenómeno natural, aunque suele tener rasgos solares (véase 42 *b*). Según Tschudi su nombre significa o "grasa del lago" o "mar de los vientos" (¿dios del aire?).

a) Calancha, pp. 366-367. La triple destrucción de la humanidad recuerda las leyendas de la creación del mundo 2 y 18 *a*. *Pachayachachic* en sí significa "El maestro (o domador del mundo)". *Huaca:* véase 38. El relato de la aparición al culto de las huacas no corresponde al modo de ver etnológico moderno sobre el origen de ese culto (Preuss [3], p. 24). *Tiahuanaco:* Centro principal de la cultura megalítica, que es anterior a la incaica, cuyos portadores eran los aimaraes. La ciudad está al lado sur del lago

Titicaca. Seguramente los quechuas tomaron el culto a Viracocha, que tiene íntima relación con Tiahuanaco, de los aimaraes (véase 42 *b*).

b) Sarmiento, pp. 49-55. Con este relato es con el que más concuerda el de Betanzos (pp. 1-8). Según él sale Viracocha del lago Titicaca. Cieza de León ([2], pp. 6 y 8) distingue dos Viracochas y solamente llama al más viejo Ticci Viracocha (véase p. 184), lo que seguramente es una interpretación posterior. "Gigantes": véase 2 *a*. *Pucara:* población al extremo norte del lago Titicaca (en la vía ferroviaria Puno-Cuzco), en la región de Aimara. Los quechuas veían en las figuras de piedra de Tiahuanaco y de los otros sitios de esa cultura mucho más antigua que la suya, hombres primitivos petrificados en la antigüedad. Aquellos sitios, así como Tiahuanaco mismo habían sido abandonados mucho antes de la época inca. Hasta la fecha permanecen ahí esas figuras. En México se explicaban huesos fósiles de una manera semejante. *Tahuapacac:* véase 42 *c*. Un himno antiguo (Markham, p. 101) y Pachacuti (p. 236) llaman al mismo Viracocha Tarapaca (= Tahuapacac) o Tonapa, mientras Cieza de León ([2], pp. 6-7) dice del Viracocha más viejo (véase, supra) que era llamado Tuapaca (= Tahuapacac) o también Arnauan en la provincia Collao (en Aimara). Por lo tanto Tahuapacac seguramente era el viejo nombre de Vircocha entre los aimaraes, y que con los quechuas tomó la forma de un principio malo particular, como sucede con frecuencia con los dioses de pueblos subyugados. *Collao:* el altiplano del lago Titicaca, a casi 4000 m. de altura. Titicaca significa en realidad "roca de gato montés". "Luna oscurecida": véase 5 *a* y *b*. "Desaguadero de la laguna": canal que comunica el lago Titicaca con el Aullaga. *Tiahuanaco:* véase 42 *a*. Con las losas esculpidas se refiere el narrador a las esculturas, ricas en figuras, de la famosa "puerta del sol" de Tiahuanaco. Según Molina (p. 118) les sopla Viracocha el alma a las figuras de barro creadas por él y las entierra y así salen de la tierra en sus lugares de origen, donde se establecen (véase 41). En el fondo de esta tradición está la idea de que el reino de los muertos es al mismo tiempo lugar de origen de los hombres. *Collasuyo:* véase 50. "Caminos de los criados": también Betanzos dice que uno de los criados caminó por Cuntisuyo y el otro por Antisuyo (véase 50), es decir a lo largo de la costa, o bien a lo largo de las faldas orientales de los Andes. *Ticci Viracocha:* el nombre más completo es K'oñi ticci "origen del calor solar" o Illa ticci "origen de la luz" (Tschudi, p. 197). En esto hay una referencia a la naturaleza solar de Viracocha-Pachayachachic: véase 42 *a*. Otros afirman que...: véase 42 *a* y Betanzos. La descripción de Viracocha (muy parecida en Betanzos) está influida por ideas cristianas, como las de Quetzalcóatl y Sadiquia sonoda (33 *c*). *Cacha:* población en la parte superior del valle de Villcañota, fue en época incaica uno de los principales santuarios de Viracocha, de cuyo templo todavía se conservan magníficos restos. La población quedaba en la región de la antigua tribu aimara. "Lluvia de fuego": Vichama castiga de similar manera a los hombres por sus pecados (véase 38). La descripción se refiere a un gran campo de lava cerca de Cacha. *Urcos:* también aquí se encontraba en época inca un famoso templo dedicado a Viracocha. La construcción de la huaca, que ellos mismos todavía vieron y describieron, la trasladan Cieza de León y Betanzos a Cacha y no a Urcos. Sin duda aquí se equivoca Sarmiento. *Puerto Viejo* y *Manta:* poblaciones en la costa media del Ecuador. "Grasa o espuma del mar": véase introd. a 42. Cocha no significa mar sino lago de agua dulce. Seguramente surgió la leyenda de la desaparición en el mar cuando se tradujo mal el nombre.

c) Las Casas, p. 659. *Taguapica:* también Tahuapica = Tahuapacac en 42 *b*.

43. MITOS DEL DILUVIO. *a)* Velasco, p. 161. *Pichincha:* volcán en la parte occidental de la ciudad de Quito. "Serpiente": La serpiente es en el México antiguo la representación del mar y del cielo nocturno (1 *b*). Según la visión de los coras modernos es la serpiente quien provoca la invasión de las estrellas en la noche y es muerta por un tiro de flecha por el dios de la estrella matutina (Preuss [1], p. XXVII). La motivación del diluvio por lo tanto es auténtica, mientras que el resto de la leyenda está tomado de la Biblia.

b) Molina, pp. 123-4. Parecido en Sarmiento, pp. 24-25. *Cañari:* véase la introducción a esta parte. "Dos hermanos": Sarmiento los nombra Ataorupagui y Cusicayo.

Huaca yñan: hoy ya no se puede señalar el lugar. Sarmiento habla de la montaña Gusano en la provincia de Tumibamba. *Huaca:* véase 38.

c) Ávila, pp. 132-133 (tradición de los huarochiris). Parecido en Molina (2), p. 124, quien sitúa todo en la montaña de Ancasmarca en Antisuyu (a 5 leguas de Cuzco) es decir en una región completamente diferente. "Zorro": véase 39.

d) Gómara, p. 223. "Cuevas": véase 42 *a.*

44. La gran oscuridad. Ávila, p. 131. Fragmento de una leyenda mayor que es un raro paralelismo a la destrucción de la segunda creación de hombres en 18 *a* (pp. 94-5). Aquí como ahí se levantan los utensilios caseros y los animales domésticos contra los hombres.

45. La luna y las estrellas. Calancha, pp. 552-553 y Seler (7), V p. 132. *Pacasmayo:* una de las principales poblaciones de Chimú en la costa norte del Perú, al norte de Trujillo. "Luna": véase lo relativo a Pachacamac (37). *Sian:* según Seler, seguramente uno de los dos enormes templos-pirámides de Moche, cerca de Trujillo, pirámides que todavía hoy en día el pueblo llama "Huaca del sol" y "Huaca de la luna". "Las Tres Marías": las tres estrellas que forman el cinturón de Orión; las cuatro estrellas de las esquinas corresponden a los buitres. Seler ha comprobado que en pinturas de la cerámica de la cultura Chimú se representan las dos primeras partes de esta tradición, el traslado del malhechor (véase fig. p. 188) y su castigo.

46. El trueno y el rayo. *a)* Herrera, 10, p. 292. También otros relatos hacen hincapié en la importancia que tenía el dios de las tormentas en el culto de los peruanos. "Honda": véase 41.

b) Garcilaso de la Vega, II pp. 30-31, véase además Tschudi, p. 58, Middendorf (1), III p. 57. El contenido del himno recuerda mucho concepciones aztecas (9). "Hacedor del mundo": en el original Pacharurac, Pachacamac. Entonces aquí se identifica Viracocha con Pachacamac.

47. El "más allá". *a)* Calancha, p. 379. "Río" y "perros": véanse las concepciones aztecas (8 *a*). El puente de cabellos aparece también en tradiciones persas antiguas. *Huacho:* al norte de Lima. "Isla de Guano": seguramente se refiere a la isla Guañape cerca de Trujillo, pues en sus almacenes de guano se han encontrado numerosas tumbas (Markham, p. 218).

b) Santillán, p. 61.

c) Molina, p. 170. Esta tradición tiene rasgos más típicos de las creencias antiguas de América y por eso es más verídica. Alimentos no comestibles en el inframundo: véase 8 *a.* En 47 *b* y *c* seguramente se debe la oposición de "bueno" y "malo" a interpretaciones españolas (véase 27 *f*).

48. Del tiempo del origen de las tribus. *a)* Cieza de León (Verdía), p. 405. Igualmente en Zárate II, p. 465. La misma tradición la relaciona Montesinos (pp. 52-56) a la costa peruana y Simón con la costa del norte de Colombia (31) (sin embargo sin la introducción que habla de la inmigración). Es de suponerse que esta tradición en verdad tenga una base histórica igual que 48 *b* y *c* (¿una inmigración de Oceanía?) y que se fue confundiendo y mezclando con una leyenda de gigantes. "Balsas de juncos": en tiempos históricos había en esta región de la costa balsas de vigas (véase 48 *b*). "Punta de Santa Elena": Cabo en la costa del sur de Ecuador. "Pozas": se refiere a las profundas fosas que hay en muchos lugares del Ecuador. "Mujeres": aunque el relato no lo dice claramente, aquí se tiene que pensar en el canibalismo que aquí alude Herrera, como perversidad sexual. "Huesos y calaveras": en la costa del Ecuador se han encontrado muchos restos de mastodontes.

b) Velasco, p. 182. "Balsas": véase 49 *a.* "Bahía de *Caráquez":* en la costa media del Ecuador. Los caras eran en la época histórica el pueblo dominante en la altiplanicie del Ecuador. Estaban aliados con los puruhas (40 *b*) y cañaris (43 *b*). La historia de su inmigración se relata bastante adornada por Oliva (p. 26), pues aunque éste no habla expresamente de los caras, sino solamente de las gentes que llegan a "Caracas" (= Caraques), sólo puede tener a la vista a los caras. Según él, los caras fundan también Tumbez y Pachacamac en la costa peruana.

c) Balboa, pp. 89-94. Un relato que como 40 a tiene extraños parecidos con la leyenda tolteca. Véase la riqueza y el lujo en la corte y el estado de Naymlap; su ascención al cielo; la migración de sus partidarios; la desaparición de su sucesor en un lugar subterráneo; el pecado sexual del último gobernante y la gran hambre que sigue. También el ídolo de piedra verde recuerda algo mexicano (25 a). En la costa del Ecuador y del Perú se puede apreciar una influencia cultural mexicana y centroamericana en el arte menor, en estatuas y construcciones. *Faquisllanga:* puede ser con eso le quiera designar el río de Chicama en la costa del norte del Perú, pues a orillas de él existe hasta la fecha la población Facalá (Middendorf [2], VI p. 19). *Llampallec:* nombre original de la ciudad Lambayeque al norte de Trujillo. *Tempellec:* es el decimosegundo gobernante de Lambayeque. *Chimu Capac:* el gobernante de los chimúes, que más tarde gobernó toda la costa norte del Perú, desde Lambayeque hasta Trujillo.

d) Sarmiento, pp. 56-72. Idéntico es Balboa (pp. 1-17), muy parecido pero reducido es Betanzos (pp. 9-16). Montesinos y Cieza de León se apartan en muchos puntos; Garcilaso confundió esta leyenda con la de Viracocha (42 b). La leyenda del origen de la casta gobernante se liga con el tema de la aparición de la humanidad que sale de unas cavernas, tema que también conocían los pueblos mexicanos (Chicomóztoc, véase 15). El número cuatro de los hermanos Ayar puede estar en relación con los cuatro puntos cardinales. Todo lo demás, sin embargo, es construcción histórica determinada para explicar la situación política, jurídica y religiosa en la época incaica. *Sauaseras,* etc.: Betanzos habla únicamente de una pequeña población de treinta chozas (bajo el cacique Alcaviza) en el lugar del Cuzco posterior. *Pacaritambo:* la tradición trasladó la población a la orilla del río Apurimac. *Tampu Tocco:* posteriormente ya se dice en lugar de "ventana" con frecuencia "cueva". *Capac-tocco:* el inca Viracocha hizo que se cerrara (véase 49) la ventana del medio con puertas de oro. *Maras* y *Sutic:* son los representantes de varios clanes que estaban en la misma posición que el clan inca. *Manco Capac,* etc.: Estos nombres varían poco en las diferentes tradiciones, sin embargo a veces cambian los papeles entre los hermanos. Seguro que Manco Capac (Ayar Manco) fue originalmente el jefe y seguro que siempre fueron cuatro pares (no tres como dice Cieza de León). Cache significa "sal", Uchu "pimienta". "Empezaron a mover las gentes": en Krickeberg ayllu (clan, véase 40 a) en lugar de "gentes". *Inti:* "Sol". Halcón, véase 39. Esos fetiches personales se llaman Huauqui. *Inca Yupanqui:* véase 49. *Manco Capac* y *Mama Ocllo:* su relación dicen ser la razón para los matrimonios entre hermanos de los incas. *Sinchi Roca:* el heredero de Manco Capac. *Napa:* una figura blanca de llama con una gualdrapa de púrpura, que se cargaba al frente del inca gobernante como símbolo de señorío. "La honda de Ayar Cache": según Betanzos y Montesinos Ayar Cache había lanzado piedras en las cuatro direcciones de los puntos cardinales desde el Guanacauri, para señalar las cuatro montañas y así tomar posesión simbólicamente de esa región. *Guanacauri:* La traducción de "arco iris" no es correcta. La interpretación del arco iris seguramente está influida aquí por nociones bíblicas. En general el arco iris traía mala suerte (véase 33 b). El lugar donde aparentemente estaba parado en el suelo era considerado huaca o estaba señalado como aquí por una huaca. Según Betanzos, quien confunde a Ayar Uchu con Ayar Auca, Ayar Uchu se ofrece voluntariamente a ser huaca y entonces se vuelve piedra. *Guarachico:* o Guarachicuy, era la fiesta de la declaración de virilidad, en la que se le ponía por primera vez al muchacho el taparrabo (Uara) y a los miembros de la familia inca les perforaban las orejas. Además de la institución de esta fiesta, se cuenta en el curso del relato de varias otras. "Convento de Santo Domingo": está sobre las ruinas del gran templo del sol de Cuzco. *Cuzco:* la etimología del nombre es dudosa. Tschudi (p. 190) lo deriva de "Kusku" que quiere decir "cavar tierra". *Haybinto:* si no se llama Ayllo. *Gualla:* los habitantes de los valles bajos y calientes que llevan a Ollantaytambo, en épocas históricas. "Toma de posesión del valle de Cuzco": según Betanzos se efectúa pacíficamente; también Montesinos y Cieza de

León no mencionan batallas. "Sitio entre los dos ríos": se refiere al río Tullumayo y Huatanay, que corren de los surcos del valle a los dos lados del Sacsahuaman (49) y se unen abajo de Cuzco. *Indicancha:* "patio del sol". La lujosa construcción nueva se llamaba Koricancha, "Patio de oro".

49. EL INCA YUPANQUI Y EL DIOS DEL SOL. Molina, pp. 127-128. Algo diferente lo relata Sarmiento, 2, p. 62. *Inca Yupanqui:* el noveno inca que como gran conquistador recibió más tarde el título de Pachacutic ("el que reversa y reversa el mundo"). *Sacsahuamán:* Montaña con una fortaleza de los incas, cerca de Cuzco. "Dios del sol": la descripción corresponde más o menos a la representación de un dios en unas plataformas de bronce de la región aimara. "*Llautu* de los incas": una banda angosta, negra-púrpura para la cabeza, de algodón. "Orejas horadadas" y con orejeras: los miembros de la familia inca eran llamados por los españoles debido a sus enormes orejeras "orejones". "El sol, vuestro padre": el inca gobernante era considerado hijo del sol.

50. EL PASTOR Y LA DONCELLA HIJA DEL SOL. Morúa, pp. 221-228. "Valle de *Yucay*": el dulce valle de Villcamayo abajo de Cuzco, donde los incas tenían sus palacios de verano. *Sabasiray:* o Pitusiray, una sierra con doble cima, véase p. 203. *Lares:* o Laris, población en un valle al lado del Villcamayo. "Hijas del sol": las doncellas más bellas de todo el país eran seleccionadas al servicio del dios del sol, y vivían, severamente cuidadas y comprometidas a guardar su virginidad, en grandes "conventos" que estaban comunicados con el templo del sol. Según *Rel. Anon.,* p. 184, solamente podían salir dos juntas. *Utusi:* "corazón". Tirados de plata grabados, generalmente en forma de media luna, fueron encontrados en abundancia entre los adornos de cabeza en las tumbas. *Chincha-suyo,* etc. La provincia del norte, oeste, sur y este del reino incaico, que según Tauantinsuyo se llamaba "Las cuatro provincias aliadas". Fuentes de agua eran muy veneradas con frecuencia en el reino incaico. "Ruiseñor": checollo = una especie de ruiseñor. *Micuc usutucuyuc,* etc., el verso describe la representación en el tirado de plata. *Pachacamac:* véase 37, 38. *Calca:* población en el valle de Villcamayo, entre Pisac y Ollantaytambo.

BIBLIOGRAFÍA

1. FUENTES

(las obras con asterisco (*) son las que sirvieron de fuentes para las leyendas)

*Anales de Cuauhtitlan: México, U.N.A.M., Instituto de Historia: *Códice Chimalpopoca, Anales de Cuauhtitlan y leyenda de los soles,* traducción directa del náhuatl por el Lic. Primo Feliciano Velázquez. México, Imprenta Universitaria, 1945. XXI-161 p. 43h. facsim.

*Annals of the Cakchiquels: Publicados por Daniel G. Brinton, Library of aboriginal American literature, Vol. VI, Philadelphia, 1885.

*Ávila, Francisco de: "A narrative of the errors, false gods, and other superstitions and diabolical rites in which the Indians of the province of Huarochiri lived in ancient times", pp. 123-171 en: *Narratives of the Rites and Laws of the Yucas,* traducción, edición, introducción y notas por Clements R. Markham, C. B., F.R.S., reimpreso en Nueva York, 1873.

*Balboa, Miguel Cavello: *Histoire du Pérou,* publicado por H. Ternaux-Compans. ("Voyages, relations et mémoires originaux pour servir à l'histoire de la découverte de l'Amérique.") París, 1840.

Betanzos, Juan de: *Suma y narración de los Incas.* Publicado por Marcos Jiménez de la Espada. Madrid, 1880.

*Brizeño, Diego Dávila: "Descripción y relación de la provincia de los Yauyos", pp. 155-165 en Marcos Jiménez de la Espada, *Relaciones Geográficas de Indios-Perú,* edición y estudio preliminar por José Urbano Martínez Carreras, Madrid, Ed. Atlas, 1965.

*Burgoa, Francisco de: (1) *Geográfica descripción,* por fray F. de Burgoa, 2 vols. México, Talleres Gráficos de la Nación, 1934, láminas, facsim. (Publicaciones del Archivo General de la Nación. XXV-XXVI).

(2) *Geográfica descripción de la parte septentrional del polo ártico de la América.* México, 1674.

*Calancha, Antonio de la: *Crónica moralizada del orden de San Agustín en el Perú.* Barcelona, 1638.

Camargo, Diego Muñoz: *Historia de Tlaxcala,* publicado por Alfredo Chavero, México, 1892.

*Cervantes, Hernando de: "Relación de Teotzacualco y Amoltepec" en: Orozco y Berra, *Historia Antigua de la Conquista de México,* 4 vols., México, Tipografía de Gonzalo A. Esteva, 1880, tomólo de "Rel. de Teotzacualco..." por el corregidor Hernando de Cervantes, 1580, M.S. del Sr. García Icazbalceta.

*Chilam Balam: (1) *Chilam Balam de Tizimin,* véase Seler (6).

(2) *Chilam Balam de Chumayel,* véase Martínez Hernández en International Congress of Americanists, Proceedings of the XVIII Session, Londres, 1912.

*Cieza de León, Pedro de: (1) "La Crónica del Perú", pp. 354-458 en el Vol. 2 de Enrique de Vedía, *Historiadores Primitivos de Indias* (Biblioteca de Autores Españoles), 2 vols., Madrid, Rivadeneyra, 1877.

(2) Segunda parte de la Crónica del Perú, publicado por Marcos Jiménez de la Espada, Madrid, 1880.

Codex Vaticanus 3738: Il manoscritto Messicano Vaticano 3738 detto il Codice Rios. Publicado por el conde de Loubat de la Biblioteca Vaticana, Roma, 1900.

*Cogolludo, Diego López: *Historia de Yucatán,* Edición de la Comisión de Historia, 4ª ed., 3 vols., Campeche, Camp., 1954.

*Durán, Diego: *Historia de las Indias de Nueva España y islas de tierra firme.* Imprenta de J. M. Andrade y F. Escalante, 2 vols., México, 1867-1880.

Fuentes y Guzmán, Francisco Antonio de: *Historia de Guatemala o recordación florida*. Publicado por Justo Zaragoza, 2 vols., Madrid, 1882-1883.

*García, Gregorio: *Origen de los Indios de el Nuevo Mundo e Indias Occidentales*. Imp. Francisco Martínez Abad, Madrid, 1729. XXXII-336 p. XXIX.

*Garcilaso de la Vega: *First part of the royal commentaries of the Incas*. Publicado por Clements R. Markham. ("Works issued by the Harkluyt Society" Vols. I-II), Londres, 1869-1871.

*Gómara, Francisco López de: *Historia General de las Indias* (Primera y segunda parte) en Enrique de Vedia: *Historiadores Primitivos de Indias*, Vol. II, Madrid, Rivadeneyra, 1852-1853. (Biblioteca de Autores Españoles Vols. 22, 26).

*Herrera y Tordecillas, Antonio de: *Historia General de los hechos de los castellanos en las islas i tierra firme del mar Océano*. Prólogo y notas de Antonio Ballesteros-Beretta. 20 vols., Madrid, Academia de la Historia, 1934.

"Historia de los Mexicanos por sus Pinturas", en el vol. 3, ed. por Joaquín García Icazbalceta, —en: *Nueva colección de documentos para la historia de México*. México. Imp. de F. Díaz de León, 5 vols. 1886-1892.

Histoire de la Nation Mexicaine depuis le départ d' Aztlan... de 1576, publicada por J. M. A. Aubin, París, 1893.

Histoyre du Mechique: Manuscrit Français inédit du XVIe siècle. Publicado por Edouard de Jonghe: *Journal de la Société des Américanistes* N.S. Vol. 2, París, 1905.

Historia de los reynos de Colhuacan y de México: Traditions des anciens mexicains. Publicado por Walter Lehmann. *Journal de la Société des Américanistes*, N.S. Vol. 3, París, 1906.

Historia Tolteco-Chichimeca, Ms.: una parte publicada por Ernest Boban, *Documents pour servir a l'histoire du Mexique*, Atlas pp. 46-58. París, 1891.

*Ixtlilxóchitl, Fernando de A.: *Obras Históricas*, publicadas y anotadas por Alfredo Chavero, 2 vols., México, Oficina Tip. de la Sría. de Fomento, 1891-1892.

*Landa, Diego de: *Relación de las cosas de Yucatán* por el P. Fray ..., Introducción y notas por Héctor Pérez Martínez, 7ª ed. México, D. F., Editorial Pedro Robredo, 1938. 2h.p., 9-411p, font. (retr).

*Las Casas, fray Bartolomé de: (1) *Apologética Historia Sumaria*, edición preparada por Edmundo O'Gorman, estudio preliminar, apéndices e índices de materias. 2 volts., México, U.N.A.M. Instituto de Investigaciones Históricas, 1967.

(2) De las antiguas gentes del Perú. Publicado por Marcos Jiménez de la Espada ("Colección de libros españoles raros o curiosos" Vol. XXI), Madrid, 1892.

Leyenda de los soles: México, U.N.A.M., Instituto de Historia: *Códice Chimalpopoca, Anales de Cuauhtitlan y Leyenda de los soles*, traducción directa del náhuatl por el Lic. Primo Feliciano Velázquez. México, Imprenta Universitaria, 1945, XXI-161 p., 43 h, facsms.

*Lizana, Bernardo de: *Historia de Yucatán*. Devocionario de Ntra. Sra. de Ixmal y conquista espiritual, por el p. fray... impresa en 1633 y ahora nuevamente por el Museo Nacional de México. México, Imp. del Museo Nacional 1893, 12 p. 1., 127 numb. 1., 2 facsims.

Meléndez, Juan: *Tesoros verdaderos de las Yndias en la historia de la gran provincia de San Juan Bautista del Perú*. Roma, 1681.

*Mendieta, Gerónimo de: (1) *Historia Eclesiástica indiana*, compuesta por el padre fray... con algunas advertencias del p. fray Juan de Domayquía, 4 vols. México, D. F., Editorial Salvador Chávez Hayhoe, 1945.

(2) *Historia Eclesiástica indiana:* publicada por Joaquín García Icazbalceta. (Colección de documentos para la Historia de México, Vol. 3), México, 1870.

*Molina, Cristóbal de: "Relación de las fábulas y ritos de los Ingas" *(Revista Chilena de historia y geografía,* año III, Vol. 5), Santiago, 1913.

Montesinos, Fernando: *Memorias antiguas historiales y políticas del Perú.* Publicado por Marcos Jiménez de la Espada (Colección de libros españoles raros o curiosos, Vol. XVI), Madrid, 1882.

*Morúa, Martín de: *Los orígenes de los Incas,* crónica sobre el antiguo Perú escrita en el año de 1590. Estudio bio-bibliográfico sobre el autor por R. Porras Barrenechea, Lima, 1946. XVII, 228 p. (Los pequeños grandes libros de Historia Americana, serie I, Vol. XI).

Motolinía (Toribio de Benavente): *Memoriales.* Publicado por Luis García Pimentel, México, 1903.

*Núñez de la Vega, Francisco: Constituciones diocesáneas para el obispado de Chiapa, Roma, 1702.

Oliva, Anello: *Histoire du Pérou,* publicado por H. Fernaux-Compans. París, 1857.

*Oviedo y Valdés, Gonzalo Fernández de: *Historia general y natural de las Indias...* publicada por la Real Academia de Historia, cotejada e ilustrada con la vida y el juicio de las obras del mismo por don José Amador de los Ríos... Madrid, Imp. de la Real Academia de Historia 1851-1855, 3 partes en 4 vols., láminas, mapas, planos.

Pachacuti Yamqui, Joan de Santacruz: *Relación de antigüedades deste reyno del Pirú.* Publicado por Marcos Jiménez de la Espada ("Tres Relaciones de antigüedades Peruanas"), Madrid, 1879.

Piedrahita, Lucas Fernández: *Historia general de las conquistas del Nuevo Reino de Granada.* Edición hecha sobre la de Amberes de 1688. Bogotá, 1881.

Popol Vuh, manuscritos de Chichicastenango (Popol buj). Estudios sobre las antiguas tradiciones del pueblo quiché. Texto... notas etimológicas y grabados por J. Antonio Villacorta C. y Flavio Rodas N. Guatemala, Sánchez & de Guise, 1927. XVI, 416 pp., ilus. (incl. facsims).

*"Relación anónima de las costumbres antiguas de los naturales del Pirú". Publicada por Marcos Jiménez de la Espada ("Tres relaciones de antigüedades Peruanas"), Madrid, 1879.

Relación de Michoacán: Relación de las ceremonias y ritos y... de la provincia de Mechuacán, hecha al illmo. señor don Antonio de Mendoza, virrey y gobernador de esta Nueva España, por S.M. (?) G. Morelia, Tip. de A. Aragón, 1903. 301 pp. láms.

Relación de la religión y ritos del Perú, hecha por los primeros religiosos agustinos. (Colección de documentos inéditos... del Real Archivo de Indias, Vol. 3), Madrid, 1865.

Reyes, Antonio de los: *Arte en lengua Mixteca,* publicado por H. de Charencey. Aleçon o.J.

*Sahagún, fray Bernardino de: *(1) Historia general de las cosas de Nueva España,* por el m.r.p. fray B... de la Orden de los frailes menores de la observancia, 5 vols., México, D. F., P. Robledo, 1938. front. (port) ilus. láms., cuadros.

(2) H.G.C.N.E. publicado por Carlos María de Bustamante, vols. I-IV. México, 1829-1830.

(3) H.G.C.N.E. publicado por Lord Kingsborough (Antiquities of Mexico, vol. 8), Londres, 1848.

(4) Algunas partes traducidas por Seler, publicadas por Caecilie Seler-Sachs. Stuttgart, 1927.

*Salcedo, Juan Requejo: "Relación Histórica y Geográfica de la Provincia de

Panamá" (1640), pp. 3-136 de: *Colección de libros y documentos referentes a la historia de América,* Vol. 8, Madrid, Librería General de Victoriano Suárez, 1908.

*Santillán, Fernando de: "Relación del origen, descendencia, política y gobierno de los Incas", pp. 33-131 de: *Tres Relaciones de Antigüedades Peruanas,* Asunción, Paraguay, Editorial Guaraní, 1950.

*Sarmiento de Gamboa, Pedro: *Historia de los Incas,* Buenos Aires (Colección Herrera 10), 190 pp. Emecé, 1942.

*Simón, Pedro: *(1) Tercera Noticia historial de la conquista de Tierra Firme en las Indias Occidentales.* Madrid, Publicaciones Españolas, 1961. XV, 366 pp. (El Libro para todos N⁰ 9).

(2) Noticias Historiales, 9 vols., Ministerio de Educación Nacional, Bogotá, Ediciones de la Revista Bolívar, 1953. (Biblioteca de Autores Colombianos 44-52).

Tezozómoc, Hernando Alvarado: *Crónica Mexicana,* publicada por José M. Vigil, México, 1878.

*Torquemada, Juan de: *Primera... tercera parte de los veinte i un libros rituales y monarchia indiana... distribuydos en tres tomos. Compuesto por F. Juan de Torquemada...* 3 vols. Madrid, Nicolás Rodríguez Franco, 1723.

*Velasco, Juan de: *Historia del reino de Quito en la América Meridional,* escrita por el presbítero don Juan de Velasco... año de 1789. 2ª ed. Quito, Imp. Nacional, 1927.

Zárate, Agustín de: *Historia del descubrimiento y conquista del Perú.* Publicada por Enrique de Vedia ("Historiadores Primitivos de Indias", Vol. 2), Madrid, 1853.

2. Otras obras y tratados

Brasseur de Bourbourg: *Histoire des nations civilisés du Mexique et de l'Amerique-Centrale.* vols. 1-4. París, 1857-1859.

Brinton, Daniel G.: *American hero-myts.* Filadelfia, 1882.

Ehrenreich, Paul: *Die Mythen und Legenden der Südamerikanischen Urvölker.* ("Zeitschrift für Ethnologie" Vol. XXXVII, Suplemento), Berlín, 1905.

Koch-Grünberg, Theodor: *Indianermärchen aus Südamerika,* Märchen der Weltliteratur, Jena, 1920.

Krickeberg, Walter: *Indianermärchen aus Nordamerika,* Märchen der Weltliteratur. Jena, 1924.

Kunike, Hugo: *Aztekische Märchen nach dem Spanischen des Sahagun,* Berlín y Leipzig, 1922.

Lehmann, Walter: *(1) Zentral Amerika.* 1. Teil: Die Sprachen Zentral-Amerikas. Vols. 1-2. Berlín, 1920.

(2) Ein Tolteken-Klagegesang, Festschrift Eduard Seler, Stuttgart, 1922.

Markham, Clements R.: *The incas of Peru.* 2ª ed. Londres, 1912.

Middendorf, E. W.: *(1) Die einheimischen Sprachen Perus,* vols. 1-4. Leipzig, 1890-1892.

(2) Peru. Beobachtungen und Studien über das Land und seine Bewohner. Vols. 1-3. Berlín, 1893-1895.

Orozco y Berra, Manuel: *Historia Antigua y de la Conquista de México.* Vols. 1-4. México, 1880.

Preuss, Konrad Theodor: *(1) Die Nayarit Expedition.* I, Religion der Coraindianer, Leipzig, 1912.

(2) Die höchste Gottheit bei kulturarmen Völkern, Psychologische Forschung, Vol. 2, Berlín, 1922.

(3) Glauben und Mystik im Schatten des höchsten Wesens. Leipzig, 1926.

Seler, Eduard: *(1) Wandmalereien von Mitla,* Berlín, 1895.

(2) Die achtzehn Jahresfeste der Mexikaner, Veröffentlichungen des Museums für Völkerkunde, Vol. 6, Berlín, 1899.

(3) Das Tonalamatl der Aubinischen Sammlugn, Berlín, 1900.

(4) Codex Fejérváry-Mayer, Berlín, 1901.

(5) Codex Vaticanus Nº 3773, Berlín, 1902.

(6) Codex Borgia, Vols. 1-2, Berlín, 1904-1906.

(7) Gesammelte Abhandlungen, Vols. 1-5, Berlín, 1902-1923.

(8) "Der Bedeutungswandel in den Mythen des Popol Vuh". *Anthropos,* Vol. 8, St. Gabriel-Mödling, 1913.

(9) "Die Ruinen von Uxmal", *Abhandlungen der Königlichen Preussischen Akademie der Wissenschaften,* Berlín, 1917.

Tello, Julio C.: "Wira Kocha" *Inca,* Vol. 1, Lima, 1923.

Tschudi, J. J. von: "Culturhistorische und sprachliche Beiträge zur Kenntnis des alten Perú", *Denkschrift der Kaiserlichen Akademie der Wissenschaften,* Wien, 1891.

Verneau, R. y Paul Rivet: "Ethnographie ancienne de L'Equateur", *Mission... pour la mesure d'un arc de méridien équatorial 1899-1906,* Vol. 6, París, 1912.

ÍNDICE DE ILUSTRACIONES

Las figuras que acompañan el texto son, con tres excepciones (las figuras de las pp. 97, 135 y 167) reproducciones de dibujos que hizo Wilhelm von den Steinen para diversas obras de Eduard Seler (véase la Bibliografía) y para la de Arthur Bässler *Altperuanische Kunst*, Berlín, 1902/3. La fig. de la p. 97, fue tomada de la obra de Alfred Maudslay: *Archeology*, Parte I, Londres 1889. La fig. de la p. 135 de *Tierornamente auf Tongefässen aus Altmexiko* de Hermann Strebel, Berlín, 1899 y, la de la p. 167 de la obra de Heinrich Doering: *Altperuanische Gefässmalereien*, Marburgo. 1926. Para indicar los colores se emplearon sombras de diversa intensidad, usuales en la heráldica.

FIGURAS

P. 21. Cipactli (cocodrilo) como símbolo de la tierra que lleva sobre su lomo plantas de maíz *(Códice Borgia* 27).

P. 25. Quetzalcóatl y Tezcatlipoca *(Códice Borbónico* 22).

P. 27. Olla con pulque espumante; "divisa", es decir, distintivo de guerrero (Manuscrito de Sahagún).

P. 27. Mayahuel, diosa del agave, sobre una tortuga que le sirve de trono *(Códice Laud* 9).

P. 28. Nanahuatzin, el buboso *(Códice Borgia* 10).

P. 30. Águila y jaguar, símbolos de la milicia *(Códice Borbónico* 11).

P. 31. "El señor del crepúsculo" (dios de la estrella matutina) como portador del cielo *(Códice Borgia* 49).

P. 32. El venado que cae del cielo, a quien tiran con sus flechas las dos "serpientes de nubes" Xiuhnel y Mimich (Fresco de Mitla).

P. 34. Los guerreros muertos, en el cielo del norte *(Códice Borgia* 33).

P. 35. Las estaciones del inframundo: la nueve veces corriente, dos sierras que se encuentran, cerro del cuchillo de obsidiana, lugar del viento de navaja, muerte por sacrificio, muerte por sacrificio con flechas, muerte por magia, el infierno más profundo *(Códice Vaticano 3738,* 2).

P. 38. Xólotl, el dios con cabeza de perro, que lleva al sol al inframundo *(Códice Borbónico* 16).

P. 39. Tláloc, dios de las lluvias y de las tempestades *(Códice Borgia* 19).

P. 40. Serpiente emplumada y conejo, los símbolos del cielo nocturno y de la luna *(Códice Borgia* 11).

P. 42. Luna y diosa de la luna Tlazaltéotl *(Códice Borgia* 55).

P. 44. Quetzalcoatl sobre la balsa de serpientes (Atlas de Durán, II-1).

P. 48. Penitente en ayuno *(Códice Borgia* 9).

P. 49. Dios y diosa del pulque en el banquete vespertino *(Códice Borgia* 57).

P. 56. Incineración de Quetzalcóatl sobre el horno formado por cuatro serpientes de fuego *(Códice Borgia* 46).

P. 70. Huitzilopochtli (Manuscrito de Sahagún).

P. 74. La travesía de Aztlan a Colhuacan *(Códice Boturini* 1).

P. 83. Cueva "casa del maíz" y cerro de Colhuacan, los símbolos de occidente (Monumento de Huitzuco).

P. 91. Hombre caracol y hombre araña como portadores del cielo (Relieve del Castillo, Chichén Itzá).

P. 92. El murciélago que decapita (Códice Fejérváry 41).

P. 97. Figura sentada (Relieve en el dorso de la Estela B, Copán).

P. 97. Dios con el disfraz de la serpiente emplumada (Relieve en el Templo del Juego de Pelota, Chichén Itzá).

P. 104. El juego de pelota de los dioses del día y de la noche (Códice Dorenberg 11 b).

P. 109. Joven diosa (Códice de Dresde 22 b).

P. 116. Dios del sismo y de los volcanes, tocando el teponaztli y moviendo la matraca (Códice Nuttall 73).

P. 118. El reino de las aguas (Relieve en el Templo del Juego de Pelota, Chichén Itzá).

P. 124. El perro, símbolo del fuego del rayo que cae del cielo (Códice de Dresde 40 b).

P. 127. El dios murciélago (Pintura en una vasija de barro de Chamá, Guatemala).

P. 135. Iguana (Dibujo inciso en una vasija de barro de Ranchito de las Ánimas, Veracruz).

P. 140. Tepeyollotli, dios de las montañas y de las cuevas (Códice Nuttall 70).

P. 141. Itzamná, el viejo dios del cielo (Códice de Dresde 9 b).

P. 144. Chaac, el dios de la lluvia con haces de rayos y un saco de agua (Códice Cortesiano 5 a).

Las siguientes ilustraciones provienen de vasijas de barro, que fueron encontradas en tumbas en la costa peruana. El lugar donde se encontraron está entre paréntesis.

P. 151. Dios del sol al estilo de Tiahuanaco (Pachacamac).

P. 152. Demonio gato, atado con la serpiente dentada (Nazca).

P. 155. Pesca de los demonios cangrejo (Chimbote).

P. 158. Dragón (Trujillo).

P. 167. Demonio que vuela entre dos frisos de nubes (Nazca).

P. 170. El portador de las plantas alimenticias (Casma).

P. 176. Caza del venado (Trujillo).

P. 181. Lucha entre el demonio de la serpiente y el del pez (Trujillo).

P. 185. El animal en la luna (Chimbote).

P. 188. Castigo del malhechor (Pacasmayo).

P. 190. Danza de la muerte.

P. 192. Escena mítica con balsa de juncos (Chimbote).

P. 199. Dios con serpiente dentada bicéfala, símbolo del cielo (Chimbote).

P. 203. El animal en la luna (Chiclayo).

LÁMINAS

Lám. 1. El dios azteca Macuilxóchitl "Cinco Flor", dios de la música, de la danza y de los juegos. Figura de piedra.

Lám. 2. Imagen del sol con el dios del sol en el campo medio. Piedra serpentina (azteca).

Lám. 3. La serpiente de fuego. Monolito (azteca).

Lám. 4. La mariposa de obsidiana y el sapo terrestre. Relieves, lateral de un bloque cúbico de piedra y de la base de una caja de piedra cuadrada (azteca).

Lám. 5. Representación del cielo. Parte superior de un relieve maya de Yaxchilán (Chiapas).

Lám. 6. El dragón bicéfalo. Entrada al adoratorio de un templo maya en Copán (Honduras).

Lám. 7. La lucha entre el demonio cangrejo y el demonio serpiente. Jarro de barro con asa de Trujillo (Perú).

Lám. 8. Demonio caracterizado como animal carnicero. Tablero en bajorrelieve de Chavín de Huantar (Perú).

Acerca de la Lámina 5, "Representación del cielo", hay que explicar que la banda con los campos cuadrados cubiertos de jeroglíficos, simboliza la bóveda celeste, de la que penden los jeroglíficos del planeta Venus en dos formas diferentes, como estrella de la mañana y estrella de la tarde. Sobre la banda del cielo está entronizado el dios del cielo Itzamná, entre el sol a la izquierda y la luna a la derecha.

Las Láminas 5 "Representación del cielo" y 6 "El dragón bicéfalo", han sido tomadas de las obras de arqueología de Teobert Maler, *Peabody Museum Memoirs,* II, y de A. Maudslay, *Archaelogy,* I. Las demás han sido preparadas de fotografías de los originales que se encuentran en los museos de etnografía de Leipzig (Macuilxóchitl), Berlín (Imagen del sol y Lucha de los demonios), Hamburgo (Sapo terrestre), Londres (Serpiente de fuego), México (Mariposa de obsidiana) y Lima (Demonio).

Los números en el mapa se refieren a los grupos étnicos y regiones geográficas que se mencionan a continuación. Los números entre paréntesis que siguen a éstos, indican las leyendas que de esa región se incluyen en la presente obra.

Con la línea punteada se delimita aproximadamente la región que ocuparon los antiguos pueblos americanos de alta cultura.

1. Aztecas y pueblos emparentados (1-17)
2. Tarascos (21-23)
3. Mixtecos (24 *a* y *b*, 25 *a*, 26 *a*)
4. Zapotecos (25 *b*)
5. Mixes y tzentales (26 *b*, 25 *c*)
6. Mayas de Yucatán (27)
7. Quichés y cakchiqueles (18-20)
8. Lencas (28)
9. Nicaraos (29)
10. Guaimíes (30)
11. Costa de Tolú (31)
12. Muiscas (32-36)
13. Caras y quitus (43 *a*, 48 *a* y *b*)
14. Cañaris (43 *b*)
15. Región norte de la costa peruana y Huamachuco (41, 45, 48 *c*)
16. Región central de la costa peruana y Huarochiri (37-40, 43 *c*, 44, 47 *a*)
17. Quechuas y aimaraes (42 *a* y *b*, 48 *d*, 49, 50)

Las leyendas 43 *d*, 46 *a* y 47 *b* y *c* son peruanas, mas no se tiene una noticia exacta del sitio de su procedencia

ÍNDICE GENERAL

Prefacio a la edición en español 7

Introducción 9

AZTECAS

La creación del mundo

1. El tiempo más antiguo 21
2. Los diferentes soles 23
3. El levantamiento del cielo 24
4. El origen de los hombres y de las plantas alimenticias . . . 25
5. Dos dioses se convierten en el sol y la luna 28
6. Los dioses estelares y el origen de la guerra 32

El cielo y el reino de los muertos

7. Los nueve cielos 34
8. Los tres reinos de los muertos 34
9. Tlalocan 39

Leyendas de Tollan

10. La historia de la juventud de Quetzalcóatl 40
11. El tiempo de la abundancia 43
12. El pecado de Quetzalcóatl y la destrucción de Tollan (Tula) . . 48
13. La historia tolteca según un relato posterior 62

El origen de los aztecas

14. El nacimiento de Huitzilopochtli 69
15. La migración de los pueblos 70
16. La tradición de la migración azteca 75

> Lo que nos cuenta un códice antiguo, 75; Por qué los aztecas abandonaron Aztlan, su lugar de origen, 78; La primera discordia, 78; Cómo se dejó atrás a los tarascos, 79; Huitzilopochtli muestra a los aztecas una visión de su futura capital, 80; El sacrificio de Copil, 81

17. Cómo el rey Moctezuma el Viejo envió a buscar Aztlan . . . 82

QUICHÉS Y CAKCHIQUELES

18. La creación del mundo 91

> Según la tradición de los quichés, 91; Según la tradición de los cakchiqueles, 96

19. El origen de la cultura 98

Según la tradición de los quichés, 98; Según la tradición de los cakchiqueles, 101

20. Hunahpú e Ixbalanqué 105

El viaje de los padres al inframundo, 105; La concepción milagrosa
y el nacimiento de Hunahpú e Ixbalanqué, 108; El castigo de los
hermanos envidiosos, 111; La jactancia de Vucub-Caquix y su fin,
113; El fin de Zipacná, 115; Hunahpú e Ixbalanqué reciben noticias de sus padres, 118; El mensaje de los poderes del inframundo,
121; El viaje de Hunahpú e Ixbalanqué al inframundo. Las primeras pruebas, 123; El juego de pelota y la prueba del fuego, 126;
Cómo quedaron vencidos los poderes del inframundo, 128

LOS TARASCOS, LOS PUEBLOS EL ISTMO Y LOS MAYAS
DE YUCATÁN. EL SUR DE MESOAMÉRICA

21. Una leyenda solar de los tarascos 135
22. El castigo de un sacrilegio 135
23. La reunión de los dioses 136
24. Mitos mixtecos de la creación 138
25. El dios de las montañas y de las cuevas, entre los pueblos del
Istmo 140
26. Las sagradas señales de manos y pies 141
27. Deidades y concepto del mundo de los mayas de Yucatán . . 141

El dios supremo, 141; Los cinco dioses de Itzmal, 142; Los cuatro
cargadores del cielo, 143; La suerte de los muertos, 143; La creación
de los hombres, 144; El fin del mundo, 144

28. La diosa tribal de los lencas 144
29. Los dioses, el diluvio y la suerte de los muertos (Nicaragua) . . 145

Los dioses, 145; El diluvio, 145; Los muertos, 145

30. El cielo, la tierra y el inframundo. Según la creencia de los guaimíes (Panamá) 146
31. Un mito de los gigantes, proveniente del Darién 147

MUISCAS (CHIBCHAS)

32. La creación 151

Según la tradición de Bogotá, 151; Según la tradición de Tunja, 152

33. Dioses y héroes 153

Nemterequeteba (Bochica), 153; Sadiquia sonoda (Idacanzas), 156

34. El hijo del sol 157
35. Los hermanos 158
36. El origen de la leyenda del Dorado 159